21世纪高等院校公共管理系列教材

THEORY OF SOCIAL SECURITY

社会保障理论

张军　主　编

马大来 陈元刚 罗静 董欣悦　副主编

东北财经大学出版社
Dongbei University of Finance & Economics Press
大连

图书在版编目（CIP）数据

社会保障理论 / 张军主编. —大连：东北财经大学出版社，2023.12
（21世纪高等院校公共管理系列教材）
ISBN 978-7-5654-5053-2

Ⅰ.社…　Ⅱ.张…　Ⅲ.社会保障-高等学校-教材　Ⅳ.C913.7

中国国家版本馆CIP数据核字（2023）第246061号

东北财经大学出版社出版
（大连市黑石礁尖山街217号　邮政编码　116025）
网　　址：http://www.dufep.cn
读者信箱：dufep@dufe.edu.cn

大连图腾彩色印刷有限公司印刷　东北财经大学出版社发行

幅面尺寸：185mm×260mm　字数：436千字　印张：19.5
2023年12月第1版　2023年12月第1次印刷

责任编辑：石真珍　责任校对：贺　力
封面设计：原　皓　版式设计：原　皓

定价：52.00元

教学支持　售后服务　联系电话：（0411）84710309

如有印装质量问题，请联系营销部：（0411）84710711

前　言

人类社会自诞生以来就要面对疾病、死亡、慈幼、灾害、养老等各种问题，自从国家出现后，历朝历代的政府都无法避免对鳏寡孤独者提供救助、解决失业及贫困等社会问题。由此可见，人类社会自始至终都伴随着保障，它属于人类社会与生俱来必须进行的选择。现代社会保障制度在德国产生，至今已有100多年的历史，世界上绝大多数国家已建立适合本国福利文化和福利需求的社会保障制度。中华人民共和国成立开启了中华民族发展的新纪元，改革开放开启了中国发展的新征程。当前，我们完成了全面建成小康社会的历史任务，实现了第一个百年奋斗目标，正在向第二个百年奋斗目标阔步前进。《中华人民共和国国民经济和社会发展第十四个五年规划和2035年远景目标纲要》提出，“坚持应保尽保原则，按照兜底线、织密网、建机制的要求，加快健全覆盖全民、统筹城乡、公平统一、可持续的多层次社会保障体系”。党的二十大报告指出：“健全覆盖全民、统筹城乡、公平统一、安全规范、可持续的多层次社会保障体系。”报告既充分肯定了我国社会保障事业发展取得的历史性成就，也对健全社会保障体系做出了重要部署，提出了独特的新理念、新目标、新机制、新举措。

由于社会保障受到经济、政治、文化及伦理道德等多种因素的制约，以及各种传统学科对社会保障理论与政策影响的复杂性，社会保障作为一门年轻的学科，是在多学科基础上发展起来的。经济学、社会学、政治学、伦理学等学科共同构筑了社会保障坚实的理论基础。本教材编写的一个宗旨在于阐明社会保障的基本理论是在多学科交叉融合背景下产生的，力图在经济学、社会学、政治学和伦理学等多学科视野下考察社会保障的本质及运行规律。

编者在承担劳动与社会保障专业本科生和研究生课程的教学过程中，探索性地构建了一个基于经济学、社会学、政治学、伦理学的社会保障理论内容体系，试图使该教学体系既包含社会保障理论渊源、社会保障基础理论、社会保障基本理论，也包含社会保障应用理论。本教材以习近平新时代中国特色社会主义思想和党的二十大精神为指引，围绕“立德树人”根本任务，立足于社会保障理论的跨学科背景，在经济学、社会学、政治学和伦理学等多学科视野下考察社会保障的理论渊源、基础理论和基本理论，满足学生打好理论基础、培养专业技能的需要，力争实现价值塑造、知识传授和能力培养的统一。上篇（第一至五章）对社会保障概念的内涵和外延进行了全新的审视和解读，对社会保障制度产生和发展的各种思想进行了梳理，对国家与公民、政府与市场的社会保障基本理论展开了分析；中篇（第六至十一章）探讨了福利经济学、政治经济学等经济学理论，结构功能论、风险社会论等社会学理论，需求层次理论、分类管理理论等管理学理论，文化价值观、福利文化论等伦理文化学理论与社会保障之间的关系；下篇（第十二至十五章）对包括五大险种的社会保险以及社会救助、社会福利等范畴进行了分析和阐述。

从总体上来说，本教材具有如下三个显著特色：

一是视角创新。现有同类教材将社会保障作为一种收入补偿机制来理解和分析，因此命名为“社会保障经济理论”更为合适。而本教材认为社会保障理论是一门多学科交叉融合的学科，包括经济学、社会学、政治学等学科在内的多学科应该成为其建构的理论基础，突破了经济学垄断的困境。

二是内容创新。现有的同类教材大多把社会保障等同于社会保险来理解和阐述，这种狭隘的理解对社会保障理论研究产生了消极影响。本教材突破了这一经济学社会保障观的束缚，采用多学科研究社会保障理论的视角，梳理了社会保障制度演进的各种思想，分析和阐述了社会救助、社会保险、社会福利的一些基本理论。

三是结构创新。本教材充分吸收同类教材的优点，并在篇章结构和体例上有所创新。教材总体分上、中、下三篇共十五章，在阐述社会保障理论知识体系及其内容的同时注重案例教学，重视培养学生运用理论解决现实问题的能力。每章都附有学习要点、案例引入、关键术语和复习思考题，便于学生自学和课后复习。此外，本书配备了电子课件和课程思政教学案例，任课教师可登录东北财经大学出版社网站（www.dufep.cn）查询和下载。

本教材适合劳动与社会保障、公共事业管理、行政管理、社会工作及公共管理等相关专业作为必修课教材，也可作为公共管理专业硕士（MPA）、社会工作专业硕士（MSW）以及从业者的培训教材，亦适用于相关专业人员和对社会保障感兴趣的各界人士使用。

本教材由重庆理工大学劳动与社会保障系张军教授担任主编并负责拟定提纲、分工，以及最后的修改、统稿和审定工作，系主任陈元刚教授对全书提出了修改意见，马大来教授、陈元刚教授、罗静博士、董欣悦博士担任副主编。具体的编写分工如下：张军教授编写第一、二、三、四、十五章；马大来教授编写第五、十二、十三、十四章；张军教授、罗静博士编写第六、七、八章；张军教授、董欣悦博士编写第九、十、十一章。

在本教材的编写过程中，我们参考了有关专家、学者关于社会保障理论的诸多研究文献和成果，有些在引文中加以注明，有些在参考文献中列出。在此，我们对这些专家、学者表示由衷的感谢。本教材仅仅是我们对社会理论总结与研究的第一步，热切期盼今后更上一层楼。由于编写的时间较短，书中难免有错漏和缺陷，恳请学术界同仁不吝赐教、指正。

本教材的出版，得到了重庆理工大学本科生优秀教材出版基金的资助，并得到重庆理工大学管理学院和经济金融学院领导、东北财经大学出版社领导和编校人员的大力支持，在此一并致以谢意。

编　者

2023年10月于重庆杨家坪

目　录

上篇　社会保障的理论渊源

上篇　社会保障的理论渊源

第一章　社会保障的理论视角
第二章　社会保障理论史
第三章　社会保障的理论基石
第四章　国家与公民的社会保障理论
第五章　政府与市场的社会保障理论

第一章

社会保障的理论视角

学习要点

通过本章的学习，把握社会保障与社会福利的概念，认识社会保障与社会福利的关系，了解社会保障理论的主要内容与社会保障理论的研究方法。

案例引入

中国“孝道”家庭主义福利文化与家庭化社会保障

孝在中国传统社会中处于十分重要的地位，是“天之经也，地之义也，民之行也”。意思是说，孝可充满宇宙之间，能贯通天、地、人三才而为一。所以，有人认为孝是中国文化最突出的特色，也有人认为可将中国文化视为孝的文化。纵观世界各国文化之中，没有哪种文化像中国文化那样把“孝道”提升到如此重要的地位，也没有哪个国家的人像中国人如此重视孝道。正如孙中山先生在《三民主义·民族主义》第六讲说道：“《孝经》所讲的孝字，几乎无所不包，无所不至，现在世界上最文明的国家，讲到孝字，还没有像中国讲的这么完全。”在传统中国社会内，孝道是如此重要，以至于已经成为修身、齐家、治国、平天下的极则。时至今日，我们甚至可以说，“孝道”是中国福利文化最突出的特色。

传统“孝道”文化，从家庭内部来看，意味着奉养父母、尊敬父母。奉养父母即曾子所谓的“大孝尊亲，其次弗辱，其下能养”的孝的三个层次。奉养父母的“孝道”观念来自人的报恩观念，在父母年老后要竭尽所能赡养父母，对其衣食住行、身体状况要倍加关怀。而尊敬父母意味着子女不但应对父母尽奉养的义务，而且要求子女对父母有敬爱之心。从家庭外部来看，由于孝是家庭伦理的核心，所以历来都有以孝治天下的理论。孔子认为，“孝”乃“仁之本”。儒家伦理就是将家庭内的“孝道”文化向家庭之外扩展，从而形成家庭、社会、国家成员间的伦理规范。在中国人看来，君臣之间是一种后天的关系，当中国人面临忠孝矛盾的时候，舍忠就孝的事例不绝于史，而舍孝就忠的事情较为少见。

传统的“孝道”文化构成了中国福利文化的一大特色，其核心价值观念在长期的文化传统中形成的思维方式、心理积淀、传统习俗等相对稳定的心理素质，对当代国人仍具有重要的影响力，并支配着其保障行为方式。特别是“孝道”文化所特有的浓浓亲情的精神慰藉观念是当前商业化时代所难以寻求的，老年人所需要的不仅是经济、物质资源供养，更需要的是来自子女的温情和关爱。1999年春节联会晚会上一曲《常回家看看》风靡中国的主要原因，我想应该就是其对“孝道”文化所特有的精神关爱内核的阐释吧。

在中国“孝道”的家庭主义福利文化的影响下，子女赡养父母被看作天经地义的事情。对于国人来说，赡养父母已经演变为个人生命周期中的重要责任。因此，这种思想自觉和行为认同的责任逐渐内化为中国家庭化的社会保障制度模式。在中国社会中，家庭是社会的基本构成单位，也可称为“社会细胞”，这与西方社会的基本构成单位——个人——有着迥然不同的特点。在中国的家庭之外，再没有哪一种其他社会组织可以全面满足个人在各方面的需要。在中国传统社会结构中最重要的无疑是家庭制度，由此形成了家庭或宗族的本位观。在传统的中国，家不只是一个生殖繁衍的组织，还是一个自给自足、自我管理、自我服务的小社会，每一个家庭都承担着养老抚幼、寄托精神、传承财产、祖先崇拜等多项功能。其中的养老抚幼的功能作为家庭的一项基本功能，在西方社会可以由国家、社会或大团体来承担。然而在传统中国社会中，在儒家“孝道”家庭伦理文化的倡导和规范下，这一保障功能被来自各方面的力量空前强化，形成了极为发达的家庭保障制度。随着经济社会的发展，原有家庭内部的经济生产、消费等功能逐渐被社会其他组织替代。特别是改革开放之后，随着市场经济体制的引入，家庭社会结构受到极大的冲击，家庭逐步趋向小型化和核心化，个人本位与社会本位的社会特征逐步显现。尽管如此，严格说来家庭始终在我国社会变动中发挥着核心的保障功能，中国是一个典型的家庭化保障国家。

资料来源：张军．社会保障制度的福利文化解析——基于历史和比较的视角［M］．成都：西南财经大学出版社，2010：236-239；248-250.

讨论：中国“孝道”家庭主义福利文化与家庭化的社会保障之间有什么联系？

分析提示

第一节 社会福利与社会保障

一、福利与社会福利

在不同的国家和不同的时代，甚至在不同的场合，对社会福利都有不同的认知。世界各国政府以及学术界至今对于社会福利的内涵与外延都没有达成统一的认识。在欧美发达国家，对社会福利的概念界定和社会理解已经形成了某种形式的“国际惯例”。在英语中，“福利”（welfare）一词起源于古代词语farewell，是fare和well的意义综合。其本义是幸福、美满。well指的是美好，fare指的是生活。它们组合起来，就代表“幸福美满的生活”“安乐的人生”“追求幸福生活”[①]。因此，欧美国家认为福利属于一种福祉，是一种幸福美好、快乐满意的生活状态。在德语当中，福利为wohlfahrt，也是wohl和fahrt这两个词的组合，指的是发展顺利、向理想方面发展[②]。在汉语中，福利的说法最早来源于《后汉书》中的《理乱篇》：“仲长统傅敞言理乱：是使奸人擅无穷之福利，而善士挂不赦之罪辜”[③]。此处所说的“福利”主要指物质层面的“幸福利益”，这也成为今天“福利”含义的一部分。欧美国家通常认为社会福利具有两方面含义：其一作为社会福利的状态，指人类正常、幸福的生活；其二是作为社会福利的制度，指为了达到社会福利状态而做出的集体努力（包括政府的努力）。由于一个国家的福利制度通常具有从中央到地方或由抽象到具体等许多不同的层次，因而侧重于强调制度的社会福利

① 一番濑康子．社会福利基础理论［M］．沈洁，赵军，译．武汉：华中师范大学出版社，1998：2.
② 一番濑康子．社会福利基础理论导读［M］．沈洁，赵军，译．武汉：华中师范大学出版社，2018：2.
③ 王先谦，等．后汉书集解：外三种［M］．上海：上海古籍出版社，2006：579.

常可分为广义和狭义两个层次。广义的社会福利指的是服务、物品、金钱等所有对人们有好处的东西及人们所做出的各种努力。狭义的社会福利则存在时代性和地区性差别。因此，狭义的社会福利概念在不同国家与不同时期具有不同含义，是个动态发展和与文化相关的概念。

在我国，理论界和实务界对社会福利概念的理解更多是从狭义方面界定的。其主要含义如下所述：

①专门为社会弱势群体提供的特殊福利。在这种观点下，社会福利的界定是从供给对象方面展开的，认为福利的接受者是社会弱势群体，而并非全体社会成员。所谓社会福利，就是指国家为弱势群体提供的服务保障和收入保障，主要包含残疾人福利、老年人福利以及未成年人福利。从本质上看，这种福利类型就是西方国家所说的“剩余型社会福利”或“选择型社会福利”。

②由各级民政部门所提供的民政福利。这种观点是指由民政部门代表国家为社会优抚对象、残疾人、老年人等提供的服务与收入保障，主要是保障社会弱势群体的基本生活。最近几年，随着福利社会化的不断推进，也提供了个人付费型服务保障，这在一定程度上提升了福利水平①。这种类型的社会福利含义比较狭窄，非常重视国家的福利供给责任，甚至将其视作唯一的、最重要的责任主体，认为社会福利完全等同于国家福利。在我国民政福利的实践活动中，这一定义十分普遍。

③社会福利在社会保障体系中居于最高层次，属于最高纲领。这种看法是从供给目标方面考虑的，认为社会救助、社会保险与社会福利是社会保障体系中的三个层次，且这三个层次的保障水平是依次提高的，社会福利是社会保障体系的最高层次②。这个观点认为社会福利属于社会保障的一个子系统，是社会保障的一个有机组成部分。

④为全体成员提供的基本生活福利。这种观点认为，社会福利在面对多样化的福利需求时，旨在通过国家提供的福利资源，确保全体公民的基本生活水平得到保障。社会福利的范畴包括但不限于医疗保障、养老保险、失业保险、住房补贴和教育补助等方面。这种观点强调社会福利的普惠性和公平性，主张每个人都应该享有基本福利保障，以保障人们的基本生活需求得到满足。

在社会福利领域，对大多数国外学者而言，在使用社会福利这一概念时，多半是从普遍意义出发的。在我国，主张大福利概念的学者也不在少数，他们认为应该适当拓展社会福利的外延，使之等于或大于社会保障。这是从广义上来理解社会福利概念，其认识也达到了基本一致。北京师范大学的尚晓援教授在《“社会福利”与“社会保障”再认识》一文中，对“社会福利”与“社会保障”两个概念进行厘清。她从一些国家的实践经验和国际惯例出发，认为将社会福利当作一项社会保障制度是不合理的，并提出了广义层面的社会福利：为了实现社会福利制度状态，国家和社会进行的所有制度安排，其中为了增加收入安全的社会保障制度安排也包含在内③。著名社会学家、中国人民大学教授郑杭生在《社会学概论新修》中指出，社会福利有广义和狭义之分。狭义的社会

① 周良才. 中国社会福利［M］. 北京：北京大学出版社，2008.
② 孙光德，董克用. 社会保障概论［M］. 北京：中国人民大学出版社，2000：26-33.
③ 尚晓援. “社会福利”与“社会保障”再认识［J］. 中国社会科学，2001（3）：113-121.

福利专指对生活有困难者进行帮助。而广义的社会福利，就是指为了提高公民的精神和物质生活水平，政府与社会所开展的一系列举措。社区文娱设施、医疗保健网络、劳动就业培训指导中心等都属于社会福利的内容[①]。华东理工大学的范斌在《福利社会学》一书中，介绍了国外学者对社会福利概念的解释，并对中国学者提出的社会福利概念进行了分析。他指出中国学者对社会福利大致有三个不同层次的理解，从狭义社会福利观点上来看是保障社会成员的最低生活标准，是一种剩余性社会福利的观点，从广义社会福利上来看是发展型社会福利的观点和制度性、发展性与剩余性的综合福利观念。他认为，人们的生活水平因社会福利而有所改善，人们的生活质量因社会福利而有所提升，这就是广义上的社会福利。也就是说，社会福利并不是只需要保障全体公民的最低生活水平，同时也应该不断致力于提高全体公民的生活质量[②]。

中国社会科学院学部委员景天魁等认为广义的社会福利概念包括四个层次的含义：一是社会福利的接受者为全体公民。这就是说所有社会成员都有平等享有社会福利的权利，且所有社会成员都能享受到某一福利项目。二是以社会成员的基本福利需求为本的社会福利。基本福利需求涵盖了所有民生基本福利需求，如工作、教育、养老、健康、居住等方面的福利需求。三是社会福利的供给者具有多元化。这里的多元福利供给主体包括国家（政府）组织、市场和社会（民间）组织等现代社会中的三大部门，其中最重要的是政府。四是包括社会救助、社会保险、公共福利和社会互助等四种供给形式的社会福利。社会福利既包括缴费的方式（社会保险），也包括免费的方式（社会救助和公共福利）；既有强制的方式（社会保险），也有自愿的方式（社会互助）。他认为广义的社会福利具有对象的广泛性、内容的基本性、主体的多元性和方式的多样性等四大特征。相对于狭义的社会福利概念，这些既是广义福利概念的特点，也是广义福利概念的优点[③]。

二、保障与社会保障

“保障”可以指起保护防卫作用的事物，也可以指保护、保卫、保证等动作。我们可将这样理解“保障”一词：“保”为保护，“障”为屏障，因此“保障”的含义为“构建屏障、提供保护”，让个人和群体处于保护下，感到安全无虞。“保障”的英文单词是“security”，也是安全、安心的意思。在《企业保障与社会保障》一书中，武川正吾对“保障”是这样论述的：“人其实是一种脆弱的动物。因此，人们需要构筑各种各样的外壳来保护自己，如家庭、集团、社会、政府等。只有在这些外壳的保护下，人们的生活才能得以维持。”这里所讲到的人类构筑的外壳，就是“保障”。这种保障包含多个维度：在史前时期，保障主要是在环境恶劣的自然条件下使身体得到保护；而在现代社会，保障包括政治、经济、社会等多方面的保障需求。保障的提供者可以是家庭成员互助、个人储蓄保险等私人性质的，也可以是社会救助、社会保险、家庭津贴等公共性质的。在一个国家的社会制度当中，社会福利和社会保障这两个概念既存在一定联系，又

① 郑杭生．社会学概论新修［M］．北京：中国人民大学出版社，2003：450.
② 范斌．福利社会学［M］．北京：社会科学文献出版社，2006：17-20.
③ 景天魁，毕天云，高和荣，等．当代中国社会福利思想与制度［M］．北京：中国社会出版社，2011：3-4.

具有某些差别。不管是国内还是国外的学术界，对于社会保障和社会福利概念的理解都存在很多争议。这恰恰是我们在研究社会福利时不能规避社会保障的原因所在。同样的道理，研究社会保障也不能规避社会福利。社会保障制度作为制度设置与制度安排的范畴，其萌芽可以追溯到英国《伊丽莎白济贫法》的出台，而现代社会保障制度的诞生，则以俾斯麦于1883年颁布实施的《疾病社会保险法》为标志。“社会保障”一词在美国总统罗斯福颁布的《社会保障法》中最先使用，在1941年由英国首相丘吉尔与美国总统罗斯福签署的《大西洋宪章》当中，进一步明确了社会保障制度的概念。最初，社会保障要求政府建立强制性和制度性的社会保险制度来维护社会安全，并不断致力于让身处工作中的公民摆脱失业、战争、疾病、贫困等不安全因素或风险，其与社会安全和社会保险更加适应。

目前，国际上有两个比较权威的社会保障定义，其分别从狭义和广义两个层面来加以界定。狭义层面的社会保障的概念可追溯到国际劳工组织于1984年发布的《社会保障导言》：社会采用各种公共措施来保护其成员，以免他们因工伤、失业、残疾、疾病、妊娠、年老等中断或降低收入而导致经济窘迫，从而为他们提供一定补贴或者医疗照顾，这就是社会保障[①]。《新不列颠百科全书》从比较宽泛的层面加以界定，认为社会保障就是各种被法律所认可的集体措施，这些措施主要指当个体或者家庭的收入来源受损或被中止，或者需要支付一笔超出他们经济承受能力的费用（如医疗费用或者子女抚养费）时，为他们提供帮助，以便于维持他们的收入。由此可见，为病残、失业、丧偶、妊娠、退休的人提供现金补贴，为法律援助，疾病护理、康复，以及医疗提供服务或现金都属于社会保障。社会保障可以由政府、单位及其他组织自由提供，也可以由法院强制提供，比如因某些故意伤害行为进行赔偿[②]。这两个经典定义经常被中外社会保障学界所引用，成为各国制定或研究社会保障制度的重要依据。

从20世纪50年代开始，中国在社会科学和社会福利方面的研究基本处于停顿状态，直到20世纪80年代才开始恢复。这一时期，中国使用社会保障概念来代替西方社会福利一词所带来的空缺。由此，社会保障概念出现在人们的研究层面。中国人民大学侯文若教授把社会福利作为社会保障的一个部分，在比较宏观的层面上指出，可以将社会保障理解为一种社会机制，能为贫困者和弱势群体提供救助，保障他们的最低生活标准，让他们即使在失去劳动能力之后，还能享有基本生活保障；同时，面向全民实施福利措施，确保福利水平的提高，从而达到社会安定的目的，并确保全体社会成员都具备生活安全感[③]。陈良瑾教授也从狭义层面来界定社会保障的内涵，他提出社会保障就是指国家对人们的收入进行再次分配，依法保障所有公民的基本生活权利的一种社会安全制度[④]。中国人民大学的孙光德、董克用两位教授认为，国家和政府在社会保障中居于主体地位，依照法律规定，采用再次分配国民收入的方式，为生活困难或者丧失劳动力的公民提供一定的物质资助，为其提供最低生活保障的制度即为社会保障[⑤]。中国社会

---

① 陈银娥. 社会福利［M］. 北京：中国人民大学出版社，2004：3.

② Encyclopedia Britannica Inc. The New Encyclopedia Britannica：Vol.27［M］. 15th ed. Chicago：Encyclopedia Britannica Inc，1990：247.

③ 侯文若. 社会保障理论与实践［M］. 北京：中国劳动出版社，1991：11.

④ 陈良谨. 社会保障教程［M］. 北京：知识出版社，1990：5.

⑤ 孙光德，董克用. 社会保障概论［M］. 北京：中国人民大学出版社，2000：4.

保障学会会长、中国人民大学郑功成教授从广义上解读了社会保障，并提出：国家或社会依法建立的、具有经济福利性的、社会化的国民生活保障系统都属于社会保障。社会救济、社会保险、社会福利、社会优抚以及医疗保健服务都属于社会保障的范畴。这种系统必须具备以下两个要素：一是经济层面体现出一定福利性，也就是接受保障者所获取的资金必须高于其所花费的；二是属于社会化行为，即由官方或社会中介团体来承担组织实施任务，以保障和改善国民生活为根本目标，包括经济保障和服务保障[①]。南京大学的童星教授表示，所谓社会保障，就是指国家采用法律规范和行政手段再次分配人们的收入，将这些收入作为社会消费基金，用于补助那些年老、病残、失业或遭遇不幸而导致生活困难的人，对其基本生存权予以保护的各种活动、制度和措施[②]。南京大学的周沛教授主要从社会福利体系的视角出发，将社会保障当作其子系统，认为社会保障属于一种社会制度，且这种制度是基于立法，面向全民，以国家（政府）为主体，采用诸如社会救济和社会保险等特定形式为遇到困难的公民提供福利的。在社会福利体系中，它是最基本的一个子系统，具有显著的制度性和政策性[③]。

在本书中，我们主要从广义角度来理解社会保障，把社会保障看成国家和政府为了防止民众因年老、疾病、工伤、失业、生育、残疾、丧偶等方面遭受风险而给予的制度安排和制度设置。本书强调社会保障提供的主体是国家和政府，社会保障的手段是建立各种正式的社会保险制度以及社会救助制度，社会保障的目的是减少社会矛盾与社会冲突，确保社会安全，减少民众可能遭受的社会风险，实现经济、政治与社会的和谐发展。

第二节 社会保障与社会福利的关系

一、社会保障与社会福利的联系

不管是在概念和理论上，还是在制度和实践上，社会保障与社会福利都存在诸多相似之处。它们之间相互影响、相互交织，依赖程度较高[④]。

（一）社会福利与社会保障相互影响

社会保障是采用收入保障的方式满足贫困者和社会弱势群体最基本的生活需求，使他们的社会功能得到恢复，提升其社会竞争力和综合素质，从而使既有社会秩序得到维护，促使社会正常运行[⑤]。总而言之，保护个人以免由于失业、残疾、年老等而出现经济困难无法正常生活就是社会保障的主要目标[⑥]。社会福利制度具有复杂多样的目标体系，具体目标和总体目标相互交融。其中，总体目标就是通过提供实物、资金和服务，不断提升人们的福祉。具体目标则包含各种各样的类型，并且因社会经济的不断发展而

① 郑功成. 社会保障学——理念、制度、实践与思辨［M］. 北京：商务印书馆，2000：11.
② 童星. 社会保障与管理［M］. 南京：南京大学出版社，2002：6.
③ 周沛. 社会福利体系研究［M］. 北京：中国劳动保障出版社，2007：39-4.
④ 张军. 社会福利与社会保障的再解读：基于我国适度普惠型社会福利制度构建的视角［J］. 社会福利（理论版），2018（1）：5-12.
⑤ 莫泰基. 香港贫穷与社会保障［M］. 香港：中华书局，1993：56-57.
⑥ ROMANYSHYN J M. Social Welfare：Charity to Justice［M］. New York：Random House，1971：9.

变化。一些美国学者表示，经济发展、就业充分、贫困消除、社会稳定这四个部分构成了社会福利制度的目标①。因此，可以将提供收入保障、满足有需要群体的最低生活水平当作社会保障制度的目标，只有实现这一目标，才能有效地维护既有社会秩序。相对于社会保障来说，社会福利制度不管是在层次结构还是在目标体系方面，都明显更加复杂，涵盖了人们生活的方方面面。同时，社会保障目标在一定程度上取决于社会福利的基本目标，社会保障的结构体系、具体内容乃至制度发展方向均与社会福利相关，从而使社会保障更好地与社会福利相契合。此外，以社会保险为主体的社会保障制度影响着整个社会福利制度的建设，社会保障的项目、社会保障的待遇以及社会保障的提供方式都会影响社会福利的供给。

（二）社会福利与社会保障的对象与主体基本相同

一方面，不管是社会福利，还是社会保障，其实施对象都是广大的社会成员，包括弱势群体和社会劳动者两部分。弱势群体主要指老弱病残等没有劳动力，无法通过劳动满足自身或其家庭成员的最低生活需要的人②。社会保险的主要对象为社会劳动者，主要是企事业单位员工及其直系亲属。总而言之，所有的劳动者及其家庭成员都属于社会保障的对象③。社会福利的对象则包括所有公民。这就说明了社会福利的对象不仅涵盖了贫困者和弱势群体，还包括普通人群。从欧美发达国家的社会福利发展状况来看，其对象已经从社会底层和贫困人群拓展至全体社会成员。另一方面，社会保障与社会福利都是为满足群众的基本福利需求而设置的一种正式制度，它们是整个社会制度体系中两个不同的方面。其中，面向特殊群体乃至全体社会成员的社会福利制度和面向弱势群体的社会救助制度都强调国家和社会的责任。同时，任何一个政府都有义务不断满足人民与时俱进的物质文化和生活需求，逐步完善社会保障和社会福利体系，规范社会保障与社会福利待遇、标准、范围以及对象，提高全体民众的福利水平，实现整个社会的和谐发展。

（三）社会福利与社会保障相互依附

一方面，社会福利是基于社会保障形成的，只有在满足人民的社会保障需求之后，才会对层次较高的社会福利进行追求。目前，我国社会保障制度呈现出明显的城乡二元分割状况，打破这种状况是当前我国社会福利制度改革的重中之重，唯有如此，才能保证城乡居民平等享有社会保障权利，实现人民的社会保障机会公平与起点公平，继而实现社会保障的过程公平与结果公平。只有保障人们最低生活水平的社会保障制度体系得到完善后，才能够推进满足发展性和享受性福利需求的高层次社会福利。另一方面，社会保障也离不开社会福利。社会保障是一种生存性福利，属于最低层次，主要是对失业、生育、疾病、死亡等社会风险进行预防，满足的是社会成员的基本生活需要，而社会成员对生活状态的满足与幸福程度、对自身生活幸福与否的评价尺度主要依赖于社会福利供给的情况。如果没有社会福利，仅有最低层次的生活保障，则不能满足当前社会

---

① MENCHER S. Poor Law to Poverty Program: Economic Security Policy in Britain and the United States [M]. Pittsburgh: University of Pittsburgh Press, 1974: 347.

② ROTHMAN J. Practice with Highly Vulnerable Clients: Case Management and Community-Based Service [M]. Englewood Cliffs, New Jersey: Prencice Hall, 1995: 3.

③ 美国社会保障总署. 全球社会保障制度 [M]. 魏新武, 等译. 北京: 华夏出版社, 1989: 5.

成员增进福利的需求。因此，应当适当提供发展性福利和享受性福利，更有效地提高社会成员的生活质量。可见，离开了社会福利，社会保障不能促进社会的和谐发展，无法使社会成员提升幸福指数，社会保障也就失去了存在的价值。

二、社会福利与社会保障的区别

虽然社会福利和社会保障之间存在千丝万缕的联系，但它们毕竟属于两种不同的制度安排，主要存在五个方面的差别①。

（一）两者的兴办动机与发展动力不同

对经济问题及其衍生问题进行被动回应是各国构建社会保障制度的直接动机；为了确保社会整合与维护社会秩序则属于间接动因。通过对美国建立社会保障制度的原因进行探究，我们发现其主要动机表现在：①保护雇员及其就业机会；②为员工提供退休津贴；③拓展社会服务项目；④需求者受到政府的支持。在以上动机的驱使下，1935年，美国颁布实施了《社会保障法》②。另外，在从事社会福利方面，人类的动机与目标可谓丰富多样，覆盖意识形态、经济、政治、宗教、社会等方方面面，相对于社会保障而言，其动机与推动力量明显更为丰富多样。总的来说，在从事社会福利方面，人类的主要动机为：①人们的团结互助；②宗教福利活动的影响和教义感召；③政治层面的优势及所获取的权利；④出于对社会成本的考虑。社会福利属于一项积极的社会投资，是至关重要、必不可少的。⑤受意识形态所影响。对社会福利事业影响较大的价值观包含公平、平等、效率、集体主义、个人主义等③。在建立社会保障制度时，对就业保障及相关经济方面的关注是各国的主要动机与动力。相对于从事社会福利来说，从事社会保障的动机显得更加直接、简单和一目了然。一国在兴办社会福利时，由于深受多种因素如政治、文化、经济、意识形态等的影响，在动机方面也更加复杂多样。正是社会福利事业的发展具有多元化的推动力量和发展动因，导致其具有十分浓厚的政治色彩，并且充满了价值判断及争议。

（二）两者的资金来源与资源构成不同

社会保障的资金主要来源于政府的财政支出，再辅之以市场供款，相对来说，资源的来源渠道比较固定和明确，其中政府救助的资金主要来源于国家财政支出，社会保险的资金主要源自单位、国家和个人共同负担④。而社会福利的资金主要来源于国家财政支出，除此之外，还包括其他众多渠道，如家庭、单位、社区、宗教团体以及慈善机构等，其资金来源具有显著的多元化特征。尤为重要的是，社会福利还有丰富的内涵与外延，如历史文化传统与政治经济因素；除了物质福祉之外，还包含心理层面的福祉，既包含机会、选择与权利，还涉及社会环境和社会平等。由此可见，社会福利资源的范围要广于社会福利资金，它涉及多种非货币收入与资源，如价值观、创造美满的家庭生活、构建和谐的社会环境、形成良好的社会网络关系等。自20世纪70年代起，西方国

① 张军．社会福利与社会保障的再解读：基于我国适度普惠型社会福利制度构建的视角［J］，社会福利（理论版），2018（1）：5-12.

② TENBROEK J. The Law of the Poor［M］. San Francisco：Chandler Publishing，1966：5.

③ MACAROV D. Social Welfare Structure and Practice［M］. Thousand Oaks：Sage，1995：31.

④ 国际劳工组织．社会保障基础［M］．王刚义，魏新武，译．长春：吉林大学出版社，1989：4-10.

家选择的福利政策模式越来越倾向于福利多元主义，并不断发展成为一种流行思潮。随着社会福利事业的不断发展，福利资源的来源与构成越来越多样化。在福利供给方面，社区、家庭、单位、宗教团体和慈善机构的作用越来越大。总的来说，社会保障资金的来源渠道通常比较明确和固定，社会保障资源是专项和单一的。社会福利的资金来源和筹资渠道都极为丰富，福利资源打破了单一货币资源的限制，福利需求的满足由政府、市场、社区、家庭共同承担。

（三）两者的服务性质与福利功能不同

社会保障尤其是其中的社会救助发挥了巨大作用，起到了有效的社会控制与社会治疗作用，还有助于工作伦理的强化。美国著名学者皮文（Piven）和克洛尔德（Cloward）在其著作中提到，要想正确解读救助（救济）的含义，其功能必须服务于更大的政治与经济秩序[①]。然而，在现实中，社会救助中的社会控制与社会治疗常常让受助者认为是一种耻辱。社会保障制度主要具备两大社会功能：其一为社会互助；其二为社会风险预防。就服务性质层面而言，社会救助主要表现为消极的事后赔偿和治疗[②]；而社会福利则是确保人的各种功能得到有效发挥，不断提升人民的生活质量，尽量减少社会不平等的现象，创造平等和谐的社会环境，不断挖掘人类的潜能，使之得到最大化发展。瑞典学者阿尔瓦·迈达尔（Alva Myrdal）表示，社会福利和社会政策主要发挥如下基本功能：①依据对医疗、康复、儿童照顾和教育的需求来对社会未来进行投资；②通过各种补助，如养老金、住房补贴、医疗补贴等来补充收入；③对牺牲者的家庭和不幸人群进行社会补偿[③]。由此可见，社会福利的主要性质就是预防和发展。总的来说，强化工作伦理和社会控制属于社会保障服务的主要功能，事后补偿和治疗则是其基本的性质。而社会福利的功能并不如此，它是兼顾投资与预防的制度性机制，并非消极的社会开支。这表明了社会福利不会给经济增长带来负担，而是属于促进经济增长的社会基础设施与前提。

（四）两者的保障方式和保障形式不同

从保障方式上看，社会保障主要提供实物救济和现金保障，提供的服务保障相对较少。在通常情况下，收入保障为主要的社会保障方式，并辅之以服务保障[④]。欧美一些发达国家的福利提供方式主要表现为以下几个类型：①服务提供；②经济保障；③实物救助[⑤]。社会福利主要是为福利接受者提供服务，并辅之以一定的实物补助和经济保障。在西方发达国家，随着社会经济水平的不断提升和人们生活质量的不断改善，在社会生活中灵活性强的社会福利显得越来越重要。在福利需求的满足中，心理、社会和文化等因素的影响力越来越大。当人们的基本生存需求得到满足之后，现金收入的保障作用会呈现出下降的趋势。综上所述，社会保障的提供方式主要为物质性的实物补助和收入保障，并辅之以一定的服务保障。而对社会福利而言，随着经济水平的不断提升，社

① PIVEN F F，CLOWARD R A. Regulating the Poor：The Functions of Public Welfare［M］. Updated Edition. New York：Vintage Books，1993：xiv.

② ROBSON W A. Welfare State and Welfare Society：Illusion and Reality［M］. London：George Allen & Unwin，1976：31.

③ ROBSON W A. Welfare State and Welfare Society：Illusion and Reality［M］. London：George Allen & Unwin，1976：23.

④ 美国社会保障总署. 全球社会保障制度［M］. 魏新武，等译. 北京：华夏出版社，1989：4.

⑤ MACAROV D. Social Welfare Structure and Practice［M］. Thousand Oaks：Sage，1995：10.

会服务及心理、精神健康方面的服务越来越重要，物质救助和经济保障只充当了基础性保障的角色，非物质性的服务保障的重要性日益凸显。当前，为广大人民群众提供各种社会工作服务和社会福利设施，比如为老年人、残疾人、精神病患者提供养护、教育、康复、安老、咨询等服务在西方国家越来越流行，成为民众获得物质、精神以及心理满足的一个重要层面。

（五）两者的服务范围和服务内容不同

社会保障中的实物救助和收入保障具有十分浓厚的经济色彩。国际劳工组织对社会保障服务的内容进行了界定，具体包含以下几个部分：①社会救助；②社会保险；③国家财政补贴；④家庭津贴；⑤储蓄基金；⑥单位规定的补充条款；⑦与社会保障相关的各种补充方案[①]。注重被救助者及其家人的实物救助和收入保障是以上服务内容的共性。然而，社会福利的覆盖范围明显更广，涉及我们生活的方方面面，并且随着社会经济发展水平的不断提升，各国的福利内容越来越丰富，福利范围也将不断拓展。很多英国学者表示，社会福利范围包括以下几个组成部分：①社会保障；②教育福利；③住房福利；④健康服务；⑤个人社会服务；⑥就业服务[②]。他们认为在社会福利制度中，社会保障只是其中最基础的部分。尤其应该注意，随着福利观念的不断变化和经济水平的日渐提升，社会福利的范围与内容会不断扩展和增加。这种现象在英国福利发展史上表现得尤为突出。

英国的社会福利在第二次世界大战（以下简称二战）之前主要是为了满足工薪阶层的需求，并且这是社会福利范围适当的表现。二战之后，英国首相艾德礼率先宣布在世界上首先建成了福利国家，此后，社会福利的范围得到了持续拓展，逐渐向全民覆盖，这在国家卫生保障、基础教育、年金计划等方面向全民覆盖上表现得尤为突出，从而导致当前很多人觉得中产阶级才是社会福利的主要受益者，最底层的社会群体获益不多[③]。这种现象并不是英国特有的，在欧美发达国家十分常见。当前，社会政策的外延不断拓展，其边界已经延伸到了原本认为是公共政策和经济政策的领域，诸如移民、工业关系、法律强化、就业、货币政策和财政政策等[④]。总的来说，在世界范围内，社会保障的范围都得到了明确的限制与固定，其服务内容多半集中在经济保障方面。然而，社会福利并非如此，其内容与范围处于动态发展的状态，会随着经济的发展而增加和拓展。经济保障、社会环境与社会投资均属于社会福利的范畴。这意味着人类的基本需求在不断提升，社会满足基本需求的能力在不断强化。与此同时，人们的生活水平也在不断提升。可见，社会福利内容和范围的增加和拓展是历史发展的客观规律，是顺应历史发展的。

社会福利与社会保障的区别可以总结为表1-1中的内容。

① 美国社会保障总署. 全球社会保障制度［M］. 魏新武，等译. 北京：华夏出版社，1989：4.
② HILL M. Understanding Social Policy［M］. Oxford：Basil Blackwell，1980：2.
③ ROBSON W A. Welfare State and Welfare Society：Illusion and Reality［M］. London：George Allen & Unwin，1976：23-24.
④ GINSBURG N. Divisions of Welfare：A Critical Introduction to Comparative Social Policy［M］. London：Sage，1992：1.

表 1-1　　社会福利与社会保障的比较

比较的层面	社会福利	社会保障
兴办动机与发展动力	互助、宗教教义、政治、经济考虑、意识形态	经济保障与社会稳定
资金来源与资源构成	国家、家庭、社区、志愿组织和慈善团体、市场	国家、雇主和雇员三方负担
服务性质与福利功能	人的发展，预防性与发展性功能	经济保障、社会控制、治疗性与补救性功能
保障方式与保障形式	社会服务为主，收入保障和实物救助为辅	收入保障和实物救助为主
服务范围与服务内容	普通民众、中产阶级、全体社会成员	穷人、弱势群体、社会劳动者

从国际通行的角度来看，虽然社会福利与社会保障的内涵和外延存在共同点，但二者之间的差异也十分明显，从而使其关系更加错综复杂，需要我们对此重新解读。对社会保障与社会福利的理解存在巨大的社会意义，对社会福利政策的分析与社会现实的理解都是以此为基础展开的。总而言之，在外延和内涵上，社会福利比社会保障更加博大精深和丰富多样。不管从哪种视角出发，社会保障的概念都小于社会福利的概念。从上文中西方国家关于社会福利的理解和国际惯例来看，二者之间的关系既是部分与整体、基础与主体、物质福祉与社会心理福祉的关系，也是低级与高级、简单与复杂、现实与未来的关系。总的来说，这意味着社会福利中包含社会保障，社会保障只是社会福利中的基础部分。国家层面的制度设计和制度安排应该是社会福利制度而并非社会保障制度。

在我国，对社会保障与社会福利的概念和内涵的解读与国际惯例不同。在相当长一段时间内，由于深受历史传统、政治经济与社会文化的影响，我国学术界在解读社会保障和社会福利等的概念时，与普通民众的理解是大致相同的，并且形成了高度的“社会共识”的局面。总的来说，当前中国特色的社会福利与社会保障主要体现在：社会保障属于一个大概念。在我国，为了改善民生、改善人民的物质文化和生活状态而做出的制度安排属于社会保障制度而非社会福利制度；社会福利属于被包含在社会保障中的小概念，在国家宏观层面所制定的整体性社会保障制度中，它只是一个组成部分，是社会保障制度体系的最高纲领。这证明，在我国，关于社会保障和社会福利概念的理解早已约定俗成，而且与国际惯例大相径庭。

在我国，就社会福利和社会保障的概念进行本土解读非常重要，不仅能直接反映我国社会福利的现状，而且会对我国整体的社会发展和社会福利制度的创新产生重大影响。当前，我国社会福利的制度安排及相关政策模式反映出了人民群众所追求的“社会保障”而不是“社会福利”的主流价值观念，这意味着当前我国社会经济水平不高，依然处于社会主义初级阶段。当前我国的社会福利水平不高，满足人民福利需求的能力亟待提升，加之我国属于发展中国家，在制度安排和制度建设上重点考虑社会保障领域，所以强调社会保障高于社会福利，是与我国目前的社情民意相符的，也是能够理解的。但是，立足于长远，根据社会保障中内含社会福利的思路进行制度安排与发展规划，将不利于我国社会福利制度建设。还应该特别注意，当前我国对社会福利和社会保障的概念的解读不利于对我国福利现状进行科学准确的认识与理解，将制约我国的社会福利制度创新，不利于我国与国际学术界开展平等对话和国际交流。目前，我国已经全面建成小康社会，我国与世界的交流与融合越来越深入，在此背景下，我国的福利政策也应该与世界接轨。这已成为我国政府和学术界的一项亟待解决的工作。让我国福利政策与国际惯例接轨，将有利于我们对社会政策进行国际比较研究，进一步强化政策交流与合作。除此之外，还能参考和借鉴西方发达国家在社会福利事业发展方面的经验，在社会福利方面缩小与西方发达国家之间的差距，继而使我国人民的生活水平和社会经济的发展尽快赶上西方发达国家，最终实现中华民族伟大复兴的中国梦。

第三节 社会保障理论的研究内容

社会保障制度是以国家立法强制实施为基础构建起来的国民基本经济保障制度，也是一项重要的社会政策，是涉及国民收入再分配的制度化安排，是经济制度，也是社会制度。作为一项重要的社会政策，社会保障制度的形成和发展又是政治领域各主体博弈的结果。社会保障是一个具有综合性特征的研究课题，它既是经济学问题，又是社会学和政治学问题，因此，对社会保障的理论研究不能局限于经济学领域，而是应当同时关注和涉猎社会学和政治学等相关学科领域。社会保障理论的研究内容大体上包括社会保障理论史、福利经济学与社会保障、政治经济学与社会保障、非商品化理论与社会保障、风险社会理论与社会保障、社会支持理论与社会保障、社会分层理论与社会保障、伦理学与社会保障、社会保障体制结构中的国家与市场、演化博弈论与社会保障制度变迁等。

一、社会保障理论史

社会保障针对失去谋生（生存）能力或暂时失去此能力（有能力而一时无工作者归入此类）或不具备此能力且无人赡养（无依无靠）或遭遇天灾人祸的社会群体。其实践经历了一个从非制度化到制度化的发展过程，至于萌发的思想与理论，则可追溯至人类的全部历史，而且这些思想和理论为人类所共有，人类情感与理性即心智的共同产物。另外，社会保障作为人类社会的福利制度安排，它本身受经济、政治、社会、伦理的因素乃至本土历史文化和外来文化的影响。研究社会保障问题，便很自然地需要运用政治学、经济学、社会学、哲学、伦理学等诸多学科知识。因此，社会保障理论具有明显的交叉性和跨学科性。由于其本身尚未形成一个完整的、成熟的理论体系，所以我们可以说，社会保障理论仍然处于形成阶段。但是，渗透于各个学科中的社会保障思想却源远流长，伴随着人类文明的进程。有学者认为，社会保障思想发端于人类的文明，并伴随、促进人类的文明发展，它在后世的理论化和制度化也成就了文明的人类。社会保障思想的渊源可以归结为三点：[1]（1）人类一以贯之的古老、基本的伦理观念，这一伦理观念直接具有关系和决定人类生存、延续的人本主义特质。它的最高凝练表达形式，就是“天赋人权观”。（2）人类在社会管理中逐渐认识到的稳定、秩序、效率的需求。济贫（救济的早期制度化）就是这一需求思想的物化形式。（3）中国传统思想中指向社会保障的社会伦理。各民族思想中均有相应的社会伦理观念。可见，社会保障思想发端于人类的文明，并伴随、促进了人类的文明发展。后世，它的理论化和制度化则成就了文明的人类。按照社会保障制度史来划分社会保障理论的形成和发展阶段，它基本上可以分为社会保障制度萌芽期的理论、社会保障形成期的理论、社会保障制度发展期的理论、社会保障繁荣期的理论和社会保障改革期的理论等不同的阶段。在社会保障制度发展的各阶段大体上有四种既相关联又相竞争的社会保障理论，即自由主义理论、保守主义理论、合作主义理论和社会民主主义理论。在不同时期、不同地域，这些理论的地位、作用及表现形式有着很大的差别。

二、福利经济学与社会保障

福利经济学是寻求最大社会经济福利的西方经济理论体系，它主要研究如何进行资源配置以提高效率，如何进行收入分配以实现公平，以及如何进行集体选择以增加社会福利。社会保障理论的经济学部分包括在福利经济学之中，是应用福利经济学的一个重要部分。1920年，庇古出版了《福利经济学》，第一次将福利经济学作为一门独立的学科来看待，并首次建立了福利经济学的理论体系。此后，福利经济学成为经济学一个日益重要的分支，在英国、美国、北欧国家得到了很大的发展。经济学界一般将福利经济学的发展划分为两个阶段，或者将福利经济学分为新旧两派：第一阶段（或者旧派）以英国经济学家庇古为代表的；第二阶段（新派）源于意大利著名经济学家帕累托，为英国的卡尔多、希克斯与美国的勒纳、萨缪尔森等所倡导。第一阶段（旧派）福利经济学认为个人主观心理评价的效用可以用货币来加以衡量，效用可以进行比较，当社会上的各个个体的收入的效用总和最大化时，社会经济福利就达到最大；同时，从边际效用递减规律出发，断言国民收入的总量越大，其中归于贫者的比例就越大，社会经济福利就越大，进而主张国家采取适当的干预经济的措施和财政政策，以调节生产资源和国民收入的分配。第二阶段（新派）福利经济学以序数效用论和一般均衡论为理论基础，从消费者角度的“交换最适度条件”和生产者角度的“生产最适度条件”，来论述达到最大社会经济福利的条件；有的主张听任完全自由竞争，有的认为国家采取适当的调节措施就可以达到最大的社会经济福利。新福利经济学的贡献在于：一是提出了社会福利函数理论；二是提出了社会选择理论；三是对市场失灵与政府作用进行了研究。阿玛蒂亚·森是福利经济学发展进程中又一位重要的代表人物，他对福利经济学的突出贡献在于，他将公平、正义等伦理学概念引入经济学中，开创了福利经济学以“公平价值观”的实现为取向的非福利主义时代，从而使福利经济学与社会保障之间的关系日益密切。

---

① 庞绍堂．社会保障的思想渊源［J］．南京社会科学，2008（7）：132-137.

三、政治经济学与社会保障

社会保障从本质上来看，是政治过程对经济过程进行干预的产物，它涉及一个社会的政治经济过程，而政治经济学恰恰是一门研究政治经济过程的学科。19世纪的政治经济学是将政治经济过程作为一个整体来研究的，而后被割裂为研究微观领域的经济学和关注国家问题的政治学。20世纪30年代爆发了世界性资本主义经济危机，自由放任的经济理论宣告破产，应运而生的是凯恩斯的经济学。凯恩斯把经济危机归咎于市场失灵，主张通过国家纠正市场失灵解决经济危机。由此，国家再次进入经济学家的视野，政治学与经济学实现了又一次融合。凯恩斯以后，国家问题在经济学中已经无法回避。二战后，各国社会发展中政治与经济的融合也向政治学提出了新的要求，促使政治学发生变革，与其他学科之间出现交叉。政治学的研究领域得以扩大，除了传统的政治制度、国家结构形式、民主、平等、自由等问题外，政治系统、政治发展、政治变迁、政治心理、决策、利益集团、政党、政治文化、舆论、选举等问题纷纷进入政治学领域。由于政府政策对经济产生影响，因而政治因素的经济后果也受到政治学家关注。20世纪70年代，经济学和政治学共同把目光投向政府，并出现以两种学科的明显交叉为标志的学说，如公共选择理论和新制度主义。公共选择学派专门研究政府失效的原因，运用经济学的方法分析政府和政治。新制度主义专门分析制度因素对经济的作用。西方经济学家重新关心政治问题，相对于近代的政治经济学，这些新的学说以及其他重新涉及政治问题的经济学说，就构成了新政治经济学。政治经济学的复兴反映了当代多学科交叉融合的趋势。政治学、经济学、社会学等相互融合，出现了多个边缘学科，如政治社会学、经济社会学等。社会保障理论如果发展成为一门独立学科，其本身也必将是多门学科交叉融合的结果，是一门边缘学科。

四、风险社会理论与社会保障

1986年，德国著名的社会学家乌尔里希·贝克出版了《风险社会》一书，但学界反应平淡。直到1992年该书被马克·里特译成英文后，“风险社会”作为一个概念和理论才为更多的西方学者以及公众所接受。而安东尼·吉登斯涵盖丰富、内容全面的著作无疑在推广这个理论的过程中起到了推波助澜的作用。他们两人关于风险社会的论述具有高度的互补性：贝克侧重于技术性风险，而吉登斯侧重于制度性风险；贝克的理论带有明显的生态主义色彩，而吉登斯的话语则侧重于社会政治理论的叙述。在他们两人看来，早期现代性解决的是传统社会的风险，但也产生了新的风险，并且这些风险的累积构成了晚期现代性的特征。由于风险是一个时代的特征和社会的特征，所以才可以说出现了“风险社会”。贝克认为，风险社会反映了三个方面的内容：（1）现代性制度与其自然资源和文化资源的紧张关系；（2）人们对安全和威胁的认识和理解的变化；（3）团体和社会的意义之源的弱化。工业社会的核心问题之一是财富分配以及不平等的改善与合法化。在风险社会，我们必须把风险的化解与分配作为核心问题。

与贝克相比，吉登斯的风险社会理论有两个鲜明的特点：一个是前面所提到的他对制度性风险的强调；另一个是他分析了风险社会对个人的日常生活的影响。在吉登斯看来，生活在高度现代性世界里，便是生活在一个机遇与风险并存的世界中。这个世界的风险与现代性制度发展的早期阶段不同，是人为不确定因素带来的问题。当然，这些新风险出现并不意味着现在的社会生活比以前更危险，而是人们的自我保护意识增强了。因此，吉登斯的理论除了与贝克的理论同样具有宏观制度分析的特点以外，比贝克的理论更加注重与社会政策衔接，能直接推导出更多的具有操作性的政策措施，因此也更受官方的重视。吉登斯被称为英国首相布莱尔的思想导师，其理论亦构成"第三条道路"思潮的主要内容。

五、结构功能理论与社会保障

结构功能理论可以说是社会学理论最基本的见解，也是社会学较早成熟的理论派别。保守学派的社会保障理论中，许多的观念即来自结构功能理论的概念与思想。结构功能理论的代表人物之一是美国社会学家塔尔科特·帕森斯。他在1937年出版了《社会行动的结构》一书，在书中他分析了大规模的社会、文化的体系结构与功能，重点描述了社会结构与社会制度的关系。结构功能理论的核心观念是"整合与秩序"，帕森斯认为社会总是以一种"动态均衡"的方式存在着。也就是说，不管社会一时如何动荡不安，最后总是会达到一个稳定的状态，这就像人的某个器官生病了，后来总是会痊愈一样。各国社会保障制度的不同，往往是由其社会结构不同所致，而社会保障制度设计后的实施过程也会进一步给社会结构带来重塑的效果。针对社会保障制度的兴起，结构功能理论认为这种制度本身在社会功能上具有重要性与必要性，这种解释虽然不能说明社会保障制度的真正来源与变迁，但它将社会保障制度视为社会整体中一个必要组成部分并具有独特的社会功能，无疑是正确的，有助于认识社会保障在现代社会发展进程中的客观地位和作用。持这一观点的学者认为，社会保障制度的兴起符合"工业主义的逻辑"或"技术决定论"，即社会保障制度是工业社会发展不可避免的结构，工业化程度愈高，社会保障制度应该愈稳定。这种结论是伴随着资本主义的兴起和工业技术的进步出现的，失业与贫困等社会问题决定了需要社会保障制度来弥补资本主义的弊端，从而强调所有的社会因全世界走向工业化模式而逐渐产生包括社会保障制度在内的相同的社会制度。因此，这种结论立足于社会的发展阶段，依据的仍然是结构功能理论。

第四节　社会保障理论的研究方法

一、历史研究方法

中国社会学家龙冠海认为，历史方法就是采用科学的方法和态度，尤其是归纳法，对历史起源进行检讨，还原历史真相，并挖掘其因果关系[①]。诚然，任何经济制度和社会制度无一不是一种历史的存在，不但有其自身的发生、发展的历史，而且制度本身的出现，无一不是在历史发展的序列和一定的历史环境中，对原有制度形态的直接或间接的承袭和延续。在对我国的社会经济问题进行研究时，必须对历史方法中的哲学方法论

① 龙冠海．社会学［M］．台北：三民书局，1966：63.

引以为重，只有从历史的角度展开研究，才能帮助我们弄清社会经济的起源、发展，乃至未来的发展趋向。威廉·罗雪尔是德国旧历史学派的创始人，他提出：“只要没有完全步入迷途，历史方法不管在什么时候都具有客观真理，其最大的目的就是采用科学形式为后代提供人们已经获取的政治成果。”[①]道格拉斯·诺斯是新制度经济学的代表，他提出：“历史非常重要，其重要性表现在人们不仅可以凭此探索以往的经验，还表现在未来与现在是借助一个连续的社会制度与历史相连的，现在和未来的选择都取决于历史，只有在制度演进过程中才能真正理解历史。”[②]正如德国哲学家黑格尔所言：“人类取得的所有历史工作成果，比如外部生活的技巧、技术、社会团结的组织、发明的积累和政治生活的习惯，均是思想、需求、困难、发明、意志的成果体现，因此在科学中，尤其是哲学中，我们都应该感谢历史。或者如赫尔德所言，所有因各种变化而早已成为过去的事物，都连结成了一条神圣的链条，保存前代的各种创获，并流传给后人。……这样的传统并非如石像一般，而是属于生命的洋溢，就如同一股洪流，距源头越远就会膨胀得越大。”[③]超脱历史环境下制度演变的外在形式，而对其内在规律进行把握就是历史分析法的真谛。另外，这种方法相对于历史分析中的动态方法和静态方法的简单取舍也具有一定优越性，能破除制度演化进程中变化与静止的简单分裂，注重在不断发展变化的制度外形上，把握其中某些稳定规律。这意味着目前我们要分析社会保障理论时，就必须首先了解历史，对中国社会保障理论所蕴含的历史作纵向的剖析。本书在分析社会保障理论的产生和发展进程时，正是基于历史方法论原则展开的，特别是从福利文化视角出发，颇为详尽地探索了中西社会保障理论所蕴含的观念、思想发展的历史脉络，进而得出结论：社会保障制度的模式与其自身所具备的福利文化紧密相连，属于特定历史条件下的一种必然性制度选择。所以，在探索社会经济问题，特别是社会保障理论时，必须注重分析历史进程，并充分应用历史分析方法；不然，在探讨这些问题时，就会严重缺乏根基，从而极难探寻出社会保障理论的发展框架，也极难探寻与历史变化规律相符的因素及未来制度的转变趋势，最终将很难走上与本国社会保障理论相符的社会保障发展之路。这是在研究社会保障理论时历史研究方法论为我们提供的重要启示。

二、跨学科研究方法

跨学科研究曾经是欧美社会科学研究的一个传统研究方法并受到重视，独立的、自成体系的、有组织管理和规划的跨学科研究在20世纪50年代再次流行。从字面上来说，跨学科当中的“跨”字即跨越边界，指的是在传统学科之间进行跨越或者跨出传统学科。通俗地说，超出了一个已知学科的边界限制，而涉及其他不同类型的学科的实践活动，都可以称为“跨学科”[④]。

从内容上来说，广义的“跨学科”至少可以包括和引申出三个层面各不相同却又存在一定关联的含义：①打破了学科的限制，是一种有机融合不同学科的理论研究方式的教育活动或研究；②指代包含了诸多学科在内的相互交叉、相互融合的学科群体；③指

① 罗雪尔. 历史方法的国民经济学讲义大纲［M］. 朱绍文，译. 北京：商务印书馆，1997：12.
② 诺斯. 制度、制度变迁与经济绩效［M］. 刘守英，译. 上海：上海三联书店，1994：前言.
③ 黑格尔. 哲学史讲演录（第一卷）［M］. 贺麟，王大庆，译. 北京：商务印书馆，1959.
④ 刘仲林. 现代交叉科学［M］. 杭州：浙江教育出版社，1998：69.

的是用于研究跨学科基本方法和内在规律的层次较高的学科[①]。

跨学科研究存在以下三种优势：①使专业化垄断被打破，能充分融合不同类型学科的范式，促进研究以往被忽视的学科；②强化了各学科之间的融合与交流，使之转变为新学科；③提出了一种基于“解决问题”的新型研究范式，促进了很多重要问题的解决[②]。正是由于存在这些优势，跨学科研究一经提出就备受推崇。在社会科学的研究中，它已发展为一种重要的方向与趋势。

社会科学中的跨学科研究，首先是在社会心理学和人类学研究领域受到关注、希望重新寻找各学科关联的早期学术传统。在20世纪60至70年代，跨学科研究方法在社会史、家庭史、人口史等研究领域受到重视，在许多学术领域取得了重大突破。新制度经济学也再度受到重视，这同其运用跨学科方法论的特性密切相关。20世纪90年代以来，社会科学中的跨学科研究再度受到西方学者的关注，尤其在社会学、历史学、人类文化学以及新制度经济学的一些领域中涌现出大量研究成果，强调在跨学科、多学科的结合中，联手应对21世纪日益复杂的经济、社会问题。跨学科的研究方法也成为21世纪社会科学研究中非常引人注目的研究方法。社会福利制度安排深受各种因素的影响，诸如文化、政治、经济、伦理道德等，加之各种传统学科也会错综复杂地影响社会保障制度与福利政策，这决定了社会保障学科是一门基于其他多种学科发展起来的年轻学科。所以，在研究社会保障理论的方法和范式时，必须采用跨学科和多种学科交叉的方式展开研究。因为深受西方技术理性和工具理性的影响，目前我国学术界多半从经济学的视角出发来研究社会保障理论，而且只研究了社会保险理论这一个层面，在展开分析与研究的过程中，只将其当作一种纯粹的经济制度，未从文化学、历史学和社会学等角度展开综合研究及分析。在对社会保障理论进行分析时，这种范式存在较大的局限性，它切断了事物之间的普遍联系，只单向、片面地进行分析，没有考虑众多因素及横向的影响，忽略了构建具有综合性的、有机联系的系统观。本书基于跨学科研究方法的理论思路，从福利文化学的视角出发，对社会保障理论展开了系统梳理；在考察社会保障理论的思想渊源时，主要采用文化学和伦理学的理论；在分析社会保障理论中的国家和市场时，主要采用经济学的理论；在分析社会保障理论中的国家与公民时，主要采用政治学的理论；在探寻社会保障理论中的社会救助理论时，主要采用社会学的理论；在对社会保障理论中的社会保险理论时，主要采用经济学、社会学的理论。由此，本书对社会保障理论取得了颇为完善和全面的认知，并建立了与之相适应的分析框架和理论概念。

三、制度分析研究方法

所谓制度分析，通常是指基于制度变迁，充分考虑政治、经济、文化、历史等多种因素，对人类社会制度变迁的规律与轨迹展开综合分析的研究视角及方法[③]。制度分析这种方法的核心之处体现在研究经济与社会制度时，所采用的并不是抽象、静止和孤立的视角，而是以发展与现实的观点来看待。实际上，制度分析的本质含义是提供一种新

---

① 刘仲林．现代交叉科学［M］．杭州：浙江教育出版社，1998：70-71.

② 金吾伦．跨学科研究引论［M］．北京：中央编译出版社，1997：前言.

③ 林义．西方国家社会保险改革的制度分析及其启示［J］．学术月刊，2001（5）：29-36.

的思维方式，使之与近代工具理性相区别，注重历史分析、人文传统分析和总体分析的方法论与分析框架①。总的来说，制度分析的特点主要表现以下三个方面②：①重视分析历史。制度分析的主线是注重历史条件与历史传统所构成的制度转变路径，通过历史环境下制度转变的外部形式对其中的内在因素进行把握是其核心。②注重跨学科研究和综合性分析。制度分析表明，所有制度变迁都不是单独存在的，会内嵌在各种观念文化、社会关系、社会组织以及社会网络当中。所以，为了对制度的本质进行揭示，必须从系统和整体出发，并深入到宗教、意识等深层次领域。③注重跨文化分析。制度分析认为，观念文化在制度变迁中具有极其重要的潜在价值，因而东西方之间差距较大的社会文化势必会严重制约制度的路径依赖与选择形式。所以，在对各国的制度变迁进行考察时，如果从跨文化视角出发，则能对不同文化背景下相应的制度变迁进行有效把握。但是，目前不管是国内还是国外，在研究社会保障制度和理论时，多半是研究运行机制的操作，极少从文化观念、历史传统等方面展开深入剖析。由此可见，在社会保障理论研究中，制度分析方法还相对薄弱。基于上文对制度分析方法的阐述，本书依据实际情况，制定了制度分析方法，采用福利文化等众多因素进行系统分析，以发展、联系和综合性的视角，来分析我国和世界社会保障制度的理论基础。以制度分析的观点来看，社会保障制度的理论基础正是社会保障理论和社会福利思想，而后者正是福利文化的内容，是保障、福利的观念及理论所体现出的价值观，其中包括中国和西方社会福利思想的渊源、西方社会保障理论以及当代中国学者对社会保障的研究。总的来说，社会保障理论的构建是一项综合系统工程。采用制度分析方法，有助于对社会保障理论的文化积淀、历史传统、风俗习惯等影响进行更好的把握，基于现实的针对性与历史的延续性，在政策制定方面为社会保障理论的建设提供建议。

关键术语

社会福利（Social Welfare） 社会保障（Social Security） 福利经济学（Welfare Economics） 最适度条件（Optimum Condition） 补偿检验标准（Compensation Test Standard） 社会福利函数（Social Welfare Function） 风险社会（Risk Society） 制度分析（Institutional Analysis） 发展性福利需求（Developmental Welfare Needs） 享受性福利需求（Enjoy Welfare Needs）

复习思考题

1. 概述社会保障的含义。
2. 概述社会福利的含义。
3. 简述社会保障与社会福利的区别与联系。
4. 简述社会保障理论的研究方法。

---

① 林义. 制度分析及其方法论意义［J］. 经济学家，2001（4）：79-85.
② 详细的论述参见：林义. 制度分析及其方法论意义［J］. 经济学家，2001（4）：79-85.

第二章

社会保障理论史

学习要点

通过本章的学习，把握现代社会保障制度产生的背景，了解社会保障理论产生、形成与发展的历史脉络，了解中国社会保障制度的福利文化渊源。

案例引入

瑞典社会保障制度的建立、改革与发展

1.瑞典社会保障制度的建立

瑞典是建立社会保障制度比较早的北欧国家之一，被公认为福利国家的典型。瑞典社会保障制度的建设可以追溯到19世纪后期。1884年，瑞典议会第一次讨论社会保障问题，后于1891年制定了最早的一部社会保障法——《自愿健康保险计划》。随后，有关社会保障的法律相继出台：1901年颁布强制执行的工伤保险条例，1913年出台养老保险法，1931年实施疾病补贴等。1932年瑞典社会民主党上台执政以后，开始大力推动社会福利建设。20世纪50年代，瑞典开始按福利国家模式改造社会保障制度。从实践来看，瑞典采取的福利国家模式以《贝弗里奇报告》为依据，充分贯彻了社会保障的普遍性和统一性原则。其覆盖面宽、涉及内容广泛，甚至涉及一个人生命过程中的各个阶段，是一种"从摇篮到坟墓"式的全方位的社会保障。

2.瑞典社会保障制度的改革与发展过程

瑞典是典型的福利国家，而且其社会保障的给付水平较高、保障能力较强，这也给瑞典政府的财政带来了较大压力。瑞典著名经济学家、瑞典皇家科学院诺贝尔经济学奖委员会主席阿萨·林德伯克认为，福利无论是就其范围还是就其内容来说都是有限度的，超过了极限就要步入危险的境地。为了解决福利滥用的问题，实现从过度福利向适度福利的转变，促使福利增长与经济增长相适应、社会保障内部收入与支出相协调，瑞典走上了改革之路。瑞典改革福利制度并不是要摧毁福利制度本身，而是要通过改革使福利制度变得具有可持续性。具体来说，瑞典社会保障制度的改革措施主要体现在以下几个方面：

（1）紧缩社会保障支出，降低福利水平

为了改变财政入不敷出的局面，瑞典在社会保障的开支节流上做文章。第一，提出社会保障支出紧缩法案。1980年，瑞典政府首次提出社会保障支出紧缩法案，建议确定社会保障津贴标准。1981年，瑞典政府加大紧缩社会保障支出的力度。1982年初，瑞典政府再次提出社会保障支出紧缩法案，重新实行领取健康保险津贴前的两天等待期，将健康保险日现金补贴的工资替代率由97%降低到87%，增加失业保险被保险人缴费金额，取消养老金领取者的住房补贴。第二，降低替代率。20世纪90年代初期，瑞典大多数社会保障体系中的工资替代率从将近100%下降到80%，有的甚至下降到75%。第三，延迟退休年龄。延迟退休年龄可以延长缴费年限，产生增收效应，同时相应减少领取退休金的余命年限，产生节支效应，最终实现增收节支。

（2）调整中央政府与地方政府的职责，增强地方政府的独立性

为了减轻中央政府的财政负担，瑞典调整中央政府与地方政府在社会保障方面的职责。20世纪80年代，瑞典开始尝试社会保障财政支出地方化。到1993年，瑞典中央政府对地方政府提供的社会救济与社会服务财政资助不再按不同项目进行分类，而是实行综合性原则，即中央政府根据各郡人口结构、税收情况等提供不同数量的财政

资助，如何使用财政资助资金由地方政府根据各地实际情况自行决定。这一改革措施划清了中央政府与地方政府在社会救济和社会服务方面的不同职责，在一定程度上增强了地方政府的独立性，使其可以根据所管辖地区的实际情况有针对性地提供社会救济和社会服务，从而促进瑞典各地社会经济与社会保障事业的协调发展。

（3）改革税制，增强劳动积极性

为了降低高税收、高福利对劳动激励和企业竞争力等造成的负面影响，瑞典先后采取了多项减税措施。1983年，瑞典开始改革税制，并在20世纪90年代初加大了改革的力度。1991年，瑞典放弃了高额累进税制，取而代之的是两级税制，低收入者只需缴纳26%～33%的税给地方政府，而高收入者在缴纳26%～33%的税给地方政府的同时，还要缴纳20%的税给中央政府。税制改革的结果使得总边际税收收入在1983—1995年间下降了15个百分点，最高边际税率则从85%下降到了70%，这在一定程度上增强了人们劳动的积极性和企业的竞争力。

（4）调整受益规则，引入“工作福利”制度

为了克服福利与贡献完全脱节的现象，瑞典调整了社会保障的受益规则，其中最重要的制度创新是引入“工作福利”制度。所谓工作福利，是指凡是接受政府福利补助金的人必须接受政府或立法规定的有关工作，其基本特点主要体现在以下几个方面：针对有劳动能力的被救助者；被救助者必须用工作来回报他们所得到的救助金；工作福利制的工作条件要低于劳动力市场中同等工作的条件；在公共收入维持体系的最底层实施。

（5）改变资金来源单一化，构建“三支柱”社会保障制度

为了改变社会保障资金来源单一的现状，瑞典把政府的单一福利调整为混合福利，即雇主和雇员都对社会保障负有责任，并且鼓励私营部门以职业年金与私人养老计划和医疗计划参与福利资源的配置，建立“三支柱”的社会保障制度：第一支柱是覆盖全民的国家强制性基本养老金制度，第二支柱是准强制性的职业养老金计划，第三支柱是个人自愿养老储蓄。

实际上，瑞典在社会保障制度改革过程中遇到了巨大的阻力：一方面，收入差距明显地扩大了，从1980年到1993年，基尼系数提高了3～5个百分点；另一方面，长期的高福利政策造就了既得利益集团，降低福利的改革措施必然要遭到既得利益者的反抗，有时甚至会表现为政治和党派的斗争。但是，总体而言，瑞典的社会保障制度改革取得了积极的成效，福利水平下降减少了社会保障支出，减少了财政赤字；缓解了劳动反向激励问题，提高了人们工作的积极性；增强了居民的自我保障意识，加大了储蓄和投资倾向，促进了经济发展，基本实现了社会保障内部收入同支出之间（供求之间）、福利增长同经济增长之间的平衡。

资料来源：粟芳，魏陆．瑞典社会保障制度［M］．上海：上海人民出版社，2010.

讨论：讨论瑞典社会保障制度建立、改革与发展的特点。

分析提示

第一节 社会保障的思想渊源

一、中国的社会保障思想渊源

虽然现代社会保障制度从诞生至今不过百余年，但是传统社会保障制度可追溯至两千多年前，如中国早在西周就设立专门官职来从事社会救助事业以救济贫病之民。与此相应，其中所蕴含的福利思想可以说是中国整个社会保障制度发展的基础。儒家“仁爱”的道德观念，道家“积善”的善恶报应观，佛教“慈悲”的观念文化，逐渐积淀为中华民族的传统心态和心理定势①。两千多年来，这些观念时时泛起，代不乏人，表现了一种对理想的福利社会的憧憬和追求。正如熊希龄所言：“吾国立国最早，文化最先，五千年来养成善良风俗者，莫不由于儒、释、道之学说所熏陶。”②

（一）儒家“仁爱”的道德观念

儒家思想是中国文化的重要内容，是中国文化价值系统的主干。儒家的思想内核为“仁”，讲求由仁而趋善。中国社会受儒家以仁爱为中心的思想的影响，推己及人、以保护个体来达成重视整体的目标，在大同世界的理念中，架构起中华民族五千年浩浩荡荡的福利文化。而这种“仁爱”道德观念的福利文化，就广义上而言，是几近于现代福利国家的理念与作为的。中国文化中的宗教与道德即超自然信仰体系与道德伦理体系代表着独立并存的两套系统。儒家思想固然吸纳了不少超自然的宗教成分，但主要着重于道德方面，并且形成了一个较为完备的、一致于现实生活的道德系统，而成为传统社会秩序的正统思想③。因此，从这个意义上而言，中国的社会保障制度主要导源于以儒家“仁爱”的道德观念为核心的福利文化。

从儒家的观点来看，善即为仁，而仁就是爱人。《论语·颜渊》云：“樊迟问仁。子曰：‘爱人。’”孔子从道德情感的基础出发，以“爱人”来释“仁”，提出了“仁者爱人”之说，并将“爱人”作为人的本性。怎样达至“爱人”呢？孔子认为应从“孝悌、德恕”开始，实现道德践履。孝悌是为仁之本，从孝顺父母的人伦道德中引申出爱民守礼的善念和品质。忠恕之道是个人为仁成圣之法，它从内心反省来处理人际关系，协调社会，强调与人为善，做到利人利他。如孔子所说的，“仁者，己欲立而立人，己欲达而达人”（《论语·雍也》），“己所不欲，勿施于人”（《论语·卫灵公》）。这表明

---

① 张军. 社会保障制度的福利文化解析——基于历史和比较的视角［M］. 成都：西南财经大学出版社，2010：104-108.

② 周秋光. 熊希龄集（下册）［M］. 长沙：湖南出版社，1996：2002.

③ 杨庆. 儒家思想与中国宗教之间的功能关系［M］//刘纫尼，段昌国，张永堂. 中国思想与制度论集［M］. 台北：联经出版事业公司，1976：334.

"仁"是一种责任、一种义务，更是一种推己及人的利他风尚和助人为善的精神。这种原始的古朴人道主义观念，也就为儒家以"仁爱"道德观为核心的福利文化的形成奠定了基础。孟子继承了孔子的"仁爱"学说，把"仁"和"义"当作基本的政治范畴和道德规范，并把施行仁政提到一个非常重要的地位。孟子的仁义与仁政学说是建立在"性善论"基础之上的。在他看来，人生来就有善行，即"人皆有不忍人之心"（《孟子·公孙丑上》），这种"不忍人之心"是作为"善端"存在于人心之中的[①]。这种善端是发乎自然的人性之爱，正说明"人之所以为人"之崇高价值。从"人皆有不忍人之心"出发，孟子完成了从道德到政治的推演，指出"先王有不忍人之心，斯有不忍人之政矣。以不忍人之心，行不忍人之政，治天下可运之掌上"（《孟子·公孙丑上》），也就是说，君主有了"仁爱之心"，方能施行仁政。故中国台湾学者潘皓在其著作《中国社会福利思想与制度》一书开篇即指出，中国的社会福利思想，不论是民间相助的善行，抑或是政府救灾的德政，皆是来自"不忍人之心"与"推行不忍人之政"[②]。这无疑指出了中国福利文化的源头活水正是儒家"仁爱"的道德观念。

儒家"仁爱"的道德观念，自汉以来两千余年间，可以说已成为中国福利文化的主流。其在解决社会问题的过程中，则由"人饥己饥，人溺己溺"之仁爱精神发展为"正德、利用、厚生"以及"民吾同胞，吾物与也"之伟大抱负。是以《礼运·大同篇》提出："大道之行也，天下为公，选贤与能，讲信修睦。故人不独亲其亲，不独子其子，使老有所终，壮有所用，幼有所长，矜、寡、孤、独、废疾者，皆有所养。"这不仅说明中华民族是以仁爱为中心的博爱文化，而且更具有天下大同的宏大气度，由此乃有"大同社会"的崇高理想。这种"大同社会"的崇高理想，正是我国福利文化的特色，也是我国所要建立的完备的社会保障制度的理想蓝图。历代贤明帝王和志士仁人为了实现这一理想社会，进行了不懈的努力和追求。于民间有"守望相助"及"疾病相扶持"之互助美德，于政府则有"德惟善政，政在养民"之仁政思想。通过"仁爱之心"与"仁政之行"，民生需求渐趋满足，社会问题渐至解决，并希望将来能由此而向安和乐利的大同社会迈进。

（二）道家"积善"的善恶报应观

道家文化是中国传统文化的重要构成部分之一，它对于中国社会和中华民族的影响并不亚于儒家思想。其于先秦形成，历经两千多年而不衰，深刻地影响了中华民族的价值取向、思维方式和精神风貌。"道家之源，出于老子"（《魏书·释老志》），而后被庄子发扬光大，成为后世的显学之一。及至东汉后期，道教正式创立，之后经魏晋玄学，隋唐、宋元道教的发展而渐与儒、佛两家思想相汇合，成为中华文化的重要一脉。道家文化中蕴含着丰富的人生哲理和深邃的思想观念，其中所内含的"赏善罚恶，善恶报应"的观念成为中国社会保障制度和福利文化的又一渊源。

老子作为先秦道家的创始人，对"善""恶"有着独特的看法。《道德经》云："天道无亲，常与善人。"在老子看来，"道"是天地万物之源，不可名状，亦无法察知，却

① 所谓"人皆有不忍人之心"，孟子在《孟子·公孙丑上》中举例说："今人乍见孺子将入于井，皆有怵惕恻隐之心，非所以内交于孺子之父母也，非所以要誉于乡党朋友也，非恶其声而然也。"

② 潘皓．中国社会福利思想与制度［M］．台北：台湾中华书局，1991：4-5.

可赏罚应时，使善人得福，恶人遭祸。由此，他提出尘世间应当遵循“道”的规律，人人向善，善待芸芸众生。“善者，吾善之；不善者，吾亦善之，德善”（《道德经·第四十九章》），即以善对待不善之人，结果就会使不善之人也变得善良，社会走向至善。这种观点经过进一步的引申与升华，便成为后人及后世政府进行慈善活动或社会救助的道德基础。庄子思想是老子思想的继承与发展。《庄子·在宥》曰：“无为而尊者，天道也。”《庄子·天地》曰：“技兼于事，事兼于义，义兼于德，德兼于道，道兼于天。”由此，人们可以通过修养得“道”升天，得“道”之人就是“真人”，得道之法即是做善事。“为善无近名”，只要做善事顺应自然，就“可以保身，可以全生，可以养亲，可以尽年”（《庄子·养生主》），让善人修身颐养天年，高寿善终。可见，善恶自有报应，庄子与老子有着共同的主张。

善恶报应是一种必然的伦理律令，在道家经典中得到反复申述。如“积功累仁，祚流百世”“施恩布德，世代荣昌”“人行善恶，各有罪福，如影之随形，响之应声”等。这实际上是对自殷商就有的“积善余庆”“积恶余殃”之说的进一步阐说，并逐渐将之世俗化的结果。如《易传·坤·文言》云：“积善之家，必有余庆；积不善之家，必有余殃。”又如《尚书·商书·伊训》曰：“惟上帝不常，作善降之百祥，作不善降之百殃。”这种善恶报应的观点就是，任何人的善恶行为不仅会让自身遭报应，而且对后世子孙也产生影响，而人的今世祸福也都是先人行为的结果。如果祖宗有过失，子孙也要承负其善恶的报应。至于善恶相承负的范围是：承负前五代，流及后五代。上古时期提出的善恶观念，被道家所继承和发扬，并屡屡论及。道家“积善”的善恶报应观深深地影响了中国民众的善恶选择和善恶行为，并植根于中华文化土壤中，成为中国根深蒂固的福利文化传统。

（三）佛教“慈悲”的观念文化

佛教与本土文化相融合，成为中国文化的重要组成部分。佛教强调追求现实生活的至善和道德伦理的融合，佛教的慈悲观念和劝善理论在中国得到了发展。佛教寺院活动和僧众推动的慈善运动逐渐兴起。佛教的慈悲观念也成为中国社会保障制度中重要的福利文化来源。

慈悲是佛教的核理念之一，也是慈善的重要源泉。慈悲并非只是怜悯和同情，而是带有给予快乐和消除苦恼的意义。佛教视众生如己子，致力于消除人类的苦恼，带给人们幸福。大乘教义尤其倡导慈悲心和菩提心，强调利益众生并具有社会和伦理意义。慈悲观念激励佛教从事社会福利事业，其中布施行为是其具体实践，具有利他性质。中国佛教受到印度大乘佛教的影响，将慈悲视为重要的道德观念之一。

佛教传入中国后，受到儒家文化影响，与中国文化融合。原本的慈悲观念在中国发生了变化，转而以福田思想为指导。福田思想强调从利己和现实利益出发，并成为中国佛教福利事业兴起的直接原因。布施福田不仅用于消除自己的罪障和孝敬父母祖先，还包括自内心发起的以慈悲为导向的布施，无论是物质供养还是精神教化，在传统社会保障制度中占有重要地位。佛教强调慈悲精神，以慈悲心普度众生，实行拔苦与乐的行为，为众生造福。因此，大德高僧们认为救济事业是慈悲心的外在表现，他们持有大慈大悲之心，以“四无量心”（慈、悲、喜、舍）善待众生，广行善举，劝谕世人发展慈悲之愿，救度世人。

综上所述，中国佛教经过本土化已成为一种伦理化宗教，劝导人们弃恶扬善。在道德伦理层面，它规范人们的心理动机和行为，促进自省自律，摒弃私欲，培养高尚的道德情操。佛教的慈悲观念与儒家的仁爱之心相通，受到儒家道德观念的影响。自唐宋以来，佛教吸收了儒家的伦理道德观念，实现了儒佛互通。佛教通过儒学的文化影响更深入地影响普通民众，促进了社会的仁风善俗的兴盛。

二、西方社会保障思想渊源

西方文化传统可以概括为希腊的哲学、罗马的法律和基督教的伦理的结合。希腊的哲学教导真假的区分，罗马的法律教导合法与非法的区分，基督教的伦理教导善恶的区分，这三者共同构成了西方的价值观和道德标准。科学、法律和伦理等现代西方社会的重要理论和实践都可追溯到这三个源头。因此，西方社会保障思想的产生和发展的源头可以追溯到古希腊文化、古罗马文化和古希伯来文化中①。

（一）古希腊的公正正义、幸福分享观念

西方文化起源于古希腊和罗马的文化。古希腊的文化中最具福利色彩的价值观念是公正、正义。公正、正义的最早思想来自古希腊神话中的忒弥斯和狄刻两位正义女神，她们孕育了作为权利的正义和作为公平的正义的观念，二者成为西方正义福利观念的源头。公正观念从自然主义转向人文主义后逐渐渗透到古希腊人生活的方方面面，成为古希腊四主德（智慧、节制、勇敢、公正）之一。古希腊人尤为重视城邦正义的价值观，将城邦视为有机共同体，个人的价值实现依赖于城邦，公共事务优于私人事务，追求公共善成为城邦生活的最高目标。柏拉图和亚里士多德倡导整体主义或集体主义。整体存在为部分而存在，而部分存在不为自身而存在。这些观念奠定了西方社会保障制度福利文化的基础。

古希腊的文化中，幸福被视为与他人分享获得的。根据该观念，富人应该分享财富给穷人，以获得愉快、欢乐和赞誉，并在穷人身上实现幸福。古希腊人认为幸福在于摆脱身体的痛苦和心灵的烦扰。柏拉图和亚里士多德都强调智慧和德行的重要性，把幸福建立在德行和至善的基础上。亚里士多德将幸福确定为生活得好和做得好，提出友爱是幸福不可或缺的善。古希腊的幸福分享观念形成了西方福利文化观念，为社会保障制度的创立和发展奠定了基础，成为西方社会保障事业的重要福利文化渊源之一。

（二）古罗马的契约法律、道德责任观

提及古罗马，人们自然难忘德国著名法学家耶林说过的一句话：“罗马曾经三次统治过世界，第一次是以武力，第二次是以宗教，第三次则是以法律，而尤以法律对世界的统治最为持久。”②耶林的这番话是有根据的。罗马的光荣是同罗马法的辉煌成就联系在一起的。罗马文化的突出特征是法律思想，其以法律作为社会生活的矩尺。西塞罗说：“他儿时所学的唯一的诗，是十二铜表法。”其中的法律渊源正是古罗马人的契约法

① 张军．社会保障制度的福利文化解析——基于历史和比较的视角［M］．成都：西南财经大学出版社，2010：156-162.

② 耶林．罗马法的精神：第一卷［M］．郑永流，译．北京：中国政法大学出版社，1997：2.

律观念，尤其是经济性契约观念。罗马人根据契约关系中的私人权利的准则来看待君主和国家的权利，把私人权利看成是国家权利的最高准则[1]。也就是说，在罗马人的观念中，国家与个人是分开的，个人是独立自由的权利主体，而国家则是由参与互利行动的人们依据有关法律和权利达成的政治性契约基础上产生的法人团体，它必须对个人的权利和自由给予尊重和保护。罗马人就是根据这个观念，标定了国家在社会经济、政治生活中的法律地位：国家虽然在社会生活中居于至高无上的地位，享有极大的权威，但它在本质上是一个法人团体，是公民“共同协定”或法律的产物。因而，它必须在“共同协定”或法律限制的范围内行使自己的权利，并接受全民的检验。古罗马的契约法律观念为国家建立社会保障制度，并运用公权力干预社会生活提供了理论上的依据。从契约法律是国家公权依据的角度来解释国家公权在社会保障制度中的地位与作用，导致在社会保障法律关系调整上以公权为主的模式，并且发展出福利国家的倾向。由于这种契约法律观念正是后来社会契约论兴起的重要观念文化来源，而社会契约论被认为是公法产生的依据，因而国家对公民的保障也就有了公法上的依据，为社会保障制度提供了重要的理论基础和福利文化来源。

古罗马的道德责任观认为富人对不幸者负有道德上的责任，施助者也应使对方不失其尊严。西塞罗指出：“我们应当注意，我们的善行既不可对我们的施惠对象，也不可对其他人带来伤害……最后，必须与受惠者本身值得施惠的程度相称，因为这是公正的基础，而公正则是衡量一切善行的标准。”[2]因此，在施善行的时候，要注意受惠者的心理感受，避免“道德烙印”的伤害。同时，古罗马人认为，善行的施予者也必须保持道德的崇高性，如果一些人（渴望得到高位和荣誉的人）为了使一些人富裕而对另一些人进行掠夺，不管用什么手段帮助朋友富裕，他们的施善行为也不被看作是慷慨、道德高尚的。这种行为与道德责任相距甚远，根本不配称作善行。因此，古罗马人在施善行的时候，强调只能帮助别人脱离困境，而不能伤害别人的尊严。古罗马人也提倡宗教责任观，认为富人为穷人解除痛苦，是教义中所包含的一种责任，要使受救济的穷人不因此丧失尊严，而富人则因此愈显尊贵。

（三）古希伯来的博爱互助、社会公正信仰

古希伯来文明指的是由古希伯来人的宗教所形成的文明。在古希伯来社会之中，盛行着博爱互助的价值观念，即古希伯来人都透过个人的服务和将个人多余的东西给予有需要的人，以济助老者，减轻他人的痛苦。这种价值观念与早期其他宗教和伦理组织认为慈善是自由随意的看法截然不同，也与古希腊文化和古罗马文化将照顾贫民的责任视为政府责任的看法不同。古希伯来人认为慈善是每一个信徒必须遵守的中心职责。相似地，给予饥饿的人食物、收留无家可归的人、给赤身裸体者衣服穿也是一项职责。为了使所有有需要的犹太人得到照顾成为一种职责（而且幸运的是此种责任被有效地履行了），犹太教确认慈善和公益的关联。除了强调责任、义务和伦理上的爱，犹太人早就重视在犹太会堂中将慈善组织当作一个基本的制度。犹太人固守慈善为一种宗教职责更为历史经验所增强，他们常被视为局外人，更需要一种社会凝聚力，这种需要持续到中

① 汤因比．历史研究［M］．曹未风，译．上海：上海人民出版社，1966：111-112.
② 西塞罗．论老年·论友谊·论责任［M］．徐奕春，译．北京：商务印书馆，2003：110.

世纪乃至现代。

古希伯来人的传统强调穷人有权向当局和富人求助，并认为当局和富人有责任回应这种呼吁。这种观念体现了“呼喊”的正义性。在古希伯来人的社会公正观中，正义被认为是上帝的正义，需要人们遵循。宗教、道德和责任的履行也融入古希伯来人的社会公正观念中。古希伯来人的社会公正观认为，人们应该公平分享物质财富，其中包括大同的和分配的。大同指个人根据其贡献获得相应的份额，而分配指每个人应该公正地分享财富。

第二节　社会保障理论的产生

17世纪英国产生了社会保障制度的雏形，受新历史学派的催生，德国于19世纪80年代诞生现代社会保障制度；而受旧福利经济学和瑞典学派的影响，20世纪初期产生了普享福利思想。这一阶段的社会保障理论包括三个方面：古典自由主义否定社会救济作用的社会保障思想、德国新历史学派提倡国家干预的社会保障理论和旧福利经济学实现收入均等的社会保障思想。

一、古典自由主义的社会保障思想

（一）古典自由主义的主要理论观点

古典自由主义（Classical Liberalism）可追溯至17世纪，它通常被认为是一种由工业革命引发的资本主义的意识形态，是一种强调个人利益至上的利己主义政治哲学。他们崇尚经济自由，认为只有在自由竞争的条件下，才能使财富的创造达到最大化，才能满足个人对幸福的追求，并且使之与社会的幸福相协调。个人追求物质财富的满足虽然是一种利己活动，但它不是邪恶的。每个人追求财富的利己行动，合在一起就会促进人类的幸福。

基于这样的认识，古典自由主义者主张自由放任的市场经济，反对任何国家干预经济的理论。他们认为，国家根本没有必要对经济活动中的资源配置和国家贸易进行调节，事实上，自发的市场调节比国家干预更为有效，应让市场机制在自由竞争中发挥作用，由市场这只“看不见的手”自发调节供求关系，决定生产的效益和调节经济生活秩序。国家和政府只能充当守夜人的角色，除了那些绝对必要的干预行为，国家应该把自己的作用降到最低。这些所谓的干预，就是指国家只能起到维护基本的生活秩序、保证经济的自由的作用。这就是古典自由主义的“最小政府”和“守夜人国家”的主张。所以，他们把政府的作用局限在三个方面：保护国家不受外敌的侵犯；通过严格的司法保护公民权利；举办公共福利事业。

（二）古典自由主义的社会保障思想：否定社会救助作用

古典自由主义者主张自由放任主义，认为市场机构可以实现社会经济的协调发展，反对政府对经济社会的任何干预，反对进行收入再分配。根据他们的观点，市场分配结果是最合理的，正是政府的介入才使分配出现不合理的现象。因此，他们反对进行社会救助。

古典自由主义的社会保障思想主要包括：第一，强调劳动、反对懒惰和反对国家救助穷人的自由主义倾向。古典自由主义者强调个人责任和市场竞争，反对依赖国家和社会。他们将当时无产阶级的贫困和失业的主要原因归于个人的主观原因，因此主张用更严厉办法去强迫劳动者自己解决自己的问题，反对向他们提供福利帮助；第二，济贫制度具有各种各样的弊端，济贫法不能改善贫困的生活状况，而只能使贫富双方的状况趋于恶化。它不能使贫者变富，却使富者变穷，它能够制造出一个穷人的世界，使人人变得懒惰与傲慢。

古典自由主义认为英国1601年颁布的旧《济贫法》严重阻碍了居民的自由流动，阻碍了劳动者对就业的自由选择，力主废除旧《济贫法》以保障劳动者的自由选择权。古典自由主义极力否定社会救助作用的思想阻碍了英国社会保障制度的建立。因此，英国虽然最早形成了现代社会保障制度的雏形，但受到古典自由主义思潮的影响，最终未能成为最早建立现代社会保障制度的国家。

（三）古典自由主义的终结

古典自由主义是经济社会发展到一定历史阶段的产物，是与当时社会生产力水平低下、生产方式相对简单、资本主义处于雏形的形势相适应的。另外，对于普通公民来说，社会保障权利尚未形成，公民还没有形成对社会保障的依赖，国家的社会保障责任还很有限，仍然处于以家庭保障为主、教会济贫和政府零星救济为辅的阶段。古典自由主义更多的是强调个人责任和市场竞争，认为个人贫困或竞争失败的主要原因是个人安于现状。到了19世纪后期，随着资本主义工业革命的发展和阶级的分化，由经济危机引发的社会和阶级矛盾加剧。以英国工业革命为标志的生产力发展，产生了高度集中的社会化大生产模式，在新的生产力水平和生产方式下，以家庭为主的传统保障方式退居为附属的保障方式，国家则走向了保障的前列，承担了更多的社会义务和责任，成为应对工业化与社会化大生产带来的社会保障问题的主体。国家和政府在社会中的作用日益凸显，这宣告了古典自由主义的终结。

二、德国新历史学派的社会保障理论

（一）德国新历史学派的出现及主要观点

当19世纪前期英国古典主义思想十分流行时，基于特殊的社会经济和政治背景，德国出现了以李斯特为代表的经济国家主义和以罗雪尔为代表的旧历史学派，他们都反对自由放任主义，主张国家对经济进行强有力的干预，强调国家在经济与社会发展中发挥作用。19世纪70年代，旧历史学派演变为新历史学派，其主要代表人物有施穆勒、桑巴特、布伦坦诺等人。德国新历史学派的主张不仅对德国社会经济发展产生了重要影响，也对德国现代社会保障制度的建立具有直接的影响。德国新历史学派主要有以下观点：

1.强调精神与伦理的作用

他们认为，精神和伦理在社会经济与生活中占有重要地位，德意志民族精神与伦理意识是德意志历史发展必不可少的因素。他们把经济生活中的许多问题同精神、道德和伦理联系在一起，希望通过强调民族精神与伦理道德，协调劳资关系，消除科学社会主义的影响，促进资本主义的发展。

2.经济社会领域中的国家干预

他们认为国家在经济发展和社会进步中具有重要的作用，主张实行强力的国家干预，认为资本主义经济组织形式的变化可以避免经济发展中的某些弊端，从而使资本主义经济过渡到社会主义计划经济。德国卡特尔经济组织的出现，有利于德国资本主义经济计划性的实现，这也是德国经济走向社会主义计划经济的有效途径。

3.强调法律对经济的制约作用

他们认为，一方面法律制度是历史的产物，另一方面法律的变化可以调整一定的经济关系。他们认为国家的法律至上，它是决定经济发展过程的重要因素。因此，他们主张用立法手段进行社会改良，认为国家运用政权和法律进行干预，就可以创造出必要的国民经济统一体，实现社会的和谐。

4.劳工问题是当时最严重的社会经济问题

他们认为，当时年轻的德意志帝国所面临的最严重的社会经济问题就是"劳工问题"。如何缓解劳资间的矛盾，关系着帝国的前途和命运。他们提出要改革经济和现有的生产形态，改变各阶层的教养和心理状态。他们从改良社会主义的观点出发，提出要增进社会福利，实现社会改革，并通过工会组织来调节劳资之间的矛盾，主张由国家来制定劳动保险法等。

（二）德国新历史学派催生了现代社会保障制度

德国新历史学派是第一个系统阐述社会保障经济思想的，针对当时德国所面临的劳资问题，强调和证明了建立社会保障制度的客观必然性，倡导由国家出面实施社会保障政策。他们主张实施社会保障政策，不是出于主张公平分配的考虑，而是为了缓和日益尖锐的劳资矛盾，但不可否认的是，这些政策主张起到了保护劳动者、改善劳动者生存环境和增进劳动者福利的作用。

德国新历史学派的主张被俾斯麦政府接受，成为德国率先实施社会保障政策的理论依据。1883年，德国颁布了世界上第一部《疾病社会保险法》，1884年和1889年又相继颁布了《工人灾害赔偿法》和《老年、残障和遗属保险法》，用立法的形式强制由国家提供社会保障，德国成为世界上第一个建立现代社会保障制度的国家。

新历史学派的主张后来经制度学派在美国加以发展，并得到欧洲一些国家的认可，成为西方资本主义国家初级的社会保障理论。与后来的理论相比，新历史学派更强调调和阶级矛盾，这决定了德国的社会保障制度是作为政治工具加以利用的，并以与职业相关的分散管理为特点。

三、旧福利经济学的社会保障理论

福利经济学是现代经济学的重要分支，也是一门主要研究财富和幸福的应用社会科学。在经济学领域内，尽管学者们对福利经济学有不同的界定，但是人们一般认为英国经济学家庇古创立了福利经济学这门学科。庇古将财富或国民收入同福利联系起来，认为一个国家内部的经济福利是最重要的。同时，他主张效用是可以计量并加总的，并将之用于对经济福利的测量，这期间的福利经济学被称为旧福利经济学。

（一）旧福利经济学的主要理论观点

庇古以马歇尔等人的一般经济均衡理论为基础，以完全竞争为前提，系统论述了福利的概念及政策应用，建立了福利经济学的理论体系。庇古以边际效用价值论为基础，把福利分为两类：一类是广义的福利，即“社会福利”，另一类是狭义的福利，即“经济福利”。广义的福利包括由对财物的占有而产生的满足感，涉及“自由”“精神愉快”等内容，但这些是难以计量的。经济学所要研究的是可以用货币计量的那部分社会福利即经济福利。经济福利虽然只是总福利的一部分，但具有决定性影响，它可以在一定程度上反映社会的状况。庇古把国民收入极大化和收入分配均等化看作福利经济学研究的主题，并采用两个标准作为检验社会福利的标志：一是国民收入的大小；二是国民收入在社会成员中的分配情况。他认为，不论是能增加国民收入的总量而不减少穷人的绝对份额，或者是能增加穷人的绝对份额而不影响国民收入的总量，都意味着社会福利的增进。庇古的“国民收入极大化”和“收入分配均等化”这两个福利经济学的重要命题在西方经济学说中做了一项开创性的工作。

（二）旧福利经济学的福利政策主张及影响

在理论分析的基础上，庇古提出了一系列实施社会保障的原则与措施，主要包括：

（1）福利措施应当以不损害资本增值和资本积累为宗旨，否则就会减少国民收入和社会福利。因此，从富人那里转移货币，自愿转移比强制转移好。自愿转移就是富人将其收入的一部分用于举办教育、娱乐、保健等福利事业，或者创办一些科学机构和文化机构；强制转移是指政府通过征收累进税和遗产税来实现收入的转移。

（2）庇古认为，将富人的收入转移给穷人有两种方式：一是直接转移，如提供一些社会保险和社会服务设施；二是间接转移，如政府对穷人必需品的生产部门、工人的住宅建筑、垄断性的公用事业等给予补贴，以降低这些商品的售价，使穷人受益。但是，不论是直接转移还是间接转移，都要防止懒惰和浪费，以便做到投资于福利事业的收益大于投资于机器的收益。

（3）由于救济有工作能力而不工作的人会减少国民财富，因此庇古反对实行无条件的、普遍的补贴制度，认为最好的补贴是那种“能够激励工作和储蓄”的补贴，而且在实行补贴时应附有以下条件，即先确定受补贴者自己挣得生活费的能力再予以补贴；否则，就会使有工作能力的人完全依靠救济。

（4）庇古认为，在不损害国民收入总量的前提下，改进社会文教卫生事业，改善劳动者及其子女的教育和健康状况，以及实行诸如社会保险、社会救济等保障措施，是增加社会经济福利的一个途径。①

旧福利经济学产生于资本主义经济从自由竞争走向垄断时期。这一时期，财富和收入分配、失业、贫困等问题已到非解决不可的地步，自由放任的市场机制无法解决这些问题，政府必须出面调解各种矛盾。旧福利经济学系统阐述了收入分配与社会福利的关系，提出通过政府全面干预实现收入均等化，从而实现社会福利最大化的政策主张。庇古的上述理论和政策主张无疑为福利型社会保障制度的建立奠定了理论基础。庇古首次

① 郭士征. 社会保障学［M］. 上海：上海财经大学出版社，2004：255.

将社会福利和国民收入联系起来，又将社会保障发展和国民经济发展联系到一起，从而使充分就业、经济安全等“福利国家”的目标具有了全社会的性质。他的“收入均等化”思想及政策主张在英国得到了充分实践，二战之后，英国开始重建社会保障制度，在《贝弗里奇报告》的基础上，1948年7月，英国向世界宣布建立面向全民的“福利国家”。

第三节　社会保障理论的形成

20世纪30年代以后，受国家干预主义理论的影响，一方面美国于1935年颁布《社会保障法案》，另一方面众多拉美、欧洲国家建立了社会保障制度，社会保障制度实现了全球化的发展。这一时期的社会保障理论包括：凯恩斯主义的社会保障理论、瑞典学派的国家福利理论、福利经济学的社会保障理论、社会民主主义的社会保障理论、《贝弗里奇报告》关于福利国家的设计。

一、凯恩斯主义的社会保障理论

（一）产生的背景及主要内容

1.产生的背景

凯恩斯主义是资本主义从自由竞争向国家垄断转变过程中出现的一种经济学理论。第一次世界大战后，西方主要资本主义国家出现了政府干预经济生活的明显趋势。这一时期凯恩斯主义的形成与两个因素有极大的关系：一是20世纪30年代爆发的经济大危机；二是自由放任经济学陷入了困境，无法解决当时的社会问题和经济问题[①]。

20世纪30年代的经济危机是资本主义世界有史以来最为严重、最为深刻、影响最大的一次经济危机。首先，这次危机的程度最重。这次经济危机在程度上超过了以往任何一次，主要表现在生产大幅下降、贸易空前萎缩和失业人数猛增。在这次经济危机中，整个资本主义世界工业生产下降了37.2%，其中，美国下降46.2%，德国下降40.6%，英国下降16.5%。资本主义世界贸易总额缩小2/3。其次，这次危机在范围上特别广泛。危机不仅影响到工农业和商业，而且波及金融市场、资本市场和货币流通领域。资本主义世界的股票市场，先后爆发严重的暴跌风潮，不少国家的股票交易所相继宣布破产。最后，这次危机在时间上持续很长。过去的经济危机持续的时间不过几个月、十几个月，而这次经济危机却长达几十个月，持续时间之长超过了过去历史上任何一次经济危机。

20世纪30年代以前，在西方经济界居于正统地位的新古典经济学积极倡导“自由竞争”、“自动调节”和“自由放任”，而政府只充当“守夜人”的角色。自由放任的新古典经济学以亚当·斯密“看不见的手”的理论为基石，认为市场机制具有完美的自动均衡能力，一切生产要素及其价格都可以通过市场机制的自我调节完成均衡，任何外在的人为的影响，尤其是政府的各类调节企图不仅不会使情况变得更好，反而会变得更

① 张军．第四章 凯恩斯主义与福利国家［M］//钱宁．现代社会福利思想［M］．2版．北京：高等教育出版社，2006：128-142.

坏，因此坚持以“市场”为第一性，排除政府行为的影响就成了经济活动的前提条件，政府唯一要做的就是充当经济的“守夜人”。在20世纪30年代经济大危机的严酷事实面前，传统的自由放任主义完全失灵——人们发现市场这只“看不见的手”已经无法调节。传统的主张自由竞争的新古典经济学面临现实的极大挑战，促使西方经济学说发生重大变化，以应对资本主义新变化的需要。这样，20世纪30年代就成为西方经济学说发生重要变化的时代，其中凯恩斯主义的出现开辟了西方资本主义经济政策的新时代。

2.主要内容

（1）自由平等看法。凯恩斯主义相信只有在市场机制调节之下，才能达到维护自由的目标，但认为市场机制有一定的局限性，存在调节的极限，因此只能通过国家机制对其进行改良，才能确保人类的自由。其理论类似于福利经济学奠基人庇古对市场的看法，都认为市场总是有一些不完美的地方，这些地方需要通过公共政策来加以改良。例如失业问题，因为市场没法解决，只好由政府来解决。当然，凯恩斯主义认为自由并不是消极的自由，而是应该积极一些，它不仅要求国家不要干涉人们的自由经济活动，更应该对人民的生活加以保障，使其无老病之忧。不过，和费边社会主义不同，凯恩斯主义还是认为不平等具有一定的功能，会让社会中每个人都努力工作，我们只要让每个人的立足点平等就可以了。凯恩斯说：“就我本人而言，我相信确有社会的和心理的理由，可以为所得和财富的不均辩护，但却没有任何理由，可以为今日如此悬殊的不均辩解。”[①]换言之，他认为还是有理由为不平等的现实辩解的，只要不太过分就可以了。

（2）有效需求的理论。凯恩斯在对充分就业的概念进行分析的过程中，揭示了失业的原因，并由此引出有效需求的理论。凯恩斯认为，有效需求是指有支付能力的需求，它是商品的总供给价格（指全社会资本家预期因雇佣一定数目的工人所生产出来的商品能够得到的卖价）和总需求价格（指社会购买这些商品所愿意支付的总价格）达到相等时社会对商品的总需求。凯恩斯认为，均衡水平并不一定是充分就业水平。在达到均衡时，如果社会上除自愿失业和摩擦性失业外，已经不存在非自愿失业了，那才是充分就业均衡；如果社会上还存在非自愿失业，那就是小于充分就业均衡。因此，是否达到充分就业均衡，要根据有效需求的大小而决定。凯恩斯指出，失业源于有效需求不足，有效需求不足又源自消费和投资不足，而消费和投资不足则主要是由三大基本心理规律所导致的，这三大基本心理规律对消费需求和投资需求影响深远。

（二）国家干预的主张

凯恩斯始终认为，经济危机和摩擦性失业的根源在于有效需求不足，有效需求不足又产生于三个基本心理规律，由此直接导致现实社会中完全的市场机制并不存在，因为完全的市场机制的假设很难找到，信息不对称、外部性、交易成本以及交通运输约束等情况的存在，使得市场机制失灵。市场机制赖以存在的假设前提并不满足，所以凯恩斯说：我们对古典学派经济学理论的批评，主要并不是发现了其分析中有什么逻辑错误，而是在于指出，该理论所依据的几个假定或许从未能得到满足，所以用这种理论并不能解决实际问题。由此，凯恩斯提出了反危机政策：一方面，设法提高资本边际效率或降

① 凯恩斯．就业、利息和货币通论［M］．徐毓枬，译．2版．北京：商务印书馆，1983：308.

低利息率以刺激投资；另一方面，设法提高消费倾向以扩大消费。凯恩斯认为，只要社会能够提供足够的有效需求量，危机就可以避免，失业问题也就能够解决；而要保持足以维系充分就业水平的有效需求量，则必须依靠国家对经济生活的直接干预。

（三）“有限责任”的社会保障

凯恩斯主义虽然强调国家调节和干预经济生活，但这种干预是有一定条件的，即在自由市场经济体系出现问题时，国家干预才介入其中。由此看来，国家干预就是政府为了弥补市场机制的缺陷和恢复市场机制有效配置资源的功能，缓解经济周期波动和各种社会矛盾，以不同形式，运用经济的、非经济的各种手段，对经济运行进行调控的过程。基于国家干预经济的理念，凯恩斯建议采用经济性的货币政策、租税政策和财政政策来扩大政府职能，刺激投资和消费。

凯恩斯主义从反危机的角度研究社会保障问题，认为社会保障政策是克服经济危机的重要手段。虽然凯恩斯提出了国家出面建立社会保障制度的措施，但国家建立社会保障制度的目的一是提高消费倾向，通过社会保障的转移支付将富人的部分收入转移给穷人可以提高整个社会的平均消费倾向；二是利用宏观经济的“自动稳压器”作用熨平经济波动。因此，凯恩斯提出的社会保障措施是从生产角度出发的，属于一种有限的收入再分配，目的是维持再生产，而非真正关注社会保障本身。同时，正因为政府对经济的干预仅以能够维持资本主义再生产为尺度，所以，以该理论为指导建立的社会保障制度属于有限责任的社会保障，强调个人责任，政府负担较轻，其福利价值取向以生产为导向，以实现充分就业为目的。

二、瑞典学派的社会保障理论

（一）瑞典学派的基本理论

瑞典学派又称北欧学派或斯德哥尔摩学派，是当代西方经济学的重要流派之一，起源于19世纪末20世纪初，形成于20世纪20—30年代。该学派有自己独特的理论，既不同于新古典学派，也有别于凯恩斯主义。该学派以宏观动态经济理论和混合经济理论为理论框架，从财富的再分配和社会总效用的角度来阐述其社会改革思想，并由此形成了独具北欧特色的国家福利理论体系。

1.政治上实行阶级调和

瑞典学派认为，工人和资本家都应当处于平等地位，居民应该享有充分的民主，国家是超阶级的。瑞典的工会组织具有悠久历史，而且力量十分强大，社会民主党与工会联系紧密，并以此作为社会活动的基础和力量源泉，由此瑞典学派主张，劳资之间的矛盾和纠纷等问题应当由双方通过民主谈判协商解决；如协议不成，则由超阶级的国家出面谈判解决。这样，全社会就形成了政府、雇主协会和工会三大权力相互制衡、相互协调的局面，促进阶级合作与社会民主主义目标的实现。

2.经济上实行混合经济

混合经济制度是瑞典模式的经济基础和重要内容。混合经济指的是“市场经济”和“国有化”相结合的经济。瑞典学派十分注重市场经济的作用，主张竞争，反对垄断，认为市场经济有助于增进效率，是经济发展的巨大动力。同时，他们主张在私有制占统治地位的基础上，实行部分国有化。部分国有化包括：一是对某些生产公共产品和提供公共服务的基础设施实行国有化；二是收入和消费国有化，通过累进税将一部分国民收入纳入统一国家预算，作为社会保险和集体消费的共同基金。

3.分配上实行均等化的社会保障

瑞典学派主张通过实施收入再分配政策，实现“福利国家”；主张政府稳定经济，提供公共服务。他们认为国家应承担起环境保护、公共商品和劳务供应、经济稳定、收入和财富分配等方面的责任。他们认为，一个理想的社会应当把福利普遍给予社会的成员，使人人得到幸福。他们更加强调收入和财富分配均等化，主张通过国家累进所得税来解决分配问题。

（二）瑞典学派的福利政策主张

瑞典学派开创了以国家干预实现“充分就业”和“收入均等化”的瑞典福利模式，成为独特的“混合经济”的“福利国家”。瑞典学派的福利政策主张主要有两点：一是依靠政府的干预，通过宏观经济调节的方式平抑经济周期的波动，以实现“充分就业”；二是用收入再分配的方式实现“收入均等化”。该学派认为资本主义的生产制度是优越的，通过竞争能促进生产及资源的合理配置，但资本主义的分配制度有缺陷，它必然带来贫富差距、阶级对立的后果，因此应对其进行改革。收入再分配的方法主要是利用累进所得税以及转移支付举办社会福利设施，使社会各阶层、集团之间的收入和消费水平通过再分配趋于均等化，保障国民的最低生活标准，提高国民的生活质量，从而实现收入的平等。瑞典学派认为实行“混合经济”具有优越性，因为私营经济追求的是利润最大化，公营经济注重的是社会公平，通过两者互补，既可以实现经济发展，又可以保持社会安定。

（三）瑞典学派与“普享型”社会保障制度

瑞典学派和凯恩斯主义几乎同时提出了通过国家干预来缓解经济危机的政策主张。瑞典学派的思想要义主要有：第一，依靠政府对宏观经济的调控来熨平经济周期的波动；第二，用累进税和转移支付方式实现收入的均等化。其“收入均等化”的主张不仅在理论上为福利制度奠定了基础，在实践中也得到了充分运用。由此，瑞典社会保障制度的设计理念完全体现了瑞典学派的福利政策思想。因此，国家提供社会保障的目的并不是停留在济贫层次上，其最终目标在于实现“收入均等化”，使国民“普享”福利。由此，瑞典建立了一套“从摇篮到坟墓”的“普享型”社会保障制度，成为世界上“福利国家”的典范。第二次世界大战之后，瑞典学派的理论和政策主张，同凯恩斯主义一样，日益受到许多资本主义国家政府和经济学界的重视。

三、新福利经济学的社会保障理论

20世纪30年代，英美经济学家对庇古的福利经济学进行了修改、补充和发展，于1939年前后形成新福利经济学，其学说是建立在帕累托等人建立的无差异曲线分析方法和边际效用论基础上的。

（一）新福利经济学的基本观点

（1）帕累托最适度与补偿原则。19世纪末，帕累托指出，如果生产资源的重新配置已经不可能使任何一个人处境变好，除非至少使另一个人的处境变坏，那么这种情况就是“最适度”。20世纪30年代，美国的勒纳和霍特林将“帕累托最适度”发展为交换最适度和生产最适度，指出只要同时满足生产最适度和交换最适度，社会经济福利就达到最大量。帕累托最适度意味着只要在每个人的状况都得到改善的同时没有人状况变坏，任何社会变革都是可行的，否则都是不可行的。但是，只在不侵犯任何人利益的条件下进行的变革，不能称之为社会变革。在任何一项社会变革中，一些人蒙受损失是不可避免的。只要一些社会成员经济状况的改善补偿了其他社会成员经济状况的恶化，社会福利就会增加，这种政策措施就是可取的。

（2）社会福利函数论。新福利经济学认为社会福利的大小取决于个人对影响福利变量的自由选择，个人可以选择自己认为最理想的一个组合。由于社会福利总是随着个人福利的增减而增减，实现个人福利的最大化，才能实现社会福利的最大化。

（3）相对福利论。福利与个人收入无直接关系，提高国民收入水平和缩小国民收入差距的政策都不能增加国民福利。新福利经济学认为，既然福利是相对的，那么贫困也是相对的，因此否定绝对贫困问题。

（二）新福利经济学“补偿损失、合理分配”的社会保障思想及其影响

在新福利经济学看来，与其说社会保障是进行再分配、缩小贫富差距的手段，不如说它是对社会变革所造成损失的补偿。虽然任何一项社会变革，使一部分人的短期福利遭受损失是难免的，但从长期来看，通过“合理”的分配措施可以弥补福利损失，甚至可以增加福利。对于由社会变革造成的生活贫困，政府可以通过社会保障等转移支付政策给予补偿，使贫困者摆脱贫困。对于由自身原因造成的贫困，政府没有责任出面解决，只能让贫困者终生贫困。因此，新福利经济学家向完全均等化的收入分配政策提出了疑问，引发了人们对社会保障公平与效率的思考，我们可以称之为“倒退中的进步”。

四、社会民主主义的社会保障理论

（一）社会民主主义的产生和发展

社会民主主义是一个宽泛的、包含非常复杂的内容的术语。现代意义上的社会民主主义指的是西方资本主义国家推进和支持社会改良主义的政党和团体所持有的思想理论。这种思想理论首先于19世纪末、20世纪初在欧洲一些资本主义国家形成，而后通过西方国家的政党在各自的国家推动的社会改革和国家管理中发挥了重要的指导作用。社会民主主义的思想渊源可以追溯到19世纪初的空想社会主义以及后来法国蒲鲁东的无政府主义、德国拉萨尔的国家社会主义等。另外，在许多国家，社会民主主义被视为马克思主义的一个分支，是对马克思主义的“修正”，后来逐渐以社会民主主义著称。第一次世界大战以后，随着资本主义国家政治民主化程度的提高，各国社会民主党人逐渐接受了修正主义的思想观点，形成了包括民主社会主义在内的社会民主主义思潮。

在西方各资本主义国家，由于资本主义经济发生了重大变化，自由主义者、保守主义者信奉的思想观念也在发生变化，结果之一就是各国统治阶级进行了政治经济方面的改革，政治民主化程度提高了。各国的社会主义者在实践中都开始利用资本主义的议会民主制度扩大自己的影响力，为工人阶级争取更大的利益。他们认为要推进民主制度建

设，利用民主来增进工人阶级和劳动人民的福利。另外，在民主社会主义中，有些人更注重的是个人自由、社会保障、社会公正和社会平等，认为生产资料归社会所有不是必要的。所以，笼统地说，西方资本主义国家中的社会民主主义与民主社会主义都可以被称为民主社会主义。英国的费边社会主义也可以视为社会民主主义思潮的一个组成部分。

（二）社会民主主义思想的主要观点

第一，人道主义思想。马克思主义的社会主义理论中包含的人道主义传统成为社会民主主义的思想核心。社会民主主义者信仰个人价值的优先性，坚持传统文艺复兴和德国古典哲学，特别是康德提出的人不能作为实现其他目标的工具的“绝对命令”。社会民主主义者希望通过利用资本主义的议会民主渐进地向社会主义过渡。

第二，民主主义精神。社会民主主义者把民主制度视为唯一能够实行人道主义的政体。民主本身就有价值，民主既不是实现社会主义的手段，也不是经历了无产阶级专政的过渡阶段以后才能考虑的事情，民主本身就是社会主义的构成要素，社会主义的目的就是要把民主扩展到社会的一切领域。民主制度也是实现社会变革的最适合的制度，多数人都可以平等地参与政治决策，因此每个问题的决定都是由多数人承担责任。

第三，以自由、平等和团结为组织社会的基本原则。受自由主义思想传统影响，社会民主主义者同样认为自由对所有的人都是重要的，是个人的权利。自由也意味着人人平等地拥有权利。团结互助是社会主义运动的传统，它指工人阶级为了维护和增进自身的权利联合起来进行斗争，也指社会成员之间的相互依赖关系。团结互助的原则鼓励人们相互帮助，以负责任的态度处理相互关系。

第四，对生产资料公有制和计划经济理论的修订。马克思主义认为，资本主义经济的最大矛盾是单个企业生产的计划性与整个社会生产的无政府状态。一战前后，一些经济学家指出，若实行生产资料公有制，政府既是卖者也是买者，商品的价值很难确定。社会民主主义者基于此，对马克思主义实行生产资料公有制和计划经济的观点进行了一定程度的调整，逐步认同和接受了混合经济。

第五，实现社会主义是一个漫长的过程。社会民主主义者认识到资本主义不可能马上垮台，而社会主义的实现是一个漫长的过程，因此，在进入20世纪以后，社会民主主义运动方向发生了重大改变，不再把推翻资本主义作为运动的目标，而是利用资本主义议会民主等逐步推进社会主义的各种要素，对资本主义进行人道主义的改良。

（三）社会民主主义理论对实施普遍福利的影响

进入20世纪，西方社会民主主义者不再把推翻资本主义作为目标，而是把对资本主义社会进行社会主义改造、争取工人阶级和更广大的中产阶级成员作为自己的任务。因此，社会民主主义者在推进各资本主义国家的社会保障思想和社会保障制度建设方面发挥了积极作用。首先，社会民主主义者对于民政民主的追求，通过工人阶级的有组织的努力，积极推进了资本主义国家的政治民主化。其次，基于社会平等原则，在社会保障思想中推进了平等的意识和以普遍主义原则来提供社会保障的思想和实践。最后，社会民主主义者所倡导的国家承担责任、发挥作用来改善社会经济状况的思想观念，有力推动资本主义国家在承担社会福利的责任方面发挥了重要作用。也由于他们的推动，社会保障在20世纪50—60年代处于发展的黄金时期，并取得了可喜的成效，人民生活水平显著提高，贫富差距缩小。如瑞典等北欧国家的社会民主党在福利国家的实践方面就起到了示范作用，瑞典被称为“福利国家的典范与橱窗”，这与社会民主主义的传播及其被西欧、北欧国家的社会民主党奉为执政纲领是分不开的。

五、《贝弗里奇报告》的福利国家思想

(一)《贝弗里奇报告》的出现

至二战期间，英国现代社会保障制度已经实施了30多年，它提供的有效的社会保障满足了人们的需求，并对英国社会的稳定发展产生了积极的影响。然而，伴随着英国经济的变化，贫困和失业等社会问题恶化，造成了社会的强烈不满。此外，英国现代社会保障制度自实施以来，虽然经过多次改革正逐步走向规范化与合理化，但其缺点与不足仍十分明显。显然，如何对现行社会保障制度进行改革是一个十分紧迫的问题。在这种情况下，一些政党和政府部门开始制定改革计划。1941年6月，英国政府宣布成立一个由多个部门组成的社会保险合作委员会，即“社会保险和相关服务部际协调委员会”，由贝弗里奇担任主席。这个委员会对英国现行社会保障制度进行了调查，提出了战后改革的详细方案。

1941年11月，贝弗里奇发表了一份题为《一项社会保障制度的要点》的备忘录。备忘录指出，社会保障制度必须建立在三种观念之上，即针对全体社会成员的国民健康服务制度、针对所有儿童的家庭补贴制度以及充分就业。备忘录指出，必须实行统一的社会保障制度，其原则是确保每个社会成员的收入达到基本生活水平，这种新的社会保障制度只保障基本生活，对于超出基本生活水平的要求不能予以保障。1942年1月，贝弗里奇又发表了一份题为《社会保险津贴的范围以及贫困问题》的备忘录。备忘录指出，社会保险的根本目的是防止和减少以后由失业、疾病、事故、年老、死亡、丧偶或其他因素所造成的收入的中断或损失而带来的贫困。

这两份备忘录为贝弗里奇委员会的工作确定了目标与方向，实际上是后来正式发表的《社会保险与相关服务的报告》(又称《贝弗里奇报告》)的大纲。备忘录大大推动了《贝弗里奇报告》出台的进程。1941年12月，著名的《贝弗里奇报告》正式发表。

(二)《贝弗里奇报告》中的社会保障体系的基本结构

贝弗里奇所设计的福利国家制度体系主要包括三个层面：社会保险、国民补助和自愿保险。根据这三个方面的考量，《贝弗里奇报告》把它们系统概括为实施社会保障的三种方法，勾勒出英国福利国家社会保障体系的基本结构。其中，社会保险主要满足人们基本的需要，国民补助满足人们的特殊需要，自愿保险满足基本需要以外的需求。

1.社会保险

社会保险是这样一种制度：在这一制度下，所有人都有义务根据国民保险方案缴纳费用。在三个层面中，社会保险并非保障人们收入的唯一措施，还需要国民补助和自愿保险相补充。贝弗里奇提出了社会保险的六项基本原则：一是保险给付一律平等的原

则。根据这一原则，社会保险所提供的保险给付一律平等，而不考虑受益人是何种原因失去收入来源的，以前的收入是多少。二是缴纳的保费一律平等的原则。所有社会保险投保人缴纳的保费是均等的、强制性的，并且不管他的收入是多少。三是统一管理的原则。针对英国社会保险机构分散、效率低下的问题，贝弗里奇提出统一行政责任可以提高效率、降低成本，因此由地方社会保障办公室统一办理缴纳保费和保险赔付业务。四是保险给付要符合受益人的基本需求的原则。社会保险给付的数量要符合受益人的需求，同时在时间上要及时。五是社会保险的全面性原则。所谓全面性，是指社会保险要覆盖一个人的一生以及所有方面的需求，这是体现国家对个人责任的一项重要原则。国家要负责个人一生中可能遇到的每一种主要风险。六是社会保险的分类原则。在强调社会保险的全面性和统一性的同时，贝弗里奇也强调社会保险必须以不同的险种来应对人们在社会生活中所面对的不同风险。社会保险并不是根据个人的阶层来分类，而是根据人们的不同需求来分类。

2. 国民补助

国民补助是社会保障的第二个组成部分，也是对社会保险的重要补充。它针对申请者的特殊需求给予保障，由国家财政负责其开支。具体来说，国民补助是用来满足那些未被纳入社会保险范围的国民需求的，它与申请者是否缴纳保费无关，而是随着个人需求和政府情况的变化而变化的。申请国民补助的国民必须接受收入状况调查，而且要求申请人必须在行为上符合恢复赚钱能力的要求。

3. 自愿保险

贝弗里奇设计的社会保障体系的第三个组成部分是自愿保险，也是前两种保险的补充。它由国家组织实施，在为国民提供基本的生活保障的基础上，为人们获取较高水平的生活保障提供服务。自愿保险作为社会保障制度的组成部分，其总目标是在满足人们基本生活需求的基础上，为人们提供更多的选择。它的宗旨在于激励人们努力工作，避免对社会保障体系产生依赖。

（三）《贝弗里奇报告》的影响

《贝弗里奇报告》是英国社会保障制度发展与演变过程中的一份著名的文件，它对20世纪后半期英国社会保障制度的发展产生了重要的影响。英国现代社会保障制度建立于19世纪末20世纪初，其后经过近40年的发展，在内容上趋于合理，但管理上的弊端越来越明显，保障项目越来越多，项目间缺乏协调，管理机构繁杂，标准差别较大，影响了社会保障制度作用的发挥。改革成为英国社会保障制度进一步发展的必然选项。

为了顺应英国社会强烈要求改革社会保障制度的呼声，也为了给二战后的改革做好准备，英国政府不得不在战争进行的时候就开始采取行动，贝弗里奇对英国现行社会保障制度进行了广泛调查，并对其存在的弊端进行了强烈的批评，提出了社会保障制度改革的全面计划，阐述了社会保障制度改革的基本原则、社会保障制度发展的基础、社会保障制度的目标以及社会保障制度管理方面的有关问题。《贝弗里奇报告》描绘了一份较为完整的现代福利国家的蓝图。

第四节　社会保障理论的发展

社会保障理论的多样化发展表现为当代福利型社会保障制度的改革理论，具体内容包括两个方面：新自由主义的社会保障思想和“第三条道路”的社会保障理论。

一、新自由主义的社会保障思想

新自由主义的社会保障思想是近代晚期西方社会保障思想的一种派别，它继承了古典自由主义社会保障思想的基本原则，反对国家对经济与社会生活实施干预，反对由国家实施的社会保障，提供社会保障私有化。作为与凯恩斯主义相对立的社会保障思想派别，新自由主义社会保障思想出现于20世纪20—40年代，在20世纪70年代得到发展并产生影响。新自由主义社会保障思想继承了古典自由主义社会保障思想的基本原则，发展了新自由主义社会保障思想的基本主张，反对福利国家与集体福利，提倡社会福利市场化与私营化，成为当代西方社会保障制度改革的理论基础。

（一）新自由主义学派的产生

新自由主义是20世纪70年代中后期再度兴起的自由主义思潮，其英文表达形式是“new liberalism”，其“新”是指对新古典自由主义所强调的政治上的个人自主、经济上的自由放任进行了一定程度的修正，从理论上论证了国家或政府在维护个人需求、保障社会经济秩序方面的必要作用。这种“新”自由主义所持的是积极自由的社会价值取向，在一定程度上，它的政治诉求成为福利国家的理论基础。而20世纪70年代中后期再度兴起的自由主义思潮，其英文的表达形式是“neo-liberalism”，英文的“neo-”这个前缀指的是“新的”“现代的”，也有“复兴的”的意思。

1.凯恩斯经济学失灵

二战后，各资本主义国家实行了促进高水平需求和就业的经济与社会政策，各国经济发展迅速，而且失业率较低，其根本原因就在于各国政府对经济发展进行了不同程度的干预，经济波动的剧烈程度也减轻了。但是，进入20世纪70年代以后，各国的经济发展速度明显放慢、失业率居高不下，同时出现了严重的通货膨胀，形成了“滞胀”型经济危机。这种危机一直持续到80年代。这说明凯恩斯经济学也失灵了。

2.全球经济社会的变化

随着商品贸易、直接投资、国际金融活动自由化的推进，以及服务业、信息业和农业贸易自由化的推进，世界经济联系日益加强。与此同时，各国之间的经济竞争也日益加剧。由于全球经济联系的增加，以及其他一些相关现象的出现，人们开始用“全球化”来形容世界经济格局的这种变化。另外，西方资本主义国家以及世界其他国家的社会结构也发生了明显变化，出了劳动力短缺的问题，产业结构和职业结构发生了变化，产业工人大大减少，工会的作用也减弱了。

3.福利国家面临的挑战

二战后，西方资本主义国家经济持续发展的时期，也是国家干预增加、社会福利开支增加的时期，这导致了税收占GNP的比例持续上升。后福利国家在发展上都具有一个共同点，就是福利方面的发展速度超越了经济发展。到了20世纪60年代末，由于生产技术、经济结构的变化等因素，西方国家持续20多年的经济增长开始放慢，而由于工资和福利的刚性作用，西欧各国的社会保障开支继续增加。

（二）新自由主义的哲学理念

古典自由主义是以对人类的自我利益取向、人的自然权利以及人的理性思考能力的信任为基础的，在此基础上形成了自由主义的基本要素：个人主义；对私人财产权和自由市场的推崇；尽可能地限制国家或政府的作用的政治主张。新自由主义作为对古典自由主义的复兴，自然也包含古典自由主义的基本要素，但两者也有显著不同。

1.个人主义的价值观

所谓个人主义，就是在个人与社会的关系上，个人是主体，是社会生活的推动者，不是社会或社会目的的手段；在处理个人与集体、个人与社会或国家的关系时，要将个人的权利、个人的自主性、个人的利益置于优先位置。新自由主义同样强调个人权利和自由的重要性。它强调社会是由个人构成的，社会并不存在于个人之外或个人之上，因此，任何政治安排都必须以保障个人的权利和自由为基础。

2.对经济不平等的辩护

新自由主义者对经济不平等的辩护主要是针对20世纪出现的社会自由主义的福利国家理论，认为福利国家的发展偏离了古典自由主义的基本原则，混进了太多的社会自由主义的成分。新自由主义坚持私人财产权和市场经济是个人自由的唯一坚实的基础，同时认为由于个人之间的先天禀赋、后天努力等方面都是不同的，因此市场经济的竞争必然导致人与人之间的不平等。

3.必须限制国家的作用

古典自由主义是以个人的自然权利为基础来论证估价的必要性和有限性的。个人拥有的不可剥夺的自然权利优先于政府和法律的权利，是一种道德权利。这种权利是对国家和政府的权利予以限制的根源。新自由主义者同古典自由主义者一样，也认为必须限制国家或政府的作用，国家的作用就是保障个人的基本权利或自由，使个人不受暴力、抢劫、欺诈等行为的伤害。但是，对于为何要限制以及如何限制，新自由主义者意见不一。

（三）新自由主义的社会保障理论

新自由主义于20世纪50年代末60年代初在美国开始流行，它带有鲜明的反凯恩斯主义的色彩。此时期正是凯恩斯主义的鼎盛时期，直到70年代资本主义世界出现了“滞胀”，新自由主义才逐渐兴盛起来。新自由主义者相信市场可以发挥自发的作用，反对国家干预经济，认为社会保障制度破坏了市场机制的功能，严重影响了自由竞争的市场秩序，因此反对福利国家，主张社会保障的市场化、私人化、多元化。

1.对福利供给主体和供给方式的认识

世界各国的社会福利供给由国家、市场、个人以及非营利组织等分担。对于社会福利供给主体而言，新自由主义无疑是倾向于个人的。新自由主义强化理性人的意识，追求自由，反对国家角色在社会福利事务中的无限扩张，反对福利全部由国家和政府提供，认为福利服务市场化是最好的选择，国家的干预和介入必然造成对个人自由的潜在威胁。新自由主义认为国家角色应该局限在特定的范围内，主张降低和转移政府的作用，政府只负责提供最基本的福利，政府的主要责任是推进社会福利的发展而不是提供所有的社会福利，福利国家显然已经超越其应有的责任范围。新自由主义者大都相信供给会自然产生需求，强调供给的作用，批判需求管理模式，认为资本主义的全面生产过剩是不可能长期存在的。福利国家试图通过给人们提供较高的收入替代保障来实现低收入者需求的增加，并通过增加政府财政支出实现国内总需求的增加。新自由主义者对这一理论观点进行了反驳，认为较高的福利不能刺激供给，反而会打击生产的积极性，所以任何增加供给方的生产成本的福利政策都是不利于经济稳定和持续增长的①。

2. 对福利国家的认识

对于福利国家的认识，新自由主义者采取了全盘否定的态度。他们认为，福利国家的根本缺陷在于：第一，错误地理解人的本性，夸大了人的理性能力。新自由主义者不同意关于个人会为社会的共同目标及理想放弃个人利益的观点，认为个人只为自己的利益而努力。福利国家与人的本性相悖，会挫伤人的积极性。同时，人的理性是有限的，人不可能以有限的理性去人为地建构福利国家。第二，福利国家破坏了原来社会的"自然秩序"。新自由主义者认为，社会有自己的既定秩序，这种秩序是自然演化过来的，具有自我创造、自我更新能力，而福利国家是一种人为制度，是对原有社会秩序的破坏。第三，福利国家对个人自由构成了威胁。这种威胁不仅表现为政府的特权，而且福利国家实现的资源再分配是强制的，是对资源所有者私有权的侵害，剥夺了个人的自由。第四，福利国家对经济、社会、政治具有破坏力。在经济层面，福利供给过剩或不足，造成经济效率低下，资源浪费。在社会层面，福利国家向弱势群体提供社会保障，是对个人的独立性和自我负责精神的破坏，使个人滋长对政府的依赖，使弱势群体有扩大的趋势，社会问题变得更为严重。在政治层面，利用和扩大政府的权威，助长利益集团发展，令政府失去应有的权利与合法性，无法照顾全面的社会需求②。

3. 对实现社会福利的模式和福利政策的认识

新自由主义者认为，经济增长是最好的社会政策，反对国家控制失业率，强调福利国家社会政策的有效性，认为不能依靠政府的再分配解决贫困和社会不公平问题，而是通过有产者追求自己利益时产生的积极成本的层层渗透来改善不公。福利政策作为一种宏观调控手段，使人们对信息的解读产生偏差，以至误导市场行为，对经济产生反面影响。新自由主义主张剩余式的社会福利模式，极力推行志愿主义，并大力突出市场和职业福利的作用。

总之，新自由主义认为福利国家并不能真正解决经济发展和福利问题。在社会福利领域，新自由主义强调个人对自己的福利状况负责，提倡通过市场竞争提供福利，认为只有这样才能提高整个社会的效率。

二、"第三条道路"的社会保障理论

自20世纪70年代起，新自由主义逐渐将凯恩斯主义取而代之，西方国家不断放松

---

① 熊力军．西方福利思想的演进及启示［J］．今日南国（理论创新版），2010（2）：5-8.
② 范斌．福利社会学［M］．北京：社会科学文献出版社，2006：75.

对经济的管制，自发自为的市场经济逐渐兴起，国家对工会会议实行限制，全力推进私有化进程，并不断缩减福利开支和限制工会权利。受新自由主义的主导，因为缺少科学的应对方案，民主社会主义逐渐步入困境当中。在此境况下，民主社会主义不得不想方设法探寻变革之道，以求生存，以期在变革后通过调整政策和理论创新来摆脱困境，达到重新执政的目的。所以，“第三条道路”适应这样的时机产生了。由于界定范式不同，“第三条道路”的意义也不尽一致。“第三条道路”理论的代表人物吉登斯将“第三条道路”看作介于民主社会主义与新自由主义之间的一种理论。这种社会政策的主旨是力求打破原有社会政策的限制，引导福利国家改革社会政策，使之消除危机，从而创建积极的社会福利制度[①]。

（一）“第三条道路”社会保障理论提出的背景

首先，“第三条道路”是二战后西方资本主义社会经济政策发展变化的直接产物。二战后，长期执政的西欧各国右翼政党大都推行自由主义经济政策，这种政策虽然使经济得到大幅增长，但同时造成了严重的失业和贫富分化等问题。被自由主义经济政策替代的凯恩斯主义经济学和福利国家相关制度，在20世纪70年代石油危机以后难以为继，凯恩斯主义和新自由主义在一些方面从存在矛盾和冲突不断发展为融合趋同，从而发展成为西方国家的主要经济政策。

其次，西方各国的政治结构和社会结构在20世纪后期发生了极大变化，这严重地影响着“第三条道路”理论的形成。20世纪70年代以后，西方资本主义国家中，那些因捍卫自身权益而开展集体斗争的工人阶级不断减少，注重社会稳定和谐的中产阶级则不断增多，并在西方经济社会生活中扮演着举足轻重的角色，他们对传统的极端政治表达不满。这样，西方国家的各种政治派别必须调整自己的理论和政策，以吸引中产阶级的兴趣和支持。“第三条道路”可以称为政治结构和社会阶级结构发生转变的产物。除此之外，“第三条道路”的兴起和发展也在一定程度上受到国际局势变化的影响。全球化进程的加剧带来诸如生态环境恶化、饥饿与贫困并存、民主与种族分歧加大、国际恐怖主义盛行、大规模移民与难民潮、国际金融危机等严重问题。这些问题的解决需要有新的思路与理论、新的政策与措施，传统的极端主义理论政策难以应对和解决新的国际性的社会问题，这就促使西方国家探索新的道路即“第三条道路”[②]。“第三条道路”的社会福利理论集中体现在吉登斯1994年出版的《超越左与右：激进政治的未来》及1998年出版的《第三条道路：社会民主主义的复兴》等著作中。1998年9月，吉登斯的弟子英国前首相布莱尔出版了《第三条道路：新世纪的新道路》一书，他认为“第三条道路”是有效解决当今全球化条件下各种问题的新理论。以20世纪90年代英国布莱尔首相和美国克林顿总统的执政为标志，一些西方国家的社会福利政策出现了“第三条道路”的复兴。

（二）“第三条道路”的主要福利主张

“第三条道路”试图摒弃原来传统的民主社会主义与新自由主义中那些没有预期获

① 张军．我国适度普惠型社会福利制度的建构：理论基础与路径选择［M］．北京：人民出版社，2018：191-197.

② 杨雪冬．“第三条道路”与新的理论［M］．北京：社会科学文献出版社，2000：6.

得好效果的因素，保留其富有生命力的、积极的因素，挣脱落伍的意识形态的羁绊。针对新自由主义的思想意识和政治模式以及传统的国家干预政治模式，"第三条道路"理论提出要打破传统的政治模式与意识，走上全新的道路。这主要表现为其在继承传统民主社会主义的自由、平等、公正、相互责任和国际主义等基本价值观念的基础上，吸收自由主义市场原则的有益成分，既让经济充满活力，又维持社会的团结一致和稳定。其社会福利主张包括超越左右嵌入社会框架的社会福利模式，"无责任无权利"的思想，以"社会投资国家"替代"福利国家"，从消极福利转到积极福利等方面。

1.超越左右嵌入社会框架的社会福利模式

当前人类生活在一个充满不确定性的世界中。这种不确定性一部分是自然因素造成的，但更多的是人为因素造成的。当全球化把人类带入后传统社会的时候，我们也开始对自己的生活加以反思。后传统社会的基本特征是全球化、消解传统化、人为不确定性，这些特征带给人类种类繁多的不确定性和十分严重的人为风险，当前各国既有的社会政策对此也无力应对。为了处理后传统社会面临的种种危机，福利国家必须构建出一个新的社会框架，并在这一框架中重新建设社会福利。

针对后传统社会所存在的各种危机，吉登斯表示应在新的社会框架下建设社会福利和社会政策。他主要提出了以下几个社会框架：（1）对破坏了的团结进行修复，对传统进行适当的保留或重塑，增强个人与社会的责任感；（2）脱离解放政治，构建生活政治；（3）倡导具备能动性的政治，践行积极的信任，用来处理福利国家中社会、市场、政府这三者之间的关系使其协调发展；（4）汇总对社会秩序的反思，确保民主对话，避免福利国家中自由民主制的不足，使民主化更为彻底；（5）对各种暴力问题进行处理；（6）对福利国家进行反思，并将它与世界范围内的贫困问题进行联系，倡导积极福利。①他希望通过对提供消极福利的国家进行反思，能制定更好的社会政策。积极的社会福利需要各种社会制度加以配合，而并非一个独立的系统。

基于以上社会框架，吉登斯嵌入了积极的社会福利，他认为积极的社会福利需要与其他行业体系和社会制度结合，它并非独立存在的。社会团结的建立、民主的完善、能动性政治和生活政治的价值形成，都是构建积极福利的基础。所以，吉登斯要将它嵌入新的社会框架体系之内，只有在一个统一的、完善的社会框架之内才可能很好地构建起积极福利的社会政策范式并使之有效运行。吉登斯所构建的社会框架有效地结合了激进主义与保守主义、社会民主主义与新自由主义，以及左翼和右翼的观点，并通过积极福利理论来建构"第三条道路"的社会政策范式。

2.强调"无责任即无权利"的思想

福利国家强调公民的权利，将个人的一切包揽下来，所实施的福利政策是自上而下的模式，用于照顾和保护公民。这种福利政策在一定程度上限制了个人自由，导致自身抵御风险能力较弱，没有足够的空间实现更大的自由，使公民过分依赖社会福利制度，并将获取社会福利当作国家应当给予个人的权利，而将个人承担的义务和责任视为额外的。"第三条道路"福利理论在此基础上提出"无责任即无权利"的主张，使个人的责

---

① 彭华民，等. 西方社会福利理论前沿：论国家、社会、体制与政策［M］. 北京：中国社会出版社，2009：131；149-150.

任与义务伴随社会福利的增加而增加。这不仅适用于福利接受者，也适用于全体公民。福利国家实行改革，不是为公民编织一张安全网，覆盖所有公民，而是为大部分人谋福利，并促使公民形成自觉的道德要求。如果社会福利面向社会弱势群体，具有消极的剩余性，那么势必会导致两极分化严重、贫富差距加大。

此外，吉登斯还指出，“第三条道路”应当接受右翼对福利国家提出的指责和批评。现在这种自上而下的福利分配制度从根本上说是很不民主的，虽然是为了照顾和保护公民，但也在一定程度上限制了个人自由，一些福利机构甚至出现官僚化和低效率化倾向，从而导致结果与福利制度设计者的初衷背道而驰。不过，吉登斯明确指出，“第三条道路”并不把这些问题看成是应该取消福利国家的信号，而是把它们视为应该重建福利国家的理由①。

3. 以“社会投资国家”替代“福利国家”

针对“福利国家”，吉登斯提出了一个替代性概念，即“社会投资国家”。在这一概念下，他认为应该适当减少政府干预，对国家、社会和个人三者之间的责任重新予以划分，由个人、政府及其他机构共同承担福利供给的责任。福利开支将不再完全由政府来创造和分配，它还延伸到国家之上以及国家之下②。“社会投资国家”相比传统福利国家更加注重经济福利的获取，也更加重视培育人的心理利益方面，认为人的幸福属于主观与客观的统一。这类国家的基本准则为：竭尽全力投资人力资本，尽量避免直接的经济救助，即“授之以鱼不如授之以渔”。

第一，注重人力资本投资，由提供保障向提供技能转变。从“第三条道路”的发展历程来看，采用社会保障的方式对社会财富进行再分配，对实现社会公平所起的作用是有限的。在现代社会，公正不仅要强调每个人都享有平等的社会保障权利，也应当成为促进个人与社会发展的推动力。在具体措施上，“第三条道路”提出要转变既有的就业机制，减少在工资收入和劳动时间方面的硬性规定，正视经济效率与社会公正的协调，采用积极进取的福利模式对原本消极的恩赐型福利进行替换，转变原有的事后补救的方式，进行事前预防。福利国家不单意味着增加社会支出，还体现在各种社会投资如教育与培训的增加方面。

第二，主张以福利社会逐渐取代福利国家。“第三条道路”强调在福利改革中注重福利的多元化与民主化，一方面要不断增加投资主体以便形成多元化，使其扩充到个人及各种社会团体和组织中来。除了国家这一传统的投资主体之外，社会投资国家中的投资主体还应该包括家庭、个人、企业及其他社会组织，由各种投资主体共担风险。另一方面要对福利对象进行拓展。除了为社会弱势群体提供最基本的生活福利之外，福利国家还应该为中上阶层提供福利。

第三，注重利用风险资源，进行富有效力的风险管理。一方面，风险具有负面意义，因而需要保护人们避免受到风险的影响。另一方面，风险还存在一定的正面意义。可以将风险视为一种动力，它能促使人们奋发向上，激励人们积极主动地工作，去冒险进行自主创业，并鼓励人们摒弃以往生活中必不可少的福利救济。

---

① 吉登斯．第三条道路：社会民主主义的复兴［M］．郑戈，等译．北京：北京大学出版社，2000：68-117.
② 吉登斯．第三条道路：社会民主主义的复兴［M］．郑戈，等译．北京：北京大学出版社，2000：132.

4.从消极福利转到积极福利

对传统福利国家而言，其社会福利制度主要是针对疾病、年老、贫困、失业等生活风险而设计的，主要目的是保证那些遭受风险的人能获得最低的生活福利保障。吉登斯认为，风险与机会是并存的，且二者之间可以相互转化。他认为，福利国家在实行改革的过程中，应该充分利用各种风险，并基于这些风险创建积极的社会福利。我们要对积极福利予以大力倡导，并且公民与各种社会组织都应该致力于为积极福利贡献出自身力量，因为积极福利能够促进社会财富的创造，并且“它关乎别人的幸福”[①]。

总而言之，“第三条道路”下的积极福利主要存在以下特征[②]：①其目的是自行培养具有一定目的的自我；②通常是在国家的干预下实施的，但不得完全被国家范围所限制，需要在全球范围内加强国际合作；③必须具备风险管理意识；④激励和引导人们追求幸福，同时个人和社会的福利都应通过积极福利来界定。

吉登斯所提出的积极福利与传统的消极福利存在较大差别（见表2-1）。传统的福利政策模式主要是依据外部风险进行组织，被动地解决那些已经发生的事情，实质上就是重新分配风险，主要目标是保障人的基本生存，以免其因遭遇风险而陷入生存困境，所以被称为消极福利政策。而积极福利政策是以促进人的发展为目标，以强化人的生存能力为手段所开展的。在应对外部风险方面，消极福利政策采取的是事后分配风险的方式，通常需要国家强制干预；积极福利政策则采用事前预防的方式，直接介入风险问题的解决。

表2-1　**积极福利与消极福利的对比**[③]

	积极福利	消极福利
风险类别	主要是为了应对风险，属于一种积极的行动	依据外部风险进行组织，对已经发生的事情加以解决；被动性较强，从本质上看属于重新分配风险
目标	不是为了改善贫困，而是要促进人类发展，注重自我的实现以及责任的承担	主要是为了保障人们的基本生存，避免人们因遭遇风险而无法维持正常生活
手段	通过增强人自身的生存能力来面对和解决各种人为风险	外在的物质或现金给付
机制	在风险出现或可能出现之前，采取防范措施	对外部风险采取事后分配机制

（三）“第三条道路”福利理论的启示

“第三条道路”已经成为风靡全球的一种社会思潮。“第三条道路”从根本上来说，是把福利国家和市场体系联系起来、结合起来。但不管怎样，“第三条道路”福利理论属于一种“半社会主义”，它介于资本主义与社会主义之间。它并不是简单地对古典自由主义和社会民主主义进行选择，更加精准地说，在本质上它是介于保守主义与社会民

① 吉登斯．第三条道路：社会民主主义的复兴［M］．郑戈，等译．北京：北京大学出版社，2000：68-121.
② 彭华民，等．西方社会福利理论前沿：论国家、社会、体制与政策［M］．北京：中国社会出版社，2009：152.
③ 彭华民，等．西方社会福利理论前沿：论国家、社会、体制与政策［M］．北京：中国社会出版社，2009：153.

主主义之间的“第三”项选择，是社会主义与保守主义都自由化后的“第三条道路”[①]。因此，“第三条道路”的福利主张与其说是“社会民主主义的复兴”，不如说是社会民主主义的自由主义化[②]。

“第三条道路”福利理论的意蕴在于它力求打破原有的社会政策，指引福利国家进行社会政策改革，使之消除危机，并构建一套积极的社会福利制度[③]。一言以蔽之，“第三条道路”福利理论带给中国社会福利制度的改革与发展的重要启示在于：（1）在风险型社会当中，占据主要地位的是人为风险。为此，必须采取行之有效的预防策略，使国家、社会、个人三者的主动性与责任感得到充分发挥，从之前倡导的政治解放发展为机会多样的生活政治，使国家、社会、个人共同承担风险。（2）要大力发展教育、培训这类福利形式，充分发挥其推动就业、提升就业率的功能。对人们接受教育的费用实施减免，提升个人的综合素质，以便能更好地应对风险。（3）注重权利与责任之间的对等性，注重福利提供者与接受者之间的关联，注重社会资源的分配是否具有正义性，提倡权利与责任协同一致。（4）对本地居民与流动人口、个人与社会、劳动与资本之间的关系不断进行协调，注重社会关系的和谐，不断构建包容型社会。（5）促进能动性政治的建立，发挥非政府组织在福利提供方面的作用，促进多元化福利提供者的建立，改变普通民众对福利的国家依赖。（6）有选择地保留或重塑传统，复兴个人和社区对自身的责任感；就业是最大的福利。（7）社会福利政策应该在民主对话中产生，以使社会福利政策更好地回应社会的需要。（8）社会福利应着眼于化解人为风险，帮助人们提高自身能力。（9）不断致力于积极社会福利制度的构建，做到“以人为本”，积极建设能化解各种危机的社会政策模式来改革传统的国家-单位社会福利模式。

在怎样对待福利国家这一问题上，“第三条道路”不赞同中央化的集权方式，也不赞同国家提供普遍的福利。在欧洲，福利国家的责任逐渐转移到“国家+市场”型和“国家+市场+社会”型。这种变革是以完备的市场、成熟的公民社会和政治民主为基础的。西方国家提倡从政府包揽社会福利逐渐转移至公民和社会组织主动参与提供社会福利，其多元主义福利制度的改革不同于中国所处的背景。中国的社会福利制度改革离不开政府的推动，在短期内，中国社会福利制度改革的方向，应当强调国家承担主导责任，尤其是承担财政供给的责任，地方政府要不断强化对地方财政配套资金的责任感，不断增加福利投入。

中国的社会福利制度改革，一方面突出国家财政的主导责任，另一方面倡导和完善自由选择福利供给机制。能够预见的是，中国的社会福利制度改革不会因为社会主义市场经济的发展而止步不前，也不能完全依照市场化形式来建设社会福利制度。在坚持福利改革社会民主路径的同时，坚持自由化的经济发展路径，或许就是社会福利改革与发展的中国道路[④]。

---

① 韩克庆．第三条道路与中国的福利改革［J］．天津社会科学，2010（2）：45-48.
② 秦晖．第三条道路，还是共同的底线？——读吉登斯第三条道路［J］．社会科学论坛，2002（6）：4-11.
③ 彭华民，宋祥秀．嵌入社会框架的社会福利模式：理论与政策反思［J］，社会，2006（6）：138-153.
④ 韩克庆．转型期中国社会福利研究［M］．北京：中国人民大学出版社，2011：405.

关键术语

福利文化（Welfare Culture）　天赋人权观（Natural Human Rights）　乌托邦（Utopia）　古典自由主义（Classical Liberalism）　圈地运动（Enclosure Movement）　自动稳定器（Automatic Stabilizer）　混合经济（Mixed Economy）　收入均等化（Income Equalization）　第三条道路（The Third Way）　滞胀（Stagflation）　拉弗曲线（Laffer Curve）　资产替代效应（Asset Substitution Effect）　引致退休效应（Lead to Retirement）　积极福利（Positive Benefits）

复习思考题

1. 概述中西社会保障的思想渊源。
2. 简述德国新历史学派的主要观点。
3. 简述《贝弗里奇报告》中的社会保障体系的基本结构。
4. “第三条道路”提出的背景包括哪些？

第三章

社会保障的理论基石

学习要点

通过本章学习，了解社会保障是建立在多学科交叉融合基础上的一个跨学科，能够正确理解和把握经济学、社会学和政治学及其他相关学科对社会保障理论的贡献。

案例引入

威廉·贝弗里奇之《贝弗里奇报告》

1941年，英国成立社会保险和相关服务部际协调委员会，着手制定战后社会保障计划。经济学家贝弗里奇爵士受英国战时内阁财政部长、英国战后重建委员会主席阿瑟·格林伍德委托，出任社会保险和相关服务部际协调委员会主席，负责对现行的国家社会保险方案及相关服务（包括工伤赔偿）进行调查，并就战后重建社会保障计划进行构思、设计，提出具体方案和建议。

第二年，贝弗里奇爵士根据社会保险和相关服务部际协调委员会的工作成果提交了题为《社会保险和相关服务》的报告，这就是著名的《贝弗里奇报告》。报告正文共分六个部分。第一部分概要介绍了社会保险和相关服务部际协调委员会的工作过程和整个报告的主要内容。第二部分审视了英国当时的保障制度存在的诸多问题。第三部分重点讨论了待遇标准和房租问题、老年问题以及伤残赔偿途径问题。第四部分为社会保障预算。第五部分为社会保障计划。该部分首先论述了社会保障计划所赖以存在的三个假定，提出了通过社会保险、国民救助和自愿保险三个层次保障人们不同需要的重要观点。同时，在明确养老金、保险金、补助金及补贴等基本概念的基础上，将全部国民分为雇员、从事有酬工作的人员、家庭妇女、其他有酬工作的人群、退出工作的老年人、低于工作年龄的子女等六个群体，分析了各群体的不同保障需求，并就其参保的待遇、缴费等有关问题进行了系统阐述。第六部分为社会保障和社会政策。该部分详细讨论了子女补贴、全方位医疗康复服务和维持就业问题，提出把消除贫困作为战后的基本目标，即社会保障计划的目标是：确保每个公民只要尽其所能，在任何时候都有足够的收入尽自己的抚养责任，满足基本的生活需要。

在《贝弗里奇报告》的基础上，英国政府于1944年发布了社会保险白皮书，基本接受了《贝弗里奇报告》的建议，并制定了国民保险法、国民卫生保健服务法、家庭津贴法、国民救济法等一系列法律。如1946年颁布的国民保险法基本采纳了报告的建议，规定参保人必须按照年龄、性别和婚姻及就业状况等不同条件缴费，在业人员待遇按照同等比例确定，与失业、生育、疾病、丧偶和退休等有关的各项福利待遇都是如此。

1948年，英国首相艾德礼宣布英国第一个建成了福利国家。贝弗里奇也因此获得了“福利国家之父”的称号。《贝弗里奇报告》和英国福利国家社会保障制度的实施，影响到了整个欧洲。瑞典、芬兰、挪威、法国、意大利等国也纷纷效仿英国，致力于建设福利国家。

资料来源：贝弗里奇．社会保险和相关服务［M］．何平，译．北京：中国劳动和社会保障出版社，2008：1-4.

讨论：《贝弗里奇报告》对现代社会保障制度的建设发展有什么作用？

分析提示

第一节 经济学与社会保障理论

一、经济学对社会保障的理论贡献

众所周知，经济学是研究各种经济关系和经济活动规律的科学，而社会保障制度则是通过经济手段来实现特定社会目标与政治目标的制度安排，在一定程度上亦可以被视为一种经济活动。因此，社会保障既需要按照自身规律来发展，也必然受到经济关系与经济活动规律的制约，这种内在的关联决定了经济学不仅为社会保障学科的发展奠定了坚固的理论基石，而且对社会保障制度安排产生了特别重要的影响。

与历史上任何一个时代相比，现代社会保障在理论研究与具体制度安排方面受经济学的影响是前所未有的。一方面，日益健全完备的社会保障制度及其动用的经济资源构成了经济领域中日益重要的组成部分，越来越需要雄厚的经济基础与合理的经济政策；另一方面，社会保障的发展对经济发展与经济政策等的影响日益重大。中外社会保障发展实践已经揭示出，社会保障制度安排其实是一种社会价值的选择，而经济学中的选择理论是社会保障制度安排的理论基础。不管是自由竞争与国家干预的选择，还是平等与效率的选择，抑或是具体制度安排与发展手段的选择等，经济学在这些方面所取得的成就均为社会保障制度选择提供了基础与条件。这是经济学对社会保障的第一个特别重要的理论贡献。尽管社会保障理论不是经济学所能够全部涵盖的，却也部分地直接体现在经济学理论体系之中；那些不能体现在经济学理论体系中的部分，也不同程度地受到经济学理论体系和经济学界的观点的影响。经济学对社会保障的第二个理论贡献，在于为社会保障理论与政策实践的发展提供了具体的理论方法，如西方经济学中的收入分配理论、边际效用理论、就业理论、贫困理论、后备基金与六个扣除学说等，这些都有助于解决现代社会保障制度安排中的某些政策与技术选择难题。经济学对社会保障的第三个理论贡献，是经济学特有的视角为社会保障理论研究与政策选择提供了有价值的思维方式，并能够确保社会保障理论与政策选择从空想主义进化到理性选择阶段。

二、不能用经济学替代社会保障理论

经济学采取实证分析与规范分析相结合的方法。一方面，运用历史资料进行归纳，对事物进行客观描述，并揭示其发展规律，回答事物及其发展“是什么”的问题；另一方面，运用演绎方法进行规范研究，判断事物应有的走向，回答事物及其发展“应该是什么”的问题。经济学的研究包括宏观经济分析、微观经济分析和制度结构分析。经济学研究的核心问题就是资源配置。毫无疑问，经济学是现代社会保障理论及政策实践的

重要基础，经济学所揭示的普遍原理与方法，对社会保障制度实践有着特别重要的指导意义，经济政策亦可以充当社会保障政策的重要基础。然而，经济学又无法包容社会保障理论，因为二者的研究对象、研究目的与研究方法并不相同，经济学绝对不是社会保障的全部理论基础；社会保障政策亦非经济政策的局部或分支，而是具有独特运行规律的独立体系。因此，我们在强调经济学重要基础地位的同时，不能用经济学带动社会保障理论，社会保障理论不能简单地被视为经济学的分支；否则，我们就会忽略社会、政治乃至历史文化、民族传统等因素对社会保障制度的影响，进而将效率问题绝对化，这绝非一个理性的社会保障研究者的理性研究。

一些经济学家的著述把社会保障均作为一个对经济发展构成影响甚至是重要影响的因素来考察，并以促进经济发展为基本出发点来评论社会保障，或主张建立并发展社会保障事业，或反对建立和发展社会保障事业，或采取混合的、妥协的甚至是模糊的观点，这些现象都是由研究者的研究视角不同、价值取向不同所致，从而是理论研究中的正常现象。经济学领域对社会保障态度的差异，正是发展社会保障学说的有益营养，也是确立社会保障制度安排的重要依据。换言之，否定社会保障的学说与肯定社会保障的学说对社会保障理论与制度实践的健康发展具有同等重要的意义。

第二节　社会学与社会保障理论

一、社会学对社会保障的理论贡献

社会学是从整体上研究社会、社会发展和社会问题的一门综合性学科。如果从社会保障的出发点和追求目标来考虑，则社会学无疑是社会保障重要的理论基石之一。首先，社会保障的出发点是养老、医疗、贫困、灾害等社会问题的客观存在，这些问题需要通过社会保障机制才能获得解决；其次，社会保障制度的确立与发展通常被视为社会发展的重要方面和重要标志之一；最后，社会学是社会保障理论发展进程中最早的和最直接的渊源，如人道主义、伦理道理、历史文化传统就是社会保障的道德基础和理论源泉等。因此，尽管经济学在当代社会保障理论与制度实践中似乎占有最重要的基础地位，但社会学的影响其实早已融入社会保障理论之中，并依然保持着对社会保障理论和制度实践的巨大影响力，这表明在社会保障理论的建设与发展中，社会学至少具有与经济学同等重要的地位，并发挥同等重要的作用。

社会学研究的社会公正、社会稳定、社会价值、社会进步、家庭与社区、社会化、社会阶层与人口等问题，不仅为社会保障研究奠定了必要而坚实的理论基础，而且直接指导社会保障理论研究与制度实践的发展。诸如，社会保障制度的建立是由于特定的社会问题的客观存在，但什么问题是社会问题，这种社会问题达到何种程度时会对整个社会的正常运行构成威胁，它需要采取何种措施才能缓和或化解，社会是否公平，社会进步的标志是什么等问题，都是社会学研究和回答的问题。研究和回答这些问题，对于社会保障而言，显然具有基础性意义。

再考察各国的现实，还会发现，社会保障通常被纳入社会发展而非经济发展的范畴，社会保障水平的高低通常被作为评价与衡量一个国家或地区社会发展水平而非经济发展水平的重要标志之一，这种做法或许从另一个角度阐明了社会保障理论与社会学之间的不可分割的关系。

需要指出的是，在社会发展进程中，经济、政治、法律、文化、道德、思想意识乃至存在的各种社会问题等都是紧密联系在一起的，而社会学的优势在于将社会看成一个整体，这种整体观对于研究社会保障问题有着直接的启示。社会保障起于各种社会问题，止于解决各种社会问题，在这一过程中，需要考虑文化、道德、思想意识等精神领域的东西，需要运用政治、经济和法律的手段，最后往往通过物质或劳务的援助才能使问题得到真正解决，最终实现整个社会的和谐发展。因此，社会保障本身也是一个十分复杂的系统，只有从整体出发对其加以研究，才能获得全面的、合理的、准确的理论判断与相关结论。

二、社会学为社会保障提供了理论支撑

社会组织、社会结构、社会功能、社会问题、社会变迁等构成社会学研究的重要内容，社会学通过研究社会运行的条件和机制、人的社会化、社会互动、社会群体、社会组织、社会分层与社会流动、社会设置、社区、城市化、社会变迁与社会现代化、社会控制等，对科学地管理社会和制定正确的社会政策提供有根据的、经过论证的实际建议，为促进社会的良性运行和协调发展提供科学依据。

在人类发展的两大内容——经济发展与社会发展中，社会保障往往被纳入社会发展的范畴，被看作人类社会进步和人类发展的产物，社会保障水平也成为衡量社会发展水平的重要标志之一。社会保障作为以经济手段解决社会问题从而实现特定政治目标的制度安排，为了化解各种社会风险而要着力解决的社会问题，如老年人问题、失业问题、医疗问题、贫困问题、灾害救助问题、社会福利问题等，也正是社会学所要研究的重要问题。在研究问题上的诸多重合性，使社会保障能够从社会学中获得更多的理论支撑。

当前社会学研究的社会结构变迁与社会分层、和谐社会、社会组织与社会政策、社会建设与社会质量等热点和前沿问题，也与社会保障密不可分。例如，和谐社会必须用具体的指标体系来反映，社会发展与社会公平指标、社会保障制度健全与否、社会保障制度覆盖的人数及比例、对收入再分配的调控力度，以及国民的安全感、幸福指数等，都应该是和谐社会重要的衡量指标。实际上，社会保障制度与和谐社会存在正相关关系，社会保障体系是构建和谐社会的核心指标，构建和谐社会在很大程度上需要依靠社会保障制度，社会保障是解决各种社会问题不可替代的重要工具之一。

社会建设是为适应国家由农业、农村的传统社会向工业化、城市化的现代社会转变，适应人们的生产方式、生活方式和人际关系发生的深刻变化，积极面对由此产生的各种社会问题，有组织、有目的、有计划进行的各种有利于改善民生、建立新的社会秩序、促进社会进步的社会行动与过程。无论是从广义还是狭义来看，以保障和改善民生为主要内容的社会保障都是社会建设的重要内涵之一。围绕“民生”二字，社会和谐、社会建设、社会保障紧密地、有逻辑地联系在一起。

第三节　政治学与社会保障理论

一、政治学对社会保障的理论贡献

亚里士多德曾指出，人是天生的政治动物。这一命题说明了人的存在决定政治存在，政治是人的内在要求，政治发展最终是基于人的发展。作为一门古老的学科，政治学在欧美各国与经济学、社会学等一样早已发展成为一门十分成熟的学科，并在人类文明发展进程中发挥了非常重要的作用。

尽管政治学的发展取决于经济发展与社会发展，但是政治学所揭示出来的人与社会的关系，以及对人的发展与社会进步的追求，对社会保障理论研究与政策选择无疑具有重要的基础性的影响。政治学关注的核心领域，如国家与社会、民主与法治、人权与主权、政党与政权、政府与市场、中央与地方、决策与行政、权力与腐败、发展与稳定等，都与社会保障有着密切的联系。

例如，现代社会保障制度就是以国家与社会承担责任的面孔出现的，而民主不仅帮助许多国家选择了自己的社会保障制度，也使这一制度更加符合人民的意愿；在世界各国，现代社会保障制度安排不仅属于法治建设的内容，而且是被法治化了的事业；社会保障的最主要的功能在于保障人的生存权与发展权，而社会保障制度在世界各国的多样化发展则又与主权及主权所涉及的人权联系在一起；不同的政党与政权对社会保障的不同主张，表明了推进或改良社会保障制度是政党与政权的重要使命；包括中国在内的许多国家改革社会保障制度的核心问题，则是重新处理政府与市场、中央与地方、发展与稳定的关系等。

美国哈佛大学教授罗尔斯于1971年出版的《正义论》一书，作为西方世界政治哲学的经典著作，对社会保障理论的发展有重要影响。在《正义论》中，他强调“正义是社会制度的首要价值”，提出两条社会公正原则：一是平等原则，即每个人应该在社会中享有平等的社会权利；二是差别原则，即如果不得不产生某种不平等的话，这种不平等应该有利于境遇最差的人获得最大利益。他主张“所有社会价值……都被均等地分配，但针对每个人的优势而进行的各种不均等分配除外”，认为社会应当将优先权交给平等。《正义论》体现了对弱势群体的保护和对实质平等的强烈关怀，它要求政府与公共政策都不得有违社会公正精神，而这正是现代社会保障制度的重要理论基础。

由此可见，政治学研究的核心领域是与社会保障有关的基础性理论问题，这些问题的研究成果毫无疑问可以作为研究与解决现实的社会保障问题的重要理论基石。从这个意义上来讲，政治学与经济学、社会学对社会保障具有同等重要的基础性理论价值，社会保障理论与政策实践的发展，需要高度重视并汲取政治学的养分。

二、政治学研究成果是社会保障理论的重要部分

社会保障制度的起源与发展是不同利益方角力的结果，来自代议制政治中政治

社会力的运作。这种政治社会力可以是个别选民，也可以是选民的结盟。选民为了扩大其偏好，政治家为了获得选票，企业家为了获得经济利益，社会改革者为了实现政治抱负，无不通过政治这个竞技场来寻求支持。因此，社会保障制度在选民的政治、经济诉求下产生，是由各种政治社会力的角力推动发展的。政治主导论的观点可分为古典多元政治论、新政治多元论及现代政治论三种。

古典多元政治论认为国家要不要实施社会保障政策，是由谈判与妥协的过程所决定的，是各种利益团体在其间角力的结果，哪个利益团体的力量大，它就决定了社会保障制度的产生。如韦尔科对英国的《国民健康服务法案》的立法过程进行了考察，分析了立法过程中医生团体、中央和地方政府以及保险机构之间的利益关系与权利的角逐，最后得出该项法案最终通过是上述各个团体与个人之间谈判及妥协的结果[①]。美国学者马尔摩在对美国医疗保险制度的分析中，也发现美国目前的医疗保险制度是由国会中一些压力团体组成联盟共同对国会施压而获得的结果[②]。

新政治多元论根据以上古典多元政治论的观点加以修正，认为古典多元政治论所持的“社会中权力分散”的观点是对的，但不同的团体往往拥有大小不同的权力，力量大的团体往往对社会保障制度的设计与确定有较大的影响力。学者诺林根指出，政府事实上比较容易受那些拥有较多资源与利益的人或团体的影响，这些人或团体常会利用文化和金钱的影响力来影响政府的社会保障制度决策[③]。因此，以新政治多元论的观点来看，社会保障制度不是由其具有的某种功能而产生，而是由拥有权力的人提出来的。谁的力量大，谁就拥有决定权。社会保障制度作为一种社会制度，就是由力量大的人或团体决定的。

现代政治论认为社会保障制度是现代代议制政治制度兴起与官僚扩权的结果。米什拉强调，社会保障制度是一种近代民主制度发展的产物。他指出，社会保障经费的增长幅度远超税收的增长幅度，这是民主选举制度兴起后政治角力的结果，也是近代国家官僚体系建立后，管理扩权的结果[④]。这个观点也假设选民是理性的，他们会选择其偏好的政见，支持对其有利的候选人。从这个角度来看，个别选民或团体会因为有利于自己的偏好而支持特定的社会政策。同时，如果社会政策的提出有助于选战的胜利，政党也会支持社会政策。因此，每到选举年，社会政策都会增加，代议制于是成为社会保障发展的主要动力。

第四节 法学与社会保障理论

一、社会保障与法学具有密切关系

社会保障政策是以社会公平为核心价值，以促进社会和谐与人的可持续发展为基本目的，以政府和其他公共机构为主体，主要运用立法或制定规则的制度化手段，推动公共资

---

① WILLCOCKS A. The Creation of the National Health Service [M]. London: Routledge& Kegan Paul, 1967.
② MARMOR T. The Politics of Medicare [M]. London: Routledge & Kegan Paul, 1970.
③ NORDLINGER E A. On the Autonomy of the Democratic State [M]. Cambridge, MA: Harvard University Press, 1981.
④ MISHRA R. The Welfare State in Crisis [M]. Brighton: Wheatsheaf Books, 1984.

源的合理配置，通过组织和提供社会公共物品与社会服务的方式，调整社会现行的生产与分配关系。不管是社会保障以法律规范的形式表现出来，还是其本身体现了社会保障权的内涵，都说明社会保障与法学具有千丝万缕的联系。

首先，社会保障的产生与发展是以立法形式为标志的。1601年英国《伊丽莎白济贫法》的颁布是现代社会保障制度萌芽的标志。德国俾斯麦政府1883年颁布《疾病社会保险法》、1884年颁布《伤残保险法》、1889年颁布《老年保险法》，从而在全世界第一个建立起现代社会保险体系。1935年，美国总统罗斯福颁布的《社会保障法》成为全世界第一部完整意义上的社会保障法律。1942年发布的《贝弗里奇报告》成为二战后英国工党政府社会立法的白皮书。

其次，社会保障的持续发展需要法律的强制规范。社会保障的强制性要以法律法规的形式实现，而法律的强制性正是社会保障所必需的。社会保障的强制性不仅要求符合条件的社会成员参加，还强调国家对其责任的履行，法律正是通过一个强制性的框架把各方行为约束在可控的范围内。社会保障只有以法律的形式加以规定，其作用才能真正得以发挥，也只有这样才能获得社会成员的信任与积极参与。我国2010年10月颁布的《中华人民共和国社会保险法》标志着我国的社会保障制度建设从长期的改革探索阶段走向了定型、稳定和可持续发展的阶段，但还需更多的立法来明晰主体各方的社会保障责任，社会保障中的各种关系迫切需要社会保障法律制度予以调整。因此，社会保障的持续发展需要法律的强制规范。

二、社会保障的主要内容以法学的权利义务形式出现

社会保障的主要内容包括缴费筹资和待遇发放，这涉及参保者的权利义务关系。法学以权利义务为研究的核心内容，而社会保障尤其是社会保险，对劳动者既有享受保险权益的规定，也有履行保险义务的要求。从法学角度研究界定各个主体的权利义务边界，充实权利义务内容，合理分配权利义务，能够从本源上帮助社会保障沿着可持续的方向发展。社会保障本身的复杂性决定了其调整关系的复杂性，社会保障包括的主体有国家、政府、企业、劳动者、社会保险经办机构等。社会保障法需要妥善处理好每一对主体的关系，而如何调整其关系正是法学研究的重要内容。需要特别注意的是，社会保障主体围绕或通过社会保障财产建立和形成的经济权利关系，主要包括社会保障财产所有权、占有权、使用权、收益权和处置权，它们由主体、内容、客体、性质以及合法性依据等权利要素组成。未来，关于社会保障财产权保护的问题将日益重要。[①]因此，只有通过法学研究理顺了不同主体之间的关系，并通过合理的制度规则加以约束，才能促进社会保障的发展，反之则会阻碍社会保障的发展。

关键术语

贝弗里奇报告（Beveridge Report）　公平与效率（Fairness and Efficiency）　收入

---

① 翟绍果．社会保障财产权的性质及保护研究［D］．西安：西北大学，2006：17-34.

分配理论（Income Distribution Theory） 社会风险（Social Risk） 可持续发展（Sustainable Development）

复习思考题

1.社会保障的理论基础来自单一学科的支撑吗？
2.试比较分析社会学、政治学和伦理学对社会保障制度的不同影响。
3.公平与效率能够在社会保障制度选择中得到整合吗？
4.试分析政党政治如何影响一国社会保障制度的制定。

第四章

国家与公民的社会保障理论

学习要点

通过本章学习，梳理并了解国家与公民的关系，把握公共选择理论和社会权利与社会义务理论，从而能够从公共选择、社会权利与义务等多角度分析、理解并掌握社会保障理论。

案例引入

三种社会保障模式对应的国情介绍

世界各国实施的社会保障制度大体上可以划分为三种模式：投保资助模式（如德国）、储蓄保险模式（如新加坡）和福利国家模式（如瑞典）。这三种社会保障模式是在什么样的国家经济政治背景的支持下实施的？能否普遍适用于世界各国呢？国情到底对社会保障模式的选择有多大影响？下面我们对德国、新加坡、瑞典的国情做概括介绍。

1.德国

德国位于欧洲中部，北临北海和波罗的海，国土面积约36万平方千米，人口约8 440万，人口密度为每平方千米240人，是欧洲人口最稠密的国家之一。居民主要是德意志人，有少数丹麦人和吉卜赛人。其中，外籍人口1 230万，占人口总数的14.6%。

德国于10世纪建成封建国家，1871年建立统一的德意志帝国，当时其工业化才开始起步，经济发展比英、法两国慢了将近一百年。德国首相俾斯麦为了巩固帝国专制政权，一方面镇压日益高涨的工人运动和社会民主党，另一方面于1883年开始颁布各种社会保障政策，将社会保障纳入立法轨道、增加工人福利，以缓和国内无产阶级与资产阶级之间的尖锐矛盾。德国也因此成为世界上首创立法实施社会保障制度的国家。

二战后，德国开始推行社会市场经济模式，这种模式在限制市场力量的过分积累，主张市场有序竞争的同时，强调社会责任，主张高税收高福利，通过增加消费者机会、刺激技术进步和创新、按劳分配收入和利润的方式来使市场中的各种力量自由发挥作用，对于经济复苏发挥了巨大作用。德国已成为高度发达的工业国家，经济实力位居欧洲首位。2022年德国国内生产总值为38 600亿欧元，但受到世界经济衰退的影响，其国内经济增长明显放缓。

2.新加坡

新加坡位于马来半岛南端、航运要道马六甲海峡的出口，总面积733.2平方千米，城市面积占绝大部分，因此人称“城市国家”。总人口564万，其中华人约占74%。新加坡推行自由贸易及金融体系，制度健全，私人企业可自由与国外企业开展商贸活动，外币可在新加坡自由兑换及进出。

1955年，新加坡还是英国殖民地，由于经济薄弱，英国又不愿承担盟主国的责任，所以新加坡为了积累资金，缓解财政困难等问题，建立了完全积累模式的社会保障体系。1959年6月，新加坡实行内部自治，成为自治邦，英国保留国防、外交、修改宪法、颁布“紧急法令”等权力。1965年8月，新加坡共和国成立，9月成为联合国成员国，10月加入英联邦。新加坡独立后，经济发展迅速，逐渐成为“亚洲四小龙”之一，是世界海洋交通的中心之一，2022年人均GDP达到82 800美元，早已成为发达国家。半个世纪以来的发展证明，它的政治经济体制和社会保障制度是成功的，并取得了举世瞩目的成就。

3. 瑞典

瑞典位于北欧斯堪的纳维亚半岛东半部，面积45万平方千米，自然条件得天独厚，铁矿蕴藏量约40亿吨，森林覆盖率占全国陆地面积的55%。截至2023年5月，总人口1 055万人，其中90%为瑞典人。大多数人信奉瑞典国教路德教。

瑞典国内社会民主党长期执政，并且执行平时不结盟、战时守中立的和平中立外交路线，在两次世界大战中都幸免于难，保持了长达180多年的和平环境。瑞典经济高度发达。以高收入、高税收、高福利为主要内容的“瑞典模式”为保障国家经济发展、抵御危机影响发挥了作用。2022年，瑞典人均国内生产总值约为56 000美元。投入、发展现代高新技术产业，成为现代化福利社会。

资料来源：作者整理编写。

讨论：综合分析中国国情，您认为中国社会保障模式应如何选择？

分析提示

第一节　国家起源与公民安全

国家合理存在的前提条件与公民基本生活安全具有天然的和人为的联系，本章的思考即从这里开始。

一、国家的起源及存在条件

恩格斯在晚年撰写了《家庭、私有制和国家的起源》一书，他在书中提到了古希腊这种国家形式，即“在氏族制度的废墟上”产生了“公共权力”与“地域组织”，即早期国家。之后，古代社会逐渐代替了氏族社会，国家经历了集权时代、文明时代，继而进入现代。

简而言之，国家是在人的群居、筑围墙和服从权威中产生的。然而，人选择群居、筑围墙和服从权威（对自由的放弃）的本意在于追求生存的安全环境。国家起源决定国家合理存在的前提条件，即向国民提供安全，建立保障国民基本生活的社会保障安全网。如今，国民基本生活保障的内容不断延伸和进步，包括国防安全、外交安全、健康安全、就业安全、经济安全等。

一个不能保障其人民基本生活安全的国家，其存在的合理性将受到质疑。在合理性与不合理性之间是一个从量变到质变的过程，国家可能处于部分不合理状态，执政党和人民会通过种种方式批评国家的不合理性。例如，2006年《中共中央关于构建社会主义和谐社会若干重大问题的决定》，一方面指出：“目前，我国社会总体上是和谐的。但是，也存在不少影响社会和谐的矛盾和问题，主要是：城乡、区域、经济社会发展很不平衡，人口资源环境压力加大；就业、社会保障、收入分配、教育、医疗、住房、安全生产、社会治安等方面关系群众切身利益的问题比较突出……”另一方面，就纠正上述不合理现象和构建和谐社会做出了一系列制度安排。这正是纠正国家不合理性和强化国家合理性的表现。

二、公民的安全性

自然人寻求国籍是为了安全。公民与自然人相比更具安全性，因为公民是拥有特定国籍的人，即享有宪法规定的权利和履行相应义务的人。公民可以在国家的保护下获得其基本生活安全，即公民安全。但是，国家一定能够保护其公民吗？如果公民的基本生活缺乏安全保障，国家还安全吗？历史事实证明公民安全存在威胁和风险。

（一）人的生存权

人类在进入现代社会以前，经过了原始社会、奴隶社会、封建社会和资本主义早期社会。国家在这几类社会中扮演基于统治者利益维护国家安全和忽略百姓安全的角色。当暴君掌握国家权力时，为了少数人的利益而忽略多数人的利益，他们使用愚弄和暴力手段来对付国民，甚至全然忘记本国国民安全和肆意践踏别国国民安全；即使在和平时期，国民的基本生活也濒于安全线的边缘，遇到天灾人祸即家破人亡。

生存权是人权革命的产物，是维持人的生存的基本权利。生存权是基于人类的生存本能而产生的，是一种自然权利，它随着人的出生而产生，直至人死亡而自然消失，具有天赋性和不可转让性。人的生存权不可避免地要面对生育、年老、疾病、伤残和失业的风险，这类人人面对的风险被称为社会风险。当人们遇到上述风险时，可能暂时或者永久地丧失劳动能力，他们的生存必然受到威胁。17世纪末人们为保护生存权建立民主政治的斗争，由朦胧状态逐渐转向自觉状态。1689年，英国议会颁布的《权利法案》中提出了自然权利的主张，其中包括生存权的内容，如人民有向国王请愿的权利、废除酷刑和定罪前不得课以罚金等。1889年，美国国会修正1787年宪法《人权法案》时，规定了人民享有生命、自由、财产、信仰、结社、言论和向政府请愿的权利。此时，生存权已经是一个具有法律意义和抽象内容的概念了，是资产阶级反对封建专制、要求人权革命的敲门砖。然而，资产阶级革命所带来的生存权是基于自由经济和私有财产提出来的，其对生存权的保障局限于个人责任，国家只负有救助无劳动能力者的责任。当垄断资本和贫富差距给资产阶级社会和国家带来威胁时，人们开始考虑生存权的经济保障和法律保障问题，使具有法律意义和抽象内容的生存权概念向具有法律保障和实际内容的生存权保障制度延伸。

（二）公民保障权

保障权产生于宪法时代。宪法是人类回归民主的历史转折点。人类历史在沿着螺旋上升的规律发展，经历了从离开民主（原始社会的民主）到回归民主（现代社会的民主）的发展过程，但回到原点的民主其内涵和外延都发生了变化。回归民主的主要价值在于建立了公民制度和分权制度。

公民是宪法概念。宪法规范了国家和国民的法律关系，国家应当具有保障其国民基本生活的功能和责任，即公民权利；国民对国家履行劳动和忠诚的义务，即公民义务。公民的安全保障权即公民为实现生存权从国家获得物质帮助和法律帮助的权利。德国魏玛共和国时期（1919—1933年）的《德意志共和国宪法》第二章是“公民的基本权利和义务”。该宪法第161条规定：“国家给予全体劳动者就业和获得生活来源的机会，当公民丧失这种机会时，由国家建立法律制度，给予必要的生活保障。”

第二次世界大战以后，生存权在世界范围内得到广泛的重视。生存权作为法定权利被写进各种重要的国际文献和各国的宪法。1945年《联合国宪章》强调生存权是基本人权。1948年，《世界人权宣言》明确规定：所有公民作为社会成员之一，都享有社会保障权。1954年，新中国第一部宪法即确定社会保障是公民的基本权利。在上述文献中，公民生存权学说已经形成；同时，生存权是支持国家保障原则在宪法学研究和立法实践中得以发展的基本理念。越来越多的国家在宪法中明确地赋予公民在暂时或者永久丧失劳动能力时获得国家物质帮助的权利，明确国家建立社会保障制度、提供物质帮助的义务和责任。

第二节　国家和公民的社会保障关系

一、公民和家庭是抵制生活风险的第一主体

公民即拥有一国国籍、享有该国宪法和法律规定的权利和义务的人，其基本生活应当得到其国家的保护。

自然经济和个体经济历史悠久。家庭是人们的生活单位，也可能是生产单位，即社会的细胞。个人（公民）和家庭应当是抵制生活风险的第一主体。艾哈德认为：“福利为所有人……社会安全首先从个人勤奋劳动做起……当个人能力不足时国家和社会才有义务介入。”首先，可以抵制个人生活风险的公民是具有劳动能力和理智的公民，他们可以通过劳动获得经济来源，他们中的一部分人是理智的，可以预料未来生活中的风险，并具有一定的风险储蓄能力；其次，具有风险保障功能的家庭是三代和四代同堂的社会学意义上的大家庭，这类家庭具有生产能力、分配能力和储蓄能力。

二、社会风险和公民能力弱化

伴随着生产力的发展，社会分工日益细化，工业大都市乃至全球化的经济竞争出现，个人和家庭的自我保障能力日益下降。随着市场经济和信息时代的发展，社会风险日益加大，如人口老龄化和居高不下的失业率。因此，个人对国家和社会的依赖性不断增强，社会共性凸显。人类社会经历了如下由个性状态到共性凸显的过程：

自然个性时代　　　社会风险显现时代　　　　　　共性凸显时代

个体全能 → 个体能力弱化（让渡权利以求生存）→ 国家能力增强

在这个历史阶段，由于行为能力不足，个人开始向国家和社会组织让渡权利，这种出让可能是有期限的，如同意企业代扣工资缴纳养老保险费，由政府或法定受托人代为管理，作为延期支付待退休后再追索回来。权利让渡应当发生在那些个人和家庭能力所

不及的领域，这与社会风险的发生领域存在重合。

然而，个人不需要也不可能将全部权利让渡出来。凡是个人和家庭能力所及的事情，仍然由个人和家庭乃至社区来处置。例如，《中华人民共和国行政许可法》第十三条规定："本法第十二条所列事项，通过下列方式能够予以规范的，可以不设行政许可：（一）公民、法人或者其他组织能够自主决定的；（二）市场竞争机制能够有效调节的；（三）行业组织或者中介机构能够自律管理的；（四）行政机关采用事后监督等其他行政管理方式能够解决的。"这就是说，公民基于自我保障能力不足而部分地和有期限地让渡他们的权利给国家。公民还具有努力工作、进行风险保障储蓄的能力和义务，不能将抵御基本生活风险的责任全部推给国家。

国家在共性凸显时代格外强大起来，包括社会保障在内的公共服务和政府支出不断增加。那么，国家如何对待公民的自我保护能力不足和权利让渡呢？国家在任何时候都不能改变其向公民提供基本生活安全保障的角色，公民的基本生活保障权在任何时候也不会丧失，这里仅存在一个能力问题，即公民行为能力和国家职责能力的问题。在公民行为能力弱化时，国家的社会保障能力有待加强，以帮助能力不足或者失能的公民在遇到社会风险时渡过难关和支持公民进行能力建设，但没有理由说国家要包办一切。

三、国家的社会保障功能

无论国家采取直接提供（支付补贴）还是间接提供（促进劳动）的方式，保障公民基本生活安全都是国家合理存在的前提条件之一，如果国家忽略这个职能，其存在的合理性将受到质疑。国家社会保障功能的具体表现如下：

（1）建立再分配机制，保障公民基本生活。国家可以通过建立社会保障税和再分配制度向低收入和无稳定收入的人提供最低救助，从而摆脱贫困，维护社会公平和稳定。同时，社会保障也是人权保障，已经成为国际公约和多数国家法律明确规定的公民的一项基本权利。

（2）调节社会总需求，促进经济发展。首先，社会保障可以调节社会总需求，平抑经济波动。当经济衰退而失业率提高、人民生活水平下降时，失业保险和社会救济有助于提高社会购买力，拉动有效需求，促进经济复苏；当经济高涨而失业率下降时，社会保障支出相应缩减，从而使社会总需求不至于过度膨胀。另外，政府可以通过调整社会保障税（费）率和待遇支付标准，主动调节社会总需求，减少经济波动。其次，社会保障基金的长期积累和投资运营有助于完善资本市场。最后，社会保障向没有生活来源者、失去工资收入者提供补助，使其能维持基本生活，繁衍后代，并维持他们应有的文化、技术素质，保证劳动力再生产和社会基本购买力，以维持劳动力的扩大再生产和满足市场需要。此外，统一、规范、完善的社会保障体系必然有利于形成统一的劳动力市场，促进劳动力资源的合理流动与有效配置。

（3）增进国民福利，改善人民生活。随着时代的发展和社会的进步，社会保障的内容在不断扩充，从社会救济、社会保险逐渐发展到社会福利。现代社会保障不仅承担着"救贫"和"防贫"的责任，还要为全体社会成员提供更广泛的津贴、基础设施和公共服务，从而使人们尽可能充分地享受经济和社会发展成果，不断提高物质和精神生活水平。

第三节　社会保障公共选择的基本原理

一、社会保障公共选择概念界定

社会保障公共选择是指公共选择主体（如居民、企业、中介组织、政府等）的权责分配结构和社会保障政策的提出（如投票规则、话语权等）、审议、制定、执行、监督、评价等所涉及的程序、规则的总和。从广义分析，关于国家社会保障的多维度制度安排构成了国家社会保障体系。其中，社会保障公共选择是国家社会保障体系不可或缺的组成部分。它在本质上是连续的、动态的过程，离开了动态的观点，就偏离了社会保障公共选择的本质。

从本质上分析，社会保障公共选择是一种在国家社会保障体系中使居民、企业、中介组织、政府等广义的公共选择主体针对社会保障政策的偏好（意愿）转换成社会保障制度安排所依据的一种机制，这种机制在很大程度上关注利益相关者，显示居民、企业、中介组织、政府等广义的公共选择主体的真实偏好，并直接影响社会保障制度安排的总体效果和社会保障资源的配置效率。

投票规则（或投票机制、话语权等）是居民、企业等公共选择主体参与社会保障政策的提出、审议、评价程序的一种具体形式。社会保障政策的"事前投票"过程发生于提出程序、审议程序，社会保障政策的"事后投票"过程发生于评价程序。社会保障公共选择是国家社会保障体系的重要组成部分，与体系中的行为主体存在紧密联系，影响整个体系的效率，发挥着不可替代的作用，构成事实上的一种机制[①]。

20世纪中叶之前，对于社会保障体系效率的评价，基本不涉及社会保障的公共选择问题。自20世纪50年代以来，西方发达市场经济国家的经济学家逐渐达成共识，认为公共选择问题是对主流经济理论的重要补充，他们对社会保障公共选择问题进行了大量深入而系统的分析，并且影响了社会保障政策的制定过程，有些关乎全体居民切身利益的问题甚至通过全民公决。所以，在公共管理和公共政策研究中，西方学者们对社会保障的公共选择过程普遍给予特别强调和特别关注。

二、社会保障公共选择的结构分析

遵循公共选择一般理论，社会保障政策的提出程序、制定程序、审议程序构成初级政治市场的内容，社会保障政策的执行程序构成政策供给市场的内容，社会保障政策的评价程序和监督程序构成政策执行市场的内容。

从社会保障政策的流程分析，社会保障的公共选择过程在总体上可以分为七个程序和五个协商过程。

（一）运行程序

运行程序包括七个环节，其主要内容如下：提出预案→制定政策→审议通过→进入

---

①　"机制"一词起源于希腊文，其原意是机械、机械装置、机械机构及其运行原理。经济机制是指经济行为中各种相互联系、相互作用的关联因素对经济活动的调节功能。

执行→行使监督→科学评价→及时矫正。这是一个“公众→政府→议会→政府→公众”的循环过程。

（1）提出预案程序。通过公开的投票规则、话语权保障机制使公共选择主体充分表达自己的意志，在此基础上形成的社会保障议案是对利益相关者意见的综合选择，不能忽略任何利益群体，更不能随意放弃任何利益群体。政府作为公共利益代表，其责任是考虑利益相关者的周延性和在各利益群体间寻找平衡点。

（2）制定政策程序。不同利益相关者的均衡要在多元公共选择主体参与协商或谈判的过程中形成，还有专家论证和公众听证等。这些工作需要政府组织实施，也可以由非政府组织进行，在法治国家通常是由议员建立提案，在非法治国家通常是由政府主管部门提出。

（3）审议通过程序。社会保障议案由政府主观提交代议或立法机构，进入决策程序；有可能需要返回社会进行再论证和再次提出议案。在法治国家，国会审查社会保障规划，立法机构制定社会保障执行方案，即政府和市民均依法办事；在非法治国家，政府可能执行规划，即依政策办事。

（4）进入执行程序。代议或立法机构将审议通过的社会保障法案依法公布，政府首脑负主要执行责任。在社会保障政策执行过程中需要依法授权和建立脱离政府决策机构的、独立的、依法行事的代理机构，该代理机构可以依法进行外包和购买私营机构的服务。

（5）行使监督程序。政府首脑和社会保障主管部门的职责包括建立公共选择主体对社会保障政策和法律执行的监督机制和意见反馈机制。

（6）科学评价程序。公共选择主体检验社会保障政策的执行效果，专家和专业机构介入以取得数据进行实证研究，形成科学的立法反馈至代议或立法机构，形成科学的决策反馈至政府首脑和社会保障主管部门。

（7）及时矫正程序。任何一项公共选择都是在动态发展过程中逐渐完善的。矫正程序可能是“公众→政府→议会→政府→公众”的循环过程，也可能省略一些环节，如通过行政法规补充议会立法，不再返回议会重新进行议案讨论。

（二）参与主体

从社会保障政策的行为主体结构分析，可以将公共选择主体进行广义和狭义的划分。从广义分析，公共选择主体包括政策需求者和政策供给者。其中，政策需求者包括：

（1）居民（或者选民、公民、消费者、纳税人等）。

（2）企业（或者厂商）。

（3）利益集团[①]（地方政府及其官员、有较大的社会影响力的社会团体和组织机构等），指“那些有某种共同的目标并试图对公共政策施加影响的个人的有组织的实体”[②]。

---

① 利益集团的英文原文为Interest group，或者Pressure group（压力集团）。
② BERRY J M. The Interest Group Society［M］. Chicago：Scott Foresman，1989.

（4）非政府组织[①]（NGO，或者非营利组织，民间组织，免税组织）。

（5）中介组织（或者信息咨询机构，其中产权私有的民间信息组织属于非政府组织）。

政府供给组织主要包括：

（1）政府（指中央政府及其官员）。

（2）政府组织，如社会保障部或者政策的执行部门及其官员。

（3）相关政府部门，如财政部等。

从狭义分析，公共选择主体只包括需求者。

第四节　社会保障政策供应和公共选择

一、市场失灵与社会保障政策供应缺位

西斯蒙第在《政治经济学新原理》一书中指出，自由市场存在分配不均衡的缺陷，工业进步的另一面可能产生人类不平等现象，“一个国家在技术工业方面越先进，劳动者和享受者命运之间的不协调现象也就越严重，前者受苦越多，后者越可恣意挥霍，除非国家通过一些好像和增加财富的纯经济目的相反的制度；否则，富人就更加奢华，而穷人必然更穷”[②]。在此之后，马尔萨斯、约翰·穆勒的综合性描述，为市场失灵理论的出现奠定了重要的理论基础。同时，当竞争的资本主义进入到垄断的资本主义后，由看不见的手支配的市场和谐状态已不复存在，并明显地呈现出种种弊端，经济学家开始分析这些弊端和国家对其进行纠正的种种措施。

对市场失灵理论的分析要归功于新福利经济学，它侧重于从社会福利的角度来勘察市场经济制度的优点和缺点，并将市场失灵作为重要的研究领域。总的来看，现代经济学对市场失灵的研究主要集中于以下领域：公平和效率，经济周期与失业，垄断与竞争，市场外部性，公共产品的供给，地区间发展不平衡，信息不完善，风险及不确定性等。对上述问题讨论的基本结论是：市场虽然在配置资源方面起着很好的作用，但它并不是万能的，还存在诸多缺陷。

由于存在市场缺陷，一些公共部门的经济行为，不再适用市场经济中通行的利益选择、市场定价、资源配置等原则，而社会保障制度安排和管理模式均不可能完全按照个人利益选择或市场定价来组织实施。社会保障政策供应的市场缺陷表现在以下几个方面：

一是逆向选择和道德风险。逆向选择是指由于信息不对称，投保人往往会做出利于保险合同规定的选择，尤其是当投保人对其身体健康状况和预期寿命的信息比保险公司掌握得更多、更全面时，逆向选择成为商业保险市场经常面临的问题。道德风险是指从事经济活动和管理行为的人，为最大限度增进自身效用而做出的不利于他人的行为。道德风险有几种情况：由于不确定和不完全的合同，负有责任的经济行为者和管理行为者不需要承担全部责任，可能也不享有行动的所有好处，这里发生了效用冲突。而造成合

---

① 非政府组织和中介组织是否构成利益集团主要在于非政府组织和中介组织是否具备影响政府政策倾向的动机，以及是否具备在总体上影响政府政策倾向的能力。

② 西斯蒙第. 政治经济学新原理［M］. 何钦，译. 北京：商务印书馆，1964.

同不完全的原因可归结为信息不对称。

二是“短视”弱点和储蓄不足。“短视”弱点是指这样一种现象：每个人都是理性的，但是人的理性又是有限的。对于年轻人来说，年老后没有收入的风险是几十年后的事情，他们往往认识不到这种风险，即使认识到了，当他们需要在即期消费与未来消费之间进行选择时，即期消费往往占上风，尤其是中低收入者更倾向于选择即期消费。劳动者能否在就业期间具备老年风险意识并自愿进行养老储蓄，很值得怀疑。就个体而言，在退休后，收入水平将突然下降，对能否通过个人的力量来应对难以预测的收入水平降低的风险，难以简单地下结论。

三是应对通货膨胀的困难。通货膨胀风险已成为现代经济社会的主要障碍之一，尤其是对长期老年经济保障计划的影响较大。如果没有应对通货膨胀风险的好办法，就会从根本上妨碍老年经济保障目标的实现。但是，发达国家养老保险发展的进程表明，私营或商业保险机构、企业年金计划在处置老年劳动者面临的通货膨胀风险方面受到很大的限制。大多数私营企业的年金计划都没有实行反通货膨胀风险方面的调节机制。

可见，自由市场不能提供社会保障政策，需要非市场力量即国家权力机构的干预，对市场缺陷进行纠正，从而实现有管理的竞争。在有管理的竞争环境下，私营机构是可以为提供社会保障政策贡献力量的。

二、政府失灵与社会保障政策有效供应机制缺位

如同市场不是万能的一样，政府干预社会保障也存在失灵问题。如果说经济学家对市场失灵问题的讨论可以追溯到亚当·斯密的时代，那么对政府失灵问题的探讨则是现代新自由主义经济学家的重要贡献。公共选择学说把经济人假设引申到政府失灵研究中，并从这一基本假定出发揭示了政府失灵的原因。公共选择理论认为，无论一般公务员还是各类从政者，在从事各类公务活动时，经济人的本性自始至终支配着他们，其办理任何公务都要考虑个人的收益与成本。既然公务员也是经济人，也具有任何人所具有的缺点，那么政府也必然带有人类本性所不能克服的缺点。所以，人们在关注市场失灵的同时，也应当对政府失灵予以充分关注。总之，政府干预如果不能补救市场失灵，反而降低了社会经济效益，就会发生政府失灵。

社会保障政策有效供应机制缺位表现在以下几个方面：

一是强制购买导致资源配置低效率。政府强制人们统一购买社会保险，忽略消费者偏好，福利的边际收益低下。政府统一供给的数量越大，劳动者的薪酬扣除就越大，工作积极性就越差，并希望提前退休。社会保险是介于公共品与私人品之间的制度安排，带有一定程度的劫富济贫性质，不是缴纳保费多享受的待遇一定就好，权利与义务的关系不是一一对应的。政府过多介入这个领域，排除了人们的交易在时间、空间和偏好上的灵活性，交易成本可能增加，资源配置效率可能降低，人们又不能通过“不同意”或者“退出”的行为来避免损失。

二是权利和义务相分离导致低效率和不平等。大部分社会保障项目，尤其是社会救助与社会福利，往往表现为权利与义务分离。对于有权利能力而无行为能力的人来说，这种分离是必要的，但分离的程度是十分敏感的问题，需要技术支持。这种分离有两种

表现形式：第一种是少数人从现有的或将来的政府项目中获得利益，而支出却普遍地加在公众身上；第二种是从现有和将来的政府项目中获得利益的是社会上绝大多数人，而支付者却是少数人。总之，在政府再分配项目中缴费者与受益者分离，导致人们热衷于不加限制地扩大这类项目。

三是政府转移支付项目的产出和质量缺乏评判标准。导致政府转移支付项目的产出和质量缺乏评判的标准的原因有很多。首先，非理性。其费用支出没有统一、固定的标准，所以灾民认为救灾物品越多越好。其次，非最终产品。其贡献难以度量，这些项目产生的实际效益和质量好坏尤其难以清晰界定。最后，政府转移支付。政府资助项目的效益很难以金钱作为衡量标准。当某项社会保障项目不成功时，因缺乏衡量标准和制约机制而难以刹车，甚至到积重难返时才进行调整。

三、公共选择："双向失灵"矫正路径

在现实生活中，某些项目或该项目的某些方面可能更适合采用政府行为，而其他方面可能更适合采用市场行为。如果选择的倾向在市场一方，那么政府可以也应当发挥重要的作用；如果选择的倾向主要是由政府进行社会保障资源配置，那么市场可以也应当发挥重要作用。也就是说，政府与市场之间的关系，不是一种非此即彼的单向度选择关系，而是在合理分工基础上双方都有机会来促进和改善双方的管理。显然，在政府与市场之间的选择，不是用理想的政府去替代不完善的市场，也不是用理想的市场去替代不完善的政府，而是要在不完善的政府和不完善的市场之间，建立有效的选择和协调机制，使人们能根据资源优化配置原则、经济合理性原则和交易成本最小化原则，区别不同的具体项目，在两者的不同组合之间进行选择。

公共选择理论承认基于经验产生的假定，这能适应官僚制政府组织；同时，公共选择理论将为微观经济学及其方法运用于政治和社会领域，寻找证据以证明假定是否提供了理论支持和技术支持，为设计各种备选方案提供有效工具，而现实结果却非常不同。就社会保障而言，有人主张市场功能最大化，有人主张政府功能最大化，有人主张互补，即在政府管理中注入一些市场因素，对政府干预适当进行收缩，以减轻政府失灵的不利影响。什么是最佳选择呢？一定是经历了科学决策过程和具有验证结果的，并反复矫正的社会保障方案。

在现实社会生活中，政府行为与市场行为的"均衡点"像墙上的摆钟，永恒的均衡即停止状态，但这只是各经济力量和政治势力之间暂时的妥协，不是永恒的，摆钟在停顿片刻之后还会摆动起来。世界是物质的，物质是运动的，人们要在运动中不断矫正已经做出的选择。尽管永远没有最终的、最佳的"均衡点"，但人们需要在不断吸取教训和总结经验中逐步建立有效的选择和协调机制，并不断接近和创造均衡点，至少使人们的选择不至于越来越偏离均衡状态。

关键术语

社会保障公共选择（Social Security Public Option） 公共选择主体（Subject of

Public Choice）　市场失灵（Market Failure）　再分配机制（Redistribution Mechanism）　逆向选择（Adverse Selection）　道德风险（Moral Hazard）

复习思考题

1.请简述社会保障的公共选择过程在总体上划分的程序和协商过程。

2.请简要分析社会保障政策供应的市场缺陷。

3.请分析社会保障政策有效供应机制缺位。

4.请概述国家的社会保障功能体现在哪些方面。

第五章

政府与市场的社会保障理论

学习要点

通过本章学习，了解基本的社会保障理论思想，包括自由主义理论、国家干预理论和社会市场经济理论。熟悉不同时期各学术流派的代表人物与主要观点，掌握新自由主义、凯恩斯主义、福利经济学、社会市场经济理论与“第三条道路”等主要内容，从而进一步把握政府与市场、公平与效率、干预与自由的关系。

案例引入

首份国家基本养老服务清单发布，政府如何做好社会保障？

2023年5月21日，中共中央办公厅、国务院办公厅印发了《关于推进基本养老服务体系建设的意见》（以下简称《意见》），要求加快建成覆盖全体老年人、权责清晰、保障适度、可持续的基本养老服务体系。随同《意见》印发的还有《国家基本养老服务清单》（以下简称《清单》）。这是一份重点关注失能、特困老人的服务清单，共16项，涉及物质帮助、照护服务、关爱服务三大类服务，包括基本养老保险、老年人能力综合评估、高龄津贴、家庭养老支持服务等。

民政部养老服务司负责人在相关新闻发布会上介绍，国家《清单》明确了现阶段各级政府必须予以保障的基本养老服务项目范围和底线标准，可以让地方政府对现阶段保障养老服务“重点要保什么”“保到什么程度”做到心中有数。“相当于给政府养老服务职责划了底线。”北京大学人口研究所所长陈功说，如此政府的权责更为清晰，明确在养老服务领域该做什么。

“它的一个非常重要的意义在于，首次界定了政府在养老服务方面的责任。”中国社会保障学会养老服务分会副会长、中国人民大学教授杨立雄说。过去，政府、市场、家庭等责任主体的边界不清，时常导致政府职能错位，这在业界已多有讨论。

杨立雄时常批评60周岁及以上老年人免费乘公交的做法，认为尽管这项政策很受老年人欢迎，但未必属于政府职能范围，也不可持续。“应该把钱给到失能在家的，需要看病照护的。”中国老龄协会事业发展部主任李志宏则提到常讨论的案例：假如公办养老机构不设门槛地面向全体老人，收住许多低龄健康老人，那么真正有需要的失能老人可能住不进去；而相应的民营养老院由于收费较高，则鲜有人光顾。“如果政府与市场的边界不清，也会挤压市场的发展空间”。

此外，这种错位还包括基本生活保障、基本医疗保障、基本养老服务保障之间的功能错位，一些失能失智老年人被迫用养老金支付长期照护费用，或者通过在医疗机构长期压床来解决长期照护问题，进而导致基本医疗保险制度不堪重负。李志宏认为厘清基本养老服务概念，很重要的意义在于划分政府、社会、市场、家庭之间的边界，减少政府与市场边界不清导致的职能错位问题；更进一步而言，对于政府不同部门履职，也能做到“谁家孩子谁抱走”。为此，养老行业人士和学者曾花费很长时间厘清“基本养老服务”概念，围绕“服务谁、服务什么、谁来服务”三个关键问题做了多方位讨论。

此外，厘清政府在养老服务中的责任，也将引导养老服务市场发展。陈功举例，政府在老年人能力综合评估、养老服务质量评估等方面做的基础性工作，能够给产业发展提供很好的依托。

杨立雄认为这份清单主要是给予市场、家庭等责任主体一个预期：政府做这些，如果不符合清单里的条件，家庭就要将目光投向市场，到市场上寻找所需的养老服务资源；养老服务企业也会想，除政府能做的以外，它能做哪些，它要去找到清单以外的服务对象。

资料来源：刘怡仙，陈元．首份国家基本养老服务清单发布，政府重点保什么？[EB/OL]．[2023-11-19]．http：//www.infzm.com/contents/250045？source=133&source_1=2.

讨论：政府在社会保障中所起到的作用有哪些，为什么也需要市场的介入？

分析提示

第一节　经济自由主义理论

自由主义理论作为一种倡导自由放任的经济理论，诞生于17世纪初。自由主义理论流派众多，但总体上可以分为古典自由主义和新自由主义。18世纪至20世纪20年代，由于封建制度的废除和资本主义的发展，西方国家的市场经济摆脱了封建统治时期的无知状态，进入了自由市场阶段，古典自由主义逐渐取代了以重商主义为代表的原始国家干预主义。20世纪70年代，滞胀危机使得凯恩斯主义失效，新自由主义思潮卷土重来。无论是古典自由主义还是新自由主义，都对一定历史时期社会保障理论的发展产生了深远的影响①。

一、古典自由主义理论

古典自由主义以亚当·斯密的“看不见的手”理论为基础，提倡“自由放任主义”，认为市场机制具有完美的自动均衡能力，通过市场机制的自我调节，可以使所有生产要素和价格趋于均衡，任何外部的人为影响，特别是政府监管，都会使情况变得更糟而不是更好。古典自由主义思想在整个19世纪和20世纪初一直引导着西方国家的政策。亚当·斯密和大卫·李嘉图这两位伟大的经济学家是古典自由主义理论的典型代表。

亚当·斯密（Adam Smith，1723—1790）被誉为“古典经济学之父”，强调自由市场、自由贸易和劳动分工，反对国家干预下的重商主义，他认为重商主义只会让精英阶层享有特权，而没有考虑到大多数平民。他的《国富论》是现代经济学的开端，后来的经济学家基本上都按照他的思想来分析经济发展的规律。该书为自由主义理论奠定了理论基础，并首次提出市场经济将由“看不见的手”自我调节。他认为，在没有法律干预的情况下，个人利益自然导致社会资本按照社会整体利益的比例分配给国家的所有不同用途。在自由市场竞争条件下，这种追求自身利益最大化的个体经济行为能够实现社会

① 谢冰．社会保障概论［M］．武汉：武汉大学出版社，2011.

效益的最大化。因此，在没有政府管制的情况下也可以达到增加国民财富的目的。斯密的自由主义思想表明新兴资产阶级摆脱了重商主义的幼稚阶段，从理论上表达了新兴资产阶级的观念：没有封建君主专制的干预，他们可以更好地管理自己的事务。此时，封建君主专制已经成为资本主义生产方式进一步发展的障碍。

大卫·李嘉图（David Ricardo，1772—1823）继承并发展了亚当·斯密的自由主义思想，提倡自由贸易，他认为增长经济的最好方法是限制国家的干预和减轻税收负担。在社会保障方面，他反对济贫法制度，他指出，济贫法制度存在大家都知道的弊端：济贫法不能改善穷人的生活条件，而只能使富人和穷人的处境趋于恶化[①]，穷人要通过个人努力摆脱困难状态。他提出缩小济贫法的范围，使贫困人口认识到自力更生的价值，使社会达到更加合理、健康的状态。

总的来说，古典自由主义特别重视个人的主权和坚持一个“不受管制的自由市场”，但是古典自由主义没有充分认识到社会保障的功能，对社会救济持否定态度。其社会保障思想主要包括两点：第一，贫困与懒惰有关，社会对于穷人的压制应该大于社会对于穷人的责任；第二，扶贫不是让穷人富起来，而是让富人穷起来，它可以创造一个贫穷的世界，使每个人都变得懒惰和傲慢，这会严重阻碍当时英国制造业的发展。

二、新自由主义理论

20世纪70年代末，滞胀危机使人们开始怀疑凯恩斯主义国家干预的有效性，由此掀起了新自由主义浪潮。新自由主义继承了古典自由主义的基本原则，进一步主张市场经济和自由竞争，反对国家干预经济社会，强调依靠和发挥市场调节的作用，主张社会福利市场化和私有化。以弗里德里希·哈耶克为代表的伦敦学派、以米尔顿·弗里德曼为代表的现代货币学派和以阿瑟·拉弗为代表的供给学派构成了新自由主义学派。

（一）伦敦学派

伦敦学派是20世纪二三十年代在英国兴起的新自由主义学派。其主要特点是秉承和维护英国经济自由主义的传统，因为其代表人物哈耶克曾在伦敦经济学院工作而得名。哈耶克是奥地利的经济学家，1931年远赴伦敦经济学院教学，1938年加入英国国籍。哈耶克在极短的时间内迅速成为学校的核心人物，被誉为新自由主义的旗帜。

哈耶克继承了古典自由主义理论的基本观点，认为以个人自由为基础的私营企业制度和自由市场制度是人类迄今为止所能选择的最佳制度。集体主义和社会主义是违背“人性”的制度，实行计划经济是一条“通向奴役的道路”[②]。哈耶克主张市场经济条件下的机会均等的自由竞争，反对国家干预经济和社会生活。他认为，市场不能压扁人们的收入和财产，但用人为的方式实现收入和财产的平等会造成“不平等的强者”。综上所述，哈耶克提出了非政府性、非强制性和非再分配性的社会保障思想。

1.非政府性

在哈耶克看来，政府不应该是唯一能够提供社会福利的机构，在这方面不应该存在垄断，应该允许尽可能多的独立个人或组织参与。他认为，家庭和自由竞争市场是最好

① 丁建定．社会保障概论新编［M］．北京：中国人民大学出版社，2016.
② 哈耶克．通向奴役的道路［M］．滕维藻，朱宗风，译．北京：商务印书馆，1962：104.

的两个福利渠道，个人的需求可以通过它们得到满足。只有当这两个渠道不能发挥作用，或者一些福利需求无法从这两个渠道得到满足时，国家才应该暂时介入。

2.非强制性

哈耶克反对强制性社会保障，认为强制性社会保障侵犯了秩序自由。一些强制性的社会保障措施，意味着政府为了行政上的便利，往往采取一劳永逸的单一发展模式，忽略了其他解决社会问题的有效方法，这必然导致社会保障制度的自我膨胀和效率低下。在哈耶克看来，强制性社会保障也损害了个人的自由。社会保障制度以统一标准剥夺了个人在许多问题上的选择权，从而对个人自由构成威胁。

3.非再分配性

哈耶克反对把收入再分配作为社会保障制度的目标。他认为：平等只能是机会的平等，而不能是财富分配的平等；任何人的财富分配要求都是不公平和无效的；任何缩小贫富差距的分配主张都会对个人自由造成极大的危害，虽然普遍富裕的社会应该为所有人提供有限的社会保障，保证每个人都能维持最低限度的生计需要；对于一些事故，个人无法预防其后果，政府应该采取公共行动来减轻灾害，并且为受害者提供福利经济，然而，穷人无权分享富人的财富和整个社会的利益。

哈耶克的经济自由思想直接推动了英国社会保障制度的发展。在撒切尔夫人执政期间，英国福利制度在新自由主义的指导下进行了改革。撒切尔夫人曾声称哈耶克是她整个20世纪80年代最重要的哲学导师。

（二）现代货币学派

现代货币学派是20世纪50年代中期在美国兴起的反凯恩斯主义学派，代表人物是米尔顿·弗里德曼。现代货币学派反对国家干预主义，主张经济自由主义；大力抨击凯恩斯主义财政政策，重新强调货币政策的重要性；主张以抑制通货膨胀、促进经济增长为目的，将货币供应量的年增长率永久地固定在与经济发展预期速度大致相符的水平上，实行“单一规则”的货币供应量等政策[①]。

在社会保障方面，弗里德曼提出了以下主张：

一是主张竞争性资本主义经济政策。他反对国家对经济生活的过度干预，认为在自由市场社会，收入分配的直接道德原则是按照个人生产的东西和他所拥有的工具进行分配，而不是实行普遍的财富分享。弗里德曼认为高效率来自市场竞争，如果给低收入者一个维持最低生活水平的制度，则会降低人们的劳动积极性，最终破坏自由竞争和效率。

二是反对凯恩斯的社会保障制度即对低收入者给予差别补贴。但是，完全取消差额补贴又会遭到公众的反对，因此弗里德曼主张通过负所得税帮助低收入者维持最低生活水平，提高其工作积极性。核心思想是为更有效地帮助贫困人口，试图将现行所得税累进税率结构扩大到最低收入阶层地区。负所得税的计算公式是：

负所得税=（收入保障数-个人实际收入）×负所得税率

三是反对国家垄断养老金制度。他指出，养老金国有化的成本似乎超过了它的任何

① 周沛，易艳阳，周进萍．社会保障概论［M］．武汉：武汉大学出版社，2010.

优点。在养老保障领域，个人的自由选择和民营企业对客户的竞争将促进现有养老计划的逐步完善，满足多样化和差异化的个人需求。

（三）供给学派

二战后，凯恩斯主义占据了资产阶级经济学的主导地位。西方国家普遍基于凯恩斯主义制定政策来管理经济需求，并取得了一定的成效。于是，凯恩斯主义蓬勃发展。然而，凯恩斯主义人为地扩大了需求，最终导致了20世纪70年代西方经济的“滞胀”局面，包括生产停滞、失业严重和物价持续上涨。在对凯恩斯主义的反思中，一些美国经济学家重新重视被凯恩斯主义革命所否定的“萨伊定律”，强调供给的重要性。他们提出了一套与凯恩斯主义“有效需求理论”相对立的“供给经济学理论”和与凯恩斯主义“需求管理”政策相对立的“供给管理”政策。社会保障中供给学派的主要论点是：

第一，减税——供给学派经济政策的核心。供给学派关注税制对生产要素供给和利用的影响。他们指出，从事经营活动的经济实体并不关心所收到的报酬或利润的总额，或者减去各种税后的报酬或利润的总额。它们的税率通过相对价格的变化影响经济代理人的行为。在劳动方面，税率提高导致纳税后的净报酬减少，这意味着闲暇的价格降低，人们会选择闲暇而不是工作，劳动的供给减少。在资本方面，这意味着储蓄和投资的消费价格下降，人们愿意将收入用于消费而不是储蓄和投资，资本的供给减少。因此，该学派认为持续的减税会刺激储蓄，提高储蓄率，从而增加商品和服务的供给。商品和服务供给增加，将开辟新的税源，增加税收总收入，随着总产出的增加，财政收支平衡将得以维持，各项经济活动将正常平稳地进行。减税政策是一项长期的经济稳定政策。在他们看来，减税可以使富人更加富有，也可以增加穷人的收入，因此对减税阻碍“均等化”的担忧是没有根据的。减税不仅可以提高效率，而且不妨碍公平。

第二，削弱政府支出，特别是社会福利支出。政府支出，无论是公共支出，还是转移支付，都或多或少地起到阻碍生产的作用。公共支出有的是造成资源浪费，有的是对经济有益但效率低下。社会支出对阻碍生产的作用最为严重，失业保险津贴使得人们更倾向于失业而不是找工作或从事低薪工作。福利补贴严重削弱了人们储蓄的积极性，滋养人们的依赖性，不仅没有减少贫困反而扩大了贫困，使贫困永久化。因此，他们提倡停止大量不需要社会支出的社会保险和福利项目，减少补助金额，严格限制接受补助的条件。

综观新自由主义理论，可以发现其对人身自由、个人责任、市场效率等问题的阐述是合理的，但总的来说，仍主要是一种直觉和断言形成的理论[①]。例如，在对待福利国家的态度上，新自由主义完全批判“经济增长是消除贫困的最佳途径”，完全否定福利国家带来的积极成果。在社会分析方面，新自由主义认为经济增长比社会发展更重要，这也是片面的。可见，新自由主义所倡导的自由其实并不是真正的自由，因为自由作为一种价值取向不能建立在完全不受约束的基础上，社会可以由正义或不正义来界定，政府应该承担相应的责任[②]。

---

① 郑功成．社会保障学：理念、制度、实践与思辨［M］．北京：商务印书馆，2020.
② 张浩淼．社会保障理论与实践［M］．北京：对外经济贸易大学出版社，2017.

第二节 国家干预理论

西方古典学派的经济学家没有意识到社会保障的作用。他们主张放任自流，认为价值规律的自发调节可以实现社会经济的协调发展。他们还认为社会保障破坏了市场机制的功能，严重影响了自由竞争的市场秩序，因而对社会保障制度持否定态度。随着工业化、市场化和社会化的发展，特别是资本主义周期性经济危机的出现，现代西方经济学家对古典经济理论提出了疑问，主张国家干预主义。他们认为社会保障是国家干预经济生活的重要手段。他们强调实施社会保障来调节经济周期，从而形成和发展了西方社会保障理论。

所谓国家干预主义，是指主张限制私营经济活动范围，由国家干预和参与社会经济活动，在一定程度上承担各种生产、交换、分配、消费等经济功能的一种思想和政策。[①]它主要强调必须通过国家干预来弥补自由市场机制的缺陷。在社会政策方面，国家必须承担起“文明与福利”的责任，肯定政府在社会财富再分配中的重要地位。国家干预主义的社会保障理论主要包括德国新历史学派、福利经济学、瑞典学派、凯恩斯主义、新剑桥学派等。国家干预主义不仅构建了社会保障制度产生和发展的思想基础，而且强化了社会保障制度中的国家责任原则。

一、德国新历史学派的理论

从世界范围来看，现代社会保障制度最早是在德国新历史学派的影响下在德国建立起来的。从19世纪70年代到第一次世界大战前夕，一个主张劳资合作和社会改良政策的学派在德国盛行起来，它后来被称为新历史学派，也被称为“讲坛社会主义”。与旧历史学派不同，新历史学派倡导福利国家的社会保障思想，认为除了维护社会秩序和国家安全外，国家还应该在经济方面发挥作用，也应该有一个文化和福利目标[②]。该学派提出，在不改变资本主义生产关系的前提下，政府应通过立法实施一定的社会政策，改善劳动者的物质生活待遇，以缓和阶级矛盾，维护资本主义社会秩序。其主要代表人物有德国学者古斯塔夫·冯·施穆斯（Gustav von Schmoller）、路约·布伦坦诺（Lujo Brentano）等。德国新历史学派主要有以下一些观点：

第一，主张国家至上，国家直接干预经济生活，承担“文明与福利”的职责。[③]他们认为国家是集体经济的最高形式。国家的职能不仅包括维护社会秩序和防止外来干扰，而且包括直接干预和控制社会经济生活，即经济管理职能。因此，他们进一步认为，国家的公共职能应当扩大，国家应当实现个人努力无法实现或无法成功实现的目标。

第二，强调伦理道德因素在经济中的地位和作用。他们从伦理道德的角度出发，认为劳资冲突不是经济利益的对立，而是情感、教育、思想之间的隔阂造成的对立。因

① 张广利. 社会保障理论教程［M］. 上海：华东理工大学出版社，2008.
② 李秉坤，陈淑君，张洪艳. 社会保障学［M］. 北京：经济科学出版社，2008.
③ 杨翠迎. 社会保障学［M］. 上海：复旦大学出版社，2015.

此，在他们看来，劳动问题是一个不需要通过社会革命来解决的伦理问题，只要教育工人改变他们的心理和伦理观念，就可以解决。

第三，认为劳资问题是当时德国面临的最严重的社会经济问题①。他们建议改革经济和现有生产方式，改变各部门的教育和心理状态。他们从完善社会主义的角度出发，提出要提高社会福利，实行社会改革，通过工会组织调解劳资矛盾。他们主张国家应制定劳动保险法和孤儿救济法。

第四，强调法律对经济的制约。他们认为，国家法律法规至上，是决定经济发展进程的重要因素。因此，他们强调，国家要通过各种法律法规对社会经济实行自上而下的改革。从1883年开始，德国陆续推出了《疾病保险法》《工业伤害保险法》《老年与残疾保障法》《孤儿寡妇保险法》等社会保险法律。

新历史学派提出的社会保障思想对德国社会保障制度的建立和发展产生了深远的影响。他们十分重视劳资问题，主张通过提高社会福利水平来缓和劳资矛盾，这与当时德国的社会经济发展状况非常吻合。因此，德国新历史学派的理论实质上是通过建立社会保障体系来创造一个相对稳定的社会环境，增进社会福利，缓和劳资之间尖锐的矛盾，其主要目的是稳定劳动力。新历史学派的主张后来在美国通过制度学派得到发展，并得到一些欧洲国家的认可，这是西方国家初级社会保障的思想基础。

二、福利经济学

福利经济学是现代经济学的一个分支，它从福利观点或利益最大化原则出发，对经济体系的运行给以社会评价，主要是以一定的价值判断为出发点，通过基数效用论或序数效用论建立福利概念；以社会目标和福利理论为依据，制定经济政策方案。1920年英国经济学家庇古的《福利经济学》出版，标志着福利经济学的正式诞生。福利经济学分为新旧两派，庇古的福利经济学被称为旧福利经济学，庇古以后的福利经济学则被称为新福利经济学。

（一）旧福利经济学

庇古在功利主义哲学和马歇尔边际分析理论的基础上，首先建立了基于基数效用论的福利经济学体系。庇古基于基数效用论将福利分为广义的社会福利和狭义的经济福利。广义的社会福利包括由于占有生产资料而产生的满足，如自由、家庭幸福、精神愉悦、友谊、正义等②，但这些都是难以衡量的。经济学要研究的是，可以用货币来衡量的那部分社会福利，即狭义的经济福利。经济福利的增加取决于两个因素：一是国民收入总量的增加；二是国民收入分配的平均程度。国民收入总量越大，社会成员之间的国民收入分配越平均，福利越大。基于边际效用递减规律，收入由相对富裕者转移到相对贫穷者。

总的来说，庇古的福利经济学有以下主要论点：

一是实现资源的优化配置。资源优化配置的标准是边际私人净产值等于边际社会净产值。当一个产业的边际社会净产值大于边际私人净产值时，国家可以通过

---

① 郭士征．社会保障学［M］．上海：上海财经大学出版社，2004.
② 章晓懿．社会保障概论［M］．上海：上海交通大学出版社，2010.

补贴政策扩大这个产业的生产；相反，国家可以通过税收政策来减少这个产业的生产。

二是收入的最优分配。其标准是所有社会成员的货币边际效用相等。当这个目标实现时，社会经济福利就会最大化。根据边际效用递减规律，庇古认为收入分配越平均，货币的边际效用越大，因此主张通过累进税收政策实现收入分配的均等化。

三是外部性理论。庇古发展了马歇尔的外部经济理论，提出了内部不经济、外部经济和内部经济外部不经济的概念。

（二）新福利经济学

1938年及以后，一些著名的英美经济学家对旧福利经济学进行了重要的补充和修改。20世纪50年代，西方经济学在批判和吸收旧福利经济学的基础上，形成了新福利经济学。新福利经济学运用有序效用理论、无差异曲线、消费可能性曲线等理论和方法，对微观经济学领域的福利问题进行了一系列探索，通过个体福利的最大化来提升整个社会的福利，从而实现社会福利的最大化。

新福利经济学的内容主要包括：

（1）效用序数论：认为效用在每个人之间是无法比较的，在收入和市场价格既定条件下，每个人根据各自偏好，使获得的效用趋于极大值时，就可以推论整个社会效用的总和或社会福利达到极大值。

（2）最优化条件论：研究实现"帕累托最优化"所必需的一系列边际条件，包括交换的最优化条件、生产最优化条件和交换最优化条件的结合。

（3）补偿原则论：研究新的判断福利的标准和补偿原则问题，包括卡尔多-希克斯标准、西托夫斯基"双重标准"、李特尔"三重标准"等。

新福利经济学的核心论点是，当一个国家的经济福利总量增加时，整个社会的福利水平也会增加。新福利经济学认为，最大福利的内容是经济效率，而不是收入的平等分配。所谓经济效率，是指生产资源的使用达到最合适的状态，即帕累托最优。当资源得到优化配置时，经济是有效率的，从而实现社会福利最大化。如果任何变化都增加了一部分人的福利、减少了另一部分人的福利，那么只要增加的福利超过减少的福利，就可以认为这种变化增加了社会福利。按照这个标准，只要垄断资本家境况好，无论有多少人境况不好，都会增加社会福利。

综上所述，无论是旧福利经济学还是新福利经济学，都注重社会成员和社会的福利，最终目的都是实现社会福利最大化。然而，新旧福利经济学在实现目标的手段和相关问题的价值取向上仍存在明显差异。旧福利经济学更强调分配的平等性，也更能体现国家干预的社会保障理念。

三、瑞典学派

瑞典学派又称"北欧学派"或"斯德哥尔摩学派"，是当代西方经济学的重要流派之一。它起源于19世纪末20世纪初的斯德哥尔摩大学。其代表人物有戴维·戴维森、古斯塔夫·卡斯特尔、克努特·威克塞尔、伊里克·林达尔、阿萨·林德贝克等瑞典经济学家[①]。瑞典学派通过国家干预开创了瑞典“充分就业”和“收入均等化”的社会福利模式，使之成为建立和发展“福利国家”的理论基础。自20世纪30年代以来，瑞典学派的理论和政策被社会民主党改进，提出了包括政治、经济、分配在内的社会民主理论。

（一）政治上实行阶级调和

瑞典学派认为，工人和雇主（资本家）应该是平等的，人民应该享有充分的民主，国家是超阶级的。通过协调和平衡政府、雇主协会和工会三大权力中心，全社会可以维护正常的阶级合作秩序和社会民主主义。与其他资本主义国家相比，瑞典工人阶级的利益在劳资谈判和政府政策中得到更多的照顾，工人享有更多的民主。

（二）经济上实行混合经济

瑞典学派提倡市场经济与国有化相结合的混合经济。瑞典学派非常重视市场经济的作用，主张竞争，反对垄断，认为市场经济有助于提高效率。在他们看来，市场竞争是经济发展的巨大动力。在缺乏竞争的社会中，经济效率低下、产品短缺、社会矛盾层出不穷是不可避免的。同时，他们主张基于私有制的支配地位而实行部分国有化。

（三）分配上实行收入均等化的社会保障制度

瑞典学派主张收入均等化，实现福利国家。他们主张通过实施收入再分配政策建立福利国家；政府要稳定经济，提供公共服务。瑞典学派认为国家应承担环境保护、公共产品和服务供给、经济稳定、收入和财富分配等方面的责任。他们认为，一个理想的社会一般应该给社会成员以福利，使每个人都能得到幸福。

瑞典学派的理论和政策有两个基本点。第一，依靠政府干预，通过宏观调控来稳定经济周期波动，从而实现“充分就业”。他们提出了货币均衡理论，解释了经济周期，并提出通过调整利率来克服周期性波动。第二，通过收入再分配方法实现收入均等化。他们主张采用累进所得税和转移支付来组织社会福利设施，使社会阶层和群体之间的收入和消费水平通过再分配趋于平等，保证人民的最低生活水平，进一步提高人民的生活质量，从而实现收入的平等。瑞典学派不仅在理论上为福利制度奠定了基础，而且其政策在实践中得到了应用。由此，瑞典成为世界上第一个走上积极稳定化政策道路的国家。

四、凯恩斯主义

凯恩斯主义确立了其社会保障经济理论——基于需求管理的有效需求理论。针对1929—1933年的资本主义世界经济危机，1936年英国著名经济学家约翰·梅纳德·凯恩斯在其代表作《就业、利息和货币通论》中运用总量分析方法，提出了有效需求不足理论和相应的国家干预思想。古典自由主义和新自由主义都赞成自由放任的经济政策，凯恩斯却反对自由主义并主张国家直接干预。他论证了国家直接干预经济的必要性，并提出了具体的目标；他以财政政策和货币政策为核心的思想后来成为整个宏观经济学的核心，甚至可以说，后来的宏观经济学是以凯恩斯的一般理论为基础的。

---

① 王德高．社会保障学［M］．武汉：武汉大学出版社，2010.

凯恩斯主义批判传统市场经济理论，强调国家对经济的全面调整和干预[①]。其理论体系以解决就业问题为中心，就业理论的逻辑起点是有效需求原则，基本观点是社会的就业量取决于有效需求。所谓有效需求，是指当商品的总供给价格和总需求价格达到均衡时的总需求。市场经济有效需求不足是导致经济危机和严重失业的根本原因。有效需求不足源于消费和投资不足[②]。因此，要解决失业问题和经济危机，必须依靠国家对经济的干预和调控，以刺激有效需求，实现充分就业。

由于市场机制不能解决有效需求不足的问题，政府应采取多种手段刺激民间投资和消费。因此，凯恩斯提出解决有效需求不足的最好办法是国家干预经济。政府应实施积极的财政扩张政策，扩大政府支出，实行赤字财政政策，增加社会总需求。在国家干预思想中，社会保障占有相当重要的地位。凯恩斯认为社会福利领域的国家干预有助于提高消费倾向，实现宏观经济均衡。他认为，政府应积极组织公共工程，扩大福利设施，提高边际消费倾向，促进充分就业。同时，他提出了消除贫民窟、累进税收制度、最低工资法和限制工作时间的建议。这为政府干预经济、承担更多的社会保障责任提供了有力的理论依据，也为西方发达国家实施"福利国家"政策奠定了理论基础。

二战后，凯恩斯主义在宏观经济理论中占据绝对主导地位，成为建立福利国家的重要思想基础和资本主义国家制定公共政策的主要理论依据。由于主张政府干预经济，凯恩斯的理论也被视为官方经济学，成为资产阶级经济学的正统理论。凯恩斯的国家干预理论和增加公共支出的政策为国家建立社会保障制度扫清了理论障碍，并通过这一制度来调节社会经济的发展，从而在事实上推动了现代社会保障制度的发展。

五、新剑桥学派理论

二战后，流行于英国的新剑桥学派理论是凯恩斯主义的两大分支之一。在理解和继承凯恩斯主义的过程中，这一学派提出了与古典经济学相反的观点。其主要代表人物琼·罗宾逊认为，国民收入的不合理分配和再分配是资本主义生产方式的症结，因此国家必须采取措施调节国民收入分配，使之趋于合理，使个人收入趋于均等化，才能维护社会稳定。

新剑桥学派政策主张的理论基础是其收入分配理论。他们希望国家实施包括福利政策在内的一系列社会政策，规范收入分配，如实行累进所得税、高遗产税等，抑制高收入者收入过快增长，为低收入者提供救济，发展公共服务，增强公益性，实现各部门收入均等。其核心观点是：第一，给予低收入家庭适当的补贴，从而改变其贫困状况；第二，资助失业者提高文化和技术水平，使他们有更多的就业机会；第三，对财产较多、收入较高的人群实行没收性的遗产税和累进所得税，以缩小贫富差距[③]；第四，根据经济增长率制定工资增长率政策，改变或抑制收入分配不利于劳动者成长过程的趋势。

可见，新剑桥学派不仅解决了古典经济学理论体系固有的逻辑矛盾，推动了西方经济学的发展，而且对全民福利政策的社会保障产生了重大影响。与此同时，新剑桥学派

① 李春根．社会保障理论与政策［M］．上海：复旦大学出版社，2018．
② 贾海彦，董西明．社会保障概论［M］．北京：科学出版社，2020．
③ 王德高．社会保障学［M］．2版．武汉：武汉大学出版社，2018．

也存在一些理论上的弱点：

第一，新剑桥学派强调的制度因素分析只涉及具体的制度，而没有根本性的制度分析，尤其是分配制度的分析。

第二，新剑桥学派用历史观代替平衡观的观点并没有得到真正落实。他们提到的历史因素被片面理解为时间因素，而不是以往的经济体制和经济发展对后来经济发展的作用和影响。

第三，新剑桥学派将未来预期的不稳定性和不确定性归咎于经济周期波动，没有进一步分析经济周期波动的更深层次原因和机制。

第四，新剑桥学派仅限于收入分配所反映的人与人之间关系的原有范围，没有进一步分析。

从总体上看，新剑桥学派的经济政策是改良性质的主张，也就是说，即使他们对资本主义经济制度基本上持肯定的态度而不是否定的态度，其主张也不会被资本主义社会当局真正接受和采纳，因而也不可能得到落实。20世纪80年代以后，随着其主要代表的去世，该学派的影响力也逐渐下降。

第三节 市场失灵与政府失灵

社会保障与经济发展的关系实际上是政府与市场的关系。政府和市场代表两种不同的资源配置机制。政府一般通过行政手段为国家配置资源，而市场则通过价格机制等市场机制配置资源。

一、市场失灵与政府失灵的争议

古典经济学家认为，市场是一只看不见的手，它可以通过自身的调整完成社会资源的帕累托最优配置，而无须外部干预。以凯恩斯为首的现代经济学家提出了相反的观点。他们从现实的角度提出，市场的无形之手是可以完成社会资源的配置，但仍然需要政府的外部干预才能实现帕累托最优。然而，政府干预并非全部有效，一些政府干预不仅未能解决市场失灵的问题，反而加剧了问题，从而导致政府失灵。因此，古典经济学家对凯恩斯展开了以政府失灵为突破口的理论围攻，凯恩斯也以市场失灵为突破口，反对古典经济学家的观点，双方争议持续不止。

二、市场失灵理论

亚当·斯密的自由主义经济理论认为，各种经济矛盾都可以通过市场机制的调整自动解决。但是，随着资本主义经济的发展，许多矛盾并没有像亚当·斯密所说的那样通过市场消除，即市场失灵。

（一）市场失灵的概念

“市场失灵”这一概念最早由弗朗西斯于1958年8月在其论文《市场失灵分析》中提出。弗朗西斯根据市场失灵是否涵盖了市场制度的弊端，提出了狭义和广义两种市场失灵的观点。

狭义的“市场失灵”是指市场功能的缺陷。它主要表现在四个方面：

（1）外部性。市场交易行为之外的经济实体相互依存、相互影响，可以给没有市场行为的经济实体带来积极的利益或消极的损害。

（2）公共产品。由于公共产品的非排他性和非竞争性，市场上每个人的边际收益等于边际成本的条件不适用于公共产品供给的限制。

（3）市场垄断。由于生产设备和生产规模不易划分的技术原因，当平均成本降低时，边际成本等于价格的最佳条件对企业意味着负利润的趋势。然而，在降低成本的过程中，垄断收益的增加会导致价格高于边际成本，从而影响市场效率，阻碍技术和资源的合理流动。

（4）不确定性。由于市场机构不具备在未来时间点实现资源效率配置的手段，特别是当价格、利率、不确定因素引起的信息偏离真实、变化的市场时，市场力量的配置效率会降低。

广义的“市场失灵”观点是，“市场失灵”不仅包括市场功能的缺陷和实施范围的限制，还包括市场分配制度的不平等。

（二）市场失灵与社会保障

与计划经济相比，在市场经济条件下，社会个体成员可能面临更大的风险。市场机制虽然能够提高经济效率，但也可能隐藏着更大的风险，如贫困、失业、贫富差距扩大、阶级矛盾激化、收入分配不公等，即市场失灵。此时，政府需要介入社会、经济等各个领域。社会保障制度也是在市场失灵的情况下建立和发展起来的。政府建立社会保障制度以弥补市场失灵，或者说解决市场无法解决的社会公平问题。政府通过社会保障政策，实行社会成员之间的第二次收入分配。这时，政府根据公平原则，将一部分收入从高收入者手中转移给无劳动能力的人和低收入者。在这个过程中，政府追求社会公正。在主持这一分配时，政府更多地从社会公平的角度考虑，将社会各阶层之间的收入差距控制在合理的范围内，保障全体公民的基本生活水平，使所有人都能生存。

三、政府失灵

（一）政府失灵的概念

20世纪70年代以前，许多国家在建立和发展社会保障制度的过程中，往往片面强调政府的作用，而忽视市场的作用，造成政府失灵。政府失灵是指政府活动或干预的效率低下，或政府做出降低经济效率的决策，或不能执行提高经济效率的决策。一方面，政府失灵表现为政府的无效干预，即政府宏观调控的范围和力度不足或方式选择不当，无法满足弥补市场失灵和维持市场机制正常运行的合理需要。另一方面，政府失灵表现为政府的过度干预，即政府事先干预的范围和力度超过了弥补市场失灵和维持市场机制正常运行的合理需要，或者干预方向错误，形式选择不当，结果不仅不能纠正市场失灵，反而抑制了市场机制的正常运行。

（二）政府失灵的表现

1.无效干预导致政府失灵

在那些本应由政府发挥作用的领域，由于财力不足、制度不完善等原因，政府没有进入或者没有完全进入本应由政府进入的领域。政府的控制手段缺乏力度、控制机制运行不灵活，难以达到控制效果，导致政府失灵。政府干预无效有两个可能的原因：

第一，政府社会保障能力低。亚当·斯密指出，“少数人的繁荣是以大多数人的贫困为前提的”。也就是说，市场经济必然导致贫富分化，贫富分化严重，必然影响社会稳定，这在客观上要求政府创造一个“安全阀”。如果政府的社会保障和社会福利制度不健全，很可能造成政府的宏观调控力度不足。

第二，政府社会控制能力低。政府的社会控制能力主要表现在打击违法犯罪、维护正常的市场经济秩序和打击预防职务犯罪、遏制权力寻租这两个方面。由于法律法规不健全、不完善，不法商人钻法律、法规的空子，加上执法不严，也会造成政府失灵。

2.过度干预导致政府失灵

在那些本应由市场发挥作用的领域，政府却运用行政手段对经济进行过多的管理，政府没有退出或者没有完全退出应该退出的领域，其结果不仅无力弥补市场的缺陷，而且扬短抑长，阻碍市场机制的正常运转，导致政府失灵。政府过度干预主要表现在以下两个方面：

一是政府过多介入微观经济活动，造成市场运作主体（企业或私人）缺乏应有的自主管理权，活力不强，且容易助长惰性，依赖政府。

二是政府抢夺市场和社会的职权。除了纯公共产品（如外交与国防）必须由政府提供外，政府承担了许多拟由企业或社会承担的准公共产品，不仅滋生了腐败和浪费，而且扭曲了市场机制。

（三）政府失灵与社会保障

在社会保障方面，政府失灵体现在政府对人民生活领域的干预过多。片面强调政府在社会保障中的作用，导致社会保障的发展超出了经济发展水平，社会保障对经济发展产生了负面影响。正是基于这种政府失灵理论，许多国家在改革社会保障制度的同时，注重降低政府在社会保障中的职能，重新强调市场在保障国民生活中的作用。具体的政策措施包括：部分社会保障项目私有化，让民营机构参与社会保障管理；实行政府宏观管理和市场微观管理的分工，适当放开社会保障资金进入资本市场特别是高风险行业的限制。这种回归市场的做法实际上是使政府与市场之间更好地协调与平衡，即在明确政府与市场在社会保障中的作用时更加理性。

第四节 社会市场经济理论与“第三条道路”

二战后，联邦德国在废墟上迅速崛起，再次成为经济强国。奇迹的出现缘于德国的社会市场经济理论和实践。之所以在“市场经济”之前加上“社会”一词，是为了表明该理论所倡导的市场经济既不同于传统的自由放任的市场经济，也不同于中央政府控制的主导型市场经济。社会市场经济是一个具有经济秩序和社会公正的市场经济体制。

一、社会市场经济理论的主要内容

社会市场经济理论是关于社会经济秩序的一种理论。它把市场中的经济秩序和社会公正有机地结合起来，力求实现经济效率与社会公正的平衡。它强调一个进步的社会经济体制必须把自由主义经济思想与现代社会国家观念有机地结合起来。也就是说，只有建立在竞争基础上的经济自由理念才能实现经济增长的目标，只有“社会状态”理念才能实现社会公平和社会进步。因此，社会市场经济理论主张国家干预经济生活，但又强调国家有限干预下的自由竞争，通过国家积极、适当、有效的干预维护正常的市场竞争秩序，通过自由竞争机制实现整个社会的繁荣。

二、社会市场经济理论中的社会保障思想

社会市场经济理论的主要代表人物是被称为联邦德国“经济奇迹之父”的路德维希·艾哈德（Ludwig Erhard）。在其主要著作《大众的福利》中，他认为社会市场经济的目标是实现大众的福利，消除贫富差距，让绝大多数人享受经济发展的成果，而在自由主义市场经济中，贫富对立是普遍现象，这是社会市场经济与自由主义市场经济的根本区别。为了实现社会市场经济的目标，国家必须采取限制垄断、保障自由竞争、实施稳定的货币政策等伦理和法律措施，使经济活动常态化，同时，国家要投资于对国民经济发展具有重要作用的公用事业，如道路、铁路、港口、科研、文化教育事业等。概括来说，社会市场经济理论认为国家应该负起以下责任：

一是适度干预。根据社会市场经济理论，国家主要负责市场经济中的调节任务。它规定了市场活动的框架条件，尽可能放弃对价格和工资形成的直接干预，通过改善消费机会、刺激技术进步和创新、按劳分配收入和利润，使市场中的各种力量自由发挥作用。它限制市场力量的过度积累，同时倡导有序的市场竞争，强调社会责任，倡导高税收、高福利。艾哈德认为，在社会市场经济中，政府应该扮演裁判的角色，其职能是使比赛有规则地进行，而不是亲自踢球。政府的职责是制定和实施经济政策，从精神和物质上引导和扶持民营企业，而不是直接干预经济事务。

二是建立完善的社会保障体系，维护社会稳定，实现社会公正。社会市场经济理论认为，一个有效的市场经济体制不仅要完成经济任务，还要完成一系列社会保障任务，即通过社会政策纠正市场经济的负面后果，把经济发展与社会公平、社会进步结合起来。德国根据以下三项基本原则建立了比较完善的社会保障体系：首先，所有的社会保障政策都不能影响市场机制发挥作用。其次，保持合理的收入再分配范围。社会保障不应削弱人们的进取精神，不应对市场机制的功能产生负面影响。最后，不应该以政府为主导建立社会保障体系，而是强调社会自治的原则，充分发挥社会力量的作用，从而减轻政府的负担。

三、“第三条道路”

“第三条道路”理论起源于中间道路学派。中间道路是介于国家干预主义和经济自由主义之间的一种学说，它既不采用国家完全包揽的方式，也不接受自由放任的观点。

它企图采用一种折中方法，对包括社会保障制度在内的社会和经济政策进行改良①。它最早在20世纪30年代被提出，在英国前首相麦克米兰的《中间道路》一书中得到了具体阐释。麦克米兰认为，“中间道路”就是对资本主义进行调节与控制，在促进资本主义发展的同时也促进社会福利。

“第三条道路”与“中间道路”非常相似。20世纪90年代以后，自由化和私有化政策造成了新的社会矛盾和经济危机，国家干预主义和新自由主义都被证明失效。在这样的背景下，安东尼·吉登斯完整地提出了“第三条道路”理论，对西方社会经济政策的制定产生了重要影响。就其本质而言，“第三条道路”既不是传统民生主义的复现，也不是左右两派的简单综合，而是一种更加符合现实的理论超越。“第三条道路”理论认为在奉行积极型福利政策的同时，更应该强调社会保障制度中权利与义务的对等，主张把福利国家改造成为社会投资型国家。“第三条道路”理论的主要观点有：

第一，坚持中左派的政治立场。在传统社会里，政治只关注自由、平等、民主等权利问题，而不关注现实生活中的各种问题，比如家庭争论、社会伦理等。“第三条道路”在政治上淡化意识形态色彩，更加关注现实生活。

第二，强调政府与市场的均衡。一方面，肯定政府的功能，政府可以调节不同的利益关系；另一方面，认为市场也发挥着必不可少的作用，是经济社会的主体。国家过多地干预经济会产生许多负面影响，自由市场又会导致很多阶级矛盾和社会问题，因此政府和市场的平衡很重要②。“第三条道路”理论将政府与市场有机地结合起来，追求公平与效率的有机统一，在实现经济增长的同时也实现社会公平。

第三，实行积极的福利政策。福利的重点应由现金福利转为提供足够的服务，变福利政策为投资政策③。在经济、教育和培训领域扩大投资，鼓励贫困者自立，提高他们进入市场的能力。例如，在对待失业者的问题上，不是向失业者提供单纯的救济，而是将资金投放在失业者的技能培养上。

第四，主张权利与义务的对等。政府对公民负有一定的责任，但个人在享受国家给予的权利的同时，个人义务也应该不断延伸，权利与义务相统一。政府除了给公民提供物质福利外，还要激发公民的主观能动性，为社会创造更多的财富。

第五，重视老龄化问题。国家不仅应该实行合适的养老金政策，还应该支持强制性的养老储蓄④。老人不应该被视为一种负担，而应该被视为一种资源，固定的退休年龄应该逐步被废除。

关键术语

新自由主义（Neoliberalism） 伦敦学派（London School） 现代货币学派（Modern Monetarist School） 供给学派（Supply-Side Economics） 国家干预主义（State Interventionism） 德国新历史学派（New-German History School） 福利经济学

① 谢冰. 社会保障概论［M］. 武汉：武汉大学出版社，2011.
② 钟仁耀，杨莲秀，刘晓雪. 社会保障概论［M］. 大连：东北财经大学出版社，2006.
③ 周沛，易艳阳，周进萍. 社会保障概论［M］. 武汉：武汉大学出版社，2010.
④ 李春根. 社会保障理论与政策［M］. 上海：复旦大学出版社，2018.

（Welfare Economics）　瑞典学派（Swedish School）　凯恩斯主义（Keynesians Economics）　新剑桥学派（New-Cambridge School）　市场失灵（Market Failure）　政府失灵（Government Failure）　社会市场经济理论（Theory of Social Market Economy）

复习思考题

1.论述自由主义理论与国家干预主义理论，并进行比较分析。
2.简述新自由主义和新福利经济学的社会保障思想，并进行比较分析。
3.德国新历史学派的社会保障主张是什么？
4.简述凯恩斯主义的社会保障思想。
5.论述“市场失灵”出现的原因及主要的社会保障思想。
6.论述社会市场经济理论的思想及影响。
7.你认为“第三条道路”理论对我国现代化社会保障制度的建设有何指导意义？

中篇　社会保障的基础理论篇

第六章　福利经济学与社会保障理论
第七章　经济学的社会保障理论
第八章　政治经济学与社会保障政策
第九章　社会学的社会保障理论
第十章　管理学的社会保障理论
第十一章　伦理文化学的社会保障理论

第六章 福利经济学与社会保障理论

学习要点

通过本章的学习，了解福利经济学的形成与发展，福利国家理论的产生以及西方福利国家的主要政策，知道福利经济学中的政府干预问题，理解福利经济学与社会保障理论的联系和其对后者的理论贡献，了解福利经济学是当代各国社会经济制度的重要组成部分，探究适合我国的福利经济学理论政策。

案例引入

社会保障福利制度的建立和“五险一金”的源头

1.社会保障福利制度的建立

“铁血宰相”奥托·冯·俾斯麦是一位传奇式的人物。我们现在所享受的社保福利，便是俾斯麦社会改革的一大成果：最早建立社会保障制度。

(1) 俾斯麦福利制度出台的时代背景

工业革命时期，工人们艰苦的生活条件激化了社会矛盾，工人运动的兴起又动摇了欧洲各国的统治基础，迫使俾斯麦必须做出改革，来缓和工人阶级的情绪。工业技术的进步、城市化的发展，在为贵族、资本家带来财富和权力的同时，也带来了失业、流民、贫富悬殊等问题，平民和贵族、工人和资产阶级的矛盾不断被激化。

德国的形势同样严峻，俾斯麦上台后，摆在这位容克资产阶级代表面前的选择只有两条：①武力镇压工人运动。成功与否先不论，这多半会动摇刚刚完成统一的德意志的根基；②改革，提出一种让大家都能接受的方式，来缓和社会矛盾。

俾斯麦在经过深思熟虑后，选择了第二种方式。他提出了一种以社会保险为核心、维护工人利益的“社会保障制度”，简称俾斯麦模式。

(2) 俾斯麦社会福利制度模式

俾斯麦想要推行的福利制度，应该是能囊括社会各个阶层，让包括农民、手工业者、公司职员等人群在内的“全体德国人”都能够受益的社会保障制度。在俾斯麦最先的设想中，这套社会保障制度应该由国家和企业主共同承担费用。后来，在进一步完善具体措施的时候，俾斯麦意识到如果纯粹由国家和企业主负担成本的话，将50亿马克平摊到全体国民上，这点钱就不够用了。于是，俾斯麦便将条件改为费用由雇员、雇主和国家三者承担，其中雇员和雇主各自支付一半，然后国家给每人补贴50马克。

俾斯麦颁布了三部关于社会保障制度的法律，构建起了近代世界第一个完整的社会保障体系：1883年制定了世界第一部《疾病保险法》；1884年通过了《工人赔偿法》；1889年实行了《伤残和养老保险法》。

俾斯麦出台的三部保障法律涉及当时德国社会所面临的五大难题：

当工人因疾病、年老等无法从事工作后，该怎么办？

当工人因工伤丧失劳动能力后，一家人的生计怎么办？

企业主要求劳动者从事繁琐的工作，所支付的报酬远远低于其创造的价值，劳动者该如何维权？

劳动者的收入无法支付高昂的医疗费用，怎么办？

企业主无故解雇劳动者，致使其失业，劳动者如何维权？

(3) 俾斯麦社会福利制度的社会影响

① 俾斯麦致力于维护劳动者权益，缓和了劳动者和企业主之间的矛盾，维持了社会秩序的稳定。俾斯麦制定的社会保险制度的伟大之处在于：它针对每一个人都关心的医疗、生存、社会补助、社会救济和养老等问题，都提出了一定的解决方案，

且涵盖人群包含“全体德国人”。社会保障制度让劳动者与企业主之间达成了一种双赢的局面。

② 俾斯麦社会福利制度改善了劳动者的工作环境，有利于调动劳动者的工作积极性，为德国的崛起奠定了基础。“德国的建筑师”俾斯麦，不光完成了德国的统一，还将德国建设成为工业总产值在当时居欧洲第一位、世界第二位的强国。德国能成为第二次工业革命的引领者，便与俾斯麦社会福利制度创造的工作环境脱不开关系。

③ 俾斯麦模式的成功为各国解决社会矛盾提供了经验参考，他推动了近代社会福利制度的建立和发展。俾斯麦社会福利制度是俾斯麦解决德国社会矛盾的一次积极尝试，他开创的近代社会保障体系，为各国制定社会福利制度提供了经验参考。时至今日，俾斯麦建立的社会福利制度已经成为世界各国普遍推行的政策。

2.“五险一金”的源头：瑞典“福利国家”政策

“福利国家”政策是欧洲社会改革的一大成果，利用国家调节手段发展经济，保障劳动者们的合法权益，缓和社会矛盾。这是在二战之后兴起的社会改革，也是战后北欧国家的基本特点之一。其中，北欧“福利国家”的代表首推瑞典。早在1932年，瑞典的社会民主党就提出来要推行“福利国家”政策。这也是社会民主党能够长期执政的原因之一，它切实保障了人民的权益。

“福利国家”政策包括两个主要的方面：一是建立全国的保险制度，涵盖养老金、失业救济金、病休金和儿童津贴。这是我们国家“五险一金”的源头。二是建立免费或者少收费的社会服务，涵盖教育、医疗、托儿等服务。很多人戏称，这让一个人“从摇篮到坟墓”都能享受政府的社会福利。就拿退休金举例，1946年，瑞典议会通过了退休金法案，公民满67岁就可以领取退休金，金额是退休前15个最高收入年份的收入平均数的60%。年轻劳动者所缴纳的保障税供养老年人的退休金，实现循环。后来，福利进一步提高。1975年，瑞典颁布法律，将原本需要个人缴纳的退休金保障税改为由企业负担，从而减轻了个人的负担。瑞典的退休金保障体系进一步完善，退休金的领取金额与个人的过去工资、技能和收入等级相关，也就避免了懒汉不想工作、只想领退休金的情况。生老病死是一个人要经历的重要过程，疾病会拖累整个家庭，加重家庭的负担。所以，瑞典“福利国家”政策的一个重要措施便是全民的医疗保险，它涉及个人的医疗保障、工作病假津贴、婴幼儿家长津贴等。由于全民医疗保险覆盖范围广，财政无法支撑，所以凡是拥有正式工作的成年人都需要缴纳收入的12.8%作为医疗保险税，实现免费医疗。除了免费医疗以外，免费教育也覆盖了瑞典。从人的出生到死亡，都渗透着瑞典“福利国家”的影子，切实减轻了千家万户的生活负担。瑞典成为欧洲“福利国家的橱窗”，堪称典范。

资料来源：[1] 路德维希．俾斯麦传 [M]．祎旸，译．长春：吉林出版集团有限责任公司，2012．[2] 俾斯麦．思考与回忆：俾斯麦回忆录 [M]．山西大学外语系《思考与回忆》翻译组，译．上海：东方出版社，2007．[3] 王茹．瑞典的福利国家制度及对我国的启示研究 [J]．才智，2016 (8)：185.

讨论：德国社会保障制度建立的基础和源头分别是什么？

分析提示

第一节　福利经济学的形成与发展

一、福利经济学的理论渊源

早期福利经济学的建立深受功利主义哲学的影响，作为功利主义的主要倡导者，边沁认为："功利是指任何客体的这么一种性质：由此，它倾向于给利益相关者带来实惠、好处、快乐、利益或幸福，或者倾向于防止利益相关者遭受损害、痛苦、祸患或不幸；如果利益相关者是一般的共同体，那就是共同体的幸福，如果是一个具体的个人，那就是这个人的幸福。""不理解什么是个人利益，谈论共同体的利益便毫无意义。当一个事物倾向于增大一个人的快乐总和时，或同义地说倾向于减小其痛苦总和时，它就被说成促进了这个人的利益，或为了这个人的利益。"[①]边沁的理论有两个出发点和前提：功利原理或最大幸福原理；自利选择原理。关于功利原理，边沁认为，人们一切行为的准则取决于是增进幸福抑或减少幸福的倾向。不仅私人行为受这一原理支配，政府的一切措施也要据此行事。边沁关于个人利益的说法使众多西方经济学家也沿着功利主义哲学指引的方向围绕个人利益和集体利益做了大量的研究，这也促进了福利经济学的萌生。

古典经济学的产生与发展使福利经济学的思想渊源至少可以追溯到亚当·斯密。福利经济学作为一个理论体系，产生于19世纪末，形成于20世纪初。它是为了调和无产阶级与资产阶级日益尖锐的矛盾、适应帝国主义阶段的资产阶级统治的需要而产生的。斯密所处时代的人均GDP与文艺复兴前后相差无几，这一时期"人均收入的提高方面不会有任何陡然变化"[②]，低生产力一直困扰人类社会。"斯密通过一系列绝妙手笔，成功地构建了一个分析体系"——引起"国民财富"增长的"性质与原因"的研究，斯密通过个人主义、经验理性理解交易和市场，给出"利己心—市场合作—国民财富"的效率研究进路。沿袭斯密范式，李嘉图的比较优势论、马尔萨斯的边际报酬论、萨伊基于市场的要素论、穆勒的相互需求决定论，都是顺应社会需求而提出的。古典经济学一直沿用效率范式"兼容"公平和自由，直至1890年马歇尔出版《经济学原理》一书，主流经济学开始倾向效率研究，只有公平影响效率时它才被经济学所关注。马歇尔在他的《经济学原理》中提出了"消费者剩余"概念：消费者购买某物所获得的满足通常会超过他因付出此代价所放弃的满足，从而得到多余的满足[③]，即消费者在购买中得到额

① 边沁．道德与立法原理导论［M］．时殷弘，译．北京：商务印书馆，2011.
② 斯密．国民财富的性质和原因的研究［M］．郭大力，王亚南，译．北京：商务印书馆，1972.
③ 马歇尔．经济学原理：下卷［M］．陈良璧，译．北京：商务印书馆，2011.

外的福利。意大利经济学家帕累托[①]提出了“最大福利”理论：“当某种分配标准为既定时，我们可以遵照这种标准研究何种状态会使每个人达到最大可能的福利”。资产阶级福利经济学先驱霍布森提出，经济学要以社会福利为研究中心。他认为人生的目的是追求幸福，福利的基础是财富，因此生产力的配置和消费品的分配要用最少的人类成本求得最多的人类效用，获取最大的福利。“一切征税应以‘非生产性剩余’（剩余价值）为限，从这里面尽可能地争取让国家利益来维护和发展公共事业”。为了保证全体公民的福祉，国家不仅可以征税以消除贫富不均，甚至可以直接管制一些企业，使得它们把个人利益和社会福利调和起来，使最大多数人的最大福利得以实现。

二、旧福利经济学的产生

自穆勒将功利主义引入经济学后，主流经济学的价值论发生了改变。帕累托创立了以效率为判断标准的新福利经济学，与主流经济学相契合。与之相对照，庇古提出的以公平为核心的旧福利经济学虽是主流经济学的分支，但与主流经济学具有不同的哲学基础。偏好和效用是福利经济学创立期的基础，但不是当代福利经济学的基础。

庇古是马歇尔理论的拥护者，1920年，庇古在《福利经济学》一书中系统阐述了福利经济学的思想理论，因此庇古被称为“福利经济学之父”。他继承了马歇尔的“衣钵”，但遵循的并非剑桥传统，以公平为核心的福利体系在当时并不能较好地容纳效率。庇古从理论上显然承认马歇尔的基数效用，因为公平必须进行效用的人际比较。依据庇古命题，国民收入增加，但收入分配不均，社会福利可能毫无意义。公平是福利的第一要务，丧失公平的经济增长可能成为无意义增长。《福利经济学》是“研究在现代社会实际生活中影响经济福利的重要因素”。该书包括两个主要部分：第一、根据边际效用价值理论提出一套有关福利特别是经济福利的概念。第二，从国民收入总量的增加和国民收入分配出发，推导出增加社会福利的一些重要因素。

庇古的福利经济学是建立在边际效用价值理论的基础之上的。庇古对福利这一概念提出了两个命题：第一，福利的要素是一些意识，或者说是意识之间的关系，第二，福利可以置于较大或较小的范畴之下。[②]这就是说，福利表示人的心理状态，寓于人的满足之中，福利的大小是可以衡量的。庇古强调，福利包括的范围很广，在经济学中并不讨论一般福利，而只讨论与经济生活相关的福利，即能够直接或间接地用货币尺度衡量的经济福利。这种经济福利与一般福利是相关的，对一般福利有决定性的影响。庇古把福利作为满足，用效用来表示满足，而效用可以用一个人为避免失去某种满足而愿支付的货币量来衡量，即可以用单位商品的价格来衡量。为了衡量效用，庇古假设货币的边际效用是不变的。在这种经济福利的概念之上，庇古论述了经济福利与国民收入的关系。他指出：“正是由于经济福利是可以直接或间接地与货币量相联系的那部分总福利，国民收入是可以用货币衡量的那部分社会客观收入……所以，这两个概念，经济福利和国民收入，是对等的，对其中之一的内容的任何表述，就意味着对另一个内容的相

① 维弗雷多·帕累托（Vilfredo Pareto，1848—1923），生于巴黎，意大利经济学家、社会学家，洛桑学派的主要代表之一。他在代表著作《政治经济学讲义》中称，效用可衡量没有根据，应否定基数效用论。他用无差异曲线的位置高低去比较消费者的偏好程度，形成序数效用论，从而将经济均衡建立在偏好尺度的基础上。

② 庇古．福利经济学：上卷［M］．朱泱，张胜纪，吴良健，译．北京：商务印书馆，2003.

应表述。”这样，就把对经济福利的研究变为对国民收入的研究。

庇古把经济福利问题转为国民收入问题，这样就接着讨论了两个问题：第一，国民收入量的变动及其衡量，以及国民收入与经济福利的关系。他说明了在消费者偏好与购买力分配不变的情况下，国民收入的增加会使经济福利增加，但由于国民收入量的变化又会引起产品结构的变化，所以国民收入量的变动与经济福利的关系也相当复杂。只有在社会成员对新增加的产品比对所消失的产品愿意支付更多的货币时，这种增加才真正代表经济福利的增加。第二，国民收入分配及其对经济福利的影响。他说明了如果在国民收入并未减少的情况下，国民收入由富人转向穷人，即国民收入分配平等化，则有利于增加经济福利。这是因为边际效用是递减的，穷人收入增加所带来的效用要大于富人等量收入减少所减少的效用。

庇古致力于寻求一种测定和改善社会福利的方法，其主要观点是：

（1）福利的实质是一种意识状态或者意识的关系状态。一个人的福利寓于他自己的满足之中，它可能缘于物的占有或者其他原因。因此，国家应当注意贫穷问题，致力于增加福利。如果一个人的需求稳定，他持有一种商品越多，那么根据边际效用递减规律，他每增加一个单位的持有量所获得的效用就越小，直至为零。以此为出发点，可能的方法是财富从富人向穷人转移，这样必会使穷人的满足程度大于富人因减少财富的占有而受到的损失，使得穷人的满足量增加。

（2）国民收入总量愈大经济福利愈大。一个国家的全部经济福利是“个人经济福利的总和”，“所以经济福利和国民收入这两个概念是那样对等”。他指出：“以下情况中的任何一种情况，即或者国民收入增加而不减少穷人在其中占有的绝对份额，或者穷人占有的绝对份额增加而不减少国民收入，都一定会增加经济福利。”因此，收入均等化是福利极大化的必要条件。

（3）财产转移论。富人的财产向穷人转移有两种办法：一是自愿转移，即富人拿出一部分财产兴办教育、保健设施等；二是强制转移，即政府通过收入再分配手段（如征税）集中一部分国民收入，再通过社会福利制度提供补助使穷人的收入增加，也可以补贴那些为穷人生产产品的机构，使产品价格降低。如果财产的转移使得穷人和富人的边际效用相等，这时就实现了“福利最大化”。

三、新福利经济学

新福利经济学的理论源流可追溯到帕累托的学说。帕累托将埃奇沃斯[①]的“无差异曲线”重新定义、修改后作为分析工具，并提出“帕累托最优状态”，即在收入分配既定的条件下，为了达到最大的社会福利，生产资料的配置在完全竞争条件下所必须达到的最优状态。帕累托对社会福利最大化的纯理论分析成为之后新福利经济学研究的中心课题。

19世纪30年代后，勒纳等人对庇古的福利经济学进行了修改和发展，提出了序数

① 埃奇沃斯（Francis Ysidro Edgeworth，1845—1926）以个人效用可衡量的基数效用为基础，于1881年在《数学心理学》一文中首创以数学公式表达了无差异概念，用以分析物物交换场合的均衡和交换双方得到的最大满足问题。10年后他又撰文以图形更简明地表示。之后数十年，不少经济学家对埃奇沃斯无差异曲线的形式及效用观点进行改进、补充，使之成为现代西方经济学的有力分析工具。

效用论、补偿原理等。新福利经济学的主要理论包括以下几个方面：

1.序数效用论

用序数效用论代替基数效用论，是新福利经济学对旧福利经济学修改和发展的一个主要表现。新福利经济学认为，具体数值不能表示某种物的效用。在序数效用论者看来，效用是由人的主观心理决定的，由于每个人的主观判断千差万别，所以就没有办法也没有必要对各人之间福利的大小做比较。因此，“个人是其福利的最好判断者”，“社会福利取决于组成社会的所有个人的福利，而不是取决于任何其他东西”，“如果至少有一个人的境况好起来，而没有一个人的境况坏下去，整个社会的境况就算好起来了”。这就是新福利经济学关于福利的基本含义。

2.最优条件论

所谓最优条件，是指在一定的收入和价格水平条件下，为达到最大限度的社会福利所需要的生产和交换条件。

（1）交换的最优条件。新福利经济学认为，交换的最优条件是指在完全竞争的市场经济中，交易双方通过交换而使彼此得到最大限度满足的条件。所以，交换的最优条件是，在一定收入、价格和偏好的基础上，任何两种商品之间的“边际替代率”都必须是相等的。消费者购买商品时，如果能达到边际效用与商品价格相等这一点，就能使满足达到最大化。

（2）生产的最优条件。新福利经济学认为，生产的最优条件是指在完全竞争的市场经济中，生产要素最有效地进行配置，从而使商品最有效地生产出来所需要的条件。如果仅指一种产品的生产，那就要求其“边际生产成本”和产品的价格相等。如果“边际生产成本”高于价格，生产者的规模就会缩小，以防止亏损；如果“边际生产成本”低于价格，生产者就会追求利润而不断扩大生产。上述两种情况均不可能使生产保持均衡状态。如果指两种产品的生产，那就要求两种产品的“边际生产成本”之比相等，否则生产要素的分配就有可能只有利于生产某一种产品，而不利于生产另一种产品，从而出现一种产品的生产增加而另一种产品的生产减少的情况。

（3）生产最优条件和交换最优条件的结合。新福利经济学认为，生产和交换最优条件的结合，是以同时满足交换最优条件和生产最优条件的要求为前提的。具备了这些条件就意味着供给和需求无论在数量上还是在结构上都是均衡的。从交换最优条件讲，交换双方在这种交换中可以获得最大的满足；从生产最优条件来说，企业使用生产要素的效率最高，社会资源的配置也最合理。因此，从整个社会来说，必然达到福利的最大化。

3.补偿原理

卡尔多·希克斯补偿标准、西托夫斯基双重补偿标准、李特尔三重补偿标准等都是补偿原理的支持准则。卡多尔·希克斯的补偿标准依据的是帕累托最适度原理，一切社会变革都只可能为垄断寡头谋利益，即使点滴改良，也不能侵害垄断的利益，而社会人群中有一部分人的利益由此将不可避免地受到侵犯。补偿原理的实质在于，如果一些社会成员的经济状况在改善的同时不会造成其他成员的经济状况恶化，社会福利就增加了。但是，社会变革不能使所有人同时受益，而是总有人受损。因此，政府应该对受害人给予相应的补偿。例如，向受益人征更多的税，以削减他们的受益额；向受害人支付补偿金，以减轻他们经济状况的恶化程度。

4.社会福利函数论

伯格森和萨缪尔森的社会福利函数论[①]，研究“最大福利”的伦理标准和满足条件。社会福利函数论是在批判继承补偿原理的基础上形成的一种新福利经济学理论。补偿是否恰当，要在受益者接受以后才能确定，事先是无法测知的，因而补偿原理也是不科学的。一个人的福利、一个社会的福利，是受多种因素影响的。个人福利和效用水平的关系为U=u（q_1，q_2，q_3，…，q_n），社会福利函数是社会所有个人的效用水平的函数，即W=w（u_1，u_2，u_3，…，u_n）。所以，该理论认为，要使社会福利最大化，必须使收入在个人之间合理分配；同时，生产交换也必须符合最优条件。换句话说，经济效率是社会福利最大化的必要条件，合理分配是社会福利最大化的充分条件。

肯尼斯·阿罗1951年在《社会选择与个人价值》一书中“假定存在其定义独立于个人意愿的客观的社会的善”，他指出，在明确知道社会全部成员有差别的个人偏好顺序的基础上，从这些给定的个人偏好顺序中，经过一定程序归纳出单一的社会偏好顺序即解出社会福利函数的最优极大值是不可能的。阿罗的观点在福利经济学中被称为“阿罗不可能性定理”。

5.相对福利论

20世纪50年代以来一些经济学家强调福利的主观性和福利的相对性，认为社会福利是一个既无实际意义又无实现可能的幻觉。正如渔夫和金鱼的故事所描绘的，人的欲望是无止境的，福利永远得不到满足，当人们受到外界的影响时又会产生需要。当这种需要满足后，人们还会有新的需要。这个过程是连续的、永恒的。因此，要满足各种需要以达到生理和心理持久均衡是不可能的。

四、福利经济学的新发展

二战后，世界两大阵营在公平和效率上各有侧重，社会主义阵营中的高公平和低增长与资本主义阵营中的低公平和高增长形成鲜明对照。社会福利函数论对经济增长和社会正义来源的解读缺失，使得福利经济学的研究重心转向公平和效率的实现途径：自由。

（一）新兴福利主义与自由主义福利思想的崛起

1.社会福利的反对者哈耶克与奥地利学派的福利观

哈耶克认为，功利主义哲学将福利经济学引入了歧途。“无法明晰地向他人交流知识，对标准的福利经济学的打击是毁灭性的。”[②]哈耶克既反对旧福利主义，也反对新福利主义，认为二者都存在严重弊端甚至会导致严重的后果。原因有二：第一，知识是

---

① 艾布拉姆·伯格森（Abram Bergson）强调（1938）：“福利函数的数值取决于所有影响福利的变量，每一个家庭所消费的每一种货物数量，所从事的每一种劳动数量，每一种资本投入的数量，等等。”继伯格森之后，保罗·萨缪尔森（Paul A. Samuelson）等人1947年对此做了进一步的阐述。伯格森和萨缪尔森认为，社会福利函数是一个多元函数。记作：W=F（Z_1，Z_2，…）。其中，“W”为社会福利，“Z_1，Z_2，…”为影响社会福利的各种因素。只有整个函数取最大值时，社会福利才最优。社会福利与收入分配密切相关，即使生产和交换都满足最适度条件，若没有合理的收入分配，社会福利就不可能达到最优极大值。社会无差异曲线与效用可能性曲线的切点就代表社会福利的最优极大值。

② 哈耶克．致命的自负［M］．冯克利，胡晋华，等译．北京：中国社会科学出版社，2000：44.

分散于不同经济主体的，无法将个人的私人知识加以利用；第二，社会资源配置效率的社会排序信息是无法获取的，将其加总为社会福利函数是不可能的。哈耶克认为“贸易肯定是作为一种个人关系发展起来的”。离开个人主义的市场，个人福利和社会福利都无从谈起。哈耶克认为旧福利经济学存在核心错误：首先，庇古关心的并不是物质分配而是效用分配，忽视了物质分配带来的直接影响；其次，效用可以在人与人之间进行比较，忽视了效用的主观性和不可比性。哈耶克认为新福利经济学也存在核心错误：第一，关心个体成员，但提出“超个人”的福利概念。新福利经济学提出社会福利的概念是危险的，社会福利意味着可以将个人福利合成为社会福利，此种行为非常容易被利用。第二，社会不是行为主体，仅仅是一个隐喻。社会是由个体组成的有机体，而不是具有行为能力的“行为人”。哈耶克的唯一福利标准是协调。社会中的所有人都在“分散的知识、最优的无知和真正的错误”之间进行选择，而要在分散的知识和最优的无知条件下少犯错误，只能通过市场进行有效协调。哈耶克提出了“社会福利”的两个标准：“事态的协调状态标准”和“检查并纠正存在失调的协调标准”。协调既可以指事实上已经彼此契合的、正在实施的契约活动，也可以指原先互相抵触而不协调的活动得以纠正并趋向于互契。哈耶克的标准实质上是维护自由竞争的市场制度标准，福利只有在个人主义下的自由市场中才能得以实现。

2.重拾斯密传统的阿马蒂亚·森以及新兴福利经济学流派

阿马蒂亚·森认为经济学与伦理学并不存在冲突且存在契合性：利用经济学的一般均衡理论能够为道德哲学做出贡献；道德哲学和福利经济学能够为主流经济学做出贡献。福利研究不能“滥用”理性人，否则，伦理学与经济学将不相容，福利经济学在主流经济学中也无从立足。“现代经济学无伦理特征和经济学作为伦理学的分支之间存在着矛盾”①，经济学的目标不仅包括对财富的追求，也包括对财富以外的其他目标的追求，尤其是对更基本的目标的评价和增进。而经济学与伦理学之间的隔阂，使得福利经济学除了效率以外难以容纳其他伦理学目标。

阿马蒂亚·森主要依据以下两点批判主流福利经济学：其一，福利经济学的完全理性假定；其二，以效用为基础的社会福利函数。新福利经济学中的帕累托最优是基于效用而计算得到的，如果将利益描述成效用以外的其他东西，福利经济学第一定理和第二定理则不再成立。只有功利主义在福利经济学中确立神圣地位，帕累托最优才能是绝对标准。个人的福利不仅取决于自己的效用，与其他人的效用也相关。主观能动性重视超越功利主义的、深入人心的价值观和信仰中的东西，那么福利经济学应当关注主观能动性的获取方式：自由。阿马蒂亚·森认为自由本身就是有价值的东西：自由有价值是因为其本身就有利于效率的获取，将“无用”自由移除看似不影响效率，但直接降低了主体可行能力从而降低其福利。移除自由的公平更为可笑，“正常运作的民主制中从来没有发生过一次饥荒”，这证明了不能保障自由的社会更难以保障生存权、寿命等方面。

为了比较特定国家分配状况的变化，必须有一些测定福利或收入差距的指标。森提

① 森. 伦理学与经济学［M］. 王宇，王文玉，译. 北京：商务印书馆，2003：8.

出了“能力方式”。他特别注意到并确切地说，不是商品创造了福利而是形成对商品需求的活动创造了福利。按照这种观点，收入创造了“能力”，所以收入是重要的。这种能力还依赖于健康之类的许多其他因素，所以测量福利时应该考虑这些因素。森提出，所有构造完善的伦理准则都预先假定人在某个方面是平等的，但人与人之间利用平等机会的能力是不同的，所以分配问题不可能完全解决。在某些方面平等只能意味着在另一方面不平等。在哪些方面我们提倡平等，在哪些方面我们接受不平等，这依赖于我们如何评价福利的不同方面。森认为个人能力构成我们追求平等的主要方面。贫困的测量应该被看作根据通行的需要标准估计人们困境的一种描述过程，它是一种事实操作而不是能力操作。通常，测量一个社会的贫困程度的指标是收入在贫困线以下的人口比例H。但这种测量的理论基础受到怀疑，因为它忽视了穷人的贫困。阿马蒂亚·森设计了贫困指数：

$P_0P=H\,[I+(1-I)\times G]$

式中：G是基尼系数；I是平均贫困距与贫困线的比率（平均贫困距是指贫困人口平均收入与贫困线的距离），$0<I<1$。

传统的理论总是把贫困看成低收入的结果。森认为，贫困的真正含义是贫困人口创造收入的能力和机会的贫困。从能力和收入角度分析贫困发生的原因会有许多种解释，但贫困的根本原因是他们获得收入的能力被剥夺和机会的丧失。森深入研究发展中国家的饥荒问题的成因后，认为一些国家在食品供应充足的情况下还会出现饥荒，是因为一些社会群体没有获得享用食品的“权利”，是经济、社会、政治的多种因素共同作用的结果，而非真正的食品供应减少。

（二）自由福利理论解决了经济伦理问题，为国民经济管理提供了新工具

哈耶克和阿马蒂亚·森将自由视为效率和公平的工具，构建了新兴福利经济体系，为国民经济兼容公平和效率提供了思路。

1.国民经济的管理工具是构建协调的市场经济制度

罗斯巴德认为“经济学家在自由社会的角色是纯粹教育性的”，经济学家必须保持价值中立，充当企业家和政治家的约束人。经济学家的主要职能是对毫无意义和有危害的伦理方案进行批判，对各种政策干预后果进行分析，为协调的市场经济制度提供学术性倡导。柯兹纳强调市场并非简单的交易场所，而是协调的工具，只有真正理解市场过程的意义，才能通过秩序性政策和过程性政策“协调”社会福利。

2.“以自由看待发展”的权力框架是解决贫困问题的工具

兼容效率和公平的社会只能通过拓展人的可行能力集来实现。“可行能力是此人可能实现的、各种可能的功能性活动的组合。”阿马蒂亚·森认为贫困者之所以贫困，主要原因是其遭遇的长期的能力上的不平等，而局限于收入、效用和基本物品的扶贫不能从根本上解决贫困问题，因为没有真正地认识到不平等的来源。如果扶贫只能“输血”而不能“造血”，短期的扶贫将随着可行能力的受限而重新陷入贫困。因此，阿马蒂亚·森的国民经济管理具有典型的权利构建和工具自由主义特征。

第二节 福利经济学和福利国家理论

布里格斯为福利国家给出了一个著名的界定："福利国家"是这样一种国家，其有意识地运用组织的力量（通过政治和管理），至少在三个方面努力减少市场力量发挥作用的范围：第一，保证个人和家庭的最低收入，而不管他们财产的市场价值如何；第二，使个人和家庭能够应对"社会意外事件"，如生病、年老和失业，以降低不安全感的程度，否则个人和家庭将会面临危机；第三，保证在一定范围内的社会服务领域向所有公民提供所能得到的最好服务，不管他们的地位和阶层如何。①

福利国家的内容：第一，以社会保障制度为主体；第二，政府保证所有公民享有最低标准的收入、营养、健康、住房、教育和就业机会；第三，特定历史条件下的产物。对福利国家的一个简便的界定标准就是"社会开支"在一国GDP中所占的比例，比例高的属于福利国家，比例低的属于自由放任的市场经济国家。在西方国家，属于"社会开支"内容的包括医疗保障、退休金、教育等必要的福利，它们是通过国家的税收以及用非市场的手段来经营的（即社会福利的非商品化）。②

一、福利国家理论的起源

有关国家关心人民福祉、为百姓谋幸福而实施的干预政策，在西方最早可以追溯到古希腊的哲学家柏拉图和亚里士多德对实现社会整体幸福的阐述，在东方最早可以追溯到春秋时期孔子关于君主以德治国的儒家思想。这些思想是早期对于国家通过干预提升社会整体幸福水平的模糊阐释。随着社会的进步与发展，人口数量的不断增加，人民的福利问题成为国家统治者治国安邦所必须关注的问题，而且急需一套系统的理论来应对政策实施过程中出现的各种问题。

英国最早实行公共救济的目的是解决1348—1349年黑死病之后一个时期社会上所存在的混乱现象和长期的劳动力短缺问题。英国于1351年和1388年分别制定了《劳工条例》和《剑桥法》用以控制工资和劳动者的流动。都铎王朝的法律在这样一种社会压力及无多大效率的制度下建立起来。

1576年，"安置贫困者工作"这一概念以法律的形式被英国确定下来，这项内容后来一直沿用了近三个半世纪之久。根据此项法规，有劳动能力的人如果要得到政府的援助，那么他必须为获得这种援助而工作。1576年，在地方实行的《济贫法规》中规定，向乞丐提供一定的实物救济，是为了使他们能够凭借此项救济从事某种劳动，以此来偿还他们所得到的救济。

1601年，英国政府在1576年《济贫法规》的基础上颁布《济贫法》（即旧《济贫法》），该法规定：教区对其辖区内的穷人负有责任，并应对三类不同的救济对象给以区别对待：收容无劳动能力的穷人（如老年人、病人）进救济院；教养院为有劳动能力的穷人提供劳动的机会（最初不是贫民习艺所）；对那些有劳动能力但拒绝劳动的穷人

① 巴尔．福利国家经济学［M］．郑秉文，穆怀中，译．北京：中国劳动社会保障出版社，2003.
② 巴尔，怀恩斯．福利经济学前沿问题［M］．贺晓波，王艺，译．北京：中国税务出版社，2000.

则在教养院中予以惩罚。旧《济贫法》主要强调对丧失劳动能力的穷人的照顾和为有劳动能力的穷人提供劳动机会。

旧《济贫法》顺利实施了近200年，然而这种建立在地方财政支持基础之上、适用于传统封建经济下的福利制度逐渐面对来自人口不断增长、社会流动性不断加大、工业化以及经济动荡不定等诸多方面的压力。到1795年，战争及农业歉收所导致的食品供应短缺及通货膨胀使贫困的范围从流浪的无业人员扩大到有人就业的家庭。各地因此不得不采取一些应急措施，其中最为著名的是颁布了《斯宾汉姆莱法》。《斯宾汉姆莱法》提出为面包价格提供工资补贴。此法案的意义在于把济贫的范围扩大到有人就业的家庭。无论是在旧济贫制度下，还是在已经变化形式的济贫制度下，被救济者当时所体会到的社会屈辱感都要远低于在后来的新济贫制度下所体会到的那种屈辱感。

这一制度很快遭到来自各方的攻击。边沁认为这种制度造成了被救济者的道德堕落；马尔萨斯认为这样的济贫会导致人口数量的激增；李嘉图认为它会降低工人的工资收入，从而使贫困问题进一步恶化。但是，比这些学术争论更为重要的现实是，这一制度确实增加了济贫的费用。首先，部分原因来自不断增长的面包价格；其次，拿破仑战争结束后大量军人退役也是一个主要原因，由此造成地方税收的济贫支出急剧增加。

政治哲学家的争论和不断恶化的财政状况最终促成了1834年新《济贫法》的颁布。英国于1832年成立皇家委员会并出台了一部由纳索·西尼尔和边沁的前任秘书爱德文·查德威克主笔的济贫报告。报告中充斥着当时社会上最为流行的自由主义思想。人们通常会误解此报告产生的背景，特别是古典经济学家对《济贫法》所持有的立场。的确，马尔萨斯和李嘉图均担心这种制度会带来人口增长的问题，也惊诧于《济贫法》的一些早期影响，因而极力要求废除此项法案。但这并不是说西尼尔，这个比罗宾斯更加激进的古典主义经济学家，反对《济贫法》。西尼尔认为，在检验政府的济贫制度时应提出这样的疑问："这种制度的实施是否会扩大原本旨在缩小的贫困范围。"[①]因此，他不反对向孤儿、盲人和无劳动能力者提供救济及医疗服务。他并不想废除那种援助有劳动能力者和靠其赡养者的救济制度，而更侧重于强调"劣等处置"原则。"劣等处置"原则认为贫困阶层的整体状况不应好过最底层的独立劳动者的状况。

在此基础上，新《济贫法》（通常被称为"1834年原则"）提出新制度应包含三大原则："劣等处置"原则、"济贫院检验"原则和"政府统一管理"原则。"劣等处置"原则作为1834年原则的核心部分，不在于强调对老人或病患提供救济，而在于强调对那些贫困且有工作能力的人可通过提供更高的补贴去激励他们从事劳动。"济贫院检验"原则其实并不能算作一种原则，而是贯彻前一种原则的方式或手段。其目的在于尽可能地使济贫院内受救济者的生活状况差于院外的独立劳动者。此外，还包括一些强制性的限制，如对丈夫、妻子及孩子实行绝对的隔离等。"政府统一管理"原则在于避免地方性腐败以及地方管理不善，从而保证制度的统一贯彻执行、提高效用及促进劳动力的流动。1601年旧《济贫法》与1834年新《济贫法》的不同之处非常明显：前者旨在把不附带任何歧视性的工作给有工作能力的人；后者通过提供极差的保障待遇以及对领

---

① 罗宾斯．经济科学的性质和意义［M］．朱泱，译．北京：商务印书馆，2000：128.

取救济金者的人格蔑视来达到削减救济金领取者数量的目的。

新《济贫法》紧随济贫报告出台。尽管史学家们争论不休，但非常明显的是，旨在执行原有报告内容的新《济贫法》在实际执行当中完全走了样。受控于中央政府的济贫委员会始终都不能向《济贫法》的地方执行机构贯彻自己的意志，特别是执行“济贫院检验”这一原则。其他原则也未能按设计者的初衷顺利执行①。许多人被迫接受济贫院恶劣的环境，更多的人宁愿忍受贫困而不愿进入济贫院。虽然如此，这一制度已为新的变化积蓄了力量。因此，1834年《济贫法》通常被视为日后福利国家的基石。

从19世纪70年代起，德国“铁血首相”俾斯麦推行“胡萝卜加大棒”式的社会政策。他一方面严厉镇压工人运动；另一方面为了缓和、瓦解尖锐的劳资矛盾，先后颁布了多部社会政策方面的法律，逐步建立起一套针对劳动者、按照风险分担原则、旨在保障劳动者基本生活需求的、较为完整的社会保险制度，并用“福利国家”命名其社会保险制度。俾斯麦政府的做法之后被许多国家效仿，这是一些西方著作将德国视为福利国家（实践层面）的缘起。

现代福利制度起源于英国的《贝弗里奇报告》。1942年，英国发布《贝弗里奇报告》。报告中不仅正式采用了“福利国家”一词，而且明确了福利国家的各项基本原则，针对全体公民、囊括“从摇篮到坟墓”所需，勾勒出比较完善的社会福利制度体系的框架和结构，为英国后来建成现代福利国家奠定了基础。《贝弗里奇报告》所设计的社会福利制度体系的蓝图，意味着国家（政府）将依法承担全面的社会福利责任，这不仅符合广大民众的生活需要，缓解了劳资矛盾，促进了社会安定，而且报告所秉持的经济思想与当时占主导地位的主流经济学一致，在实际应用中较为有效地抑制了战后英国的通货膨胀，活跃了市场，刺激了消费和生产。继英国之后，资本主义国家掀起了建立福利国家的浪潮。正如西方学者所概括的，从二战以来，国家机器渗透到社会生活公与私的所有角落，现代国家已经远不限于遵循原来的“放任自由”的准则，成为“福利国家”了。这种国家干预起源于俾斯麦时代和这位德国宰相在20世纪末所颁布的相关法案，之后断断续续延续下来，而从1945年大部分发达资本主义国家采取了《贝弗里奇报告》的原则和凯恩斯经济政策之后，它产生了更加普遍的决定性影响。由上面（指国家）来扩展福利计划不仅是为了满足人民的最基本的需要，也是为了调节市场和刺激消费。②

《贝弗里奇报告》对战后英国福利社会的建设产生了巨大的影响。这个报告主张的社会福利可以被概括为“3U”原则：普享性（universality）原则，即所有公民不论其职业为何，都应被覆盖以预防社会风险；统一性（unity）原则，即建立大一统的福利行政管理机构；均一性（uniformity）原则，即每一个受益人根据其需要，而不是收入状况，获得资助。“福利国家”（welfare state）这个概念是1941年由威廉坦普尔最初提出来的，以区别于纳粹德国为统治者服务的“权力国家”（power state）概念。人们常常把1948年7月5日英国国民可以享受国民保险的这一天作为英国福利国家的诞生日。从此，现

---

① BOWLEY A L.The Effect of the War on the External Trade of the United Kingdom［M］. Cambridge：Cambridge University Press，2014.

② 洛佩斯．“福利国家”的理论述评［J］．张苹，吴名棋，编译．当代世界社会主义问题，1987（3）：58-62.

代资本主义历史翻开了新的一页，欧洲各主要资本主义国家纷纷开始建立福利国家。

二、福利国家的经济理论基础

20世纪初资本主义国家爆发了经济大危机，西方经济学随即展开深刻的理论反思，首次触及主流经济学的理论“内核”——经济自由主义。

“20世纪20年代福利经济学的产生，30年代凯恩斯理论的出现，使西方经济学家对市场缺陷的认识不断深化和系统化，开始形成比较完整的‘市场失败理论’的框架”。①“庇古在本质上认为市场机构和价格体系是必需的”，他“并不认为持续的国家干预是必需的”。在《福利经济学》中，庇古系统地论证了现实经济中存在为提高资源配置的效率而应实行国家干预的场合。“现代‘福利国家’必须以巨大敬意来纪念庇古，因为庇古不仅第一次从理论上论证了旨在实现最大值的经济福利的经济体系的可能性，并且提出了实现这一目标所必需的政府干预形式的细节”。②新福利经济学则进一步“以帕累托最优作为研究的核心，从社会福利的角度来考察市场经济制度的优点和缺点，并将‘市场缺点’作为重要的研究领域”③。

福利经济学以资源配置和收入分配的最适度条件作为研究重心，系统分析了现实经济中当市场有效配置资源所要求的前提条件不符合时经济福利乃至社会福利将出现的损失。福利经济学从个人效用出发，运用西方经济学的分析方法和基本原理，深入地解析了整个经济体系中妨碍市场有效配置资源的各种经济因素最终是如何影响国民收入总量和收入分配以及经济福利和总福利的。福利经济学所分析的市场失灵的场合与其所主张的国家（政府）作用的范围相对应，或者说国家（政府）干预应限定在一定范围内。福利经济学所解析的市场失灵的机理，既形成了对国家（政府）干预的合理性的经济学解释，也构成了国家（政府）干预何以适度、何以有效的经济学基础。可见，福利经济学对国家（政府）作用（包括改善资源配置、促进收入均等化）的论证比之前以实际的经济现象为据的各种经济学说更深刻、研究方法更规范，这使得福利经济学成为福利国家理论的直接的、系统的微观经济理论支撑。

1936年，凯恩斯的巨著《就业、利息和货币通论》出版。《就业、利息和货币通论》掀起的“凯恩斯革命”包括：在研究方法上以宏观经济分析方法取代微观经济分析方法；在理论上以国民收入决定论取代价格决定论；在政策上用国家（政府）干预论取代自由放任论。凯恩斯抨击完全竞争假定，否定市场经济能通过价格机制自动达到均衡、实现充分就业的古典经济学命题。以有效需求原理为依据，凯恩斯及其追随者明确指出，政府有必要主动引导或制止经济力量或因素的自由运行，“但这样做的目的不是走向国家社会主义，而是要把政府干预和私人主动性结合起来。在经济活动中应当留下广阔的空间让私人发挥其积极性，履行其职能。政府政策调整和改革的总体目标是治愈资本主义经济的疾病（主要指资本主义经济的两个显著弊端：不能实现充分就业、财富和收入的分配不尽公平合理），同时又能保护持资本主义经济的效率

① 郑秉文．西方经济学中“市场失败理论”的产生与发展［J］．世界经济与政治，1992（6）：14-20.
② 布拉哈南德．庇古［J］．宋承先，译．现代外国哲学社会科学文摘，1960（3）：25-37.
③ 郑秉文．西方经济学中“市场失败理论”的产生与发展［J］．世界经济与政治，1992（6）：14-20.

和自由”。[①]

凯恩斯对国家（政府）干预的论证逻辑与福利经济学不同，“如同凯恩斯1936年出版的《就业、利息和货币通论》一书的名称那样，凯恩斯主义的推演逻辑是从充分就业开始的……政府不加干预就等于听任有效需求不足继续存在，听任失业与危机继续存在；政府须采取财政政策而非货币政策刺激经济，增加投资，弥补私人市场之有效需求不足，‘这是唯一切实的办法，可以避免现行经济形态之全部毁灭’。凯恩斯……使经济学的发展开始跳出价格分析的限制，而这正适应了资本主义发展到垄断阶段的迫切需要，即以一种全新的角度和全新的理论对自由资本主义的缺陷给予解释和弥补”。[②]“凯恩斯主义并非对国家经济部门和国家一切干预的庇护……它是以就业和经济增长的稳定性为优先目标、以利用财政信贷体系为方法的、间接的宏观经济调节理论”。郑秉文先生评价道：“如果说以往的社会福利论者主要还是从社会、伦理等的角度出发，要求政府采取措施全面提供福利，凯恩斯主要则从挽救资本主义制度的角度出发，论证了大规模政府干预的必要性。”

凯恩斯主义将目光集中在宏观经济政策上，以促进充分就业和缓解经济波动为首要目标，用经济学原理建构了对政府干预的经济合理性、干预的经济政策形式和干预程度的逻辑论证（其中包括政府对福利领域的干预）。换言之，凯恩斯主义的政策目标定位在方向上与前文所述福利国家理论的“终极目标”一致；而凯恩斯主义用经济学原理解释了政府干预的合理性，也即完成了对“福利国家理论的要义”的理性诠释和逻辑推演，从而可以被认为是福利国家理论的宏观经济理论支撑。

正如学界普遍认同的，“尽管凯恩斯不是一名社会保障专家，但他的国家干预理论等确实构成了工业化国家建立社会保障制度与福利国家的重要理论支柱”[③]。

三、福利经济学下政府干预的问题探究

(一)“福利国家”危机

20世纪70年代以来，“福利国家”普遍出现了危机。首先是发达国家经济出现“滞胀”，要求削减政府开支和社会福利，减少税收以刺激投资，但高税收是高福利的基础，减少税收将出现财政赤字，高福利难以为继。其次是国际竞争日益激烈，“福利国家”高福利、高工资、高补贴、长假期的优越条件削弱了其产品的市场竞争力。更严重的是，高福利还培养出了一批坐享其成的懒汉。经济全球化导致西方就业机会外流和第三世界廉价商品大量进入西方市场，“福利国家”竞争力减弱，难以支撑高昂的福利开支。

欧洲式的社会保障制度曾经对推动社会进步和经济增长起到了积极作用，但其弊端也逐渐暴露出来，具体表现如下：

1.社会保障体系所提供的保障水平要与一个国家的经济发展水平相适应

二战后，欧洲福利国家的高标准社会保障一开始就是建立在较高水平的人均GDP

---

① 方福前. 当代西方经济学主要流派［M］. 北京：中国人民大学出版社，2004.
② 郑秉文. 20世纪西方经济学发展历程回眸［J］. 中国社会科学，2001（3）：82-92.
③ 郑功成. 社会保障学——理念、制度、实践与思辨［M］. 北京：商务印书馆，2000.

基础之上的。在整个20世纪60年代和70年代初期，西欧国家的社会福利水平继续快速提高，大大超过了生产的增长速度。1965—1970年，社会福利费用每年平均增长11.6%；1970—1975年，每年平均增长15.3%。社会保障费用在国内生产总值（GDP）中所占的比重从60年代的不到20%。上升到70年代中期的30%左右。由于社会保障水平超过了经济的支撑能力，国民收入中越来越大的部分被用于社会保障，所以就会损害经济长远发展的基础。

2.过高的福利水平不利于效率的提高

二战后，西欧各国政府在社会保障制度中全面承担了增进社会成员普遍福利的责任，这对推动社会保障制度的发展无疑起到了重要作用。但是，对于国家究竟应在社会保障体系中起多大的作用，并不是没有疑问的：（1）社会经济资源中有越来越大的份额掌握在政府手中，由政府直接支配，削弱了市场机制的作用。（2）国家全面包揽了社会成员的高水平生活保障，使一部分人滋长了依赖国家、靠社会保障过日子的心理和懒惰行为。（3）社会保障和社会福利范围的扩大，培育起庞大的福利机构，造成高浪费、低效率和官僚主义。

3.过高的福利水平影响国家预算的稳定性

西欧国家的社会保障资金主要来自国家预算。随着各福利国家社会保障水平的不断提高，用于社会保障的一般税收和指定用于社会保障目的的薪给报酬所得税或社会保险税不断增加。例如，1965—1984年，瑞典的税收在国内生产总值中的比重从35.7%上升为50.6%，丹麦的税收从29.4%上升为47.3%，英国的税收从30.6%上升为38.6%，法国的税收从35.0%上升为45.5%。一些国家的个人所得税的边际税率很高，例如瑞典个人所得税的最高税率达80%，实行这种以高税率为基础的高福利，虽然具有较强的收入再分配效应，有利于缩小贫富差距，但同时也会使厂商的成本提高，资本收益率下降，还会损害因积极工作而获得高收入的那部分人的工作积极性。另外，由于社会福利开支过大和预算入不敷出，实行福利国家政策的国家几乎无一例外地形成了庞大的财政赤字。

以上问题使福利国家的社会保障制度陷入困境。特别是在20世纪70年代西欧社会进入人口老龄化和低增长阶段后，它们的这种高福利政策受到了广泛的批评。东南亚地区的新加坡、南美的智利等国家吸取了福利国家政策的教训，发展了与之不同的社会保障制度。

福利国家的危机最终导致了福利国家对福利经济制度的改革。从对福利国家发展形势的分析预测来看，福利国家的福利经济制度既不会从根本上被推翻或取消，也不会完全按照过去形成的那种模式走下去，福利经济制度的调整和改革势在必行。

（二）福利经济学基本定理不成立导致市场失灵

在完全竞争条件下，市场是实现帕累托最优的载体，然而当福利经济学的假设不具备时，会导致市场失灵，具体表现为外部效应、公共物品、不完全竞争和信息不对称。

1.外部效应

“外部性”这一概念源于马歇尔在1890年出版的《经济学原理》中提出的“外部经济”概念。

在马歇尔看来，除了以往人们多次提出过的土地、劳动和资本这三种生产要素外，还有一种要素，就是“工业组织”。工业组织的内容相当丰富，包括分工、机器的改良、有关产业的相对集中、大规模生产以及企业管理。马歇尔用“内部经济”和“外部经济”这一对概念，来说明第四类生产要素的变化如何导致产量的增加。

庇古首次用现代经济学的方法从福利经济学的角度系统地研究了外部性问题，在马歇尔提出的“外部经济”概念基础上扩充了“外部不经济”的概念和内容，将关于外部性问题的研究从外部因素对企业的影响效果转向企业或居民对其他企业或居民的影响效果。这种转变正好是与外部性的两类定义相对应的。

庇古通过分析边际私人净产值与边际社会净产值的背离来阐释外部性。他指出，边际私人净产值是指个别企业在生产中追加一个单位生产要素所获得的产值，边际社会净产值是指从全社会来看在生产中追加一个单位生产要素所增加的产值。[①]他认为，如果每一种生产要素在生产中的边际私人净产值与边际社会净产值相等，它在各生产用途中的边际社会净产值都相等，而且产品价格等于边际成本，就意味着资源配置达到最佳状态。庇古还认为，边际私人净产值与边际社会净产值之间存在下列关系：如果在边际私人净产值之外，其他人还得到了利益，那么边际社会净产值就大于边际私人净产值；反之，如果其他人受到了损失，那么边际社会净产值就小于边际私人净产值。庇古把生产者的某种生产活动带给社会的有利影响叫作“边际社会收益”，把生产者的某种生产活动带给社会的不利影响叫作“边际社会成本”。

科斯是新制度经济学的奠基人，他因“发现和澄清了交易费用和财产权对经济的制度结构和运行的意义”，荣获1991年度的诺贝尔经济学奖。科斯获奖的成果在于两篇论文，其中之一就是《社会成本问题》。《社会成本问题》的理论背景是“庇古税”。长期以来，关于外部效应的内部化问题被庇古税理论所支配。在《社会成本问题》中，科斯多次提到庇古税问题。从某种程度上讲，科斯理论是在批判庇古税理论的过程中形成的。科斯对庇古税理论的批判主要集中在如下几个方面：

第一，外部效应往往不是一方侵害另一方的单向问题，而是具有相互性。例如化工厂与居民区之间的环境纠纷。在没有明确化工厂是否具有污染排放权的情况下，只要化工厂排放废水就对它征收污染税，是不严肃的事情，因为也许建化工厂在前，建居民区在后。在这种情况下，也许化工厂拥有污染排放权，而要限制化工厂排放废水，也许不是政府向化工厂征税，而是居民区向化工厂“赎买”。

第二，在交易费用为零的情况下，庇古税根本没有必要，因为这时通过双方的自愿协商，就可以获得资源配置的最佳结果。既然在产权明确界定的情况下，自愿协商同样可以达到最优污染水平，可以实现和庇古税一样的效果，那么政府又何必多管闲事呢？

第三，在交易费用不为零的情况下，庇古税能否解决外部效应的内部化问题，要权衡比较各种政策手段的成本-收益后才能确定。也就是说，庇古税可能是有效的制度安排，也可能是低效的制度安排。

上述批判构成了科斯定理的内容：如果交易费用为零，无论权利如何界定，都可以

---

① 庇古．福利经济学：上卷［M］．朱泱，张胜纪，吴良健，译．北京：商务印书馆，2003.

通过市场交易和自愿协商达到资源的最优配置；如果交易费用不为零，制度安排与选择是重要的。[①]这就是说，解决外部性问题可能可以用市场交易形式即自愿协商替代庇古税。

2.公共物品

公共物品是指那些能够被所有人得到的物品或服务。私人物品则是指那些通过市场选择而被个人消费的物品，而且只有那些为之付费的人才有权利对其进行支配。

经济学家萨缪尔森认为，公共物品的主要特征表现为它的不可分割性，也就是说，它面向所有人，不具有排他性。

20世纪60年代开始，公共物品成为经济学家们争论的焦点，布坎南提出了一种俱乐部理论，他认为俱乐部形式的存在能够通过一种收取费用的机制排除部分公共成员的参与。

公共物品具有以下特征：

（1）不具有消费的竞争性，即在给定的生产水平下，向一个额外消费者提供商品或服务的边际成本为零。

（2）具有消费的非排他性，即任何人都不能因为自己的消费而排除他人对该物品的消费。

（3）具有效用的不可分割性。公共物品是向整个社会共同提供的，整个社会的成员共同享用公共物品的效用，而不能将其分割为若干部分，分别归属于某些个人、家庭或企业享用，或者按照谁付款谁受益的原则，限定为之付款的个人、家庭或企业享用。

（4）具有消费的强制性。公共物品一经生产出来便提供给社会，社会成员一般没有选择余地，只能被动地接受。换句话说，公共物品不是自由竞争品，它具有高度的垄断性。公共物品的这一性质提醒人们必须注意公共物品的质量和数量。公共物品的废品、次品绝不能流入社会，一旦流入社会，其危害性远远大于私人产品。如果公共物品的数量不足，不能满足社会的需要，其危害性也是明显的。公共物品生产供应过度，对社会也会带来消极的影响。

3.不完全竞争

不完全竞争破坏了福利经济学基本定理的假设条件。不完全竞争市场是相对于完全竞争市场而言的，除完全竞争市场以外的所有的或多或少带有一定垄断因素的市场都被称为不完全竞争市场，包括完全垄断市场、寡头垄断市场和垄断竞争市场。其中，完全垄断市场的垄断程度最高，寡头垄断市场居中，垄断竞争市场最低。

4.信息不对称

信息不对称理论是指在市场经济活动中，各类人员对有关信息的了解是有差异的，掌握信息比较充分的人员往往处于比较有利的地位，而信息贫乏的人员则处于比较不利的地位。信息不对称理论是由三位美国经济学家——约瑟夫·斯蒂格利茨、乔治·阿克尔洛夫和迈克尔·斯彭斯——提出的。该理论认为：市场中卖方比买方更了解有关商品的各种信息；掌握更多信息的一方可以通过向信息贫乏的一方传递可靠信息而在市场中

---

① 科斯．论经济学和经济学家［M］．罗君丽，茹玉骢，译．上海：格致出版社，2010：78.

获益；买卖双方中拥有信息较少的一方会努力从另一方获取信息；市场信号显示在一定程度上可以弥补信息不对称的问题；信息不对称是市场经济的弊病，要想减少信息不对称对经济产生的危害，政府应在市场体系中发挥强有力的作用。这一理论为很多市场现象如股市沉浮、就业与失业、信贷配给、商品促销、商品的市场占有等提供了解释，并成为现代信息经济学的核心，被广泛应用到从传统的农产品市场到现代金融市场等各个领域。该理论揭示了市场体系中的缺陷，指出完全的市场经济并不是天然合理的，完全靠自由市场机制不一定会给市场经济带来最佳效果，特别是在投资、就业、环境保护、社会福利等方面。

（三）福利国家理论的政府改革探索

1.社会福利的私人化

社会福利的私人化是福利经济制度改革的一种模式，其主要内容是：规定收益制下的公共账户转为规定缴费制下的私人账户，政府公共部门的集中垄断性管理转为私人基金公司的分散竞争性管理。在这种模式下，政府不再作为局内人来实施收入再分配政策，而是以局外人的身份通过各种措施来纠正市场失灵。

社会福利的私人化可以实现激励机制与社会保障功能的兼容，还能弱化政治效应，并通过提高运营效率来增进社会福利。社会福利的私人化提高了效率，但不一定排斥公平，因此它将成为福利经济制度世界性的改革趋势。

2.“第三条道路”

“第三条道路”是美国民主党和欧洲左翼政党为解决全球化时代出现的各种问题而提出的一种执政理论，或者说要在不受约束的个人主义和自由放任主义与旧的政府干预和各阶级合作的社会民主主义之间，找到一条在当代实现社会公平的道路。

“第三条道路”作为西方国家一种新的发展模式，其主要内容有：

第一，在政治上模糊阶级界限。“第三条道路”在接受了社会公正这一社会主义核心价值的同时，抛弃了阶级政治，追求跨阶级合作，反对权威主义和排外主义；同时，在国家干预与自由市场之间寻求“平衡”，即在该进行干预的地方决不让市场自由放纵，在该让市场机制发挥作用的地方政府决不插手。

第二，在经济上制造新的混合经济。这种混合经济不是在国有和私有之间寻求平衡，而是在管制与解除管制之间、社会生活的经济领域与非经济领域之间寻求平衡；同时，强调经济政策与经济运行的广泛参与性，以实现公平，促进效率，减轻“福利国家”的福利支出负担。

第三，实行新的社会政策，即在投入与产出、生产与分配之间寻求平衡，实行积极的、有益的投入-产出模式，变消极福利为积极福利；同时，倡导责任与权利相结合，在“社会主义”与“个人主义”之间寻求平衡。为了在公平与效率之间取得平衡，“第三条道路”强调把经济增长放在首位，用经济增长来促进社会公平。

“第三条道路”所要解决的实际上是政府作用与自由市场作用的协调、国家管制与民主的协调问题，它只是一种管理方式上的变革。“第三条道路”的理论更接近于新自由主义的立场（也有人认为是中左路线）。在这样的理念支持下，欧洲的福利国家甚至美国，都对本国的社会福利政策进行了不同程度的改革和调整。改革的主要内容包括促进就业，加大教育投资，社会保障项目实行国家与私人并举，扶助弱势群体等。

在促进就业方面，英国的布莱尔政府强制那些能工作而不工作的人去主动工作。政府通过给个人和企业发放补贴，鼓励失业者积极“寻找工作”，企业主动雇用更多的劳动者。瑞典政府为促进就业，将“愿意就业”作为享受福利的基本条件，失业者必须参加就业培训，才能领到失业救济金。1994年，美国克林顿政府颁布了《个人责任与工作机会协调法案》，实行“工作替代福利”的改革。

为应对经济全球化和信息技术的发展，各国都积极发展教育事业，加大教育投资，以提高劳动者的职业技能。为此，英国布莱尔政府将教育投资占GDP的比例，由保守党时期的4.6%提高到5.6%。同时，政府还出资对劳动年龄人口特别是年轻就业者进行岗位培训。企业在招收新雇员时，可向政府申请职业培训费。德国政府规定，企业必须对自己的员工进行岗位培训，否则要缴纳罚款，政府将收取的罚金用于提供培训。

为应对人口老龄化的压力，欧洲福利国家在“第三条道路”的理念支配下，摒弃了养老保险或者完全由国家提供或者完全由私人提供的极端做法，允许私人机构介入，引入竞争机制，实行国家与私人并举。代表中左路线的英国布莱尔政府就曾建立以公-私伙伴关系为基础的多元福利结构，采取公私混合的保险制度，为那些没有职业养老金的人提供“风险共担养老金”。瑞典也设有私人福利机构。

对于弱势群体，英国政府采取增加工资、降低所得税率至10%的办法。德国施罗德政府则通过提高个人所得税的起征点，使众多的低收入阶层免缴个人所得税，从而相对提高他们的收入。

由于福利制度改革就是对利益格局的重新调整，这种调整未必就是帕累托改进式的行动，因为社会中的各个利益集团的反应是不一致的，有时甚至是激烈的。2003年3月，德国施罗德政府宣布《2010年议程》的改革计划，提出福利制度改革的整体方案：削减社会福利开支，提高医疗保险中由个人承担的医疗医药费用比例，对劳动力市场、失业保险金等都进行较大幅度的改革。这一改革方案引来党内和全社会的强烈反响。

尽管困难重重，但福利国家在“第三条道路”理念的支配下所进行的改革，应该说取得了一定的成就，特别是在全球化和信息革命的配合下，就业、经济增长的目标得到了较好的实现。

英国布莱尔政府自1997年执政后，经济持续增长，年增长率在2%上下浮动，位居西方工业国家前列。布莱尔执政期间英国失业率明显下降，为之前的25年最低。法国若斯潘政府在增加就业方面的表现比较突出：通过反就业歧视法、“青年就业”措施等，增加就业岗位，减少失业率，2001年与其1997年刚上台执政时比较，失业人口减少了近100万。美国克林顿政府在8年任期内，经济平均增长率为3.7%，生产率增长1.8%，通货膨胀率为2.5%，失业率为5.6%。与前任相比，这是一个显著的进步。

然而，美国和欧洲国家以“第三条道路”为开路先锋，在社会福利改革上取得的成绩，在一定程度上还要“归功”于20世纪90年代的“虚拟经济”的膨胀。在这一期间，由于股市价格急剧攀升而出现财富效应，使得私人消费增长速度不断加快，平均达到13.9%，远远超过了实际经济的增长速度。

美国经济过多依赖向私人消费提供信贷，使得其不能保持中长期的可持续发展。虚拟经济的膨胀加上布什政府在军事开支上的扩张，终于使得美国的金融和经济系统不堪重负而出现危机，从而拖累国际金融和经济。由此可以看出，对于福利国家的改革，“第三条道路”能否成为最佳解决方案，还需拭目以待。

3.社会福利的国际化

随着科学技术的不断进步、世界市场的发展及经济全球化趋势的不断加强，生产的规模和人员的流动已经突破了主权国家的界限，以主权国家为基本框架的“福利国家”的公民福利保障机制日益表现出对生产规模和人员流动的不适应。

同时，福利国家的价值观也随着生产国际化和经济全球化的发展而被广泛传播。在这种形势下，福利国家要么强化政府职能，提高关税，防止资本外流，抵制外来廉价劳动力产品对国家内部劳动力市场的冲击，要么降低其劳动力价格，迎接世界市场的挑战。

由于福利国家的高福利政策得到了广大劳动者的支持和拥护，因而福利国家企图通过大幅度降低福利水平以适应世界市场劳动价格的做法难以实现，而实行关税壁垒又会引起雇主们的反对。这就要求各国政府制定共同的社会福利政策，协调彼此之间的关系。更重要的是，当前世界各国的居民正被贫困、失业、环境、社会解体等问题困扰着，国际贩毒、犯罪集团活动日益猖獗，也威胁着世界各国居民特别是富国居民的安全。在日益恶化的国际社会环境中，福利国家很难独善其身而继续得到发展。

社会福利问题不再是一个单纯的内政课题，而是逐渐成为一个国际性的课题，福利国家的发展也已经突破了传统意义上的主权国家的社会福利政策领域，而逐步涉及区域性的政策协调及国际性发展战略。也就是说，社会福利将以社会福利私有化经营为先导，不断向着相互依存的国际社会福利的方向发展。

第三节 福利经济学对社会保障理论的贡献

一、福利经济学为社会保障制度提供理论基础

福利经济学是最早对社会保障进行经济研究的学派，分为旧福利经济学和新福利经济学两个阶段，其代表思想为社会保障制度的实践与发展提供了理论依据。

以庇古为代表的旧福利经济学派主张在国家干预的基础上举办社会福利事业，通过给付养老金、失业补助金、医疗费、教育费和住房补贴等有效干预措施缩小贫富差距，以增大社会福利，实现收入均等化。因此，它为政府实现目标提出了相应路径：一是增加必要的货币补贴，改善劳动者的劳动条件，使劳动者面临疾病、意外伤害、失业和养老时能得到适当的物质帮助及社会服务；二是向高收入者征收累进所得税，以增加低收入者的失业补助和社会救济，实现收入的均等化，从而提升普遍的福利效果；三是全民养老金制度，或按最低收入进行广泛补贴的制度，通过有效的收入转移支付实现社会公平①。这些改革社会福利的理论得到社会的广泛推崇，奠定了社会保障经济方面的理论

① 庇古．福利经济学：上卷［M］．朱泱，张胜纪，吴良健，译．北京：商务印书馆，2003.

基础。勒纳、卡尔多、萨缪尔森等新福利经济学家摒弃了旧福利经济学的收入均等化理论，对市场失效和政府作用进行研究，提出补偿原则、社会福利函数理论及次优理论，强调效率优先原则，认为当一国经济福利总和增加时，整个社会的福利保障水平也随之提高。补偿理论认为，虽然有些国家政策会使部分人短期受损，但从长期来看会使大家都受益，受损者也自然得到了补偿，从而也增进了社会福利。这些观点为社会保障制度的实施提供了有力的理论支持。

此外，福利经济学中关于平等与效率的理论，也为社会保障制度提供了政策建议：一是增加政府对教育经费的支出，提高全社会的文化水平，从而缩小收入差别；二是坚持公平原则，针对弱势群体对福利措施进行修正。

二、福利经济学为社会保障提供分析概念及工具

帕累托的“最优状态”概念和马歇尔的“消费者剩余”概念作为福利经济学的重要分析工具，为规范地分析和研究社会保障政策提供了基础。

帕累托改进与帕累托最优是福利经济学的两个最基本的概念，也是评判社会保障政策的主要标准。如果一项社会保障政策实施后能增进每位公民的福利，或在一部分人的福利增进后另一部分人的福利也不减少，这项政策就是有利的；反之，政策就是不利的，应对政策进行相应调整，对资源进行重新分配，使得全民的福利水平均有所提高。如果社会保障制度不能覆盖全民，则不仅会造成分配不均，也会诱导各种社会矛盾的产生。然而，公平并不是社会保障追求的唯一目标和标准，必须考虑经济效率，最大经济效率是最大福利的内容，即只有生产资源的使用达到最有效的状态，才能实现最大福利。例如，英国经济学者艾伦（H. J.Aaron，1966）和Verbon（1988）等利用帕累托理论对养老保险制度的现收现付模式和积累模式进行了比较探究，分析在相应的条件下应选择何种模式。

马歇尔的“消费者剩余”是指消费者愿意支付的商品价格超过他实际支付的商品价格，两者的差额使消费者获得了额外的满足。具体到社会保障政策方面，有学者建议利用消费者剩余价值以个人账户模式来建立个人的社会保障系统，个人社会保障账户里的资金主要用于个人的养老保障，对于失业、医疗等保障，则由政府制定合理的支出比例并形成一定的规范性措施。这一主张也对分析社会保障问题与改革提供了重要的分析工具。

三、福利经济学对社会保障政策与实践有启示作用

福利经济学的发展对当代社会保障制度的实践及改革产生了重要的影响，并为发展中国家的社会保障方案提供了参考性建议。社会保险作为社会保障的核心，其在各国的制度发展与实践也深受福利经济学思想的影响，福利国家型养老保险制度的理论依据即是福利经济学。例如，英国政府在20世纪20年代参照庇古和韦布的理论以部分工业国有化和社会福利为纲领先后施行了以养老为核心的社会保险、家庭补助、社会保健和工业伤亡等四种社会福利方案。另外，福利经济学的发展也对退休金制度、贫困救助、健康照顾与住房政策等领域产生了影响。这表现在，政府一方面更加强调资源的利用效

率，另一方面也在通过上述政策的安排来实现必要的社会公平。比如，在退休金制度安排上，在确定基本的养老金制度和老年生活基本保障的前提下，积极安排私营化的养老保险制度，鼓励个人进行多元的养老金个人账户的投资安排，同时政府在收入分配和再分配上尽可能地照顾低收入阶层的利益。在医疗和住房领域也是如此，政府在尽可能保证资源分配效率的前提下，通过保护低收入阶层的利益做出特别的制度安排，来减少市场化带来的不利影响。

福利经济学内容广泛、论点庞杂，在发展过程中各学派关于社会福利的问题争论较多。社会保障"就是研究在现代社会实际生活中影响经济福利的各种重要因素"，其研究对象更为集中，研究方法较单一。然而，二者关系紧密，福利经济学是建立社会保障制度的理论基础，为社会保障改革及政策分析、创新、制定均提供了理论依据、分析概念和分析工具，对社会保障政策与实践有启示作用。因此，社会保障研究应当充分吸收福利经济学中具有启发性的观点及政策建议，并将其运用于制度运行及改革当中，真正保障人民的生活水平并实现社会福利最大化。

关键术语

功利主义哲学（Utilitarian Philosophy） 帕累托最优（Pareto Optimality） 贫穷指数（Poverty Index） 消费者剩余（Consumer Surplus） 福利国家（Welfare State）

复习思考题

1. 简述旧福利经济学的哲学基础。
2. 简述新福利经济学的哲学基础。
3. 对比分析新旧福利经济学的区别。
4. 福利国家制度的缺陷有哪些？
5. 阐述如何应对福利国家危机。

第七章

经济学的社会保障理论

学习要点

通过本章的学习，理解经济学中的社会保障理论所包含的内涵，包括消费理论、保险理论以及马克思的社会保障理论的产生与发展，明白社会保障去商品化的理论渊源和必要性；从经济学的角度理解社会保障制度是当今社会维护公平正义、化解国民生活风险、共享社会经济发展成果的不可替代的制度。

案例引入

从商品化到福利国家

1.前资本主义时期的商品化

商品形式在前资本主义社会就已经存在。埃斯平-安德森在《福利资本主义的三个世界》一书中这样写道："我们不应认为前资本主义社会就缺少商品形式。封建农业常会生产出经济作物，而中世纪的城镇也密切地参与商品的生产与交换。维持庄园或专制经济所需要的税收又会刺激商品销售。只不过是当时劳动的商品形式仍没有得到发展。"在前资本主义社会时期，商品化已经存在了，但是这个时期传统的社会生产模式占统治地位，商品化并没有得到发展。因而，这个时期还不处于商品化阶段，而在大部分社会成员中还没有出现劳动力的商品化形式。

2.资本主义时期与劳动商品化

在这一时期，资本主义产生并开始发展，各种生产要素全部资本化。在前资本主义时期主要依靠自己劳动而生存的社会成员，由于失去了其赖以生存的各种生产要素，也不得不出卖自己的劳动以维持生计。"资本主义就是充分的商品化和市场化，一切物品都可以买卖，并且货币成了劳动商品化的价格尺度，劳动力终于成了自己可以出卖自己的特殊商品。在资本主义社会中，与其他商品一样，劳动力这个商品也存在竞争，也遵循着同样的供求规律，竞争越激烈，价格就越低，价格越低，工人的生活就越陷入贫困不可自拔。"

3.劳动力的非商品化与福利国家

资本主义的产生和发展促进了商品化的产生，而埃斯平-安德森在书中认为劳动的商品化和非商品化同样影响到资本主义发展进而产生福利国家。劳动商品化的境地导致"非商品化"的工人运动政策。劳动商品化的产生导致越来越多的人依赖出卖自己的劳动维持生计，工人阶级的人数不断增加，劳动力价格也越来越低，这也使得工人的生活变得更加困难。工人阶级不得不联合起来开展工人运动以谋得生存的权利。所以说，"没有商品化的劳动就不会有以非商品化为主旨的工人运动，工人就不可能将商品化作为工人运动政策的主导原则"。工人运动导致的现代社会权利的确立是对商品化地位的动摇。工人运动产生非商品化福利制度，这使得劳动者的力量增强，而雇佣者的力量就相对削弱了。同时，社会权利导致了福利国家的诞生。有人认为，促进劳动力非商品化的社会福利在资本主义时期同样得到了保存和发展，而社会权利的引入使得资本主义社会福利支出的规模以法律的形式固定下来，从而导致社会福利的刚性发展，最终导致福利国家的诞生。

资料来源：武洁．考斯塔·艾斯平-安德森：《福利资本主义的三个世界》[J]．公共管理评论，2006（1）:167-170.

讨论：商品化怎样促进了福利国家的诞生？

分析提示

第一节 消费理论

消费是宏观经济学中一个重要的领域，指的是居民户在最终的商品和服务上的支出。研究消费理论，就是要找出与之相关的影响因素和变化情况，现在公认的消费决定因素是可支配收入，其次是财富等其他因素。关于消费需求的基本经济学理论，自凯恩斯以来，有许多颇具影响力的假说，著名的有凯恩斯的绝对收入假说、莫迪利安尼（F. Modigliani）的生命周期假说、弗里德曼（M. Friedman）的持久收入假说和杜森贝里（J. Duesenberry）的相对收入假说，以及后来的交叠世代模型和艾伦条件。这些假说既存在一定的共性，又都有自身的特点。

一、绝对收入假说

绝对收入假说是凯恩斯在《就业、利息和货币通论》一书中提出的。凯恩斯认为，总消费是总收入的函数。绝对收入假说的一般表达式为：c=c（y）。它包括以下三个假设：①

假设一：边际消费倾向递减规律。

凯恩斯从心理规律角度考察了消费倾向的变动规律，提出“边际消费倾向递减规律”，即随着人们收入的增长，人们的消费也随之增加，但是消费支出在收入中所占比重不断减少，因为人们所增加的收入并没有完全用于消费。

边际消费倾向（MPC）是指消费的增量ΔC和收入的增量ΔY的比率，也就是增加的1单位的收入用于增加消费的部分比率。

边际消费倾向的公式为：

$$MPC=\frac{\Delta c}{\Delta y}=\frac{dc}{dy}\quad (0<MPC<1)$$

假设二：收入是决定消费的最重要因素。

假设三：平均消费倾向（APC）会随着收入的增加而减少。

平均消费倾向（APC）是指消费总量C在收入总量Y中所占的比例，用公式表示为：

$$APC=\frac{c}{y}$$

平均消费倾向可能大于1、等于1或小于1（因为收入为0时，即使动用储蓄或借债也必须购买基本的消费品）。

① 凯恩斯. 就业、利息和货币通论：重译本［M］. 高鸿业，译. 北京：商务印书馆，2008.

根据以上三个假设，如果消费和收入之间存在线性关系，则边际消费倾向为一常数，这时凯恩斯的消费函数可以用下列方程表示：

$$C=\alpha+\beta Y$$

式中：α代表必不可少的自发消费部分，就是当收入为0时，即使动用储蓄或借债也必须有的基本消费；β为边际消费倾向；β和Y的乘积表示由收入引致的消费。因此，上式的含义就是，消费等于自发消费和引致消费之和。

二、生命周期假说

20世纪50年代，弗里德曼的持久收入假说以及莫迪利安尼的生命周期假说为现代消费理论奠定了基础①。1954年，莫迪利安尼等人提出生命周期假说，分析了个人平滑一生消费以获得生命周期效用最大化的储蓄行为。

生命周期假说的出发点是，一个典型的理性消费者追求的是其生命周期内一生效用的最大化，而其预算约束为生命期内的收入与消费支出的持平。因此，个人在其生命周期的各个年龄段，都要选择一个稳定的、接近他所预期的平均消费率进行消费。这样的消费行为导致了个人储蓄和财富在其生命周期内的驼峰形分布（如图7-1所示）。由于就业人口进行的是正储蓄，退休人口进行的是负储蓄，就业人口数和退休人口数直接影响社会的总储蓄。如果就业人口数大于退休人口数，则社会总储蓄为正；如果就业人口数小于退休人口数，则社会总储蓄为负。生命周期假说具有三个基本假定：第一，消费者个人是充分理性的，能够预见到自己的一生，因而不存在短视问题；第二，消费者个人追求一生效用的最大化，因而没有利他的遗赠行为；第三，存在一个完善的资本市场，因此不会有流动性约束。

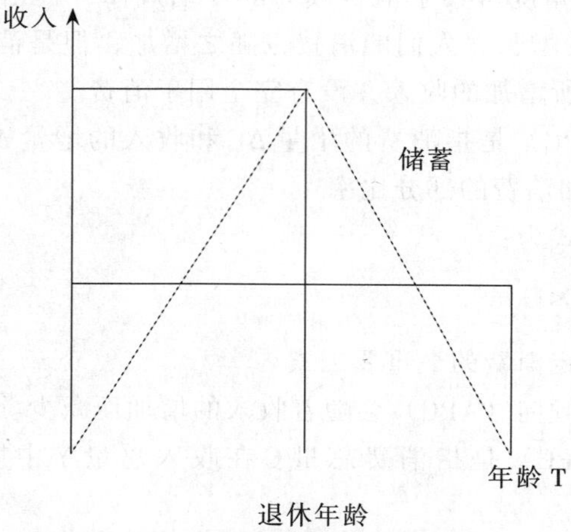

图7-1　个人储蓄的驼峰分布图

---

① 许琳．社会保障学［M］．北京：清华大学出版社，2017.

三、持久收入假说

持久收入假说是由美国著名经济学家弗里德曼（1957年）提出来的。他认为居民消费不取决于现期收入的绝对水平，也不取决于现期收入和以前最高收入的关系，而是取决于居民的持久收入。持久收入假说将居民收入分为持久收入和暂时收入。持久收入是指在相当长时间里可以得到的收入，是一种长期、平均的预期内可得到的收入，一般用过去几年的平均收入来表示。暂时收入是指在短期内得到的收入，是一种暂时性的、偶然的收入，可能是正值（如意外获得的奖金），也可能是负值（如被盗等）。弗里德曼认为只有持久收入才能影响人们的消费。持久收入假说的基本观点如下：

一是从长期来看，消费支出取决于持久收入。对于消费支出取决于可支配收入这一点，所有经济学家都是没有分歧的，分歧在于可支配收入的含义是什么。凯恩斯把可支配收入解释为现期绝对收入水平，美国经济学家杜森贝里把可支配收入解释为相对收入水平，持久收入假说则将其解释为持久收入。

二是持久收入与暂时收入的区分与联系。持久收入与暂时收入不同，只有前者才影响消费支出。暂时收入对消费支出的影响是通过对持久收入的影响而发生的。可以用过去收入与暂时收入的变动来计算出持久收入。

三是持久收入是稳定的，所以消费函数也是稳定的。

弗里德曼认为，消费者的消费支出不是由他的现期收入决定的，而是由他的持久收入决定的。也就是说，理性的消费者为了实现效应最大化，不是根据现期的暂时收入，而是根据长期能保持的收入水平即持久收入水平来做出消费决策的。这一理论将人们的收入分为暂时收入和持久收入，并认为消费是持久收入的稳定的函数，用公式表示为：

$$C_t=cYP_t$$

式中：C_t为现期消费支出；c为边际消费倾向；YP_t为现期持久收入。

弗里德曼认为，持久收入是指消费者可以预期到的长期收入，即预期在较长时期（3年以上）内可以维持的稳定的收入流量。持久收入大致可以根据所观察到的若干年收入数值的加权平均数来计算。估算持久收入的计算公式是：

$$YP_t=Y_{t-1}+w(Y_t-Y_{t-1})=wY_t+(1-w)Y_{t-1}$$

式中：YP_t为现期持久收入；Y_t为现期收入；Y_{t-1}为前期收入；w为加权数。

该公式说明，现期的持久收入等于前期收入和两个时期收入变动的一定比率，或者说等于现期收入和前期收入的加权平均数。加权数w的大小取决于人们对未来收入的预期。这种预期要根据过去的经验进行修改，被称为适应性预期。前期和后期收入变动的时间较长，w就大；反之，前期和后期收入变动的时间较短，w就小。

根据持久收入的估算公式，持久收入假说的消费函数可以写为：

$$C_t=cYP_t=cwY_t+c(1-w)Y_{t-1}$$

弗里德曼认为，持久收入不仅包括劳动收入，还包括财产收入，消费不仅取决于收入，还取决于财产，这一点与生命周期假说相同。

把收入分为持久收入和暂时收入，从而把收入变动分为持久收入变动和暂时收入变动是持久收入假说的贡献。这一区别既解释了短期消费函数的波动，又解释了长期消费函数的稳定性。这一理论认为，在长期中，持久收入是稳定的，所以消费函数是稳定的；暂时收入变动通过对持久收入变动的影响而影响消费，所以短期中暂时收入的变动会引起消费波动。

四、相对收入假说

（一）相对收入假说的主要内容

相对收入假说是1949年美国经济学家詹姆斯·杜森贝里在《收入、储蓄和消费者行为理论》一说中提出来的。相对收入假说的主要内容有：在稳定的收入增长时期，总储蓄率并不取决于收入；储蓄率要受到利率、收入预期、收入分配、收入增长率、人口年龄分布等多种因素变动的影响；在经济周期的短期中，储蓄率取决于现期收入与高峰收入的比率，从而边际消费倾向也要取决于这一比率，这也就是短期中消费会有波动的原因，但由于消费的棘轮作用，收入减少对消费减少的作用并不大，而收入增加对消费增加的作用较大；短期与长期的影响结合在一起。

由于消费是一种社会行为，具有很强的示范效应，相对收入假说强调了人们消费行为之间的相互影响，特别是高收入集团对低收入集团的示范效应，这一点是十分有意义的。相对收入假说中关于棘轮效应的论述解释了消费的稳定性，说明了消费对经济稳定的作用。但是，相对收入假说同样缺乏充分而有力的经验证明，弗里德曼认为可以把相对收入假说作为持久收入假说的一个特例。

（二）相对收入假说的两大效应

1.示范效应

示范效应是指某些消费者个人或家庭的消费支出和收入的高低变化对其他消费者和家庭消费支出的影响作用，即消费者在进行消费时在空间上进行相互比较，试图在消费水平上超过别人或至少不低于同一阶层的其他人。所以，消费者的消费支出不仅受自身收入的影响，也受他人消费支出和收入的影响。

在现期收入不足的情况下，消费者可能会动用储蓄或通过借贷来增加其消费支出。其模型为：

$$\frac{C_i}{Y_i} = (1 - a) + b\frac{\bar{Y}}{Y}$$

式中：$\bar{Y} = \frac{\sum Y}{n}$，表示消费者的平均收入；$Y_i$为个别消费者的收入；$C_i$为个别消费者的消费支出；$(1 - a) > 0$，$b > 0$。

消费的“示范效应”是由于消费的外部性，即偏好和效用在个人间不是独立的，而是相互依赖而产生的。

2.棘轮效应

棘轮效应是指人们在时间上将其消费与自己过去的消费进行对比，消费支出只能上升，而难以在现期收入下降时也随之下降的现象。

杜森贝里反对凯恩斯的“消费者行为在时间上是可逆的”观点，认为消费支出在时间上是不可逆的，消费者的消费支出不仅受现期收入的影响，也受过去收入和消费水平的影响，特别是过去“高峰”时期收入和消费的影响。消费者即使现期收入有所下降，仍可能通过减少储蓄或借贷消费以保持过去“高峰”时期的消费水平。

消费或储蓄是现期收入与以前最高收入水平之间的比率。只要现期收入与按物价指数调整过的以往最高收入之比是一个常数，现期消费与现期收入之比也就是一个常数，即：

$$\frac{S_t}{Y_t} = a + b\frac{Y_t}{Y_{max}}$$

$$\frac{C_t}{Y_t} = (1 - a) - b\frac{Y_t}{Y_{max}}$$

式中：S_t、C_t、Y_t分别是t期的储蓄、消费、收入；Y_{max}是过去曾达到的最高收入；a、b为常数，$b > 0$。

这种“后顾”的消费行为使消费者的消费支出变化往往落后于收入的变化。当收入减少时，由于消费的不可逆性，消费者在较短时期内仍将维持过去“高峰”时期的消费水平。这种消费只能上升很难下降的现象，类似于“棘轮机”，对消费的下降起阻碍作用，因此被称为“棘轮效应”，如图7-2所示。

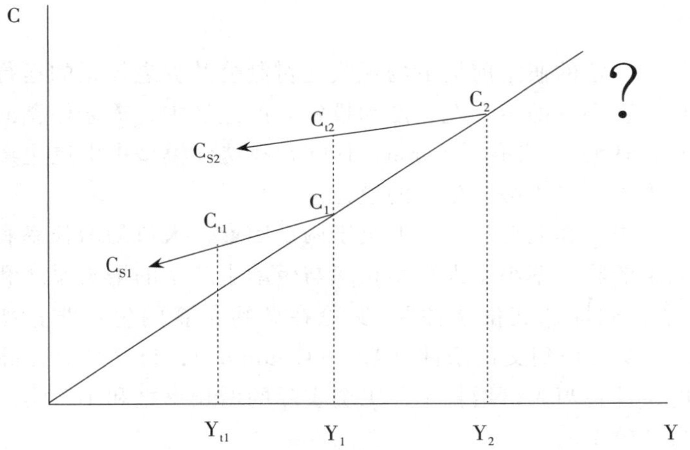

图7-2　棘轮效应的作用图

当收入沿着长期趋势增长时，C和Y沿着C=βY变动，APC保持不变。假定现在的消费为C_1，Y_1点是历史上的高峰收入。若经济衰退，Y降低至Y_{t1}，C将不会沿着C=βY减少，而是沿着短期消费曲线减少至C_{t1}；当经济复苏，Y提高到Y_2，C迅速增加到C_2；若Y再减少到Y_1，C也只会降到C_{t2}，而不会降到C_1。如此反复，短期消费曲线就像棘轮一样，对消费下降起着阻滞的作用。

五、交叠世代模型

交叠世代模型由萨缪尔森（1958年）提出并经戴蒙德（1965年）扩展完善，引入个人生命周期效用函数，研究处于相同时点上不同代际的人相互影响的经济行为。交叠世代模型假设人的一生可以被分为两个时期：年轻时工作并获得收入；年老时不工作，只消费。每个时点上都存在两代人。第一个时期的储蓄全部转化为投资，与第二个时期的劳动力结合从事生产，用来满足两代人的消费需求。由于涉及代际之间的经济联系，交叠世代模型被广泛应用于养老保险问题的研究之中。在没有社会保障制度的情况下，个人生命周期总储蓄等于个人自愿储蓄总额。引入现收现付的社会保障制度后，人们在第一时期的工资收入被用于当期消费、个人自愿储蓄和社会保障缴费，这种缴费为年老一代提供养老金，也为年轻一代“储蓄”了养老金权益。

生命周期的总储蓄便由个人自愿储蓄和社会保障缴费（在量上等于当期年老一代的养老金；也可以用于衡量年轻一代“储蓄”的养老金权益）两部分构成。可以看出，在生命周期总储蓄不变的情况下，现收现付制对个人储蓄有一对一的“挤出效应”。

生命周期假说把一代人的寿命分为两个时期，即就业期和退休期，不涉及两代人之间的关系；而交叠世代模型的出发点是，在任何一个时刻都有不同代人活着，每一代人在其生命的不同时期都可以和不同代的人进行交易，这比生命周期假说更进一步。

六、艾伦条件

交叠世代模型是在一定的假定前提下的现收现付制公共养老体系的运行机制，其基本理论是在一个纯粹储蓄型（即不存在生产和投资）的经济中，养老储蓄的利率等于人口增长率（萨缪尔森，1958）。艾伦（Aaron，1996）在迭代模型中引进生产和投资，通过劳动生产率的增长因素来修正萨缪尔森的模型。

在艾伦的迭代模型中，养老金的增长取决于两个因素：人口的增长率和劳动生产率的增长率，即当养老金的收益率小于人口增长率与劳动生产率的增长率之和时，现收现付制仍有帕累托效率，此即“艾伦条件”。艾伦在萨缪尔森的生物收益率（Biological Rate of Return）基础上发展得到艾伦条件（Aaron Condition），讨论社会保障制度由现收现付制转向基金制的条件：当人口增长率与工资实际的增长率之和小于实际利率时，转向基金制是具有帕累托效率的。

后来的学者进一步证明，不管“艾伦条件”是否存在，只要时间是无限的，基金制就不可能达到帕累托改进，而现收现付制的融资总是能够达到代际的帕累托效率。当未来某个时期以后的各个时期“艾伦条件”都得不到满足时，基金制才是帕累托改进的。

第二节 保险理论

在保险市场中，存在投保人与保险人之间因信息不对称而导致的逆向选择问题，造成保险市场失灵。社会保险向被保险人提供基础保障，实现稳定社会和发展经济的社会目标，需要政府介入以消除保险市场的失灵问题。保险理论认为政府应设计社会保险计划，为那些因为疾病、伤残、年老、死亡等暂时或永久失去劳动能力的公民提供基本的生活保障，从而有效解决保险市场上的逆向选择问题。

一、保险的定义

（一）保险

保险是指投保人根据合同约定，向保险人支付保险费，保险人对于合同约定的可能发生的事故因其发生所造成的财产损失承担赔偿保险金责任，或者当被保险人在合同期限内发生死亡、伤残、疾病等保险事故或者达到合同约定的年龄、期限时承担给付保险金责任的商业保险行为。

（二）社会保险

社会保险是以国家或社会为主体，在劳动者遇到年老、疾病、伤残、失业、死亡等特殊事件时，运用法律手段动员社会力量，给劳动者提供一定程度的收入损失补偿，以保证劳动者及其家庭维持基本生活的一种社会保障制度。

社会保险的责任主体是国家，通过立法形式做保证，采用的方式是强制实施，保障的对象是全体劳动者，分担的风险包括年老、疾病、伤残、失业、生育、死亡等劳动者一生可能遇到的所有风险，保障的水平是维持基本生活需要，目的是解除劳动者的后顾之忧，维持劳动力的生产和再生产，维护社会的安定，保证国家和社会、经济的稳定协调发展。

社会保险的内涵是：①社会保险是国家通过立法形式强制实施的一种社会保障制度，是采取保险形式的国民收入再分配手段；②社会保险是一种有效的收入保障手段，它的保障水平是满足劳动者及其家属的基本生活需要；③社会保险是一种社会政策，以解决社会问题、确保社会安定为目的；④社会保险同其他保险一样，也是一种风险损失的分散机制。

社会保险是社会保障制度的重要组成部分。社会保险和社会保障制度的其他项目的目标基本相同，都是为了保障社会成员的基本生活需要，维护经济的稳定与发展，确保社会稳定。[①]

二、保险市场失灵

保险是风险分散的机制，保险之所以得以有效运行是它借助于大数法则，集合大量的同质风险，在被保人之间分摊损失。商业保险是市场的主体，是以营利为目的、通过提供保险服务来获取利润的。当保险需求与保险供给发生冲突时，保险市场就失灵了。[②]

（一）信息不对称

信息不对称导致市场失灵。所谓信息不对称，就是交易双方存在信息差异，一方利用另外一方掌握不到的信息为自己谋求利益。信息不对称广泛存在于市场之中，保险市场尤其如此。2001年荣获诺贝尔经济学奖的斯蒂格利茨，其贡献主要是在20世纪70年代做出的，他在其开创性论文中讲到了保险市场的逆向选择的例子。比如，消费者知道自己的健康状况的信息比保险人多，比较健康的人相较于健康状况差的人更倾向于不投

---

① 许琳. 社会保障学［M］. 北京：清华大学出版社，2017.
② 李珍. 社会保障理论［M］. 4版. 北京：中国劳动社会保障出版社，2017.

保，相反，健康状况较差的人倾向于向保险人转嫁风险而不是自留风险，这就是逆向选择。这样，保险人就不能在“好风险”（good risk）和“坏风险”（bad risk）之间进行风险的分散。保险公司集合并经营高风险的结果是费率的提高，费率提高的结果是越来越多的人买不起保险，而这些人通常是健康状况较差、收入低下、最需要保险保护的人。美国健康保险是以市场为主导的，美国健康保险市场失灵就是很好的例子。

（二）逆向选择

自斯蒂格利茨在20世纪70年代研究了保险市场的信息不对称问题之后，逆向选择引起市场失灵的问题受到普遍的认可和关注。其实，保险市场上的信息不对称不只是表现在投保人的逆向选择上，也广泛地表现在保险公司的保险合同上。由于投保人不具备足够的专业知识，加上代理人有意无意诱保，投保人即使持有保险单也不一定能得到保障，风险选择会导致潜在需求无法得到满足。风险选择是保险人对投保人的选择。个人的风险并不是都能转嫁给保险人的，保险人为了防止逆向选择，也为了企业能盈利，对被保险人和保险标的是要进行严格选择的。比如，养老保险一般不会卖给年长的人，健康保险不会卖给患有某些疾病的人，等等。保险公司的限制是可以理解的，但我们会发现，最需要保障的人正是从商业保险市场得不到保险的人。

三、社会保险的特点

（一）资金来源多样性

从社会保险制度的财务安排来看，社会保险的资金来源于国家、雇主及个人，在不同国家的不同社会保险项目上，三方所占的比例不同。社会保障制度的其他项目的资金没有严格对等性，不要求个人缴费（税），资金主要来源于国家财政拨款或社会捐赠。

（二）权利义务对等性

社会保险制度强调权利和义务的严格对等，即享受补偿的权利以先尽缴费（税）义务为前提，如果不缴纳社会保险费（税），即使风险发生了也不能得到补偿。享受其他社会保障项目时，不要求考察对象是否缴费（税），只要是符合条件的对象即可享受。

（三）社会保险的确定性

与其他社会保障项目相比，社会保险具有一定的确定性。虽然对于每一个劳动者来说，疾病、死亡、工伤风险是不确定的，对于劳动者整体来说，上述风险就具有确定性。参保者按照规定缴纳一定保险费（税），相当于为自己储存了一笔资金，对社会整体而言，形成了社会储备基金，以供遭遇风险者使用，因而社会保险项目的支付就具有确定性。

（四）社会保险的互济性

社会保险在风险发生之后的补偿与参保人之前的社保缴费（税）有关联，但不是完全对等的，在每一个险种的保障对象之间，资金可以互相调剂。根据不同的社会保险形式采取代际调剂或同一代人在不同生命周期的资金调剂，资金在年轻者与年老者、健康者与疾病者、在业者与失业者之间调剂使用。

（五）参加社会保险的强制性

社会保险的风险分担、互助共济功能都要求参加社会保险的人数足够多。与社会保障的其他项目相比，社会保险通过法律手段，强制要求符合条件的劳动者必须参加。

（六）社会保险的补偿性

社会保险对各项目的风险分担是补偿性的，补偿金额与风险发生前的工资收入及缴费（税）期限都有关联，但不是完全对等的赔偿关系，补偿以维持劳动者及其家属的基本生活为标准。如果保障水平过低，就不能达到社会保险的目的，发挥不了保障基本生活、稳定社会、刺激经济增长的作用；如果保障水平过高，则会造成社会保险资源被滥用，导致社会保险支出压力过大、道德风险增加等。[①]

第三节　马克思的社会保障理论

马克思、恩格斯的社会保障思想形成于资本主义发展的初期和社会保障事业萌芽阶段，他们认为社会保障事业不仅是资本主义制度下维护阶级统治的工具，更是人类社会一切生产方式的基础，其终极的价值追求是维护社会公平，实现人的全面自由发展。

一、揭示社会保障制度建立的必要性

在论述资本主义社会中各种收入及源泉时，马克思指出："这个不变资本在再生产过程中，从物质方面来看总是处在各种会使它遭到损失的意外和危险中……因此，利润的一部分，即剩余价值的一部分，从而只体现新追加劳动的剩余产品（从价值方面来看）的一部分，必须充当保险基金……甚至在资本主义生产方式消灭之后，也必须继续存在的唯一部分。"[②]马克思只是从自然灾害和意外事故对生产资料所造成的损失进行补偿的角度来谈建立保险制度，没有涉及灾害和事故对生活资料和劳动力所致损失的补偿问题。众所周知，资本主义是以私有制为基础的，生产资料归资本家私人所有，工人一无所有，只能出卖自己的劳动力。在资本主义再生产过程中，如果发生了灾害和意外事故，对资本家来说，重要的是对不变资本的物质形态即生产资料所造成的损失进行补偿，至于可变资本，则是用来购买工人的。工人的伤亡对资本家来说并不构成对再生产的威胁，因为在资本主义生产过程中存在一支强大的产业后备军，当工人伤残了可踢出门外，死亡了可换一批。因此，马克思只从不变资本物质形态遭受损失的角度谈建立保险制度是绝非偶然的。然而，在社会化大生产中，不仅生产资料处于"会遭到损失的意外和危险之中"，而且生活资料和劳动力也经常处于遭到损失的意外和危险之中。自然灾害和意外事故给生活资料和劳动力造成巨大损失或损害，是经常发生的。但是，"大工业在瓦解旧家庭制度的经济基础以及与之相适应的家庭劳动的同时，也瓦解了旧的家庭关系本身"。[③]因此，国家有必要建立社会保障制度。

马克思和恩格斯在描绘未来社会的宏伟蓝图时，不仅提出要对生产资料建立保险制度，而且论述了对劳动者也要建立保障制度。早在1848年，马克思、恩格斯在《共产

① 许琳．社会保障学［M］．北京：清华大学出版社，2017．

② 马克思．资本论：3卷［M］．中共中央马克思恩格斯列宁斯大林著作编译局，译．北京：人民出版社，1975：958．

③ 马克思．资本论：3卷［M］．中共中央马克思恩格斯列宁斯大林著作编译局，译．北京：人民出版社，1975：958．

党在德国的要求》一文中就提出："建立国家工厂。国家保证所有的工人都有生活资料，并且负责照管丧失劳动力的人。"马克思在《哥达纲领批判》一书中也指出社会主义社会必须建立保障制度。

二、社会保障的功能

马克思指出，资本主义保险制度具有两大功能：

一是"分摊损失"功能。"补偿风险的保险费，只是把资本家的损失平均分摊，或者说，更普遍地在整个资本家阶级中分摊"。剔除资本主义性质，也是说社会保障把个人的风险及损失分摊到整个社会，由社会承担。

二是"补偿损失"功能。"这种基金是收入中既不作为收入来消费，也不一定用作积累基金的唯一部分。它是否事实上用作积累基金或者只是用来补偿再生产上的短缺，取决于偶然的情况"。这里指出，一方面，保险基金的特殊功能在于它既不直接用于消费，也不直接用于积累，而是用来补偿风险造成的损失；另一方面，保险基金是否可以用作积累，取决于风险何时发生以及风险发生后所造成经济损失的程度。如果用于补偿损失后还有剩余，也可以用作投资。因此，保险基金用于积累是偶然的，用于补偿风险是必然的，是保险基金固有的功能①。

三、阐释社保基金的来源

马克思不仅从社会再生产运行的角度说明了社会保障是社会再生产得以正常运行的基本条件，还从分配环节阐明了社会保障基金的来源问题。

马克思在《哥达纲领批判》中指出："如果我们把'劳动所得'这个用语首先理解为劳动的产品，那么集体的劳动所得就是社会总产品。现在从它里面应该扣除：第一，用来补偿消费掉的生产资料部分；第二，用来扩大再生产的追加部分；第三，用来偿付不幸事故、自然灾害等后备基金或保险基金……剩余的社会总产品中的其他部分是用来作为消费资料的。在把这部分进行个人分配之前，还得从里面扣：第一，和生产没有关系的一般管理费用；第二，用来满足公共需要的部分，如学校、保健设施等；第三，为丧失劳动能力的人设立的基金。总之，就是现在属于所谓官办济贫事业的部分。"马克思的这一思想表明，一方面，在国民收入的初次分配当中要进行扣除，用来应对不幸事故、自然灾害等的后备基金和保险基金，以满足社会生产的正常运行；另一方面，在再分配的过程中进行扣除，"为丧失劳动能力的人设立基金"以满足社会稳定的需要。马克思的这一论述从社会产品分配的角度概括了建立社会保障基金的必要性及其基金来源。

关于社会保障基金的来源问题，马克思在《资本论》中也做了如下阐述："利润的一部分，即剩余价值的一部分，必须充当保险基金。"这部分基金"甚至在资本主义生产方式消灭以后也是必须继续存在的一部分"，"这部分基金是收入中既不作为消费也不

---

① 王爱华．马克思主义社会保障理论的发展［J］．当代经济研究，2003（2）：3-7；73.

一定用作积累的唯一部分”。[①]在这里，马克思主要说明了社会保障基金在不同生产方式条件下都是存在的，而且这部分基金具有专门的用途[②]。

四、分析社会保障的分配标准

马克思指出，社会保险基金的扣除，“在经济上是必要的，至于扣除多少，应根据现有的资料和力量来确定，部分地应当根据概率论来确定，但是这些扣除根据公平原则无论如何是不能计算的”，即社会保障规模取决于社会剩余产品的价值量和社会保障物品的可供量，归根到底是由社会生产力水平决定的。因此，社会保障分配要遵循适度的原则，既要体现社会保障的功能，又不能阻碍生产力的发展。

五、揭露资本主义社会保障的本质

马克思的社会保障思想贯穿于对资本主义生产方式的解剖中。资本家的本性决定了他们能牺牲工人的利益、健康甚至生命，但不允许有任何力量动摇资产阶级统治，因此资产阶级为维护自身统治地位和社会稳定，维护资本主义社会生产，掩盖资本主义工资对工人的剥削实质，而克制私欲以采取社会保障措施。但马克思认识到，“只要资本的力量还薄弱，它本身就还要在以往或随着资本的出现而正在消逝的生产方式中寻找拐杖”[③]。因此，资本主义的社会保障是资本力量薄弱时的拐杖，是资本家缓和劳资矛盾、阶级矛盾，延缓资本主义体系崩溃的不二法宝。资本主义的社会保障基金不是资本家的施舍，其资金来源于工人阶级所创造的剩余价值。马克思明确指出，“保险必须有剩余价值补偿，是剩余价值的一种扣除”[④]，因为这“是资本主义生产的一项非生产费用，但是，资本知道怎样把这项费用的大部分从自己的肩上转嫁到工人阶级和下层中产阶级的肩上”[⑤]。由此可见，工人阶级的社会保障基金是自己创造的剩余价值的一部分，不是资本家的慈善，资本主义社会保障本质上具有欺骗性。事实上，“他们自己的利益需要这样做的时候才如此”，而这种利益就是“买得了不再受你们的搅扰的权利”，“至于慈善行为的效果，穷人从他们的穷弟兄那里得到的帮助，比从资产阶级那里得到的要多得多”[⑥]。

六、马克思社会保障理论的实质

马克思关于社会产品再分配的基本原理，明确了社会保障的实质是国民收入的分配与再分配。马克思在《哥达纲领批判》中指出社会产品在分配给劳动者个人时，应首先扣除以下几项：第一，用来补偿消费掉的生产资料部分。第二，用来扩大生产的追加部

---

① 马克思．资本论：3卷［M］．中共中央马克思恩格斯列宁斯大林著作编译局，译．北京：人民出版社，1975：958.

② 郑岩．马克思主义的社会保障理论及其现实意义［J］．生产力研究，2011（1）：10-11；75.

③ 马克思，恩格斯．马克思恩格斯全集：46卷（下）［M］．中共中央马克思恩格斯列宁斯大林著作编译局，译．北京：人民出版社，1980：160.

④ 马克思，恩格斯．马克思恩格斯全集：24卷［M］．中共中央马克思恩格斯列宁斯大林著作编译局，译．北京：人民出版社，1972：198.

⑤ 马克思，恩格斯．马克思恩格斯全集：23卷［M］．中共中央马克思恩格斯列宁斯大林著作编译局，译．北京：人民出版社，1972：706.

⑥ 马克思，恩格斯．马克思恩格斯全集：2卷［M］．中共中央马克思恩格斯列宁斯大林著作编译局，译．北京：人民出版社，1957：567-568.

分。第三，用来应对不幸事故、自然灾害等的后备基金或保险基金。剩下来的社会总产品中的其他部分是用来作为消费资料的。在把这部分进行个人分配之前，还得从中扣除几项：第一，同生产没有直接关系的一般管理费用。第二，用来满足共同需要的部分，如学校、保健设施等。第三，为丧失劳动能力的人等设立的基金，总之，就是现在属于所谓官办济贫事业的部分。在此，马克思论述的社会总产品中的第一次扣除就是国民收入的初次分配，而第二次扣除则主要涉及了社会成员共同需要和享受的养老、国民教育、卫生保健和公共福利，以及属于丧失劳动能力人的社会救济金等，属于国民收入的再分配①。

第四节 去商品化理论

一、去商品化理论概述

去商品化概念最早由哥斯塔·埃斯平-安德森提出，指个人福利相对独立于其收入之外又不受其购买力影响的保障程度。社会保障去商品化就是通过社会保障的方式来增进个人福利，促使个人福利能够相对独立于其收入之外又不受其购买力影响的保障程度，即以社会保障方式实现去商品化。②通过社会保障去商品化，个人不必依赖市场就能维持生活。该概念中的社会保障为广义的社会保障，包含社会保险、社会救助、社会福利以及社会优抚等。埃斯平-安德森以去商品化能力为中介，分析了基于不同去商品化能力的三种福利国家与社会阶层的关系。埃斯平-安德森从实证的角度，运用收入替代水平、进入社会经济权利体系的资格等指标对工业化程度较高的国家进行社会保障去商品化度量，通过考察国家、市场和个人在社会保障供给中的作用比例以及去商品化对社会阶层的影响，将18个工业化国家划分为三种不同的理想类型，即“社会民主主义”“自由主义”“保守主义”三种福利体制。

新马克思主义者也对社会保障去商品化问题进行了研究。奥菲对战后福利国家危机时期的经济和社会发展困境进行分析，提出“尽管资本主义不能与福利国家并存，然而资本主义又不能没有福利国家”的福利国家结构性矛盾。③在进一步分析福利国家矛盾时，奥菲指出了去商品化体系和资本主义商品形式的矛盾。由于资本主义的固有缺陷而不断出现的贫困加剧、阶级分化和经济危机等问题，促使资本主义国家出于维护资本积累和自身统治需要而出台一系列社会保障等非商品化措施。虽然去商品化的措施是为了维护资本主义统治地位和商品化形式，但实践证明去商品化已威胁到商品化的组织结构。国家社会保障去商品化措施扩大了劳动力在资本市场中的选择范围，增强了劳动者与资方讨价还价的能力，降低了劳动力对资本市场的依赖进而降低了劳动力的商品化程度。

从社会民主派学者的观点来看，社会福利的目的在于改变市场经济的结果，其中一

① 梁君林，汪朝霞．社会保障理论［M］．合肥：合肥工业大学出版社，2011．
② 埃斯平-安德森．福利资本主义的三个世界［M］．苗正民，滕玉英，译．北京：商务印书馆，2010：42．
③ 舒建华．现代资本主义福利国家的结构性矛盾——新马克思主义的福利国家批判理论［J］．理论月刊，2015（4）：176-181．

项很重要的任务便是劳动力的去商品化。市场经济具有将一切事物转化成商品形式的力量，包括劳动力也劫数难逃。劳动力完全商品化之后，必然使工人的生存遭受威胁，最后导致资本主义制度的毁灭。因为，以雇佣劳动制度和社会大生产为主要特点的资本主义市场经济，使劳动者和生产资料分离，使绝大多数人成为雇佣劳动者。当劳动者的生计完全依赖出卖自己的劳动力所赚取的工资时，生活中的任何一个会使工资中断的意外事件都会使其陷入绝境，因此劳动力的完全商品化必然导致工人的抗争和社会动乱。

从阶级政治的观点来看，劳动力的商品化更是劳工运动的敌人。首先，劳动力的商品化将使工人的生活和劳动过程完全受企业主的控制，生老病死中的一切问题都得仰仗企业主来解决。其次，在劳动力完全商品化的条件下，由于如同商品一样完全可以被轻易地取代，那么工人们就会从事恶性竞争，结果会压抑工资的增长。再者，劳动力的商品化也将使得工人失去集体行动的能力，阻碍劳工运动的团结与发展。因此可以说，劳动力的商品化是剥夺雇佣劳动者阶级权利的重要基础，而去商品化则成了劳工运动的重要目标。

如果说福利国家的发展是劳工运动的重要成果，那么社会福利政策产生的一个重要影响便是劳动力的去商品化。不过值得注意的是，去商品化并非意味着将劳动力作为商品的形式完全根除，而是指降低劳动力商品化的程度。从社会政策的意义上讲，是指通过提供福利，使个人的基本生活获得保障，从而降低个人依赖劳动市场的程度。

二战后，随着社会保障制度的普遍建立，几乎所有发达资本主义国家都宣称建立了“福利国家”。尽管对“福利国家”有过许多定义，但是英国萨克斯大学历史学教授布里格斯于1961年所下的定义已被接受。他道出了这种制度的本质：“福利国家是这样一种国家，在其中有组织的权力（通过政策和政府机构）在至少三个方面被审慎地用来限制市场力量的作用：第一，无论人们的工作或财产的市场价值如何，保证个人和家庭一定量的最低收入；第二，使个人和家庭能够应对某些能导致困苦的社会意外事故（如疾病、年老、失业），缩小不安全的幅度；第三，不论人们的社会地位或阶级状况如何，保证向所有公民提供一定范围内的最高标准的社会服务。”

我们如果比较今日世界各国的社会福利制度，便会发现它们去商品化的程度是各不相同的，所谓的“福利国家”可以分为两类：一类叫作“边际性福利国家”，另一类叫作“制度化福利国家”。前者偏重社会救济，由于其福利政策在一定程度上是英国济贫法案精神的延续，所以去商品化的程度很低。其特点是，社会福利的分配仍然以市场为主导，国家只起从属辅助的作用，它以怜恤观的社会思想为基础，运用国家和社会的力量去关照不能“自助”的成员。因此，在这样的国家里，大多数福利项目都因人而定，要么根据个人的家庭经济情况调查，要么根据工资水平与就业或投保年资计算福利给付的额度。此种福利分配的原则事实上与市场的逻辑相当一致，因此，其去商品化的程度亦极为有限。“制度化福利国家”则不同，它的基本理念是权贵观的社会思想，即认为，为每个成员谋取福利是社会的责任，也是民众应享的权利。因此，在这里强调的是全民性的福利分配与高水准的福利提供，也就是说，福利国家制度已不再是某种辅助性的制度，而成为一种基本国策，其福利制度具有较大程度的去商品化效果。北欧三国就属于这种“制度化福利国家”。毫无疑问，它们的福利政策去商品化的程度是相当高的。

如果将上述对于福利政策的去商品化效果的分析，同前面所述的社会控制概念做一些比较，便会发现两者表现在社会政策上的一个重要差异在于对工作伦理的强调与否。如果福利的提供隐藏着加强个人生活对就业工资的依赖之目的，则它是一种社会控制；相反，如果福利的分配是以需求满足为原则，而不是以个人在劳动市场中的工作表现为主要考量的，则它具有较大的去商品化的效果。社会控制和去商品化并非对立的两种概念，它们是社会发展不同阶段中社会福利政策可能具有的两种特性，通常会同时存在，只不过不同阶段所表现出的强弱各有不同。

社会保障去商品化是在宏观经济社会结构与“人”这一微观的社会主体共同作用下进行的。资本主义市场的毁灭性力量欲将包括劳动力在内的所有事物商品化，并进一步使人类丧失最基本的生存保障时，生存的需要与诉求愈发强烈，最终转变为逆市场的反向运动即去商品化运动，社会保障制度得以生成。伴随自身缺陷以及经济与制度环境的改变，危机中的社会保障去商品化必须坚持“以人民为中心”的马克思主义中国化实践才能摆脱困境，实现去商品化的可持续发展。[①]

二、社会保障去商品化的动力源

（一）需要乃人性之本

需要是人类为了自身的生存和福祉，为了自我价值的追求与实现，而产生的生理与心理、经济与社会以及文化等方面的诸多要求。[②]需要是在共同体中生活的人在其一生当中由于各种各样的原因而导致自身所处的一种缺乏状态。[③]科学发展观指出要以人为本，一切发展的最终目的是人的发展，说明了人的生存与发展才是整个经济社会发展的最终目标。而人之所以为人，归根结底在于人有不同于其他动物的需要。如马克思所言：“他们的需要即他们的本性。”[④]马克思所说的本性就是决定人与其他动物有所不同的特殊属性即社会性，正是这种社会属性使得人的需要区别于动物的需要。在社会中生存的人，如果其失去了具有社会属性的需要，则这个人也就失去了社会人身份。[⑤]作为人自身的内在规定性，需要会伴随人的存在而存在，随着人的变化而不断变化和发展。而基本需要如果不能满足，这种缺乏状态将损害作为社会成员的人的生命意义。因此，只有满足人的基本需要，才有可能真正实现以人为本。

（二）资本主义劳动力商品化与反向社会保护

在西方社会保障制度形成之前，资本主义市场化使劳动力逐渐沦为商品，人所特有的社会性需要也因为劳动力的商品化而发生异化。马克思在《1844年经济学哲学手稿》中曾明确指出：劳动本身就是人所特有的需要，并且是人最为根本的需要。然而，这种劳动作为人的根本需要的状况被资本主义私有制彻底改变。劳动者为了维持生存，不得不出卖自身劳动力以换取维系生存所需要的基本生活资料。此时，劳动不再是人们所追

---

① 吴德帅．可持续的社会保障去商品化问题研究［J］．当代经济研究，2019（5）：81-88.
② 马歇尔．公民权与社会阶级［J］．刘继同，译．国外社会学，2003（1）：4.
③ 彭华民．社会福利与需要满足［M］．北京：社会科学文献出版社，2008：14.
④ 马克思，恩格斯．马克思恩格斯全集：3卷［M］．中共中央马克思恩格斯列宁斯大林著作编译局，译．北京：人民出版社，1960：514.
⑤ 彭华民．论需要为本的中国社会福利转型的目标定位［J］．南开学报（哲学社会科学版），2010（4）：55-60.

求的目标和最根本需要，而是为满足基本需要不得不为之的一种手段，正是这种异化的劳动将人本身异化。在资本主义社会早期，“人（工人）只有在运用自己的动物机能——吃、喝、生殖，至多还有居住、修饰等——的时候，才觉得自己在自由活动，而在运用人的机能时，觉得自己只不过是动物”[①]。资本主义市场具有一种毁灭性力量，可以将所有事物转化为商品，劳动力也不例外。作为劳动力所有者的劳动者因为劳动力的商品化而变得与商品无异，企业主和资本家完全掌控着劳动者的劳动全过程。劳动者就像商品一样被任意挑选，由于劳动者间的恶性竞争，劳动力价格也受到压抑。[②]这些都是劳动力过度商品化的重要表现。为防止人类在为所欲为的市场中毁灭，社会中会产生一种抵抗市场的自我保护力量，这种自我保护要以降低劳动力商品化属性为首要目标。去商品化的制度安排是避免人们被过度商品化的一种非常必要的社会保护性措施，而非思想家们主观臆想出的政策安排。去商品化的制度安排的根本出发点就在于对自发调节的劳动力市场进行有效规制，使市场不至于失控，使社会能够正常运转。

（三）社会保障去商品化是回归人性的需要

要改变人的异化性，就需要对劳动力去商品化，促进满足人类基本需要的手段和方式多样化，除了劳动报酬，还要配以其他的保障措施，从而使出卖劳动成为仅有生存手段的局面彻底改变。家庭、社区等满足人类需求的传统功能被资本主义生产方式严重削弱，传统方式不断消解使得国家怜悯性的救济无法继续满足人的基本生活需要。在上述背景下，国家需要提供社会福利等能够很好回应人类需求的正式制度安排。[③]为了提高人们的生活水平、改善福利状况，满足不断发展的社会需要，解决新产生的社会问题，许多国家纷纷设计和建设了符合本国实际的福利制度。著名的以色列社会政策学者麦克罗（D. Macarov）认为，社会福利可界定为直接或间接地回应人类需要。英国的社会政策学家布兰德肖（J. Bradshaw）也指出，社会服务的历史就是承认社会需要和组织社会去满足需要的历史。这些思想明确地揭示了社会福利与社会需要二者之间的联系。现代国家的社会福利制度由于物质基础和文化理念的差别而表现出多种福利模式，但有一点是相同的，即这些制度都程度各异地满足了人类的社会需求。社会福利不仅满足了人们的需要，对劳动力也进行了去商品化，使劳动异化的状况得以改善，从这种意义上看，社会保障制度实质上是将商品化的劳动者从资本主义私有制市场中解放出来了。上述各个国家建立的社会保障制度与以往的社会救济有本质区别。传统社会救济是基于怜悯和同情，而现代社会保障制度的建立以满足人的需要为出发点，是“以人为本”的集中体现。满足人的需要是社会保障去商品化的理念依据。

西方不同国家之所以采取不同的去商品化模式，除了受不同经济发展水平影响外，主要取决于不同的政治经济制度模式。我国是社会主义国家，社会主义的社会保障制度与资本主义保障制度有本质区别。我国社会保障制度的根本宗旨是不断提升人民福祉，满足人们对美好生活的需要。我国社会保障去商品化始终要坚持以人的全面发展为中心。与此同时，我国仍处于社会主义初级阶段，以公有制为主体、多种所有制经济共同

① 马克思，恩格斯．马克思恩格斯全集：3卷［M］．中共中央马克思恩格斯列宁斯大林著作编译局，译．北京：人民出版社，2002：271.

② 孙慧民．社会福利政策的本质：社会控制与“去商品化”［J］．社会科学，1994（10）：50-54.

③ 吴德帅．阶层和谐视阈下的社会福利权研究［D］．长春：吉林大学，2014.

发展的中国特色社会主义市场经济决定了社会保障去商品化能够实现与劳动力商品化的协调发展。我国社会保障去商品化不是要将劳动力的商品属性彻底根除，而是要在保障人们生存与发展需要得以满足的基础上降低劳动力商品化程度，进而降低个人对劳动力市场的依赖，使具有劳动能力的人能够更加体面地工作。因此，我国社会保障去商品化是能够在劳动力商品化过程中保证人性特质不变的去商品化，是能够做到市场运行与社会保护协调发展的去商品化。

关键术语

消费理论（Consumption Theory） 边际倾向递减规律（Law of Diminishing Marginal Propensity） 持久收入（Lasting Income） 引致消费（Induced Consumption） 棘轮效应（Ratchet Effect）

复习思考题

1. 简述凯恩斯绝对收入假说的假设。
2. 简述相对收入假说的两大效应。
3. 社会保险有哪些特点？
4. 对比分析劳动力的商品化和去商品化。

第八章

政治经济学与社会保障政策

学习要点

通过本章学习，了解和把握公共选择理论的基础和发展，熟悉在政治经济学角度下福利国家成因、养老金改革及其相关研究，比较分析不同意识形态福利国家体制产生的社会保障政策及其不足之处；为满足人民群众多层次的社会保障服务需求，总结完善适合中国特色社会主义的社会保障服务体系。

案例引入

奥菲悖论

1.奥菲福利国家矛盾理论的历史与背景

19世纪以来，随着世界工业化进程的发展，工人阶级队伍不断壮大，成为各国不同政党争取的重要政治力量。因此，关注工人阶层的社会福利成为各政党之间展开政治竞争的重要内容。例如，德国在俾斯麦执政期间先后颁布《工人医疗保险法》等一系列社会保险法律，以期通过增加工人的社会福利来缓和社会矛盾，促进社会稳定发展。英国当时面临诸多社会问题，经济危机的发生给英国民众的日常社会生活带来巨大冲击，政府出台一些政策和措施以回应当时激烈的社会矛盾。1941年，为了更好地制定战后社会保障计划，英国成立了社会保险和相关服务部际协调委员会（以下简称“调委会”）。“调委会”主席贝弗里奇爵士对当时的国家社会保险方案及相关服务状况做了详细调研，提出了战后重建的社会保障方案和建议，设计了一整套“从摇篮到坟墓”的社会福利制度。在此基础上，英国制定出台了一系列相关的社会保险福利政策，并于1948年宣布建成了福利国家。此后，欧洲各国纷纷效仿，逐步建立起福利国家制度。

福利国家通过扩大对经济社会的干预，实施完善的社会保障政策和保险计划来达到“收入均等化”及“充分就业”的目的，为资本主义国家的发展带来了短暂的稳定和繁荣。但随着1973年“石油危机”的爆发，原本繁荣发展的资本主义经济遭受重创，也极大冲击了福利国家政策。“石油危机”发生后，原有的福利国家政策基础发生了很大的变化，福利国家的政策和措施由于未能有效解决民众面临的新问题而广遭诟病。一些人认为，福利国家的政策体系破坏了原有经济系统的自我调节能力，致使国家背上了沉重的经济负担；同时，福利国家政策的实施繁殖了大量的社会机构，造成福利国家政策的低效率和官僚主义。原来自由资本主义时期尊崇的以“工作、个人责任、成就”为主的价值观被破坏，社会滋生了“懒汉”意识，福利国家面临一系列的危机。新保守主义学者认为，福利国家的高额税收和过分的管理抑制了资本投资的动力，降低了工人的工作动力和工作效果。福利国家政策不仅没有调和市场和社会之间的矛盾，反而加剧了市场和社会的冲突。因此，新保守主义学者反对国家的经济干预，主张削减国家福利，强调市场的自由发展。

2.“奥菲悖论”的提出

20世纪70年代以来，伴随着石油危机引发的资本主义财政和经济危机，资本主义的发展似乎又重新回到了20世纪30年代那个“选择”的时代，再一次陷入了一种徘徊于“左”与“右”之间的困局。资本主义国家战后所普遍建立的福利国家政策有效地消减了其固有的顽疾，但又引发了新一轮的经济与社会发展困境。对此，德国政治社会学家克劳斯·奥菲进行了深入的剖析，提出了“尽管资本主义不能与福利国家共存，然而资本主义又不能没有福利国家”这一现代福利国家的结构性矛盾，形成了著名的“奥菲悖论”。

3.“奥菲悖论”对我国的启示

奥菲的福利国家理论有助于我国更好地根据自身实际情况选择适合的福利发展道路。它启示我们，在当代中国福利制度建设过程中，既要注重维持经济的平稳发展，又要有利于回应社会民众的福利需要。社会福利政策是国家进行社会治理的重要手段和方式，制定符合国情的社会福利法规政策，才能够满足社会民众共同存在的基本福利需求，促进社会福利的不断完善和发展。

资料来源：黄君. 福利国家的“奥菲悖论”[J]. 河北学刊，2017（5）：220-224.

讨论：联系“奥菲悖论”的主要内容，分析资本主义国家如何协调这一矛盾？

分析提示

第一节　公共选择理论

公共选择理论是一门介于经济学和政治学之间的新兴交叉学科，它是运用经济学的分析方法来研究政治决策机制如何运作的理论。其主要代表人物和代表著作有邓肯·布莱克的《委员会与选举理论》、布坎南和塔洛克合著的《同意的计算》、丹尼斯·缪勒的《公共选择》、布坎南的《民主过程中的财政》等。不同学派对公共选择理论的起源有着不同的见解，而布坎南与同事塔洛克在合著的《同意的计算》中，把经济学研究方法运用于西方政治过程并对公共选择理论的基本问题做了开创性的研究工作，使该理论得到了重大的发展，因此布坎南被称为“公共选择理论之父”，他于1986年因填补经济学研究领域的空缺所做出的重大贡献而荣获诺贝尔经济学奖。公共选择理论对政治决策过程的独特分析，揭开了政治决策过程的“神秘的面纱”，展现了政治决策过程的真面目，为人们了解民主政治决策过程提供了一个全新的视角，该理论一经提出就引起了人们的广泛注意和兴趣。公共选择理论对我国的影响是从布坎南获得诺贝尔经济学奖之后开始的，一传到我国，就引起了广大经济学者的兴趣。

一、公共选择与公共选择理论

公共选择指人们通过民主决策的政治过程来决定公共物品的需求、供给和产量，是把私人的个人选择转化为集体选择的一种过程（也可以说是一种机制），是利用非市场决策的方式对资源进行配置。

在对公共选择进行定义的时候，有不少学者混淆了公共选择和公共选择理论的概念，把二者等同了起来。丹尼斯·缪勒在其《公共选择》一书中这样定义：“公共选择理论可以定义为非市场决策的经济研究，或者简单地定义为把经济学应用于政治科学。

公共选择的主题与政治科学的主题是一样的：国家理论，投票规则，投票者行为，政党政治学，官员政治……如经济学一样，公共选择的基本行为假定是‘人是关心个人利益的，是理性的，并且是效用最大化的追逐者’。”

王诚在1992年对《公共选择》一书的翻译中却对公共选择有着不一样的定义：“一般说来，公共选择是研究集体决策的科学。其中包含两层含义：第一是集体性。个人的决策不在考虑范围之内，但凡有人群的地方，集体决策就不可避免，因而公共选择是必需的。第二是规则性。在人与人之间存在偏好差异的情况下，必须制定规则以使人们的行为协调起来，因此人们必须进行决策以选择那些能够反映和满足一般人偏好规则的规则……公共选择运用的方法是经济理性主义、效用最大化、交换、供求分析等经济学的方法，因此，公共选择又定义为以经济学方法研究政治问题的科学。”他与缪勒对公共选择的定义有着共同点，即都把公共选择视作理论研究。

在另一部分学者眼中，公共选择和公共选择理论是不同的两种概念。如公共选择理论的领袖布坎南认为，公共选择和公共选择理论是有区别的。其在《同意的计算》一书中指出：“公共选择理论只是明确提出公共经济一般理论的一种努力，它可以帮助我们在集体选择方面从事人们长期以来在微观经济学方面所做的事情，即用一种相应的尽可能合适的政治市场运转理论来补充商品与服务的生产与交换的理论……公共选择理论……是把人类行为的两个方面重新纳入单一的模式，该模式注意到，承担政府决定的结果的人就是选择决策的人。”以上内容可以概括为：公共选择是一种集体选择，而公共选择理论则是如何能够更好地进行集体选择的一种理论研究。

拥护和支持布坎南这种观点的还有诺贝尔经济学奖委员会的委员们。1986年，在给坎南的颁奖词中，瑞典皇家科学院对公共选择理论的解读为，“传统经济理论主要是关于消费者和企业家如何做出关于商品购买、工作选择、生产及投资决策的，而布坎南则相应地创建了公共部门的决策理论，被称作‘新政治经济学’或‘公共选择’理论。布坎南的主要贡献在于，他将经济学中个人间相互交换的概念移植到了政治决策的领域中。于是，政治过程便成为一种旨在达到互利的合作手段”。

从不同经济学家和学者对公共选择和公共选择理论的不同解读中可以看出，公共选择和公共选择理论有着千丝万缕的联系，并且这两个概念总是混淆在一起。尽管人们对它们有了更深的认识，但是对于这两个概念的明确的定义，似乎又没有学者能够准确地概括出来。

缪勒对公共选择给出了直接定义：“公共选择可以定义为对非市场决策的经济学研究”。王诚则没有强调公共选择的“非市场”含义，而是将公共选择几乎等同于有关“集体性决策”的规则，虽然他在此后紧接着说“公共选择研究的集体决策范围包括国家、政府、国防、警察、教育、环境保护、财产权、分配等政治问题”，这一补充无疑在一定程度上减少了其定义可能带来的误解，但在定义一个重要的概念时，主干不应该如此含糊。布坎南和瑞典皇家科学院关于公共选择的阐述较为贴切地反映了公共选择的含义以及公共选择理论的目标追求，但他们仅将公共选择的范围狭窄地划定为“公共部门的决策”。

因此，本书对公共选择和公共选择理论进行了更为全面的概括：

公共选择指为人们提供什么样的公共物品、怎样提供和分配公共物品以及设立相应匹配规则的行为与过程，究其本质，它实际上就是一种政治过程。公共选择作为一种政治过程，有着不同的方面，即要经过立法、行政和司法三个过程。公共选择理论是一门介于经济学和政治学之间的新兴交叉学科，它是运用经济学的分析方法来研究政治决策机制如何运作的理论，它期望研究并使研究结果影响人们的公共选择过程，从而实现其社会效用的最大化。

二、公共选择理论的来源与发展

（一）公共选择理论的来源

1938年伯格森的一篇探讨福利函数性质的文章《福利经济学可能前景的重述》（A Reformulation of Certain Aspects of Welfare Economics）是公共选择理论的起点，英国经济学家邓肯·布莱克于1948年发表的《论集体决策原理》（载《政治经济学杂志》1948年2月号）为公共选择理论奠定了基础，美国数理经济学家肯·阿罗于1951年出版的著作《社会选择和个人价值》（Social Choice and Individual Values）推动了公共选择理论的发展。随后，学术界掀起了对公共选择理论的研究热潮，出现了大批著作和文章。如布莱克的《委员会与选举理论》（The Theory of Committee and Election），布坎南和塔洛克的《同意的计算》（The Calculus of Consent）等。他们的研究重点要么是如何将个人偏好进行加总以实现社会福利函数的最大化，要么是在外部性、公共物品、规模经济出现的场景中如何实现合理、有效的资源配置①。

公共选择理论来源于公共财政学，公共财政学的奠基人是维克塞尔，他也是公共选择理论的奠基人。在公共选择理论中，绝大部分理论是研究财政方面的，且着重研究凯恩斯主义财政政策实施以来政府所产生的巨额财政赤字。公共选择理论在经济理论中具有举足轻重的地位，它弥补了传统经济理论缺乏独立的政治决策分析的缺陷，也有助于解释政府预算赤字为何难以消除。

布坎南从维克塞尔的论文《财政理论研究》中得到了大量的启发，其诸多观点都来源于维克塞尔的财政学观点。

1.运用经济方法分析政治过程

公共选择理论运用经济方法分析政治过程起源于维克塞尔的思想：财政学应从一而终明确在政治研究条件下发展进步，不能只把目光放在以前的租税学说上并期望从中获得新意，而应努力迈进进步与发展精神的神秘大门。维克塞尔还认为，公共财政学是与政治紧密相连的，传统财政学脱离政治过程来研究财政，并不能从根本上解决财政问题。他主张经济学应停止像完成任务地机械地提供政策建议，而应该主动关心经济运行中政治决策的结果。布坎南等人向传统观念提出了挑战，提出了国家的、政治的种种模型假设。他们既反对古典经济学关于政府只从事保护性或非营利性行业的观点，认为政府的集体活动是营利性的，也不认同凯恩斯主义的关于政府能弥补市场失灵的观点，认为并不是把问题交给政府去处理就能弥补市场的缺陷，经济学应该研究政治的过程才

① 孔志国．公共选择理论：理解、修正与反思［J］．制度经济学研究，2008（1）：204-218.

对。因此，西方经济的困境与其说是市场的失败，不如说是政治的失败。

2.“经济人”假设及个人主义分析方法运用于政治过程

公共选择理论在政治决策过程中应用“经济人”假设及个人主义分析方法，其基本思想同样源于维克塞尔的观点。维克塞尔认为社会总效用等同于各个成员的效用加总，然而政府官员又总是站在自身效用的角度来制定政策，他们不会只从增进公共福利的愿望出发，去制定为全体人员谋好处的福利政策。政府官员们只会想方设法从政府的财政活动中谋取好处，因此并不存在所谓的仁慈的君主。所以，布坎南的公共选择理论认为，政治官员是理性的、自私的，追求个人效用的最大化，政府是由各个谋求私利的官员组成的集体。为此，他反对福利经济学的理论及其假设，认为它不切实际，并主张经济自由主义，彻底“消灭”福利国家。

3.交换关系运用于政治决策过程

公共选择理论将交换关系引入政治决策过程的这一观点同样源于维克塞尔。维克塞尔认为，在政治决策过程中，个人按成本-收益原则来进行决策。如果强制要求某人拿出私有款项为某项活动捐赠费用，而该项活动不但不能增加他的个人利益反而有损他的个人利益的话，这是一种绝对甚至极度的不公平。布坎南则把选票比喻成货币，选民可以用选票“购买”有利于自己的政策，官员们用对多数人有利的政策换取更多的选票，选民与官员之间的交换关系就是用选票联系起来的，选票充当了选民和官员之间的桥梁。

4.公共选择理论的宪政观点

公共选择理论在宪法修改方面提出的观点也源自维克塞尔。维克塞尔很早就提出“法律面前人人平等”，但由于所处时代的局限，他并没有把他的分析结构发展到法制选择阶段，而只限于对当时的资源配置决策进行评论。同时，他自己也承认他不能评价政治决策，而布坎南等公共选择学派的经济学家则深入到了宪法的民主改革的层次。这是对维克塞尔理论的重大发展。

可以这样说，公共选择理论一开始并没有成为一个独立的学科或者学派，而真正作为独立的一支屹立于学术之林，是在布坎南和塔洛克合著的《同意的计算》出版之后。此后，布坎南又将公共选择理论向前推进了一大步，他先后出版了《自由、市场和国家》（Liberty，Market and State）、《宪法经济学探索》（Explorations into Constitutional Economics）等著作，使公共选择理论不但在经济学界受到推崇，还被政治学界视为圭臬。

（二）公共选择理论的兴起

公共选择理论的产生与兴起缘于三个方面：一是传统政治理论的局限；二是传统经济理论对公共选择问题的忽视；三是研究现实经济问题的需要。

传统政治学往往是比较性、描述性和形式—合法性的研究。二战后，未能预测、更无法解释世界政局的发展，政治学遭受了诸多非议，其从社会学和心理学中获得了强大的动力支持。团体理论、结构-功能主义，特别是行为主义成为政治学研究的主导框架。20世纪60年代前后，国际形势严峻、政局动荡不安，美国面临内外政治的动荡危机，行为主义政治学强调方法论和政治的形式而忽视实际问题和政治的实质，排除价值成分，追求解释现实而非改造现实。所有的种种限制了政治学的发展，政治学研究再次陷入危机。行为主义日渐式微，被后行为主义时期理论与方法的多元发展所取代，从这种多元状态中脱颖而出的最强有力的“范式”便是以公共选择理论为代表的用于政治分析的经济学方法[①]。

西方经济学自亚当·斯密到出现福利经济学和凯恩斯经济学之前，一直把研究重点放在市场机制的运转上。它试图解释，在理想的市场竞争条件下，市场机制怎么决定产量、价格和收入分配。这些理论在研究范围上有两个局限：一是它们只研究涉及价格变量的市场决策，即只研究经济市场。而经济学之后的研究表明，市场机制还广泛存在于政治决策（政治市场）、家庭决策（家庭经济行为）和其他一些更为广泛的人类行为决策中。二是它们只研究市场机制中单个经济主体的私人决策行为，对经济生活中存在的政府行为和大量公共决策置之不理。按照这种理论，国家被认为是非生产性的，它只承担了“守夜人”的职能，只会消耗社会财富，因而人们必须限制国家的活动。而公共决策行为，根本就没有被讨论[②]。

传统经济学的研究范围受到研究财政问题的“大陆”学者，如瑞典的林达尔、维克塞尔等人的批评。维克塞尔认为，传统的公共财政理论的基点是超利益的、能够实现真善美的共同目标的、至高无上的国家。这种理论与现实的政府行为和个人行为的价值规范是不一致的，传统公共财政理论不能达到经济分析的逻辑一致性。这种不一致性说明了公共财政科学传统方法的缺陷，它无法说明政府从事财政活动的原委和条件，也无从研究公共财政活动的效率。在维克塞尔看来，政府公共财政活动确实带有某种政治性质，但它始终不应是政治权力结构的结果，而应是人们在自愿基础上选择和交换的结果，政治权力结构本身也是如此。维克塞尔从政府公共财政活动的性质出发，发展了财政学的自愿交换理论，这成为公共选择理论的一个起点。

公共选择理论的另一个起点来自对传统经济学核心观点的挑战。传统经济学认为市场是有效的，只要让市场机制充分发挥作用，“看不见的手”就能自动解决一切经济问题。这一观点受到了福利经济学和凯恩斯主义经济学的猛烈批评。福利经济学的代表人物认为，市场并不像新古典理论描绘的那样完美。市场中人们进行自我决策时，只考虑其行为的私人成本，并不考虑由此带来的不由他本人承担的社会成本，这部分成本转嫁给了社会。当私人行为的成本和收益不对等时，资源就得不到有效配置，而且随着资本主义经济的发展，存在收入分配的不平等、垄断以及公共产品需求等一系列市场机制无法自行解决的问题，因此必须赋予国家干预市场的理由和权力，来弥补市场机制的不足。遵循福利经济学的这一思路，出现了一大批探讨社会福利函数或社会选择函数的文献。这些文献认为，社会福利是社会中个人所购买的货物和所提供的生产要素以及任何其他有关变量的函数，亦即社会所有个人效用水平的函数。运用社会福利函数理论研究社会福利最大化，必须在已知社会成员个人偏好次序的情况下，通过一定的程序将各种各样的个人偏好次序归纳为单一的社会偏好次序。于是，寻求这样的总和条件或准则的方法和程序，成为理论研究的热点。对这些问题的研究大大促进了公共选择理论的

① 褚松燕．一种政治学研究范式的局限——评公共选择理论［J］．天津社会科学，2000（4）：43-47.
② 梁君林，汪朝霞．社会保障理论［M］．合肥：合肥工业大学出版社，2011：123.

兴起。

需注意的是，尽管公共选择理论部分源于福利经济学的思想，但二者的主要观点有着极大的差别。福利经济学旨在为政府干预经济提供理论准备和备选方案，而公共选择理论却对政府干预和“福利论”思想有着质疑，想指出其存在的局限和错误。公共选择理论对国家干预的逻辑和工具进行研究，认为其是有益的，但这并不等同于国家就一定是理性的，不等同于国家就能最大限度地促进公众福利。事实上，国家并不能毫无差错地做任何事情，它并不是一个完美的机器，而是一种由单个的人聚合在一起组成的人类组织，没有把握认为它会比其他任何社会组织的规则和结构都准确无误。只有在市场解决不了问题或者市场解决问题所付出的代价比政府干预所付出的代价更大时，政府干预才是有效且应当的。公共选择把这二者看作互相补充的两个机制，对任何一种都不能抱不切实际的幻想。

（三）公共选择理论的发展：三大流派

在长期的演变过程中，根据方法和主要理论观点上的差别，可以把公共选择理论划分为三个学派，分别是罗切斯特学派、芝加哥学派和弗吉尼亚学派①。

1.罗切斯特学派

罗切斯特学派的主要成员有赖克（W. H. Riker）、奥德斯霍克（P. C. Ordeshook）、布拉蒙斯（S. J. Brams）、希里奇（M. J. Hinich）、艾拉逊（P. H. Aranson）、麦克尔维（R. Mckelvey）、菲奥瑞勒（M. Fiorina）、费雷约翰（J. A. Ferejohn）、谢泼斯尔（K. A. Shepsle）和温盖斯特（B. R. Weingast）。他们大多在美国罗切斯特大学执教，其中赖克是罗切斯特学派的领袖人物。

罗切斯特学派有两个特点：一是坚持用数理方法来研究政治学；二是坚持把实证的政治理论与伦理学区分开来。前一个特点导致这个学派与弗吉尼亚学派之间存在诸多分歧，后一个特点使它与西方传统的政治学相区别。

唐斯在他的著作《民主的经济理论》中认为民主政治中的政党与经济中追求利润的企业家是类似的，为了达到其个人的目的，他们制定了能获得最多选票的政策，即政党从事活动是为了使获得的政治支持最大化，这种政治支持最大化具体体现为获得选票最大化。赖克和奥德斯霍克在合著的《实证的政治理论导论》一书中提出，可以把政治学定义为“社会选择如何由个人偏好发展演化而来的奥秘”，并认为这个奥秘可以通过使用精确的统计方法建立起来的数学政治科学（Mathematical Political Science）来加以解析。罗切斯特学派一贯地把实证的政治理论用来研究选举、政党策略、投票程序控制、政党联盟形成、立法机构和政府官员。直到20世纪80年代初，罗切斯特学派论著的大部分内容都是理论性的和抽象的，基本上不涉及制度内容。这一派的成员大多对西方传统的政治学偏好制度主义持反感态度，而注重对空间投票模型（Spatial Voting Models）的研究。

但是，到了20世纪80年代，谢泼斯尔和温盖斯特的一篇题为《结构诱导均衡和立法选择》的论文（1981年）在很大程度上改变了罗切斯特学派的研究方向，他们发起

① 方福前．当代西方公共选择理论及其三个学派［J］．教学与研究，1997（10）：29-34；63.

了一项研究美国的立法和联邦官员制度的计划，这项研究计划大量地采用了新制度经济学的最新研究成果，把政治学和经济学融合在一起。

罗切斯特学派的大多数论著不讨论规范问题，试图站在中性立场上来研究民主选举中的多数票循环、相互抬轿子（Log Rolling）所造成的效率缺乏、利益集团政治学、官员斟酌权等公共选择论题。与弗吉尼亚学派不同，罗切斯特学派的一部分成员对布坎南等人倡导的宪法改革持极端怀疑态度，谢泼斯尔于1982年发表的《宪法改革有助于解决政府预算问题吗?》一文是这种态度的代表作。罗切斯特学派的另一些成员则公开反对那些寻找联邦官员制度缺陷的研究，菲奥瑞勒于1983年发表的《对美国联邦官员制度的鞭挞》一文就公开为美国联邦官员制度的弊端进行了辩解。

2.芝加哥学派

公共选择理论中的芝加哥学派又称芝加哥政治经济学派，其主要成员有贝克尔（G. S. Becker）、佩茨曼（S. Peltzman）、波斯纳（R. A. Posner）、兰德斯（W. E. Landes）和斯蒂格勒（G. Stigler）。斯蒂格勒一直是这个学派的学术领袖，直至1991年去世。公共选择理论中的芝加哥学派起步较晚，其思想源流主要来自西方经济学中的芝加哥学派的代表人物奈特（F. H. Knight）、瓦伊纳（J. Viner）、西蒙斯（H.C. Simons）和弗里德曼（M. Friedman）等人的思想。20世纪70年代，他们开始研究公共选择。斯蒂格勒于1971年发表的《经济规则理论》一文打响了芝加哥政治经济学研究计划的第一炮，随后兰德斯、波斯纳等人加入了这个研究行列。

在公共选择理论的三个学派中，芝加哥学派的自由主义色彩最为明显。芝加哥学派认为：经济学家可以观察、解释和描述历史过程，但是不能影响历史过程；改变这个世界的努力总的来说是枉费心机的，是对本来最稀缺的资源的一种浪费。根据这种基本思想，芝加哥学派排除了经济学家向政府提供政策建议以及政府干预的必要性。

芝加哥政治经济学从价格理论和实证经济学的角度来分析政府，它把政府主要看作追求自身利益的理性的个人所利用的、在社会范围内对财富进行再分配的一种机制。它对政府为公众谋福利这一观点持否认态度，认为从结果而不是从任何直接的公共利益来看，政治市场只不过是满足起决定性作用的利益集团成员的再分配偏好的技术上有效率的机制。

芝加哥政治经济学把在私人市场分析中所使用的方法扩展应用于政治市场分析。它认为，无论是瞬时均衡还是长期均衡，政治市场总是出清的，在均衡状态下没有一个人可以增加他的预期效用（财富）而又不减少另一个人的预期效用，即政治市场均衡是处于帕累托最优状态的。由于政治代理人（政治市场上的拍卖人）受约束因素支配而不是受偏好支配，所以政治代理人使政治市场出清时不会损害他们的委托人的利益。在芝加哥政治经济学看来，意识形态在政治市场运行中不起作用。芝加哥政治经济学中的一系列假说保证了政治市场均衡既是严峻的，又是瞬时的。芝加哥政治经济学在公共选择理论方面提出了许多有影响力的见解，其中的大多数见解既与弗吉尼亚学派的观点相左，也远离了弗里德曼的观点。例如，它认为投票人拥有完全的信息，官员通过立法被有效率地加以控制，习惯法法律制度在经济上是有效率的，等等。

3. 弗吉尼亚学派

在布坎南和塔洛克学术领导下的弗吉尼亚学派是公共选择理论中影响力最大的一个学派，其理论与公共选择理论中的芝加哥学派同宗同源。不过，弗吉尼亚学派的理论源流主要是奈特和西蒙斯二人的经济学。布坎南本人的学术思想除了受奈特的经济自由主义观点影响以外，还受亚当·斯密的自由交易学说、维克塞尔的公共财政理论、20世纪初意大利财政学派的公债理论和国家学说的影响。

弗吉尼亚学派也是公共选择理论中最有争议的一个学派，因为其成员坚定地主张把公共选择理论与伦理学分开。这个学派既反对传统的新古典主义经济学，又反对传统的政治学，它还对凯恩斯主义宏观经济学、庇古的福利经济学、马斯格雷夫等人的公共财政学和对多数主义民主的崇拜提出挑战，从而把自己置于西方经济学和政治学的异端地位。

弗吉尼亚学派的特色是强调方法论的个人主义（Methodological Individualism）和宪法政治经济学（Constitutional Political Economy），这个特色使它既不同于罗切斯特学派，又与芝加哥政治经济学相区别。布坎南等人认为，个人是社会秩序的基本组成单位，政府只是个人相互作用的制度复合体，个人通过复合体做出集体决策，去实现他们相互期望的集体目标。只有个人才能做出选择和行动，集体本身既不选择也不行动。社会选择仅仅是个人做出的选择和采取的行动的结果。

弗吉尼亚学派的主要兴趣不是研究投票动机，因为他们认为投票人理性的无知中隐含着投票悖论，在大多数选举中存在理性的弃权，并且在选择中还存在程序控制问题。弗吉尼亚学派的分析主要集中于利益集团、寻租、立法、司法、行政和联邦官员制度。这些分析的结果大都得出了现行的政治市场失灵的结论。

与芝加哥学派不同，弗吉尼亚学派没有假定政治市场上的个人总是价格的接受者，而是假定个人有相当大的斟酌权，也没有假定政治市场是瞬时出清和完全出清的。弗吉尼亚学派不赞同把未经修改的私人市场理论原封不动地应用于政治市场分析，他们认为政治市场上的决策者并非总是对现状拥有完全的信息。在他们看来，政府失灵是普遍的现象，关键是要进行制度建设和宪法改革。

三、公共选择理论的核心内容

公共选择论者从实证和规范两个角度对政治的对策过程进行分析：从实证的角度出发，分析选民、政治家、官僚和利益集团在政治决策过程中的行为，以及连接选民与政治家的选举程序；从规范的角度出发，得出在政治决策过程中应该遵循的规则，以及如何在实证信息基础上改进政府管理的设计①。这些集中体现在公共选择理论中的宪制经济理论上。

（一）选民

公共选择论者认为选民是理性的“经济人”，其要根据自己的支付去决定自己的投票权。选民需要靠搜集信息去利用自己的投票权得到最有利于自己的结果，而这些都需

① 潘贤掌．关于西方公共选择理论若干问题的研究［J］．财经问题研究，1998（10）：78-81.

要花费巨大的成本。相反，投票给选民带来的收益则是潜在的，而且在众多的选票中选民想要靠自己的一票来决定结果的机会是微乎其微的。因此，在分析利弊之后，选民的理性行为将使他不去搜集信息，保持对政治、政党和候选人的无知，也就是唐斯所说的"理性无知"，并且决定不去参加投票。这也是西方投票率低的原因。当然，由于善行利他主义和参与利他主义的存在，有些选民还是会去投票的。因此，一些选民投票是理性的，另一些选民不投票也是理性的。

（二）政治家

公共选择论者认为，政府官员总是站在自身的效用角度来制定政策，他们不会只从增进公共福利的愿望出发，去制定为全体人员谋好处的福利政策。政府官员们只会想方设法从政府的财政活动中谋取好处，制定使他们自己可以从中受益的政策。当然，由于政治活动同市场活动一样也存在竞争，利己主义政治家也会做出利他主义举动。此外，与市场竞争一样，政治竞争也是不完全的。这使政治家们可以从强有力的少数集团手中获得比从松散的大多数选民手中更多的选票。结果是他们可能背弃大部分人的期望，选择与官员和特殊利益集团形成一个铁三角，联合玩弄权势、操纵立法，使之有利于少数特殊利益集团，而他们从中取得各种形式的回报，利益受到损害的则是普通的分散的选民。

（三）政府官僚

公共物品的供给是由政府官僚机构生产的，专门研究官僚的公共选择论者（如塔洛克、尼斯坎南等）认为，政府官僚们是理性的"经济人"，追求最大预算规模是他们的目标函数。而官僚机构对公共物品生产的垄断，以及主管人（议员、政治家们）对官僚们缺乏控制使得官僚们的目标得以实现。结果是，官僚机构效率低下，官僚们提供比实际需要更多的公共物品，扩大官僚机构的规模，并从这种扩大中得到更多的权限、薪金和晋升。更为糟糕的是，议员们会从这种扩大的预算规模中得到好处，而选民们又总存在财政幻觉，认为这种扩大会带给他们更大的收益（如就业机会和收入等），从而表示赞同。

（四）特殊利益集团

公共选择论者认为，特殊利益集团往往和官员、政客形成一个"铁三角"，即官员审批一个项目，政客就去实施，他们则从中获益。他们如此玩弄权势的目的在于：一是散播有利于自己的虚假信息，煽动"理性"的选民为自己投票；二是"威逼利诱"政治家或议员们，并提供他们所缺乏的专业技术信息；三是给予政治家或议员们政治资助；四是与其他特殊利益集团相互捧场，互相投赞成票等。

（五）投票决策的规则

政治决策过程中的投票规则主要有全体一致规则和过半数规则。全体一致规则是实现帕累托最优的唯一途径，但它的决策成本太高，缺乏决策效率。一般认为，过半数规则的决策成本和预期外在成本之和较低，因此在实务中通用的是过半数规则。在过半数规则下，只要所有成员偏好是单峰值的，就存在中间投票人定理，即中间投票人偏好的议案或公共物品量将被通过。但是，过半数规则也存在缺陷：一是循环，即A提案击败B提案，B提案击败C提案，然后C提案又击败A提案；二是出现循环时操纵议程，即操纵要表决的各提案的次案安排，从而得到有利于自己的结果；三是当要在A、B两个提案之间进行选择时，其表决结果取决于是否新提议案C（该提案本身并无获胜可能）也进入了表决程序；四是互相投赞成票，使对少数人有意义而对大多数人没有什么意义或意义不大的提案获得通过，产生多数人压迫少数人的现象和过多的公共支出。

（六）宪制经济理论

针对公共选择规则存在的问题，布坎南等宪制学者认为应该改变决策规则，即进行宪法改革。他们认为，对决策规则的选择（即立宪）比对决策的选择更关键，因此主张立宪和宪法改革应一致同意，而对未来"无知的面纱"（罗尔斯，1987）使得一致同意成为可能。在后立宪阶段进行立法和行政决策时，他们主张以多于简单多数的多数来通过，从而有效地改变互相抬轿子的程序结构。

此外，公共选择论者还提出了改革官僚政治的做法。首先，主张加强普通选民对政府的控制，使得政府更能按老百姓的爱好办事，更接近群众准则的目标。其次，主张在官僚制度中引进竞争机制，政府部门间的竞争应该受到鼓励，而非压抑。最后，主张把政府的一些活动"承包出去"，或者在真正的意义上全部转让给市场。

四、公共选择理论的方法论基础

公共选择理论之所以成为经济学的一大派别，是因为"它开创了用经济学的观点来研究政治（即行政）过程，也就是说采用经济学的思维方式来研究政治生活的内容，包括国家理论、党派政治、官僚体制、选举规则、选民行为等"。西方学者在分析公共选择理论时所使用的经济学方法，可以归纳为以下三个方面①：

（一）方法论的个人主义

所谓方法论的个人主义，就是把作为微观经济分析出发点的个人同样视为集体行为的出发点，把个人的选择作为公共（或集体）选择的基础。布坎南和塔洛克在《同意的计算》的"前言"中指出，公共选择方法论、概念工具以及逻辑分析方法，本质上源于经济学这一将社会的经济组织作为其主题的学科，这种分析方法可以用"方法论的个人主义"这个术语来表达，依照这种方法论，个人被认为是决定私人行动与集体行动的唯一的终极抉择者。

按照个人主义分析方法的逻辑：个人是决策的基本单位，是决定集体行动与私人行动的唯一的最终决策者；集体行动只不过是由每个人选择但由集体而非个人去完成某些既定目标的个人行动所组成的。显然，相对于传统政治学中视集体为一整体分析对象的考察而言，从个人出发或主要着眼于个人行为的个人主义分析方法有利于研究的进一步深入。传统理论单纯地视集体为一个不可分割的有机体，而从整体的角度去考察政治与社会行为，把国家看成代表整个社会的唯一决策单位。在那里，国家不仅作为一个超个人的单位而存在，而且国家利益或公共利益也被视为完全独立于个人利益。"个人"这个词在有机体的分析观念中几乎已找不到其应有的位置，成为了一个更大决策单位的不可分割的组成部分，成为了有机体的附庸。这种观念无疑与西方目前那个自由社会的哲

① 陈招顺，汪翔．论公共选择理论的方法论基础及其规范意义［J］．经济评论，1993（1）：56-61.

学传统格格不入。

应该指出，西方学者强调个人主义的分析方法并不意味着应从阶级对立的立场来考察人与人之间的关系。阶级分析方法实际上是另一种形式的整体分析方法，它与西方学者传统使用的集体分析方法不同，前者将后者认为有机联系在一起而不可分割的社会整体分解为对立的两大阶级，这样做本身是一种进步，但并不能完全克服整体分析方法所固有的过于粗略和不足的缺点。而且，阶级分析的意义在很大程度上依赖于两大阶级之间对立关系的紧张程度，越紧张、越对立，其意义就越大，其分析结论就越有启发和指导意义。在公共选择论者看来，个人主义分析方法的核心永远只能是强调个人选择与决策的至关重要意义，无论个人在实际的社会选择结构中充当何种角色，即不论他是统治者还是被统治者，该分析归根到底是考察他选择问题和他解决这种问题的途径和机会。

与现代经济理论一样，公共选择理论也由实证与规范两大部分组成：实证的公共选择理论着重考察政治或公共市场的构成，公共选择者的偏好与实现途径，各种可选择集体决策规划的一般运行特征以及在不同的制度与规则下所可能产生的结果，代议制政府的运行逻辑，凯恩斯主义经济政策的政治偏向等；规范的公共选择理论则致力于估价和改善现实民主决策过程的效率，提出理想政治秩序所赖以建立的规范和原则。与此相对应，可以将两种类型的个人主义加以区别，即从实证角度与从规范角度看个体之间的差别，亦即作为一种分析方法的个人主义和作为组织社会的一种规范的个人主义之间的差别。这具体表现在：一方面，作为一种分析方法的个人主义仅仅表明所有政治组织问题最终都归结为个人面临着一系列可选择方案以及个人在这些方案之间将如何进行选择；另一方面，作为组织社会的一种规范的个人主义则明显地体现了某种价值尺度的判断。由于在这里个人主义是作为该个体所含其中的组织社会的一部分，因此其选择的最终结果所体现的是该组织社会的价值判断，而且个人与组织社会的关系也主要体现在价值判断方面的矛盾与协调情况上。个人的价值判断的统计特点构成了其所在组织社会的价值准则与行为规范。这样，在某种人类行为模式的伦理主张的假设下，政治秩序能够从个人选择的计算中得到合理说明，以致个人主义分析最终能推导出一系列政治组织的原则与规范。

（二）“经济人”假设

方法论个人主义的一个基本出发点是关于个人行为动机以及行为模式的假设，即“经济人”或理性人假设。“经济人”假设把个人看作理性的、自私的，同时认为个人天生就是追求利益（或效用）最大化的，一直要持续到这种追求受到制约为止。布坎南说：“公共选择观点中体现的第二个要素或方面就是行为假设，人们熟练地称为‘经济人’假设。个人的行为天生地要使效用最大化，一直到受抑制为止。”①

在经济学中，对经济个体的行为动机与行为逻辑的最基本的假设是“经济人”。这是一个最早由亚当·斯密系统阐述的经济学基本范畴，这种源于古典学派经济学家的“经济人”范畴是西方学者为了将经济学建成一个精确的学科而对一般个体代表所做的理论描述。该假设在经济分析中的应用已取得巨大的成功，并且这种基于人性给出的假

① 梁君林，汪朝霞．社会保障理论［M］．合肥：合肥工业大学出版社，2011：133.

设也已得到了西方学术界较普遍的认可。正因为如此，现代公共选择理论在建立人类行为模型方面也采用了古典学派经济学家的这一行为假定，即认为政治领域的参与者也都是效用最大化者。当然，在现实生活中每个人的行为具有多面性，因为任何单一的、对目标函数有明确界定的个人行为模型都不可能涵盖所有人类行为，在某些方面他可能是一个利己主义者，而在其他方面可能是一个利他主义者或是利己主义者与利他主义者的组合。但这种多面性在公共选择论者看来并不会影响他们关于"经济人"假设及基于此假设所推出结果的合理性。原因在于这种假设反映了人们的基本行为特点，是社会中所有个体（无论是经济个体还是政治个体）行为特点的统计表现。事实上，既然分析市场运行的经济学家通过"经济人"的行为假设能够推导出一系列有意义的经济学命题，那么分析政治决策的公共选择论者通过类似的行为假定也能够对集体选择的结构特征进行一些基本预期。

将"经济人"假设引入政治行为的分析，确实获得了很大的成功，给政治学的研究与经济学中涉及公共部门的分析都带来了革命性的变化。然而，由于公共选择论者的分析只是一成不变地将经济学中的"经济人"范畴引入，而未对"经济人"本身的行为特点做深入的考察，因此对于诸如投票人的预期与选择行为对公共物品的供给与管理的影响等重大问题的分析都难以深入①。

（三）经济学的交换范式

所谓经济学的交换范式，就是把经济学视为一门用于交换的科学。用经济学交换范式来对政治活动进行研究，自然就会导致将政治活动归因于复杂的交换、契约或者协议。②布坎南把经济学的交换范式看作公共选择理论的第一方法论因素。他说："广泛范围的公共选择观点的第一个要素或方面就是经济学的交换科学方法，即作为交换科学的经济学范例。"他认为经济学主要关注的不是稀缺性、资源配置及效率（如传统经济学理论所主张的那样），而在于交换的起源、性质和制度这一来自亚当·斯密的政治经济学理论传统的命题。因此，经济学是"交换的科学"。

1986年12月8日，布坎南在诺贝尔经济学奖授予典礼上的演说中，除了提到维克塞尔对他的影响之外，还提到了罗尔斯在《正义论》中所阐述的契约主义。他说："我自己的理论方法与人们熟知的约翰·罗尔斯的结构相类似，罗尔斯利用无知的帷幕和公平标准来推导出在任何一种政治宪法前由观念上的一致同意所产生的正义原则。"契约主义源自卢梭1762年出版的《社会契约论》。在这部巨著中，卢梭认为，国家的产生以及人与政府的关系是建立在社会契约基础上的，在社会契约中，每个人都放弃自己的天然自由而获取契约自由。而在参与政治活动的过程中，只有每个人同等地放弃全部天然自由，转让给整个集体，然后他才能获得平等的契约自由。可见，社会契约的形成和国家的产生，本身就是不同个人之间以及个人与社会之间的一种交易过程。而个人之所以放弃其天然自由，是因为他可以从与其他社会成员的合作和社会契约中得到更多更大的自由，起码二者要相等。罗尔斯在《正义论》中利用无知之幕假设把这一最初的社会契约即国家宪法的形成过程置于可操作的层面和程序之中，从而解决了个人选择时约束条

① 陈招顺，汪翔．论公共选择理论的方法论基础及其规范意义［J］．经济评论，1993（1）：56-61.
② 宋延清，王选华．公共选择理论文献综述［J］．商业时代，2009（35）：14-16.

件是如何形成的这一棘手问题。公共选择理论把上述理论运用于政治市场中，由此可见，个人与政府之间实际上也是一种交易过程，即个人之所以承认和接受政府的存在，并且愿意向它缴纳税费，是为了得到来自政府的回馈，即政府向公民个人提供的社会服务，包括警察、法院和社会保障等。这一理念进一步演变为西方国家的“纳税人”观念，即他们并不空洞地侈谈公民作为国家主人的地位和权利，而是从政治交易理念出发，认为既然公民向政府纳了税，政府就有义务向公民提供上述公共服务。换言之，站在政府的角度讲，既然公民要求它提供公共服务，他们就必须向政府纳税，以保证政府有能力提供这些公共服务。这是一种多赢的政治交易和博弈过程，是一种公共选择优于个人选择的整合过程。当然，在这一过程中，具体到每个人而言，并不一定都是所得大于所失。

五、公共选择理论的意义与局限性

公共选择理论把政治决策过程与经济领域统一起来分析，填补了政治制度分析的空白，为解决一些经济难题（如财政赤字、政府预算流入特殊利益集团、经济滞胀等）提供了新的思路。公共选择理论的很多分析结论对我们思考现实政治问题和社会问题，对于中国目前正在进行的经济、政治体制改革具有重要的启示与借鉴意义[①]。

（一）公共选择理论的意义

1.学习公共选择理论的方法论基础，发现开展科学研究和制定政策的借鉴意义

进行科学研究和制定政策时，必须以现实的人为依据，而不是以理想的人为依据。物质决定意识，在一个很长的历史时期内，这些理论与方法是符合实际的。当然，在自然界与人类社会中，由于事物的高度复杂性，几乎在每一类事物中都会出现一些小概率事物，并呈现出与其他大多数事物不同的特征。不过，科学研究是要揭示出隐藏在大多数事物背后的共性与规律，当然对多数事物中的个性也要予以充分关注。

2.完善制度、认识和防范腐败

腐败是困扰世界各国政府的一个共同性难题，是滋生在执政党与政府肌体上的一个毒瘤。公共选择理论着重从政府滥用权力上对此做出解释，并从完善制度上提出惩治对策。

3.提供新的视野、新的研究途径

从学术价值的角度看，公共选择理论从经济学的途径及方法入手分析政治问题，是对现代政治学研究的一个有益的补充，反映了当代政治学研究中政治和经济整合的趋势。

（1）公共选择理论进一步扩展了“经济人”假设的运用范围。从“经济人”假设出发，公共选择理论采用演绎法以及数学模型来研究政治问题，力求使政治理论“科学化”，这是公共选择理论文献的一个富于创新和令人感兴趣的方面。

（2）公共选择理论在个人行为和集体选择之间重新架起一座“桥梁”，被誉为填补了古典自由主义理论中最重要的空白之一。

---

① 夏永祥．公共选择理论中的政府行为分析与新思考［J］．国外社会科学，2009（3）：25-31.

（3）公共选择理论的方法论显示出政治决策或公共政策制定的经济方面，注重对政策做成本-收益分析，这有助于更好地了解政策的实质，提高政策效益。

（4）公共选择理论对国家增长的原因做出了深刻的解释。

（5）公共选择论者“将调查市场经济之缺陷和过失的方法同样应用于国家和公共经济的一切部门”，将制度因素看作经济过程的内生变量，强调政治和经济的相互作用。

（二）公共选择理论的局限性

公共选择理论在取得重大成功的同时也引发了大量的争议，尤其是它的方法论存在严重的缺陷，致使它受到了来自各个方面的批评，这些批评涉及公共选择方法论的逻辑基础、经验检验和方法论的具体内容等方面①。

1.对公共选择方法论的逻辑基础的批评

大多数公共选择论者坚持关于人的动机的单一假定（“经济人”假设），并致力由这一假定推导出人们的一般行为（例如，由这一假定推断政治家、政党、官员、利益集团等的政治行为或表现）。批评者认为，这种假设-演绎模式用高度概括和抽象的模型来解释和预测人的行为尤其是政治行为，是难以证明的；要从“经济人”假设推导出人们对任何实际情形下的可预期的反应尤其是政治行为（如政府的需要，对特定宪法和投票规则的行为，对他人的行为等）是做不到的。

2.对公共选择方法的经验证据的怀疑

公共选择论者用现实的事例（主要是来自美国的联邦、州和地方政府的事例）来印证其方法论和理论。然而，批评者认为，公共选择的方法论及理论缺少经验研究的有力支持。自从这种理论诞生以来，它的方法论及假设-演绎模式未能通过令人信服的经验检验，提供的证据往往是记录下来的个别事例，而不是通过深入调查研究得来的，缺乏说服力。缪勒在《公共选择》的“引言”中列举了一些经验材料的参考文献，而《公共选择Ⅱ》则将它们从“引言”中删去了，并在书中承认狭隘的自利的投票模式不能解释多数人的投票行为，也不能解释所有的再分配、社会保险计划等活动；相反，存在大量的证据可以反证公共选择的方法论。

3.对公共选择方法论的构成因素或内容的批评

这包括对“经济人”假设、经济学交换范式以及方法论个人主义的批评。将“经济人”假设引入政治领域是公共选择理论最基本的方法论特征，也是公共选择理论备受争议的根本原因。公共选择理论用“追求个人利益最大化”来概括一切人的行为动机，保持了个人模型在经济背景和政治背景下的对称和逻辑上的一致性，得到了一系列“政府失灵”的分析结论。然而，利用一个简化的、一致的个人行为模型来分析政治问题，必然会得到一些和现实不一致的分析结论，这是任何抽象的分析模型在具有较强的解释力的同时必然要付出的代价。任何单一的、对目标函数有明确界定的个人行为模型都不可能涵盖所有人类行为，现实中确实有许多政府官员和政治家在政治领域是以社会利益最大化为行动指南的，正因为如此，公共选择理论在正统的政治学看来是离经叛道的，受到了一些学者的猛烈批评。

---

① 陈振明．市场失灵与政府失败——公共选择理论对政府与市场关系的思考及其启示［J］．厦门大学学报（哲学社会科学版），1996（2）：1-7.

人们还批评经济学交换范式，认为它将经济过程中的交换关系无条件应用到政治过程中，将政治过程与经济过程混为一谈。针对各种对于公共选择方法论尤其是“经济人”假设的批评，公共选择论者千方百计为之辩护。

对方法论个人主义也有很多批评（尤其是来自方法论集体主义者的批评）。批评者认为方法论个人主义片面强调个体的作用，将集体看作多个个体的累加，试图从个体行为推导集体行为，这种做法实际上是一种机械论，与整体论相对立。这反映了几乎贯穿于近现代社会科学发展始终的方法论个人主义和方法论集体主义这两种方法论的对立。

总之，公共选择理论的方法论将经济学的假说、理论和模式应用于政治过程，力求对政治过程做出不同于传统政治学理论的解释，这既是它的力量的源泉，又是它的缺陷之处。公共选择理论的方法论既有创新，又陷入困境。它又一次将方法论上的个人主义与集体主义之争摆上了社会科学的前台。我们要以科学的态度对待公共选择理论的分析结论，公共选择理论的所有分析结论都是建立在“经济人”假设之上的，但并不是说现实一定会如此；不过，也不能因为现实中有很多情况和公共选择理论的分析结论不一致而否定公共选择理论的科学性。公共选择理论的方法论值得我们认真研究，这有助于促进社会科学研究中的方法论个人主义与方法论集体主义的融合，公共选择理论对社会科学的发展有着重要的影响。

第二节　福利国家政治经济学

多年以来，福利国家已经成为一个备受人们关注的研究课题。曾几何时，那些曾经是守夜人型、法律和秩序型、军国主义型，甚至实行集权统治的压迫机器型的国家，如今都成为专注于社会福利的生产与分配制度的国家。因此，对福利国家的研究也就意味着去认识资本主义社会历史中的这一新现象。

一、政治经济学

（一）政治经济学的产生

政治经济学是经济学科的总名称。政治经济学这个称呼表明了经济学科产生的特殊轨迹。政治经济学中的“政治”（politics）一词，源于希腊文的politikos，含有“社会的”“国家的”“城市的”等多种意思。政治经济学中的“经济”（economics）一词，最早由古希腊的色诺芬（约公元前430—前354）提出。他在著作《经济论》中把家庭对生产活动的组织和管理称为“oikovouia”，意指家庭经济管理。“政治经济学”的提法出现于17世纪初，源于希腊文中的“poniz”（原意为城邦、国家以及经济）与“经济学”组成的复合词。法国重商主义者A.蒙克莱田在1615年出版的《献给国王和王后的政治经济学》一书中首先使用该词，目的是说他所论述的经济问题已经超出了自然经济的范畴。1775年，卢梭为法国《百科全书》撰写了“政治经济学”条目，把政治经济学和家庭经济区分开来。

（二）古典政治经济学

当重商主义者蒙克莱田最先使用“政治经济学”这一名称时，政治经济学还只限于研究流通领域的个别经济现象，因而还没有成为独立的真正的经济科学。17世纪中叶以后，首先在英国，然后在法国，资本主义工场手工业逐渐发展成为工业生产的主要形式。资产阶级为了同封建势力做斗争，必然要求从理论上说明资本主义生产、分配的规律，论证资本主义生产的优越性。这就产生了以斯密和李嘉图为主要代表人物的资产阶级古典政治经济学。古典政治经济学的兴起和发展，使政治经济学研究的重点开始转向生产领域和包括流通领域在内的社会再生产过程。政治经济学作为一门独立的科学逐渐形成，并发展成为专门研究经济现象和经济过程规律的理论科学。所以，马克思说："政治经济学作为一门独立的科学，是在工场手工业时期产生的。"

（三）马克思主义政治经济学

19世纪上半叶，在资本主义生产方式形成时期，产生了小资产阶级政治经济学。小资产阶级政治经济学抨击了资本主义制度，揭露了资本主义的矛盾，但是它们不了解资本主义矛盾产生的原因，只是站在维护小私有制的立场来反对资本主义私有制。在小资产阶级政治经济学产生的同时，也产生了空想社会主义。空想社会主义者在应用政治经济学剖析资本主义方面做了最初的尝试。他们对资本主义制度做了尖锐和无情的批判，否定了资本主义制度的永恒性，论证了社会主义制度代替资本主义制度的必然性。但是，由于他们在理论分析上还不能摆脱资产阶级政治经济学范畴的限制，不了解社会发展的客观规律，因而不可能找到创造新社会的社会力量和正确途径，只能陷于空想。

19世纪40年代初，马克思和恩格斯在批判地继承了资产阶级古典政治经济学的基础上创立了马克思主义政治经济学，实现了政治经济学的伟大革命。恩格斯认为，马克思主义政治经济学作为有关时代的经济学，是理解社会经济现象和经济过程内在的、本质的、必然的趋势的科学，也是理解整个社会发展和变迁的理论科学。马克思主义政治经济学的任务在于：证明现在开始显露出来的社会弊病是现存生产方式的必然结果，也是这一生产方式快要瓦解的标志，并且在正在瓦解的经济运动形式内部发现未来的、能够消除这些弊病的、新的生产组织和交换组织的因素。

二、福利国家与政治经济学

（一）古典政治经济学的遗产

艾斯平-安德森指出，大部分针对福利国家的辩论均已指向两个问题：第一，阶级特点会随着公民社会权利和义务的扩展而消亡吗？第二，什么是在福利国家背后的决定力量？这些问题已经在19世纪的古典政治经济学者之间被讨论，他们都专注于资本主义与福利间的关系，分析焦点集中在市场（财产）与国家（民主政体）之间的关系上。

1.自由主义政治经济学

他们主张"自由放任"的原则：肯定市场——市场是一个用来消除阶级、不平等与特权的极佳工具；否定国家——除了必要的最低生活所需外，国家干预只会窒息竞争交换的平等化过程；国家会造成阶级。自由主义者所要攻击的是一个压制自由与进取心这两点理想的政府体系，他们认为普遍的选举权可能政治化了资源分配的斗争、扭曲了市场并助长了无效的蔓延，民主会摧毁市场，而且民主又有可能形成社会主义，因此资本主义很难愿意去扩展民主的范围。

2.保守主义政治经济学

他们提倡“君主式福利国家”，强调一个有效率的生产体系不是来自竞争，而是来自纪律，一个有权威性的制度远好于一个无秩序的市场，以便调和国家、团体与个人的利益。他们主张社会应保留层级与阶级，认为地位、等级与阶级是自然且既定的，但阶级冲突则不是，如果允许民主的大众参与、权威与地位界限的消融，社会秩序将会崩溃。

3.马克思主义政治经济学

马克思主义者不仅憎恨市场的集中化效应，也批评自由主义强调的“保证市场是平等的”这一主张。他们认为资本累积是阶级支配的基础，资本积累否定了人们的财产所有权，其最终结果将是永难磨灭的阶级划分。

4.社会民主主义政治经济学

社会民主主义以两个论点为前提：劳工需要社会资源、健康和教育以有效参与社会；社会政策不只关系到解放，也是经济效率的先决条件。他们认为议会制的阶级动员是其追求平等与社会主义的主要策略。他们同时认为，社会政策也会导致国家权力的动员，降低社会分化程度，从而减少促进劳工政治团体形成的障碍。

（二）政治经济学中可借鉴的分析方法

政治经济学产生以后，在西方学术界得到了飞速的发展，先后出现了不同的学派，即古典的重商主义、古典的自由主义以及古典的马克思主义。就学术意识形态和学术传统而言，当代国际政治经济学中出现的不同学派其实是古典政治经济学在当代的翻版和修正。尽管“政治经济学”是社会科学中最为复杂也最富有争议的概念之一，并且经常成为意识形态的斗争领域，但学者们在关于政治经济学就是探讨国家和市场的相互关系这一点上意见是一致的。正如当代著名的国际政治经济学家罗伯特·吉尔平（Robert Gilpin）在谈到政治经济学的性质时所说的：“现代‘国家’与‘市场’的共存及其相互作用产生了政治经济学，没有国家和市场就不可能有政治经济学。没有国家，经济活动的结果将完全由价格机制和市场力量来决定，这是纯经济学的领域。没有市场，经济资源将由国家或类似的权力机构来分配，这是纯政治学的研究领域。”这样，政治经济学的学术传统就为当代国际关系学者们联结国际体系中的国家（政治因素）和市场（经济因素）提供了一个理论出发点。

1.政治经济学对“阶级”的关注

政治经济学在探讨国家与市场的互动上，关心阶级、地位与组织团体间的冲突及行动，并且研究涉及历史结构的取向，还将集体行动置于研究的核心，尤为关注利益集团博弈的政治过程。因此，政治经济学的研究是极为广泛的。政治经济学是一种研究人类社会中支配物质生活数据的生产、交换以及分配之规律的学说，它的对象是人类社会不同阶段的经济关系，即生产关系（或阶级关系）。由于政治经济学所要研究的对象直接涉及各阶级的物质利益，因而具有强烈的阶级性。其中，马克思主义政治经济学是最具阶级性和批判性的一门学说。马克思主义政治经济学视福利国家为现代资本主义社会的一个组成特征，谈论福利时关心阶级间基于生产关系之冲突。

2.政治经济学的左倾色彩

福利国家是现代西方国家的典型形态，它对资本主义的社会经济采取积极的干预和调节措施，通过各种福利政策对社会财富实行再分配，从而在一定程度上造就了现代资本主义社会的经济繁荣，也缓和了现代资本主义社会的各种矛盾。但是，20世纪70年代之后，现代福利国家遭遇一系列矛盾和危机，出现了诸如财政赤字、通货膨胀、失业率增长等难以解决的大问题，由此引起了对福利国家的反思。西方学者中的各个流派兴起了一股回归国家的热潮，各自从不同的侧面分析了福利国家：新自由主义主张废除福利国家，重新走回完全市场化的老路；社会民主主义提出了“第三条道路”的新主张，强调福利国家的改革和重建；新马克思主义（西方马克思主义）对福利国家做出了广泛而深入的批判性分析。普兰查斯、密利本德、马尔库塞、哈贝马斯的国家理论都探讨了现代福利国家的问题。其中，奥菲对现代福利国家的矛盾和危机的分析尤为著名，有关福利国家的“奥菲悖论”在西方理论界引起了很大的反响。当代的政治经济学被认为是左派的思潮。

（三）政治经济学角度的福利国家研究

艾斯平-安德森在《福利资本主义的三个世界》一书中指出：研究福利国家有狭义和广义的两种方法。持狭义观点的人将福利国家理解为传统的社会改良政策领域——收入转移和社会服务，有时或许还提及住房问题；而广义的观点则从政治经济学角度提出问题，其主要兴趣集中于国家在管理和组织经济方面扮演的重要角色。因此，从广义的角度来看，就业、工资和整个宏观经济调控等都被看作福利国家体系的密不可分的组成部分。特别的，在欧洲主流理论界，“福利模式”（Welfare Regime）研究作为一个学科得以确立并在高校“登堂入室”，被认为“是从政治经济学的大背景中提炼出来的结果”。

政治经济学界的前辈们解析出阶级、国家、市场和民主制度等关键变量，系统地提出了有关公民权利与阶级、效率与公平、资本主义与社会主义的基本命题。在福利国家迅速发展的情况下，将这些基本命题融入福利国家的相关研究中是具有非凡意义的。

政治经济学视野下的福利国家研究所侧重的主要是非商品化程度的差异性导致的福利国家形成的不同轨迹或不同路径，而不同的轨迹或路径必将导致不同模式的福利供给制度，即主要研究的是道路依赖问题。一般情况下，福利制度的非商品化程度当然包括对弱势人群的保护程度及对市场的依赖程度。“非商品化”社会的特征之一是改善了弱势群体的社会地位，影响了社会不平等的程度，在一定程度上改造了“前商品化”社会的政治结构。瑞典等北欧的社会民主主义模式被看作是最不商品化的，英国传统的自由主义模式则是最商品化的，而欧洲大陆保守主义模式居中，它被看作更多的是保留了前商品化的某种退化，其形式是合作主义的社会结构。三个模式的划分被认为是艾斯平-安德森将“非商品化”研究方法成功地运用于福利模式分析的一个典型的政治经济学的案例。

劳动力商品是指劳动者的劳动能力成为商品。它必须具备两个条件：一是劳动力所有者是“自由人”，能自由支配自己的劳动力；二是他除了自己的劳动力外，必须一无所有，不得不靠出卖劳动力来维持生活。劳动力是商品，它和其他商品一样具有使用价值和价值。劳动力商品的价值是由生产和再生产劳动力商品的社会必要劳动时间决定的。

劳动的商品化会遇到两个问题：一个问题是市场的不确定性。在自由市场中工人不能保证经常被“卖”出去以保障其生存，就是说，在市场经济中工人实际上无法自由地进行选择。另一个问题是，劳动的商品化毕竟与其他商品的出售是不一样的，比如，艾斯平-安德森以洗衣机为例，还有的学者形象地以汽车为例：发动机缸垫或者轮胎漏气时可以去制造商那里返修，但工人受伤就必须离开市场以使身体复原，他们往往需要一份可以替代的收入，尤其是当雇主找到替代的劳动时，他们就会像报废的汽车一样被雇主遗弃。工人离开市场时必须找到另一种生存手段，这样就引出了两个问题：第一个问题是，对同一种福利体制下的劳动来说，非商品化的过程是如何转化的？第二个问题是，不同福利体制下所允许的非商品化劳动程度有什么不同？具体来讲，既然商品化这个关键的概念始终是分析福利体制的一个工具，那么自由主义模式、保守主义模式和社会民主主义模式这三种模式分别将在多大程度上容纳或排斥劳动的非商品化？这些问题似乎是政治经济学视野中所应该研究的主要问题。

（四）养老金改革的政治经济学研究

关于养老金改革的政治经济学研究发展出了不同的分支。许多学者遵循现收现付制下代际分裂的理论逻辑，主要关注老年人特殊利益的集中表达在政策制定过程中的作用，以及代际分裂所带来的政治行动。受研究代际问题的社会学定量分析的启发，还有许多学者依照这种观点对福利国家的养老金开支进行了系统的定量研究和回归检验，得出了支持该理论逻辑的统计结论。具体来看，艾斯平-安德森很早就指出了代际结构背后隐藏的政治冲突的可能性，尤其是在政府将现收现付制转为基金积累制的过程中，双重付费的问题使得不同代际之间的矛盾尖锐，从而更容易在政治分裂中反映出来。而有一些年龄导向的政治理论（age-oriented theory）更是明确地将年龄结构与选举因素联系了起来，指出年龄结构是决定养老金项目支持率的一个决定因素，老龄人口越多，对养老金项目的支持也就越广泛。

帕姆佩尔与威廉姆森做了视野更为开阔的跨国比较，主要探讨公共养老金中的代际问题。他们的理论分析和经验研究指出，高比例的老年人口与民主政治结构结合在一起，是维持高福利开支的基本因素。加拉索强调老龄化的影响不仅是经济上的，更是政治上的；老年选民的比重不断增加导致政治家难以实施直接损害老年人利益的养老金改革。尤伯默泽更为明确地认为养老金改革就是一个在代际之间分摊改革成本的问题，人口的老龄化在不断地改变着支持或反对改革的人群的年龄结构，在她建立的老人政治投票模型中，关键的中位选民（the median voter）所在的位置决定了改革的难易程度。除了选举以外，养老金体制下内部人与外部人的利益差异也使得工会无法再像过去那样统一行动，因为工会作为代表大多数在职工人和退休工人的机构，面对日益上涨的用年轻一代人的工资负担的养老金要求，不得不接受不可避免的折中方案。此外，除了经济因素造成代际分裂以外，曼海姆还提到了社会因素。他认为晚青春期的共同经验确定了某一代际人共同的政治经验，不同代际的人具有不同的政治态度。肖维尔以法国代际冲突为中心，基于个体在关键的转型社会化时期（18～25岁）所经历的政治经济事件的不同，来界定不同的社会性代际分裂。他还使用定量数据来验证这些代际在当下社会中不同的政治参与度、政治经济资源集中度、与福利项目的相关度，以此来解释福利国家政策调整存在的困难。基于对生育队列和代际分裂的系统分析，肖维尔强调代际之间的差异，并认为这种差异会由利益分歧上升为政治对立。

与此相反，以阶级为基础围绕在权力资源理论（Power Resource Theory）周围的观点，集中研究了自福利国家兴起以来的阶级联盟，重点关注劳动和资本的所有者在养老金政策上的政治冲突。该理论认为，工人阶级和左派力量的壮大以及左派政党的政治运作（包括阶级动员）促使福利国家崛起，也是其发展的保障，而政治运作的成败以政治行为者掌握的资源（包括人力和物力）为基础，不同的工人阶级力量和左派政党的政治运作能力会带来不同的社会政策结果。根据权力资源理论，人们在养老金改革问题上的态度是由阶级来划分的。养老金缩减就是在削减穷人的福利，减少福利再分配对效率的损失。这一结论的关键性前提假设是：在职工人与退休工人的利益是一致的，养老金只是资本家对工人迟发的工资，养老金的再分配效应主要体现在代内阶级之间。因此，这个理论一如既往地强调工人阶级的动员程度（主要是工会）和左翼政党的力量是决定福利国家福利项目大小及再分配结果的基本因素。具体来说，为了衡量左翼政党对福利国家的影响，大部分研究者使用左翼政党在政府的累积力量这个指标，比如二战后左翼政党单独组阁或者与其他政党联合组阁的年数（左翼内阁的力量）。其他相关的研究者，有的把雇主和雇员加以区分，有的则把白领工人和蓝领工人加以区分。在区分之前，他们都做出了类似的假设，即阶级分化始终在养老金政治中处于核心地位。

三、福利国家体制差异的成因

我们对于福利国家体制差异形成的原因，不能依循直线性的取向来思考，必须转而强调互动性取向。体制差异背后所隐含的历史力量是互动的，其重要因素包括制度化过程与历史结合的合法性、劳工阶级动员、阶级政治联盟的结构等方面。

（一）体制在资本主义发展中的制度化过程与历史结合的合法性

新古典政治经济学采用历史比较法彰显福利国家在发展过程中的变异。最近的学者则将研究焦点放在19世纪的政治经济学者所界定的国家-市场关系上。对于福利国家体制差异成因的诠释，主要受到两种取向的主导：系统/结构论和制度论。具体内容见表8-1。

表8-1　诠释福利国家体制差异成因的两类方法

方法	系统或结构的研究方法	制度的研究方法
着眼点	宏观、系统的规律	具体的影响因素
代表理论	工业制度分析方法	多元分析法、国家中心论
批评	难以解释福利支出的高涨；如何从“生产模式”的分析中推演出国家活动	国家是先有民主再有福利（美、澳）还是先有福利再有民主（法、德）的矛盾

(二) 劳工阶级动员的本质：阶级动员理论

社会民主主义模式的政治经济学，强调社会阶级是变迁的主要力量，同时主张阶级权力的平衡决定了分配的结果，认为议会制度是个有效的制度，它将动员出来的权力转化为大家所期待的政策与改革，一个普遍性福利国家所追求的目标，是集体全力动员的强化与团结所需的必要先决条件。劳工阶级的集体特征在历史形成过程中呈现出奇异的情况，同时其目标、意识形态与政治能力也多有不同，因此不论是在工会运动或政党发展上都出现了根本差异。权力动员不仅依赖工会化的程度、选票的分配比例，以及左派或工党所占有的议会与内阁席次等其本身所拥有的资源来评量，还必须视相对势力的资源多寡、其动员的历史持久性以及权力联盟的形态而定。

对阶级动员理论的批评：决策与权力的所在可能会从议会转移到调解利益的新组合主义（neocorporatist）制度；工党影响福利国家发展的能力受限于右派政党的权力结构；太过于“瑞典中心主义”（Swedocentrism）（如界定权力动员过程的倾向，过度立基在瑞典的独特发展经验之上）；认为选票、工会化程度、席次的增加会转化成更具福利国家主义色彩的直线式权力观点是令人质疑的。

(三) 阶级政治联盟的结构：阶级联盟理论（the Class-coalition Theory）

任何一个政党不可能单独地建构出福利国家，福利国家的建构过程依赖政治联盟的形成，这是个历史事实，阶级联盟的结构比任何一个单一的权力资源对福利国家更具决定性。阶级联盟是三个福利体制建立的基础。

不同阶级联盟的出现，一部分是由阶级形成所决定的，政治优势与乡村阶级政治密切相关，二战之后，福利国家的强化则在根本上视新中产阶级（the new middle classes）的政治联盟而定。兴起的新中产阶级大多没有自己能够独立经营的财产，他们担任国家管理人员、经理层、知识分子、白领办事员等，作为高级雇员为拥有大型资本的人工作。因此，从财产方面来说，他们的地位和普通劳动者一样，而从职业收入方面来说，他们和老式中产阶级（小农场主、店主和小企业主）中拥有自己财产的大多数人有所区别。

第三节 福利国家体制中的社会保障政策

自由主义、保守主义和社会民主主义分别代表不同的政治哲学，它们都为福利国家的创立做出过贡献，但由于意识形态上的巨大差异，它们所代表的政党推行的福利国家体制产生了不同的社会保障政策。

一、自由主义福利国家体制中的社会保障政策

自由主义是西方资产阶级的主流意识形态，私有权与宪政自由是其核心理念，强调个人的自由、平等和政府干涉的有限性。纵观自由主义的发展历史，300多年来，自由主义经历了传统自由主义（又称古典自由主义）到现代自由主义两个发展时期，其演化与发展一方面是顺应时代变化和社会政治经济生活变迁的需要，另一方面也对西方社会的政治思想、政治实践和社会生活产生了深刻的影响。

自由主义福利体制对政府采取积极的政策持否定的态度，认为自由放任的政策和制度可以导致最理想的社会阶级结构，只要政治权力对市场制度或“市场出清”保持不干预，就可以实现在法律、契约和现金纽带面前人人平等。在这个模式中，工会的作用受到遏制，精英主义得到崇尚，平等主义深入人心，市场原则至高无上；自由市场制度下的货币交易关系在社会各阶层的福利关系中发挥着主导作用，社会分层的结构也几乎是按照市场化和货币化的原则形成的；在社会分层化的残酷竞争过程中，为救助“市场失灵”下出现的弱势群体，国家采取的贫困救助政策就表现为典型的补救主义。

在这种福利体制中，居支配地位的是不同程度地运用经济调查和家计调查式的社会救助，再辅以少量的普救式转移支付或作用有限的社会保险计划。这种源于“济贫法”传统的制度所给付的对象主要是那些收入较低、依靠国家救助的工人阶层。因此，这种体制的非商品化效应最低，社会权利的扩张受到有力的抑制，建立的社会秩序属于分层化的类型。这一模式的典型代表是美国、加拿大和澳大利亚等，它主要是在盎格鲁-撒克逊国家的历史中确立的制度。

在自由主义福利体制中，一方面，大量弱势社会阶层对制度的忠诚建立在他们急需社会补救这个补缺型福利体制之上，他们既是这个制度的主要救助对象，又是这个制度的主要支持者；另一方面，这个最基本的救助已是福利制度的“底线”，其他任何改革措施对他们来说几乎或至少都是中性的，而对于那些本来其福利就已经市场化的中产阶级来说，其容忍程度和制度变革的余地都不是其他两种制度所能同日而语的，具有很大的灵活性。

在自由主义福利体制中，传统的定额式普救主义事实上促成了两极分化的结局：穷人靠国家，余下的人靠市场；市场作用的因素不断增加，它越发成为满足人们日益增长的对更高层次社会福利的需求的一个主导供给者，国家和市场之间的二元化格局使公共福利支出增长最快的那部分逐渐成为专门发放给贫困阶层的补贴，而中产阶级的责任则逐渐游离于福利支出之外。

如在美国，社会福利的分配以市场为主导，国家只起从属的、辅助性的作用。这主要根植于这样一种理念：个人价值的追求高于集体利益，个人要对自己负责，个人应找机会来改进自己；绝大多数人能够谋得自己所需的福利，社会保障制度只会导致个人对国家的依赖，它不仅滥用了纳税人的财富，而且会导致受惠者渐渐丧失谋生能力；国家只帮助少数不能自助的人。因此，在福利保障制度方面，美国反对以平等和福利为目的的收入再分配政策，而更倾向于减少税收，由私营机构等非政府机构来管理有关社会保障的公共事务，并且倾向于政府决策分散化，加强地方政府的作用。

美国的社会保障制度主要包括社会保险、公共帮助和社会服务三大部分。总体而言，社会保险和公共帮助主要提供金钱与物质帮助，社会服务则主要提供劝导、看护、保护、关怀、照料、教育、训练等方面的服务。社会保险与公共帮助之间也有差别：前者采取由政府做担保的保险合同方式，保护当事人的合法权益，解决的重点问题是老人的退休养老与医疗保健，盲人和残疾人的生活与医疗保障，失业者的生活补偿和就业者的工伤事故补偿；后者具有明显的慈善性、施舍性、救济性，其严格的收入和财产状况审查规定令申请人望而生畏。总之，社会服务、社会保险和公共帮助从不同角度发挥作用，向社会成员提供人力、财力与物力帮助和服务，提供经济安全与社会保障。社会保障项目和失业保险项目采用基金化的运作方式：政府征收工资税构成两个专门的保险基金，保险开支完全由基金负担，政府不再直接投入资金。而在欧洲国家的同类项目中，公共开支一般要占资金来源的三成左右。另外，美国没有面向全民的医疗保障制度，政府只负责65岁以上老人的医疗保险，其他公民的医疗保险由商业保险来实施，老年人的医疗保险是美国社会保障制度中直接公共开支最多的部分。

总体上看，美国社会保障制度的覆盖面较小，它不仅缺乏全民医疗保险和家庭生活津贴这两个重要项目，而且在执行现有保障项目上的偏差也十分明显。据估计，美国目前大约有8%的人口没有享受任何形式的医疗保险。未被集体医疗项目覆盖的人发现，购买私人医疗保险日益困难，有些穷人根本付不起账单。美国的社会再分配程度也不高。此外，美国政府还多采用税收补贴等间接开支形式，以及以企业为核心的社会保障运行机制，来加强社会福利项目的针对性。这种差距产生的根源在于富人政治和不合理的社会分配制度。作为富人利益的代言人，共和党和民主党长期以来操纵着美国的社会政治经济生活。两党政客在消除社会贫困问题上所采取的迟疑、动摇，甚至缺乏诚意的态度的根本原因是美国社会保障制度的主导思想是只想防止贫困加剧，而不是消灭贫困本身。

二、保守主义福利国家体制中的社会保障政策

该体制类型的特点是享有社会权利的资格以工作业绩为计算基础，即以参与劳动市场和社保缴费记录为前提条件。这类体制最初产生在德国并得到长期发展，而后扩展到整个欧洲大陆，目前奥地利、法国、德国和意大利等都属于这类国家。在这种体制中，总的来说，其社会权利是根据不同国家所能提供的非商品化程度和不同的保险精算程度而变化的，即取决于一个人的工作和参保年限、过去的表现与现在的给付之间的关联程度。从历史上看，在这些国家，中央统制的“合作主义”（corporatism）遗产根深叶茂并得以发扬光大。合作主义与教会有着传统的渊源关系，所以传统的家庭关系在社会保障制度中占有重要的位置。在这些国家，市场化和商品化的自由主义原则几乎从未占过上风，私人保险和职业补充保险从未担当过主角，公民的社会权利问题几乎从未受到过质疑。在这些国家，合作主义政制几乎完全取代市场而成为福利提供者的国家工具之一，而国家的作用主要是维护社会阶级和地位的差异，保护既有的阶级分化现状，再分配对社会权利的阶级归属和社会分层几乎没有什么影响。

保守主义福利国家体制的社会保障模式主要是按社会地位划分的，具有“国家合作主义”的性质，这种结构不但对工薪阶层具有分化的作用，明显的特权把人们固定在各自恰如其分的社会位置上，还将个体的忠诚直接系于君主或中央政府的权威之上。保守主义模式的分层化结果，与其合作主义政制始终控制欧洲大陆的悠久历史密切相关。合作主义的起源，除了天主教会在社会改革中曾发挥一定的作用以外，还与产生于中世纪的“基尔特”传统有关。基尔特组织是基于相互扶助的精神，由职业相同的商人组成的自我管理的团体。一方面，它根据特许的自治权和裁判权订立自治规约和处理商人之间的纠纷；另一方面，除了保护会员职业上的利益以外，还对其死亡、疾病、火灾等个人

和家庭灾难共同出资给予一定的救济。可以说，基尔特传统是导致欧洲大陆福利国家社会阶层差别较大、等级制度较严和特权势力较强的一个非常重要的制度原因，是路径依赖的结果之一。

在保守主义体制类型的合作主义国家，铸造了中产阶级的忠诚，因而当面对福利的危机和改革时，只要中产阶级的利益稍微受到触动和对其采取不配合或反对的态度，那么改革的结果必将是成效甚微。

三、社会民主主义福利国家体制中的社会保障政策

社会民主主义是100多年来西方社会主义的主要形态，是一种温和的、议会制的社会改良主义，它是欧洲各国工人阶级社会党、社会民主党、工党（统称“社会民主党”或“社会党”）的政治意识形态。其思想渊源可以追溯到19世纪初的空想社会主义，以及后来的英国宪章派、法国的小资产阶级社会主义、德国的拉萨尔主义等形形色色的社会主义流派。它们依靠国家帮助实现社会主义的观点，对社会民主主义的形成有着极大的影响。同时，自由主义的自由与宪政思想，对社会民主主义也有重要的影响。民主与改良是社会民主主义的基本理念，1951年的《法兰克福宣言》将民主社会主义确立为社会党国际的纲领目标。这一目标经过曲折的发展过程后最终形成自由、公正、互助的基本价值观。这种价值观是社会民主党的执政理念产生的哲学基础，对国家福利制度的改革和福利国家的发展方向具有重要的指导作用。

首先，强调平等的生活机会和全面的社会保障。在社会民主党要建立与完善的民主社会主义的三项基本价值中，自由是处于第一位的，但这一自由观有别于资本主义的自由主义，它强调的是人的全面发展的自由和参与社会与政治的自由，而不是摆脱外在的束缚和限制。正如《柏林纲领》所指出的，社会民主党谋求建立这样一个社会：在这个社会里，每个人都能自由地发展自己的个性，并能负责地参加政治、经济与文化生活。而这种自由要求摆脱令人屈辱的依附性，摆脱困苦与恐惧。它认为，只有那些感到自己在社会福利方面已得到充分保障的人，才能利用自己争取自由的机会，因此为了争取自由，必须要求平等的生活机会和全面的社会保障。

其次，强调国家对经济生活干预的必要性。民主社会主义的公正是建立在所有人具有同等尊严这一基础之上的，要求在法律、自由、政治生活、社会生活和社会保障上享受同等的机会，要求在收入、财产和权力方面具有更多的平等。这种平等与西方自由主义所提倡的机会平等相比，更强调结果的平等。而这种结果的平等，必须借助国家权力手段才能争取得到。

最后，强调建立人道的理想社会，反对西方的个人主义。互助是民主社会主义的第三个基本价值。民主社会主义认为，人是具有个性与社会性的生命，互助是弱者在争取自身权利斗争中的一种武器，人的个性只能在同自己的同胞的合作共处中得到发展，只有我们乐于彼此承担责任，并愿意让其他人获得自由时，我们才能作为自由与平等的人共同过着人道的生活。因此，没有互助，就没有人道的生活。另外，互助也是增加个人发展机会的条件，只有共同行动，而不是利己的个人主义，才能创造和确保个人自决的前提。

以瑞典为例，瑞典社会福利政策的政治思想基础是社会民主主义，也可以说它具有社会民主主义的情结。社会民主主义源于贝弗里奇提出的普遍公民社会权原则，它使瑞典社会福利政策具有全民性的意识形态基础。

（1）瑞典社会民主主义的社会职业模型。瑞典的职业结构可以全面而准确地反映这种社会民主主义的底蕴对瑞典社会的影响。瑞典社会民主主义模式的职业结构特征是：国家实行严格的工资政策和基于共同责任的工资谈判机制；由于高度专业化，所以公共部门和福利服务事业非常发达；瑞典属于“管理”职业最少的经济制度类型，国家社会福利体系以外的服务职业处于欠发展状态。社会职业类型是政府社会福利政策的基本反映，瑞典的社会职业类型可以客观地反映出“大众”福利的政策基础。

（2）“福利服务”的社会政策偏向。瑞典的社会民主主义模式带有一种强烈的“福利服务”偏向，它源自社会民主主义思想，排斥国家和市场、工人阶级和中产阶级的二元化局面，力图追求平等以保证工人能够分享境况较佳的中产阶级所享有的权利。它在社会政策方面强调社会福利领域的就业高度专业化，人们几乎完全依赖于福利国家。

（3）“人民福利”的政治背景。在瑞典，“人民福利”的理念和社会民主主义思想牢牢扎根，始终是社会改革与社会发展的主要推动力，有着深厚的政治背景。瑞典工会高度集中，组织异常严密，它与社会民主党共同合作，在20世纪90年代的社会政策改革中发挥了重要的作用。例如，在1994年和1999年两次颁布关于名义账户制改革的法令前后，政府始终保持与雇员组织和雇主组织进行沟通，得到了他们的支持与理解，尤其是工会的支持。

（4）“小政府”的公共诉求。在瑞典的社会民主主义模式里，政府的角色发挥着绝对作用。公共部门强大并不意味着公共部门高效。庞大的公共部门引起了一定程度的经济扭曲和低效率。但是，瑞典各党派都一致认为公共部门不仅有责任负责贫病问题，而且有责任负责儿童、残疾人的照顾和老年人的退休问题。社会政策的总目标是缩小社会各阶层的差别，为每个人提供广泛的公共服务选择。而目前的情况是，经济的调整正在改变公共部门的结构和范围。从理论上来看，这可能也就是社会民主主义的瑞典所追求的终极目标。

总之，瑞典社会民主主义模式的本质是试图在市场之外通过强制性立法形式将新中产阶级纳入其中，它是对普救主义的一种诉求。在实行均等定额的给付制度下，非均等的给付方式在瑞典正式被引入社会改革之中。因此，社会民主主义模式不仅成功地保留了普救主义原则，有效地遏制了市场的作用，还维持了一定程度的政治共识。

四、东亚福利国家（地区）体制中的社会保障政策

虽然艾斯平-安德森划分了三种福利体制，但是东亚福利国家（地区）体制具有其自身的特殊性，不能简单地将它们划归到任何一种福利体制中，而应该进行单独研究。

在比较东亚国家（地区）福利体制与西方国家福利体制的基础上，怀特及古德曼指出了两者在社会政策上的差异：（1）相比西方国家，东亚国家（地区）的福利开支较少；（2）在西方国家，一般视福利为社会公民权利，但在东亚国家（地区）很少会接受此概念，它们倾向以社区、雇主、家庭等非国家机构来应对福利的需要；（3）东亚国家

（地区）倾向以选择性及社会保险的形式来提供福利服务，而不像西方社会的以赋税为基础的普遍主义（universalism）福利。

从福利体制与社会政策关联的角度，可以看出：

（1）在东亚地区，社会支出的规模无一例外都比较小。特别是从社会福利支出占政府支出的比重来看，在20世纪90年代中期，美国、英国、法国等工业发达国家的政府支出占GDP的比重都在20%以上，其中社会福利支出在政府支出中占30%左右。而同期的韩国、新加坡和中国香港地区的社会福利支出占其国内或地区生产总值的比例分别为2.0%、0.3%和1.6%，占政府支出的比重分别为10.8%、1.8%和9.2%，大大低于西方发达国家。究其原因来看：一方面，它们优先考虑的是将有限的资源用于发展经济而不是福利方面。虽然其福利支出规模不大，但对市场提供福利的干预和管制却很严厉。东亚国家（地区）的社会保障项目是针对不同的社会阶层而设立的，条块分割，国家公职人员享有一定的特权，而自雇者的福利制度与较快的经济增长相比则显得比较落后。与西方国家相比，东亚国家（地区）的"家庭化"倾向比较严重，即家庭福利状况独立于市场的程度比较低。另一方面，公共部门福利支出比例小，并不代表私人部门提供的福利水平高，目前私营的社会福利在东亚很多国家还处于起步甚至空白阶段，东亚国家（地区）的社会福利大部分是由个人和家庭提供的，其提供的份额远远大于西方各国。

根据已有的资料分析，东亚国家（地区）的非商品化程度很低。东亚国家（地区）的劳动者不是处于前商品化时期（从事农业工作以维持生计），就是处于商品化时期（劳动力市场的法律及其他保护严重不足）。实际上，劳动力市场的参与机会是东亚国家（地区）福利体制的一个重要特征，其中的一个衡量标准就是高等教育机会的多少，各国（地区）的这一标准差别较大。东亚国家（地区）的福利体制在医疗保障、受教育程度的提高和贫困现象的减少等方面都取得了较好的成果，但仍存在长期的收入差距大和不平等的现象。

（2）在东亚国家（地区），社会政策一个明显的特点就是"精英主义"，通过必要的福利政策来保证国家（地区）精英和重要的工作人员的忠诚。在福利政策领域，公务员、军人和其他重要的公共部门工作人员的福利在范围和数量上都比较优厚。如中国香港社会保险的对象主要是公务员，他们不仅工资较高，退休后按月发给优厚的养老保险金，而且本人和直系亲属均可以在公立医院享受免费医疗，子女可以享受教育补贴。

总而言之，用非商品化、阶层化和政府与市场的关系这三个标准来衡量东亚国家（地区）福利体制，其总体特征可概括为以下几个方面：（1）经济增长优于福利分配的决策取向；（2）家庭在福利提供中扮演重要的角色；（3）政府的福利角色较弱；（4）在有限的、较低的福利支出中，其福利分配又集中于某些特定的人群，包括与政权维护有关、受雇于政府部门的军队、公务员等，与政权合法性有关的劳工是福利提供的优先对象。

在社会政策上，东亚国家（地区）虽然有较高比例的非农业劳动人口、较高的结构性福利需求，但是基于发展的目标和国际竞争压力，它们并不将资源分配在福利上，而是分配在社会投资上，在文化结构上也存在差别待遇，因此它们在福利资源的分配上采取非普遍性、阶层性的分配方式。这种特性的实质是一种发展型资本主义的成长道路，虽然这种高经济增长、低社会福利的发展道路曾给东亚国家（地区）带来了经济的腾飞，但东南亚的金融危机深刻揭示了这种发展模式的弊端。随后各国（地区）的社会政策开始转向社会福利体制的建立和完善，推行广覆盖的公共福利的呼声也越来越高。

关键术语

公共选择（Public Choice）　公共选择理论（Public Choice Theory）　“经济人”假设（“Economic Man” Hypothesis）　劳动力商品（Labor Commodity）

复习思考题

1. 公共选择理论发展的三大流派分别有哪些？请简述一下其中罗切斯特学派的特点。

2. 西方学者在分析公共选择理论时所使用的经济学方法有哪些？请分别解释它们。

3. 简述公共选择理论的局限性。

4. 简述劳动的商品化会遇到的两个问题。

5. 简述社会民主主义福利国家体制中的社会保障政策。

第九章 社会学的社会保障理论

学习要点

通过本章学习，了解社会学中结构功能理论、福利类型理论、社会分层理论和风险社会理论与社会保障的联系，以及其对社会保障的指导实践。

案例引入

社会分层结构的变迁

中产阶层与中等收入群体近年来成为中国媒体界以及社会各界讨论的热门话题。中产阶层在中国的发展是21世纪以来的突出现象。21世纪，中国财富总量急剧扩张，这是中产阶层增长的经济基础。在中国经济迅速攀升的时期，有人比较乐观地估计，中国中产阶层人数8年增长了8个百分点，每年有800万人进入中产阶层，从而认为中国现代社会结构初步形成。

2020年初突发新冠肺炎疫情后以实体服务业为主体的大量中小微企业受到重大冲击。据报道，中小微企业收入降低69.5%。很多中小微企业坚持不下去，就只好破产倒闭，城市白领群体感受到了前所未有的生活压力。城市白领群体大多是到城市就业的大学毕业生，他们首先遇到的是房贷或租房的压力。在经济增长的情况下，收入稳定，一般还有能力偿还房贷，一旦收入下降或失业，往往只能求助于父母，但如果父母亦无能力资助，那就面临失去房屋、失去以往所有为房屋的付出，甚至失去工作而不得已离开城市返回老家的风险。再有就是维持中产生活水平的压力。中产的生活方式意味着日常消费、子女教育、社会交往等都处于明显高于低收入者的水平，一旦遇到突如其来的经济打击，他们就不得不退出中产的生活方式。

目前，中国中产阶层大约仅占全体就业者的25%。中产阶层中的大部分人并不是地位比较稳定的中产核心阶层，而是处于中产边缘层的位置。中国中产阶层的73%处于中产阶层的边缘状态。处于边缘状态就意味着，一旦受到经济上的冲击，就可能会从中产阶层跌入低收入群体。再加上目前极其不利的国际局势，众多发达经济体从多方面对中国经济实施打压政策。以往对于中国中产群体发展比较乐观的估计，恐怕要调整；对于中国中产阶层未来发展速度的预期，恐怕要有所降低。

中国中产阶层形成的三大渠道是：第一，正规教育渠道；第二，专业技术渠道；第三，市场渠道。在中国实施改革开放以来的40多年里，社会地位上升人数最多的是通过市场渠道。中国劳动者人数最多的是农民和农民工，他们实现社会地位上升，绝大多数是通过辛辛苦苦的小本经营、市场经营。所以，我们的城市管理者要特别注意保护中小经营者的权益，绝不要打击他们，更要学会精细化管理，营造规范良好的经营环境。出身于农民的这些经营者，通过经营实现社会地位上升，能够从底层爬上来非常不易。未来的中国，要想实现中产社会，还须对经济上的垄断有严格的法律约束。高度垄断的经济是摧毁亿万中小微经营者的杀手。历史经验证明，中华民族非常善于经营，如果想在我们这样的巨型人口社会实现中产社会，就必须创造有利于亿万中小微经营者的制度环境。

资料来源：李强．21世纪以来中国社会分层结构变迁的特征与趋势［J］．河北学刊，2021（5）：190-199.

讨论：社会分层产生的原因有哪些？社会保障如何对社会分层进行矫正？

分析提示

第一节 结构功能理论

一、理论概述

结构功能理论又称结构功能主义，是指侧重对社会系统的制度性结构进行功能分析的社会学理论，主要代表为美国的帕森斯、默顿等。结构功能主义是二战后在西方崛起的重要的社会学流派之一，由社会有机体论和早期功能主义发展而来，主张用功能分析方法认识和说明整个社会体系和社会制度之间的关系。该理论认为社会生活之所以能维持下去，是因为社会找到了一种手段（结构）去满足人类的需要（功能）。其最重要的理论是社会均衡论。

二、理论发展

结构功能主义在20世纪50年代美国的社会学中曾占主导地位。其代表人物还有K.戴维斯、M. J. 利维、N. J. 斯梅尔塞等社会学家。结构功能主义的研究涉及面很广，包括社会理论探讨、经验研究和历史研究，其学术观点涉及人类学与政治学等社会科学领域，并对现代化理论有很大影响。从60年代中期开始，结构功能主义受到了相当多的批评，其中有的学者直接针对它的功能逻辑前提，特别是它采用唯意志论和目的论的解释方式，即把系统各组成部分存在的原因归于对系统整体产生的有益后果，进行了猛烈的抨击。还有学者批评它只强调社会整合，忽视社会冲突，不能合理地解释社会变迁。

结构功能主义的基本原则是从生物学占据统治地位的19世纪发展起来的。那时有关人体、微生物以及遍布全球的动植物的知识不断增长。19世纪中最伟大的成就就是查尔斯·达尔文吸收了这些新知识并以自然选择来解释物种进化，从而使生物学获得了空前的声望。被这些前进的步伐所激发的早期的社会思想家自然地将生物学的一些概念运用到了社会学中。

奥古斯特·孔德和赫伯特·斯宾塞提出了结构功能主义的最基本原则：社会与生物有机体在许多方面是相似的。这一观念包含了三个要点：第一，社会与生物有机体一样都具有结构。一个动物由细胞、组织和器官构成；与其类似，一个社会由群体、阶级和社会设置构成。第二，与生物有机体一样，一个社会要想得以延续就必须满足自身的基本需要。例如，一个社会必须有能力从周围的环境中获得食物和自然资源，并且将它们分配给社会成员。第三，与构成生物有机体的各个部分相似，社会系统中的各个部分也需要协调地发挥作用以维持社会的良性运行。

同时，由于受意大利社会学家帕累托的影响，斯宾塞和他的追随者们都坚持任何系统都会自然地趋向均衡或稳定的观点，社会中的各部分对社会的稳定都发挥了一定的功能。因此，从结构功能主义的视角来看，社会是由在功能上满足整体需要从而维持社会稳定的各部分所构成的一个复杂的系统。[①]

后来的一些学者吸收了"社会与生物有机体相似"这一结构功能主义的基本思想，并且对其进行了提炼和补充。在美国，塔尔科特·帕森斯（Talcott Parsons）是将结构功能主义发展为社会学分析中一个全面而系统的理论的领袖人物。帕森斯在他的《社会行动的结构》等著作中，强调分析大规模的社会、文化的体系结构与功能，重点描述社会结构与社会制度的关系。[②]他认为（帕森斯，1951；帕森斯和斯梅尔塞，1956）。社会系统为了保证自身的维持和存在，必须满足四种功能条件：第一，适应。确保系统从环境中获得所需资源，并在系统内加以分配。第二，目标达成。制定系统的目标和确定各目标的主次关系，并能调动资源和引导社会成员去实现目标。第三，整合。使系统各部分协调为一个起作用的整体。第四，潜在模式维系。维持社会共同价值观的基本模式，并使其在系统内保持制度化。在社会系统中，执行这四种功能的子系统分别为经济系统、政治系统、社会共同体系统和文化模式托管系统。这些功能在社会系统中相互联系。社会系统与其他系统之间、社会系统内的各亚系统之间，在社会互动中具有输入-输出的交换关系，而金钱、权力、影响和价值承诺则是一些交换媒介。这样的交换使社会秩序得以结构化。帕森斯认为，社会系统是趋于均衡的，四种必要功能条件的满足可使系统保持稳定性。

美国社会学家罗伯特·默顿（1968）是结构功能主义的代表人物之一，他在帕森斯的功能主义理论基础上，发展了结构功能方法，使其更有利于经验研究。他的理论分析是从社会结构中的一个特定单位入手的。早期的理论家通常通过一个社会组成部分对维持整体的作用来解释其存在，他们认为社会结构中的一个单位只要存在，就一定会对维护整体发挥功能，这样就很难解释为什么社会中还会有一些对社会造成损害的单位。然而，默顿指出社会系统中并非所有组成部分都发挥着正功能，当社会结构中的某一单位阻止了整个社会或其组成部分需求的满足时，它是反功能（dysfunctional）的。当宗教把社会成员团结在一起的时候它就是在发挥正功能；当军队在保护一个社会免受伤害时，它也是在发挥正功能；当一部政治机器通过提供关于政府和社会服务的信息而将外来移民整合入社会之中的时候，它同样在发挥正功能。然而，当宗教在北爱尔兰等地区激起政治纷争时（达比、道奇和赫伯恩，1990），当军队耗尽了医疗和教育机构等更紧迫的社会需求的资源时，当一部政治机器靠贪污和腐败为生时，他们发挥的又是反功能。

同时，他提出了外显功能和潜在功能的概念，前者指那些有意造成并可被认识到的后果，后者是那些并非有意造成和不被认识到的后果。他认为社会结构单位发挥的功能并不局限于"正式的"或预期的功能，除了已意识到的或显功能（manifest function）之外，一个社会结构单位还具有尚未意识到的或者未预料到的潜功能（latent function）。例如，大学的一个显功能是使年轻人接受教育，为将来承担专业化的工作打下基础，而

① 郭士征. 社会保障学［M］. 2版. 上海：上海财经大学出版社，2009：315.
② 帕森斯. 社会行动的结构［M］. 张明德，夏遇南，彭刚，译. 南京：译林出版社，2012：7.

大学的一个潜功能是把一部分人口排除在劳动力市场之外，从而减缓经济生活中的压力。

结构功能主义在许多问题上受到了批评，主要是因为它所反映的社会观本质上是保守的。由于它强调共享价值观并且将社会看成是由为整体利益共同发挥作用的各部分所组成的，结构功能主义似乎给不赞同这些社会价值观并企图改变它们的人们只留了极少的空间。

批评家指责功能主义在很大程度上忽视了对社会的不满和社会冲突。由于结构功能主义是如此依赖秩序、稳定和共识，它甚至可能曲解了社会的真正本质。批评家们指出，与生物体不同，社会的各个部分并不总是为了整体利益而通力合作的，社会中的某些组成部分处于冲突之中，某些部分的获利则是以其他部分的利益受损为代价的。

对结构功能主义最严厉的批评来自被称为冲突主义论者（conflict theorists）的学派。他们认为结构功能主义视角在研究稳定的社会时也许是十分有用的，但放眼今天之世界，社会在飞速变迁，冲突不是例外而是规律。

三、结构功能理论与社会保障的联系

在结构功能主义看来，社会福利是社会的功能需要。结构功能主义的核心观点是整合与秩序，并多少继承了生物演化论者的观点，它将社会比喻成生物有机体，并认为社会各部门就像生物的各种器官一样各有其功能，只有将社会视为一个整体才能透视和了解它如何有秩序地存在，以及发挥社会各部门的不同功能，进而解释一个稳定而整合的社会是如何运作的。结构功能主义认为，社会福利在整个社会系统中发挥着维持社会稳定和均衡的功能。

根据分析角度的侧重点不同，结构功能主义的社会福利理论可以分为以下三种具体观点：

（1）经济决定论。经济决定论的基本特点是偏重社会福利的量化研究，主张从各个国家所实施的社会福利服务中归纳出一套理论原则，来验证其经济因素影响或决定社会福利发展的假设，但该理论对社会福利的解释缺乏完整的理论框架。

（2）聚合理论。聚合理论强调技术因素在福利国家发展过程中的作用，其中，工业技术的发展是自变量，社会福利模式是因变量，工业技术的发展是决定政府干预社会福利的先决条件。该理论认为，随着工业社会的发展，社会福利的发展呈现阶段性特征：从补缺模式经过自由模式，扩充为制度的福利模式，最终扩大至由政府来分配社会福利资源的范围。政府在社会福利方面的干预犹如原子扩散一般，逐渐扩大其范围与深度，政府管制和分配社会福利服务并逐步取代原来由市场分配的福利资源，并以“需求”作为政府提供福利服务的分配依据。

（3）共识理论。共识理论从价值观念和意识形态的角度来剖析社会福利，具体分为理性决定论和道德决定论。理性决定论强调社会福利是对社会问题和社会需求的“理性”反应，认为人类为解决工业化和都市化所引起的社会问题，通过政府的介入，建立社会福利服务体系，乃是一种社会大众的理性反应。道德决定论强调社会福利的“道德”本质，认为社会福利是解决社会问题的最道德的办法，通过政府干预社会福利服务的社会政策显示出人类共同拥有的“爱心”和“慈善”精神，而社会政策则源于人们逐渐加深的社会责任感和人们对“需求”认知的加深。

由以上可以看出，结构功能主义认为社会福利的兴起与发展是对社会结构功能分化的功能性反应，政府通过社会福利服务来干预解决社会问题是社会结构的一种“功能必要性”，是为了达成社会系统的整合与均衡。结构功能主义的社会福利理论具有许多合理的成分，如重视工业化、都市化与社会福利发展之间的因果关系，强调经济和技术发展水平与社会福利发展程度之间的关系，强调政府干预社会福利服务的必要性和重要性等。

第二节　福利类型理论

随着社会福利的形成和发展，对社会福利的研究出现了多种方式和角度，在对福利国家的研究中，不同的人采取不同的方式：有的人重点研究社会福利的制度描述，有的人重点研究社会福利的制度实施，有的人重点对社会福利的优劣进行评价，有的人重点研究社会福利的历史，有的人重点对不同国家的社会福利进行比较研究。比较研究又包括对不同国家的社会福利的发展历史和现实中的社会福利政策进行比较。其中，对中国适度普惠型社会福利制度的构建较有启发意义的理论包括维伦斯基和莱博的福利国家二分法，蒂特马斯的福利国家三分法，卡恩和罗曼尼斯克的福利国家四分法。[①]

一、维伦斯基和莱博的福利国家二分法

对于福利国家或各国的福利制度的划分，最早是由维伦斯基和莱博于1958年在《工业社会和社会福利》一书中提出来的。他们根据社会福利在国家中承担的功能，区分了两种类型：剩余型社会福利（residual welfare）和制度型社会福利（institutional welfare）。他们主要以工业化的理论为基础，持一种“趋同论”的观点，认为各国最初的社会福利属于剩余型社会福利，开始工业化之后，其社会福利就会从剩余型朝制度型方向发展、演变。美国当时的社会福利属于剩余型社会福利，各个国家最后都会发展成为制度型社会福利。他们的研究成为后来比较社会福利的基点和福利研究中的经典论述。

在剩余型社会福利概念下，一般认为，满足个人福利需求的渠道是家庭与市场。只有当家庭不再存续、出现较大范围的经济萧条，或者个人面临年老、疾病的时候，也就是这两个渠道不能正常发挥作用的时候，由国家承担责任的社会福利制度才介入进来。当市场和家庭重新恢复正常运作的时候，社会福利就应当退出。这种社会福利制度是短暂的，具有一定的补缺性，通常被当作一种施舍，或被认为具有慈善性。

在制度型社会福利概念下，一般认为，公民权利的保障由国家承担，国家从一开始就介入到福利提供中来，社会福利不是在家庭和市场不能满足个人需求时才介入处理个人的危机，这种处理是常规性和固定性的，是全面的、综合的，能够提供稳定且综合的社会福

① 张军．我国适度普惠型社会福利制度的建构：理论基础与路径选择［M］．北京：人民出版社，2018：180-190.

利。将社会福利的接受者从社会弱势群体向“普通人”拓展，实现了剩余型福利到普遍型福利的转变。剩余型社会福利和制度型社会福利的区别详见表9-1。

表9-1　剩余型社会福利与制度型社会福利的区别

类型 特征	剩余型社会福利	制度型社会福利
国家责任	当家庭和市场的福利提供功能失灵时，才由国家介入，承担相应的福利责任	公民权利的保障由国家承担，国家从一开始就介入到福利的提供中来
提供内容	所提供的福利数量和类型都是有限的，一些属于补救型的福利项目	能提供种类丰富的社会福利，全面而且综合
提供时间	所提供的社会福利是暂时的、短期的	所提供的社会福利是长期的、稳定的
提供对象	只面向某一部分群体提供特殊的社会福利	面向全民提供最基本的社会福利
制度功能	出现社会问题之后采取单一的补救方式	在出现社会问题前进行预防，并配合事后补救
社会平等	难以促进社会平等	具有较强的能力促进社会平等

对社会福利类型的另外一种划分是选择型社会福利（selective benefits）和普惠型社会福利（universal benefits）或者选择型服务（selective services）和普惠型服务（universal services）。选择型社会福利和普惠型社会福利明显不同于剩余型社会福利与制度型社会福利，它们是以社会福利的提供方式为基础来划分的。其核心问题是：福利的提供依据是家计审查方式还是公民身份制；福利的提供对象是部分公民还是全体公民；是否具有社会烙印。相对于选择型社会福利而言，普惠型社会福利不管是在提供方式方面，还是在提供内容方面，都有明显的优越性。选择型社会福利与普惠型社会福利的区别参见表9-2。

表9-2　选择型社会福利和普惠型社会福利的区别

类型 特征	选择型社会福利	普惠型社会福利
提供方式	采用家计审查的方式，面向部分公民提供	采用公民身份制方式，面向全民提供
提供内容	提供的福利是部分或者有限的	提供的福利是种类丰富的、综合性的
社会烙印	存在社会烙印	没有社会烙印或者社会烙印有限
国家控制	比较重要	不太重要
可持续性	较弱	较强

资料来源：彭华民．中国适度普惠社会福利的理论辨析与制度构建［J］．理论文萃，2011（5）：4-14.

剩余型社会福利和制度型社会福利、选择型社会福利和普惠型社会福利都是理念型（ideal types）社会福利，是人们根据相关理论建构起来的。在现实社会中，单一的社会福利类型是不存在的。理念型的社会福利类型具备相似的特征：（1）它们根据当时工业化与具体的社会需求所形成，但并不完全等同于现实中的社会福利。现实中具体的社会福利只能与理念型社会福利无限接近，后者属于一种理想状态下的学术理论，现实中社会福利的特征不能说与理念型社会福利的特征是完全相同的。（2）它们是那些专门研究社会福利的学者所提出来的理论，虽然这种理论建构源自学者头脑中的想象，但并非凭空杜撰，而是基于相关理论所产生的。

二、蒂特马斯的福利国家三分法

受维伦斯基和莱博的福利国家分类模式的启发，20世纪70年代，蒂特马斯对社会福利做了一个类型学的分析，这是蒂特马斯阐述其社会福利理论的重要创举，他所提出的社会福利的三个类型对后世影响深远。蒂特马斯依照社会制度的具体方式与社会政策在价值系列终结点上的不尽一致，将福利国家划分为以下三个模型：剩余型、工业成就型、制度再分配型。他认为这三种类型的社会福利提供水平是逐步提高的。

剩余型社会福利的意识形态认为：福利供给的“自然（或社会赋予的）渠道”来自家庭和私有市场这两个渠道，个人通过这两个渠道可以满足对福利的需要；只有当这两个渠道失灵的时候，政府才会最后出面举办社会福利予以干涉，并且这种干涉的效果也是短暂的。所以，这种福利模型的显著特征是暂时性和替代性，同时包含一定的慈善施舍的特征，福利接受者通常被视为社会弱势群体和失败者，他们往往被贴上耻辱性的标签。由此，政府规模越小越好，人民免受国家干涉的自由则越大越好。社会福利应只充当补救性的角色，且最好能以自愿方式来实施。

工业成就型社会福利的意识形态认为：该类福利制度的基本特征在于社会福利设施是以经济为依托建立起来的，因此，具体的福利获取数量要做到论功行赏，也就是依据个人的工作表现、生产力等因素来提供福利。由此会形成群众归属、阶级激励等。它的经济作用体现在对勤奋给予酬报上，也能够起到满足阶级或群体归属的社会心理需要的作用。它还被称为“婢女模型”。

制度再分配型社会福利主要被当作一种处于市场之外的社会整合制度，依据需求为人们提供普遍性的福利，即社会变迁或经济制度之多重效果的基础理论构成一部分，社会平等的原则构成另一部分。这种类型的社会福利作为现代社会制度结构的组成部分是必须的、恒久的部分，是除了家庭和市场机制之外的利益再分配机制。此类福利制度将福利对象从特殊弱势群体扩展到全体公民，将接受社会福利作为公民的一项正当的权利。①

蒂特马斯加入第二种模型主要是用于对德国和苏联的福利制度进行归纳。从实质上看，前两种模型之间并没有本质的差异，只是在量上存在不同而已，其特征同维伦斯基和莱博的剩余型社会福利是一样的。后来，蒂特马斯也开始直接采用制度型社会福利与剩余型社会福利这两个概念。蒂特马斯的三种福利模型的基本特征参见表9-3。按照蒂特马斯的解释，选择型社会福利就是通过调查个人或家庭的收入情况及财产状况，对穷

① 蒂特马斯．蒂特马斯社会政策十讲［M］．江绍康，译．长春：吉林出版集团有限责任公司，2011：14-15.

人进行界定，然后为其提供现金补贴或减免性服务，所以这种福利是提供给有限成员的有限的福利；而普惠型社会福利是基于公民的个人权利提供给每一位公民，而不使接受者的地位、尊严丧失，以使全体社会成员享受到更好的社会福利和服务。因此，普惠型福利和选择型福利的根本区别在于是否对福利和服务的接受者进行经济调查。

表9-3 **蒂特马斯的福利模型的基本特征**

分析角度	制度再分配型	工业成就型	剩余型
国家的作用	提供普遍的国家管理服务，对收入进行再分配和减少社会的不平等	国家应该根据生产效率和工作表现满足需求	国家只对市场和家庭不能满足的需求进行干预
优先考虑的事项	对社会需求的满足给予优先权，对经济效率的关心居于次要位置	首先关心的是经济的成功，社会需求的满足也被看作是必要的	市场自由的价值占主导地位，私人经济的供给受到偏爱
接受者的地位	具有公民身份的所有社会成员都是接受者	接受者被看作是由于经济原因得到支持的潜在的生产力资源	接受者被打上失败者的烙印
政治立场	左	中	右

从社会结构的角度出发，蒂特马斯还将社会福利划分成三个部分，即公共或社会服务（social service）、财政福利（fiscal welfare）或收入免税额和救助以及职业福利（occupational welfare）。社会福利是指在政府的财政支出中，所有属于“社会服务”这一项目下的财政转移支付和直接支付，除此之外，中央和地方组织及辖区的各项社会服务也涵盖在内，诸如国民保健服务，地方当局兴建的公共住房、中小学教育以及社会保障给付等。社会福利是对处于被抚养状态的人们的集体干预。财政福利是指政府税制下的各种税收减免或扣除，在社会保障中缴纳的保险费也包含在内。在现代社会，税收或多或少地不被看作是对神圣私人财产的不适当侵犯，从社会政策的角度看，也不再被简单地认为是以牺牲富人的财富为代价而施惠于穷人的一种手段。职业福利一般采取实物或现金给付的方式，它不仅包括职业年金，还包括死亡抚恤金、疾病津贴、保健及其福利服务、住房、子女教育费、医疗费、失业给付等。从理论上来讲，职业福利本来是由雇主支付的，但由于可以享受免税的政策，实际上纳税人承担了部分成本。蒂特马斯认为，很多职业福利都是为了使工作中的人际关系得到良好的维持，在一定程度上体现出雇主的良善形象。职业福利就是根据员工的成就、生产力、工作表现能力对其需求进行满足[①]。蒂特马斯指出，如果不再将这三种福利纳入社会政策的视野，那么将无法理解社会政策所带来的再分配的影响力，三种福利模式相互配合，共同构成了完整的福利体系，组成了一张具有多元化主体结构及目标的福利网络。蒂特马斯认为从目标来说，三个系统的相似性大于差异性。他认为应该以目标为依据来界定社会福利，而并非依据管理办法和制度安排来界定。他认为三个社会福利体系应该是统一的，不应该处于独立运

① 蒂特马斯．蒂特马斯社会政策十讲［M］．江绍康，译．长春：吉林出版集团有限责任公司，2011：103-104.

行的分离状态[1]。

三、卡恩和罗曼尼斯克的福利国家四分法

在蒂特马斯增加了工业成就型社会福利之后，又有学者提出了发展型社会福利的概念，代表人物为卡恩、罗曼尼斯克。他们进一步拓展了社会福利模式，提出了以下四种类型：

一是剩余型社会福利。这种类型的社会福利基于这样的假设，即在一般情况下，家庭和市场完全能够满足个人福利需求，这是两个自然的渠道。当家庭解体，出现了严重的经济危机，以及个人面临年老、疾病、工伤等特殊风险时，才由社会承担起向个人提供基本福利的责任，这种社会福利带有暂时性、替代性的特征，因而也带有慈善和施舍的印记，接受帮助的个人被普遍看作市场竞争的失败者、社会竞争的弱者，他们往往也被贴上耻辱性标签。

二是制度型社会福利。对社会制度结构而言，必需的和永恒的部分是社会福利。它的利益再分配机制是与家庭和市场机制迥然不同的。这种情况是因为个人或者家庭无法左右社会机制或者社会变迁的结果，必须建立相应的制度对社会变迁造成的风险予以分担或者抵御。制度型社会福利是将福利对象从原本的弱势群体向全民拓展，向全体公民提供社会福利。这样，社会福利权利就发展成了公民的基本权利，让人们不再认为接受社会福利是一种羞辱。

三是工业成就型社会福利。这种类型的提出主要是对苏联的社会福利制度而言的，认为社会福利制度取决于经济承担能力，具体的福利提供数量取决于雇员的生产能力及工作表现。所以，这种福利制度是补偿和激励勤奋的，能使接受者得到心理慰藉和满足。这种社会福利也叫“婢女型”社会福利。此外，还有一些人指出，法国、德国等一些欧洲国家的社会福利模式也为此类型。

四是发展型社会福利。持有这种观点的人指出，制度型社会福利往往被当作具有补救和预防功能的社会福利，但是，要想实现社会发展，就必须建立能帮助人们提高生活水平、与人们的发展需求相适应的社会福利制度，而并非用于对社会问题进行处理。1968年，联合国召开的第一届国际社会福利部长会议，对这种类型的社会福利进行了着重探讨，并提出社会福利的加强应以不断提升人们的生活水平为目的，在分配国家财富时，要体现出公平、正义的原则，要不断强化个人的参与能力，不断提高教育水平和健康水平。联合国经济及社会理事会于1979年通过了《加强发展型社会福利政策活动方案》，重申发展型社会福利 的观点，使人们对社会福利的理解进入了全新阶段，而且近年来在社会福利研究领域已经有人提出了“发展型社会福利”理论学说。

中国的社会福利制度建设是一个从剩余型社会福利走向普惠型社会福利的过程，借鉴西方社会福利类型理论建设具有中国特色的适度普惠型社会福利制度，就是其特点的体现。

---

① 钱宁．现代社会福利思想［M］．2版．北京：高等教育出版社，2013：169-170.

第三节 社会分层理论

一、理论概述

社会分层是指社会成员、社会群体因社会资源占有不同而产生的层化或差异现象，尤其指建立在法律、法规基础上的制度化的社会差异体系。社会学家发现社会存在不平等，人与人之间、集团与集团之间，也像地层构造那样分成高低有序的若干等级层次，因而借用地质学上的概念来分析社会结构，形成了“社会分层”这一社会学范畴。[①]

在一般的意义上，社会分层是社会结构中最主要的现象，因而成为社会学研究中最重要的理论传统领域之一，也是社会学区别于其他学科的主要特征之一。在社会分层的理论中，一般以卡尔·马克思提出的阶级理论和马克斯·韦伯提出的多元社会分层理论为代表。[②]

二、社会分层理论及发展

(一) 社会分层

“分层”一词最早源于地质学中的“stratify”，指的是地质的沉积成层现象。后来，在研究社会结构时社会学家发现，人类社会群体之间的结构及其在政治、经济、社会地位等方面的排列也像地质构造那样为高低不同的若干层次，于是地质学上使用的“分层”概念被运用到社会学分析中。其用意在于：采用地质中的分层现象来比喻人类社会各社会群体之间的层化现象。

学者们对社会分层的界定是多样化的。索罗金说过，社会分层存在于“社会成员之间的权利与特权、义务与责任、嘉奖与贬惩、社会权与影响的不平等的分层之中”。塔尔科特·帕森斯则把社会分层建立在有关任何等级的更加严格的原则上，认为社会分层是某一社会系统中对构成该系统个人的一种差别性的等级分类，个人之间相比较而言的等级高低的确定所依据的是社会主要价值标准。我国学者李路路认为社会阶层分化的实质是资源在社会成员中的不平等分配，即不同的社会群体或社会阶层不平等地占有那些在社会中有价值的事物，如财产、收入、声望、教育机会、职业地位等。但无论如何，社会分层作为一种社会现象是客观存在的。[③]它以一定标准来区分社会集团及其他成员在社会体系中的地位层次结构、社会等级秩序等现象，体现着社会不平等。

之所以采用“社会资源”的概念，是因为造成地位差异的因素是多方面的，社会资源是对人有价值的资源的总称，它包括政治资源、经济资源、文化资源等。当然，在社会资源中最核心的还是包括财产、收入在内的经济资源。既然社会资源是多元的，那么，它造成的层化现象也是多种多样的。比如，因经济资源不同而形成富裕层与贫困

---

① 马克思. 资本论：3卷［M］. 中共中央马克思恩格斯列宁斯大林著作编译局，译. 北京：人民出版社，2004：1004.

② 马克思，恩格斯. 马克思恩格斯选集：1卷［M］. 中共中央马克思恩格斯列宁斯大林著作编译局，译. 北京：人民出版社，1995：273.

③ 默顿. 社会理论和社会结构［M］. 唐少杰，齐心，等译. 南京：译林出版社，2006：71.

层，因教育资源不同而分成高学历群体和低学历群体等。

在西方的社会学研究中，社会分层与阶级、阶层经常混同使用，以分层研究取代阶级、阶层分析。而当前中国的社会学研究中，社会分层概念与阶级、阶层概念并用，社会分层的意义较为宽泛，并涵盖阶级、阶层。一种具有一定代表性的观点认为，分层内容具体包括阶级、阶层、层界。

（二）社会分层理论

在社会学170多年的发展历史中，社会分层研究构成了社会学领域中最为重要的研究论题之一，许多社会学理论大师都曾涉及这一论题并提出了相关的理论。在传统的社会分层理论中，马克思的阶级理论和韦伯的社会分层理论被视为社会分层研究的两种基本理论范式。这两种基本范式通常也被称为社会分层研究的马克思主义传统和韦伯主义传统。

1.马克思的阶级理论

在西方社会学中，马克思的阶级理论是社会分层研究的一个理论源头。[①]马克思的阶级理论有以下特点：

第一，阶级理论是一种关系理论。关系是指以财产关系为核心的生产关系，即在生产过程中因对生产资料的占有关系而形成的雇佣与被雇佣、剥削与被剥削、统治与被统治的不平等关系。[②]在此基础上形成了最基本的社会地位和社会不平等，即阶级地位——有产阶级和无产阶级，阶级不平等——统治阶级和被统治阶级。

第二，阶级存在是一种历史现象。马克思认为：它不是从来就有的，也不是永久存在的，阶级的存在仅仅同生产发展的一定历史阶段相联系；阶级斗争的形式有经济斗争、思想斗争和政治斗争，只有政治斗争才能解决革命的根本问题，其中夺取政权的武装斗争是政治斗争的最高形式，无产阶级反对资产阶级的阶级斗争必然导致无产阶级专政，在无产阶级专政的社会主义社会，由于国内国际因素的影响，阶级斗争还将在一定范围内长期存在，在某种条件下还可能激化，这是一种特殊形态的阶级斗争，它在社会发展中的地位、作用、形式、对象都发生了变化，其总趋势是在波浪起伏中逐渐缓和削弱乃至最后消灭；随着现代生产力的巨大发展，阶级最终也要归于消亡，这是历史的必然。[③]

第三，阶级是一个经济范畴。人们对生产资料的占有关系不同，在社会组织、生产过程中所起的作用不同，参与分配的方式和收入所得的数量不同，从而区别为利益根本对立的不同阶级。

第四，阶级斗争对阶级社会发展有着巨大推动作用。根据对生产资料占有的区分，每一种阶级社会都可分为两大对立阶级，阶级斗争就是利益根本对立的两大阶级之间的对抗和冲突，阶级斗争推动阶级社会向前发展。

第五，阶级分析方法是分析阶级社会的根本方法。在阶级社会中，只有用阶级分析方法来观察、分析和研究社会现象，才能透过纷繁复杂的社会现象认识阶级社会的

---

① 张军. 我国适度普惠型社会福利制度的建构：理论基础与路径选择［M］. 北京：人民出版社，2018.
② 默顿. 社会理论和社会结构［M］. 唐少杰，齐心，等译. 南京：译林出版社，2006：71.
③ 景天魁. 社会福利学［M］. 北京：北京师范大学出版社，2010.

本质。[①]

可见，马克思的阶级理论是与其寻求全人类解放的理论关怀相一致的。[②]

2.韦伯的社会分层理论

与阶级理论不同，韦伯建构起社会分层理论。马克思强调经济利益是社会阶级的决定性因素，但韦伯认为，经济利益只是价值观这个更大范畴的一个特殊例子而已，价值观还包括许多非经济利益的因素。韦伯认为，最重要的三种社会分层标准是阶级、地位和政党。韦伯对此三个维度进行了界定：阶级是指：①对于为数众多的人来说，某一种特殊的、构成原因的生存机会的因素是共同的；②只要这种因素仅仅通过经济的货物占有利益和获利利益来表现；③它是在（商品和劳务）市场的条件下表现的（阶级状况）。[③]按照“一方面是占有财产可以用于获利的方式，另一方面是必须在市场上提供劳动效益的方式”，有产者与无产者的阶级状况可以进一步分化。地位就是相互的评价，是与人们生活方式相关的荣誉或声望。韦伯认为，“等级地位应该是指一种在社会评价中典型有效的要求的特权化，或受特权损害，它建立在下述事实之上：生活方式、正式的教育方式（即经验的训练或者合理的教育）和出身威望或职业威望”[④]。所以，地位更多涉及价值而非单纯经济利益。这种多维度的分层正是韦伯社会分层理论的魅力所在，也是与马克思阶级理论的重要区别特征。

韦伯并非在一般意义上讨论分层，而是在讨论“共同体内部的权力分配”时，区分了三种不同的权力分配形式：阶级（经济）、等级（身份）和党派。权力分配也是一种统治关系。如果说“阶级”植根于经济制度中，等级就植根于社会制度中。政党原则上植根于“权力”的领域，党派的行为旨在获得社会的“权力”——共同体内部的“统治”权力。这种权力更多的是一种政治统治的权力。这三种权力分配的形式虽然彼此相连，但各自有其独立性。韦伯基于三种权力的分配形式建构起多元的社会分层理论，这与马克思的阶级理论差异更加明显。

韦伯从阶级、政党和地位三维视角形成的社会分层理论具有如下几个方面的特点：

第一，社会分层建构在理解社会学方法与多维指标基础之上。韦伯认为，社会分层的实质就是社会资源在社会中的不均等分配，是指不同的社会群体或社会地位不平等的人不均等地占有社会中有价值的事物，如财富、权力等。因此，他认为，应根据经济标准（财富）、社会标准（地位）、政治标准（权力）来开展社会分层。

第二，对于社会分层的多维指标——阶级、等级与政党，韦伯认为，阶级来源于经济制度，等级来源于社会制度和“荣誉”分配领域，政党来源于权力领域，这又分别对应于经济秩序、社会秩序和法律秩序。

第三，社会分层的本质是社会资源的分配和占有。韦伯对社会成员进行阶层划分的三重标准，即财富、权力和声望，从根本上来说，也是一种权力的分配形式，即经济、

① 马克思，恩格斯．马克思恩格斯选集：1卷［M］．中共中央马克思恩格斯列宁斯大林著作编译局，译．北京：人民出版社，1995：273.

② 马克思．资本论：3卷［M］．中共中央马克思恩格斯列宁斯大林著作编译局，译．北京：人民出版社，2004：1001.

③ 马克思，恩格斯．马克思恩格斯选集：1卷［M］．中共中央马克思恩格斯列宁斯大林著作编译局，译．北京：人民出版社，1995：273.

④ 马克思，恩格斯．马克思恩格斯选集：1卷［M］．中共中央马克思恩格斯列宁斯大林著作编译局，译．北京：人民出版社，1995：273.

政治和声望的分配形式。这种权力分配实质上也是一种统治关系。在权力分配中，财产占有仍然是一切阶级状况的基本范畴，但韦伯认为纯粹的财产占有只是阶级形成的初级阶段，导致共同行为和阶级利益的则是市场状况，所以是与市场机会结合并存的利益造就了阶级，从而阶级结构应是多层次的。韦伯提出了以“市场能力”为核心并结合职业、财富、受教育水平和专业技能等进行社会分层的理论模式，这一理论模式被后继者发展成为“上上层、上中层、上下层，中上层、中中层、中下层，下上层、下中层、下下层”的一般分层模型，表现了这一理论的持久生命力。

从哲学角度而言，马克思的阶级理论采取一种整体论观点，将阶级视作社会中实存的社会群体，并从经济结构方面来揭示阶级的性质，以两极对立的阶级模式来把控阶级结构；韦伯则对阶级采取一种个体的唯名论观点，并从多维角度看待分层事实，更加强调导致分层现象多种因素的相对独立性。[①]理论上具有关联性的马克思和韦伯分别提出了不同的基本分析框架和理论模式，对社会分层的本质、形式、决定要素等分别做出了不同的理论解释，代表两种在本质上不同的理论取向，后来的很多社会分层理论及其相关研究基本上还是在这两个理论框架内发展。

（三）社会分层理论的发展

由于马克思和韦伯对社会分层研究的奠基性贡献，后来的大多数社会分层理论家延续这两条理论传统，并根据社会现实的发展变化做出了新的理论阐释和理论建构。自20世纪60年代末70年代初以来，整个社会科学包括社会学进入一个对传统理论进行挑战和批判的时代，人们对所谓现代化和资本主义经济及社会结构重新进行反思，将在社会分层研究中长期被忽视的社会关系（包括生产关系）因素、制度因素和历史因素等宏观变量，纳入到分析和研究之中。更为重要的是，如果社会结构是社会学研究中的一个基本而主要的主题的话，那么社会地位结构是社会结构特别是社会分层结构的基础，也是社会流动或地位获得的基础。社会地位的决定、构成和意义，对于理解社会结构、社会分层和社会流动都具有深刻的意义。人们从重新审视经济社会结构的角度，重新审视了社会地位及其决定因素。在新的社会分层理论中，新马克思主义、新结构主义、社会网理论、市场转型理论及其争论以及其他一些理论等，比较系统地对社会分层理论进行了发展。

二战后，科学技术和产业结构发生了重要变化，资本主义国家出现了越来越多的既非纯粹的无产阶级也非纯粹的资产阶级的中间阶级。这些中间群体的出现，挑战了传统马克思主义的阶级理论。一些学者盲目断定，马克思提出的资本主义社会两极分化的阶级理论已经过时，并且对简单的两极分化理论进行了批判。在此种背景下，赖特并不满足社会表层结构分析的阶层分析模式，而是坚持马克思主义阶级分析核心理念，并试图将阶级分析方法与阶层分析方法结合起来，重新建构一般的阶级分析理论框架。[②]

根据变迁后的社会事实，赖特认为，马克思的阶级理论属于宏观理论，缺乏对社会阶级的微观的实证分析，因而为中间阶级理论挑战马克思的阶级理论提供了良机。“如果马克思主义的阶级分析要保持理论上的力量和政治上的有效，那么它看来有必要继续

① 默顿．社会理论和社会结构［M］．唐少杰，齐心，等译．南京：译林出版社，2006：71.
② 王金玉．马克思主义阶级概念：理解与阐释［M］．北京：人民出版社，2019：158.

努力在具体的微观层次上铸造概念。"[①]所以，赖特决心搭起一座桥梁来桥接阶级的抽象结构概念与特定历史环境中阶级角色的描述，并以此来弥补马克思的阶级理论的两个不足：缺乏详细的实证分析和缺乏对"中间阶级"的预见与分析。

赖特首先依据是否占有生产资料将社会分为两个部分，其次依凭作为资本主义社会剥削特性的两个从属关系——组织资产与"技术-资格"证书资产的占有情况，把整个社会的阶级结构划分成阶级地位。赖特的阶级地位分类采取了三重维度：一是生产资料所有权维度。根据是否占有生产资料划分出两个主要的阶级——资产阶级与工人阶级，即为传统上资本主义生产方式诱致的两极分化阶级。二是组织资产维度。组织资产是指对劳动力的有效支配和协调，根据其协调和支配程度可划分出三种基本地位：管理者——直接在工作岗位上制定决策方针，对下属拥有有效的权威地位；监督人员——只对下属拥有有效的权威，不制定组织决策；非管理人员——在组织中不具有任何组织资产地位。三是"技术-资格"证书资产维度。赖特依据"技术-资格"证书资产的拥有状况，将职业头衔、正式资格证书和职业特征结合起来划分出三种类别：专家——包括所有的专业人员、获得高等学历的技术人员与经理；技术性雇员——学校教师和手艺人、拥有高等学历的售货员与办公室人员、很少拥有高等学历的技术人员与经理，其工作具有真正的自主权；非技术人员——不具有技术性雇员所应有的资格证书也不符合自主权标准的售货员和办公室人员、非手艺性的服务行业和手工行业人员。

赖特的阶级分类模型有两个突出特征：其一，重新彰显了生产资料所有权在社会阶级划分中的重要作用；其二，重建了"中间阶级"的概念。他用"矛盾的阶级定位"替换了"中间阶级"的概念，将资产者中的"小雇主"和"小资产阶级"置于资产者的矛盾定位上，依据组织资产和"技术-资格"证书资产将专业人员等置于非资产所有者的矛盾定位上。[②]赖特的这种阶级分析思路表明，他坚持用马克思主义阶级理论来研究社会分层。他将组织资产和"技术-资格"证书资产当作划分阶级的两个次维度，也给人以深刻启发。

赖特认为，西方学者关于"中间阶级"研究的共同局限性是认为阶级结构中的每一种地位都仅属于一个阶级。事实上，不能将所有的地位都定位于唯一的特定阶级，而应该将某些地位视作可能具有多重阶级的特征，它们可能并存于多个阶级之中。赖特将这种地位称为"阶级关系内的矛盾定位"，或者更完整地表述为"矛盾的阶级关系中的矛盾定位"。赖特的"中间阶级"就是具有这种矛盾的阶级关系的矛盾定位。[③]赖特对"中间阶级"的矛盾地位做了如此界定：一方面，他们剥削别人；另一方面，他们又被人剥削。"中间阶级"既受人剥削又剥削别人的情况使其在剥削关系中处于矛盾地位。在资本主义社会中无产阶级和资产阶级是两大直接对立的阶级，对立的根源是资本主义社会基本制度内含的劳动与资本间的对立诱致工人和资本家之间利益的根本对立，但是"中间阶级"同时具有工人和资本家两方面固有的对立利益。所以，他们的地位同时拥有了资产阶级和无产阶级的特征。他们的某些资产阶级特征表现为拥有管理工人的权

① 陶林．马克思主义阶级理论的当代价值［EB/OL］．［2023-11-20］．http：//jres2023.xhby.net/pl/yl/202005/t20200520_6652315.shtml.

② 梁君林，汪朝霞．社会保障理论［M］．合肥：合肥工业大学出版社，2011：253-259.

③ 韦伯．经济与社会：下卷［M］．林荣远，译．北京：商务印书馆，1997：242.

利，对工人有奖惩权，并以种种方式直接参与相关生产过程。在此分析基础之上，赖特明确给定“中间阶级”就是这样的一个群体：（1）依附于庞大机构，专门从事非直接生产性的行政管理工作与技术服务；（2）无固定私产，并不对服务机构占有财产分配权；（3）靠知识与技术谋生，获得较稳定丰厚的薪俸；（4）思想保守，生活单调机械，缺少革命热情，为维持与其地位相称的体面和形象常常拒绝流俗和粗鄙的大众趣味。[①]赖特发现，当下“中间阶级”已经成为资本主义各国社会上人数最多的阶层，并且呈现出不断增加的趋势。“中间阶级”也已成为各主要资本主义国家的主要社会力量，对社会的稳定起着十分重要的作用。[②]这种社会发展的事实是马克思所难以预料到的。

赖特认为，与阶级分析相关的有三类因果过程，其中每一类因果过程均联系着一个社会学分支理论。第一类方法是基于个人属性及物质生活条件来区分阶级；第二类方法关注社会地位以什么方式使某些人控制经济资源并将其他人排斥在外，即依据“机会囤积”来划分阶级；第三类方法依照支配和剥削的机制来区分阶级，在此机制下，经济地位给予了某些人支配他人生活和行为的权力。第一类是社会分层研究中所采纳的方法，第二类属于韦伯主义的观点，第三类与马克思主义传统相关联。社会学家常常试图将其研究基于三类因果过程的某一种上，但并没有理由认为三类因果过程是互相排斥的，可以通过将三者中的每一个均视为一种形成阶级结构某方面特性的关键过程来将三者关联起来。所以，一个完整周详的阶级分析框架，要将分层方法的关键洞见、韦伯主义和马克思主义的观点都综合起来，要将具有冲突和转变的宏观模型和阶级过程及其个人生活的多层次“宏观-微观”模型关联起来。[③]赖特正是利用这种综合的阶级与阶层分析方法来分析当代的资本主义社会的阶级状况，特别有力量地重新界定了“中间阶级”的概念。

安东尼·吉登斯的社会分层理论集中体现在《发达社会的阶级结构》一书中。吉登斯关于社会分层的构想体现在其阶级结构化理论中。其阶级结构化理论概括起来具有以下几个方面的特点：

第一，不寻常的阶级社会分层前提。吉登斯提出，阶级社会并不是起源于阶级开始出现的社会，而是起源于阶级关系开始在解释社会的种种关系中占据主导作用的社会。从此出发，吉登斯认为，阶级社会起源于资本主义社会，立论前提就是市场经济条件下形成了劳动契约关系。在此种关系条件下，资本和工资、劳动形成的契约关系主导着阶级关系，造成了政治与经济的分离。

第二，以市场能力与准技术关系作为轴心建构社会分层原则。在吉登斯的理论中，市场能力具有核心作用。为了突破传统的阶级二分法造成的困境，如无法解释的各类中间阶级问题、阶级间的必然对立关系等，吉登斯根据在商品生产过程中发挥重要作用的资本、劳动力、教育和技术三要素归类出三种市场能力，在此基础上形成了相对应的上层、中层、下层阶级构成的阶级结构。

第三，将阶级关系视为一种社会结构，在阶级结构的互动中考察各阶层之间的流

---

①　梁君林，汪朝霞．社会保障理论［M］．合肥：合肥工业大学出版社，2011：253-259.
②　王金玉．马克思主义阶级概念：理解与阐释［M］．北京：人民出版社，2019.
③　赖特．后工业社会中的阶级［M］．陈心想，皮小林，杨玉明，等译．沈阳：辽宁教育出版社，2004：256.

动。一方面，由于“市场能力”的差异，社会形成了相对明晰的上层、中层、底层阶级，成为较稳定的阶级结构。为了促进社会的公平正义，就应该制造出更多的流动机会。教育就是提供流动机会的主要途径。另一方面，阶级关系结构又限制了阶级主体活动的范围和层次，限定了阶级主体流动时市场能力发挥作用的程度。尽管阶级主体具有一定的能动性、创造性，但只能在既定的阶级结构下活动、创造，他的任何流动都受到那一阶段、那一层次的条件制约。①

第四，阶级关系结构化理论包括阶级剥削、阶级意识和阶级冲突三个要素。阶级结构化还体现于同一阶级所共有的态度模式与行为模式，而阶级剥削、阶级意识和阶级冲突构成了这些模式的主要内容。在阶级关系结构中，剥削体制正是依靠市场能力的差别来运作的，因为人们的市场能力存在永久性差异，所以不可能彻底消灭阶级剥削或超越剥削社会。②

大多数现有的社会分层理论都着眼于社会生产中微观个体的职能作用，分层的根据是社会生产过程中不同微观个体对生产关系控制能力的差异。③吉登斯承继了韦伯的社会分层的基本观点，从在市场交换过程中微观主体定价的主导能力来细化分析。韦伯认为，人们生活的机会取决于个人的“市场力量”，吉登斯则将“市场力量”发展为“市场能力”，正是这些“构筑了资本主义社会里一个由三个阶级组成的基本体系：上层阶级、中层阶级与下层阶级或工人阶级”。所以，吉登斯的分层理论突出地体现了韦伯主义的多维度的特殊性征，阶级分层是多因素——财产、劳动技术、劳动分工、资格证书、消费模式和权威差异等的综合结果。④

三、社会分层理论与社会保障的联系

社会分层是社会成员因占有资源的不同而形成的地位差异结构，社会保障制度在一定程度上可以被视为一种资源再分配制度，两者具有某种内在的天然关联。以中国社会保障制度改革与社会阶层结构变迁的互动为例，分析社会保障制度与社会分层之间的关系，发现社会保障制度与社会分层是相互影响的双向关系。一方面，社会分层对社会保障制度提出新的要求和挑战；另一方面，社会保障制度能够纠正社会阶层差距的扩大化，也可能因“福利分层”导致社会阶层固化。中国改革开放前后社会保障制度的发展与社会阶层结构变迁之间的互动，印证并支持了社会保障制度与社会分层之间的双向影响关系。

第四节 风险社会理论

一、理论概述

风险社会是指在全球化发展背景下，由于人类实践所导致的全球性风险占据主导地

① 赖特. 理解阶级：建构一个综合性分析框架［J］. 陈雪琴，译. 国外理论动态，2011（10）：13-19.
② 韩炯. 吉登斯社会分层理论述评［J］. 江南社会学院学报，2006（4）：68-73.
③ 赵延东. 解读“风险社会”理论［J］. 自然辩证法研究，2007（6）：80-83；91.
④ 贝克. 风险社会［M］. 张文杰，何博闻，译. 南京：译林出版社，2017：6-17.

位的社会发展阶段，在这样的社会里，各种全球性风险对人类的生存和发展产生严重的威胁。随着人类对社会生活和自然的干预范围和深度的不断扩大，决策和行为成为风险的主要来源，人为风险超过自然风险成为风险结构的主导内容。借助现代治理机制和各种治理手段，人类应对风险的能力提高了，但又面临着治理带来的新风险，即制度化风险（包括市场风险）和技术性风险。

二、风险

“风险”（risk）是一种危险（danger）和灾难（disaster）发生的可能性，风险与危险、灾难相关联，但它本身并不是危险或灾难。风险古已有之，几千年来，洪水、地震、干旱、饥馑、瘟疫、战争等各种各样的灾难和风险一直伴随着人类的生活，带给人们极大的不安全感，以至于在古代中国就出现了“杞人忧天”的故事。从现代观点看，“杞人忧天”恰恰反映出在古代人们其实已经有了清醒的风险防范意识。所以，不能说风险和风险意识是现代独有的现象，也很难说现代社会的风险比古代社会的风险究竟是多了还是少了。唯一可以确定的是，风险是人类社会不可避免的伴生物，不管是在过去还是在未来。①

风险的特点：（1）风险造成的灾难不再局限在发生地，而经常产生无法弥补的全球性破坏，因此风险计算中的经济赔偿无法实现；（2）风险的严重程度超出了预警检测和事后处理的能力；（3）由于风险发生的时空界限发生了变化，甚至无法确定，所以风险计算无法操作；（4）灾难性事件产生的结果多样，使得风险计算使用的计算程序、常规标准等无法把握。

三、风险社会及风险社会理论

贝克在其1986年出版的德文版《风险社会》一书中，首次提出了“风险社会”的概念，并具体阐述了他的风险社会理论，但当时这一理论并没有引起很多的关注和反响。直到1992年《风险社会》英文版出版后，风险社会理论才在西方世界引起巨大的反响和激烈的讨论，“风险社会”作为一个概念和一种理论也被越来越多的学者接受。“风险社会”理论描述和分析了我们所处的后工业化社会的社会结构特征，为我们理解现代社会提供了独特的视角。

贝克提出，在现代化的发展进程中，生产力的指数式增长，使危险和潜在的威胁释放并达到了一个前所未有的高度，人类日益生活在文明的火山口上，风险社会已经成为当代人类难以规避的境遇，我们正处在从古典工业社会向风险社会的转型过程中。由于风险成为我们这个时代和社会结构的主导特征，在风险社会，整个社会的动力机制、运行逻辑、基本结构都呈现出与以前的工业社会的显著不同，其中核心的特征主要体现为以下几个方面：②

一是从“财富分配的社会”向“风险分配的社会”的转型。现代风险已经从根本上改变了工业社会长久以来的运行逻辑，使人类社会开始了一场“从短缺社会的财富分配

① 张文霞，赵延东．风险社会：概念的提出及研究进展［J］．科学与社会，2011（2）：53-63.
② 亚当．风险社会及其超越：社会理论的关键议题［M］．赵延东，等译，北京：北京出版社，2005：23.

逻辑向晚期现代性的风险分配逻辑的转换”。风险社会与工业社会的最大区别在于：工业社会的动力机制是财富生产与分配的社会不平等，而风险社会的动力机制则是面临社会风险威胁的一种共同的恐惧感。在工业社会，社会的驱动力可以概况为一句话：“我饿！”因此，为免于饥饿而进行财富创造、为争取财富分配的平等而进行阶级斗争成为推动社会发展的主动力；而风险社会的驱动力可以表达为“我害怕”，解决饥饿和贫富差距问题将不再是困扰人类的核心问题，风险的产生、识别、分配与避免将成为人们关注的核心。因此，在现代风险面前，原有的社会等级界限、民族国家界限都可能被打破。可以预计，随着全球化和信息技术的不断发展，人类社会在应对现代风险的斗争中，将学会开始新的合作、沟通与竞争，人类社会的核心议题和运行逻辑也将彻底改变。

二是科学主义的消解与反思科学化。科学技术是推动现代社会发展的重要力量。人类进入工业化社会以来，尽管不断有怀疑和批判的声音，但在公众的心目中，科学还是披上了神圣的外衣，得到社会广泛的崇拜和信任。人们普遍相信，只有通过科学和理性，才能解决不断涌现的“风险”问题。这时，科学与公众的关系可以看作是处于初级科学化阶段。初级科学化是一种不完全的科学化，科学怀疑论和科学怀疑精神仅局限于科学研究过程和科学研究对象，而对科学自身的基础和应用的怀疑则被排除在外。在现代风险社会中，人们逐渐失去了对科学技术的这种信任。人们发现，现代风险的许多新特点正是由科学技术本身的发展所导致的，科学技术本身也不得不面临各种挑战与矛盾。现代风险的系统性、影响范围之广泛、风险生产与风险后果之间因果链之复杂，在很多时候已经超出了科学认识和技术干预的能力范围。我们可以看到，在转基因、核风险等现代风险面前，专家的知识和相关解释往往捉襟见肘、自相矛盾。另外，随着科学技术与商业化日益紧密结合，科学探索日益与利益相关联，科学家在坚持科学理性的同时，常常有意无意地忽略或允许科学技术的潜在风险。用贝克的话说，就是“在严格的科学实践与其助长和容忍的对生活的威胁之间，存在一种隐秘的共谋”。在风险社会中，人们对于科学技术和理性的态度经历了一次根本性的转折。贝克称这种态度为“反思科学化”，它是一种完全的科学化，它将科学怀疑论应用于科学自身的固有基础和外在结果上，其结果是科学不仅被当作一种化解风险的资源，而且被视为造成问题的原因。科学主义和笼罩在科学身上的神圣光环逐渐被消解，科学进步和科学万能的信念开始动摇，科学的地位开始下降，科学真理逐渐被彻底地相对化。从贝克的风险社会理论的有关论述出发，我们可以进一步推测，对科学的反思以及对科技后果的警惕和批判将成为现代风险社会的重要特征，它所带来的一个可能后果是，公众和科学家的科技伦理意识开始显现，科技伦理问题将上升成为公共领域和社会政策的重要议题。

三是反思性现代化与技术-经济发展的民主化。贝克认为，风险社会的出现与反思现代化的概念相连，风险社会就是对前工业社会的反思，是工业社会发展的第二阶段，也是对第一阶段“简单现代性”的批判和改造。在简单现代化阶段，科技的进步和知识的增长支配着社会发展，人们可以凭借以往的知识和经验来计算和预防危险。而在反思性现代化阶段，由科技进步和工业发展带来的风险已经脱离了传统工业社会中的安全控制系统，变得无法预防和控制。人们开始对科学技术和现代社会发展进行反思，这种反思导致了风险社会的政治格局和决策机制的新变化。“技术–经济”联合体在简单现代化阶段的发展已经形成了自己的亚政治，它不受公众的质疑和文化共识的影响，公司、政策制定者和专家结盟，形成一种推卸风险责任的“有组织的不负责任”机制。在这种机制下，生产出风险的责任主体往往被忽略或模糊化了。要破除这种亚政治，就需要在社会体制和政治体制上进行相应的改革。而对科学和技术进步信仰的终结，会对社会政治的未来发展产生影响，使得技术–经济发展的民主化政治有了可能。

四是社会结构的“个体化”。在社会结构方面，风险社会的最根本的结构性特征就是“个体化”，它主要表现为两个基本主题：一是个人从基于身份的阶级中脱离；二是妇女从家庭中的脱离。在风险社会中，基于身份的阶级认同以及传统的阶级和阶层等级模式开始崩解，个体由于教育、流动机会的增加以及竞争的加剧，可以选择、规划和掌握自己的生活。人们丧失了传统的支持网络，而不得不依赖于自身和自己的个体命运。个体化会对风险社会中的社会分层产生影响，人们已不再能根据某人的阶级地位确定其观点、关系、家庭地位、社会认同和政治立场。与此同时，在风险社会中妇女也开始从传统的家庭角色中解放出来，传统的家庭模式崩解，单身生活成为典型模式。与社会结构个体化相关联的另外两个社会结构性变化是就业的灵活化和工作场所的多元化，工作模式由传统的单一工作场所里的终身全职工作，转变为充满风险的灵活多样和分散的就业体系。这种变化对人们的职业安全感以及现行的劳动法律制度、劳动保障体制等都带来许多新的挑战。

四、风险社会理论的发展

贝克的“风险社会”理论敏锐地抓住了现代社会中的风险议题，创造性地提出了一系列有关风险的社会理论。他的研究开启了人们对风险社会研究的先河，也引发了激烈的争议和讨论。

在贝克之后，英国社会学家吉登斯与德国社会学卢曼也对风险社会进行了深入研究。吉登斯进一步指出了风险社会是现代性的必然结果。在《现代性的后果》（1990）、《现代性与自我认同》（1991）和《失控的世界》（1999）等著作中，吉登斯通过对现代性后果的讨论来展开其对风险社会理论的阐述，特别强调了当代社会风险的结构性特征。在吉登斯看来，风险社会是指由于新技术和全球化所产生的与早期工业社会不同的社会特性，它是现代性的一种后果。“我们所处的年代并不比以前更危险、更危机，但是危险的状况发生了变化。我们生活在这样一个社会里，危险更多的来自我们自己而不是来自外界。”[①]

卢曼则从技术层面研究现代社会的风险问题，提出了关于风险的复杂自系统理论。他认为，我们生活在一个没有选择的社会，现代社会的分工形式和不同的功能系统中的决策是风险问题产生的根源，我们不得不面对风险，它们不可能从根本上得到解决；越来越突出的科技风险是现代社会最近发生的重大变革的标志，太多的不确定性和决策意识形成了我们的未来，产生了明天的结果。因此，当代社会预示着充满风险的未来。[②]

① 周弘．福利国家向何处去［M］．北京：社会科学文献出版社，2006：269.
② 贝克．风险社会［M］．张文杰，何博闻，译．南京：译林出版社，2017：170.

一些学者对贝克的风险社会理论提出了批评和补充，阿兰·斯科特提出，贝克的大量分析和观察都在重复“阶级社会/风险社会”“稀缺性/不安全性”这种二元对立的讨论策略，实际上不安全就是稀缺性的另一面。斯科特·拉什试图从文化的视角来理解和解释“风险社会”，提出用“风险文化”的观点去取代或至少去补充“风险社会”的概念。他认为，贝克和吉登斯关于风险社会的理念是制度主义的，他们把风险置于一个制度建构起来的风险社会中，这个“风险社会”是规范有序、垂直构架并且是基于个人的，缺乏对文化的关注。“风险社会”的概念和反思现代化假设了一个从传统转向简单现代性，最终转向反思现代性的三阶段变动序列，它假定了一个决定性的秩序。他建议用“风险文化”取代“制度化社会”的实体，“风险文化”在过去决定性的地方引入了非决定性，它是价值无序、水平构架并且是基于社群的。风险作为一种心理感知的结果，在当代的凸显是一种文化现象而不是一种社会秩序，风险问题的关键是不同文化中的风险责任归咎和信任问题。①希拉里·罗斯则通过对现代遗传学领域风险的讨论提出：我们生活在风险之中，而非生活在风险社会之中；贝克的风险社会概念是一种对旧工业社会的替代，它仅适用于一个强有力的经济体和集体安全系统，而不适合英国的情况；即使整个欧洲都还面临着经济困难和严重的失业问题，将社会冠名为风险社会，将会抹杀那些现代性尚未完成的任务。

针对这些批评和讨论，贝克又陆续发表了《风险时代的生态政治》（1995）、《世界风险社会》（1999）、《风险社会的理论修正》（2000）、《自由与资本主义》（2001）、《“9·11”事件后的全球风险社会》（2001）等一系列文章和著作，对风险社会理论做进一步的阐述和修正。特别是在《世界风险社会》一书中，贝克提出了“全球风险社会”的概念，认为随着风险的不断扩散和全球化的不断推进，风险社会从根本上说“是世界风险社会或全球风险社会”②。他也从最初的强调技术对环境和生态的威胁，开始强调制度性风险，并提出减少合法化风险正成为核心政治问题，风险已经成为政治动员的主要力量。

在回应性文章《再谈风险社会》一文中，贝克总结了风险的概念并回应了有关批判。他再次强调了风险的建构性、内在性、不确定性与多重性，指出风险（或世界风险社会）的概念意味着八个主要的方面：（1）风险既不同于毁灭，亦非信任/安全，而是一种真实的虚拟；（2）风险是一种有威胁性的未来，（仍然）与事实相反，成为影响当前行动的参数；（3）风险既是事实陈述，也是价值陈述，它在数字化道德中得以结合；（4）风险意味着控制与失控，正如在人为制造的不确定性中所表现的那样；（5）在认识（再认识）冲突中所意识到的知识和无意识；（6）全球和本土被同时重组为风险的“全球性”；（7）知识、潜在影响和症候后果之间的区别；（8）一个人造的、失去了自然与文化二元论的混合世界。

贝克进一步阐明，风险社会可以区分为两个阶段。在第一阶段，一些后果已经被生产出来，但还没有成为公众知识审查和讨论的主题，也没有成为政治冲突的中心。而当工业社会的危险开始统治公众和私人的讨论时，工业社会的制度所生产出来并使之合法

① 托夫勒．第四次浪潮［M］．北京：华龄出版社，1996：146．
② 吉登斯，皮尔森．现代性——吉登斯访谈录［M］．伊宏毅，译．北京：新华出版社，2008：236．

化的危险已经超出了其控制范围，从第一阶段向第二阶段的转型就开始了。在这一转型过程中，财产和权力关系仍保持不变，工业社会将自己看成是一个风险社会，并对之展开批评。一方面，社会仍然根据旧工业社会的模式来决策和行动；另一方面，根源于风险社会的动力之中的辩论和冲突已经摆在了利益集团、法律和政治体系面前。在一个全球风险社会的时代，想要回归到工业现代性的理论和政治哲学的努力是注定要失败的。风险社会理论中，“环境”等问题不再被视为外在的问题，相反它们从理论上被放到了制度的中心。贝克还对“有组织地不负责任”、风险“定义关系”、“危险的社会爆发”等描述风险社会危险的一些核心概念做了更进一步的阐述。他建议在未来进一步探索在一种跨国、跨文化比较和全球化的视角上来讨论问题的方式，这要求人们在不同的文化框架下重新建构风险及风险管理的社会定义，要求找出风险冲突的那些力量，要求人们在不同的文化-政治背景中将其有组织地不负责任和定义关系的问题结合起来。[①]

随着现代风险的影响逐渐扩大，风险研究不仅在理论研究上日益深入，而且在研究领域和研究主题上也日益丰富，出现了跨学科、跨文化的经验研究，涌现出许多优秀的实证研究案例。特别是在风险感知、风险评估、科技伦理、跨文化比较研究领域都涌现出很多卓有成效的研究成果，这些领域的研究已经成为风险社会研究的重要部分。另外，在风险的分析研究中还出现了跨学科、多视角、综合性的研究趋势，如风险的技术分析视角、经济学分析视角、心理学分析视角、政治学分析视角、社会学和文化学分析视角等。[②]我们欣喜地看到，对核风险、转基因风险、生态危机等具体风险问题的研究已经在某些地方带来了政治上的改变和进步；对风险传播中的风险放大效应、媒体作用、风险管理中的公众参与和沟通等问题的研究，不仅使人们了解了风险社会中的一些具体机制，而且对于防范重大社会风险的发生产生了积极的影响。这些不同视角和不同关注点的研究，从各种角度丰富着人们关于风险和风险社会的认识和理解。

五、风险社会理论与社会保障的联系

工业化给整个社会带来了现实的危机，到了工业社会，大机器作业产生的工伤事故、疾病和老龄化问题，以及结构性的失业，都可能将人们打入无以为生的境地，工业发展导致的工人阶级的贫困化以及工人运动的兴起，使统治者认识到工业化社会带来的老、伤、病、失业等新问题，不可能继续通过传统的家庭纽带、教会、行会和慈善机构提供服务而得到妥善的解决，应当以制度化、规范化的方式来应对。而社会保障制度正是为了应对工业社会的风险所产生的，通过实施社会保障制度，防止和减缓社会成员们面对社会风险时的损失，预防和降低社会风险，即现代社会保障制度是工业化革命和社会化大生产的产物。然而在风险社会时代，不断产生的新风险也给社会保障制度带来了新的挑战。因此，社会保障制度应适应时代的需求，根据风险社会中存在的各种风险类型及特征，建立与之相适宜的社会保障制度。

① 托夫勒．第四次浪潮［M］．北京：华龄出版社，1996：185．

② 曾煜．工会应关注灵活就业人员、进城务工人员的社会保险问题［J］．天津市工会管理干部学院学报，2004（4）：24-28．

（一）风险社会下社会保障面临的挑战

1. 世界人口的流动

后工业时代也是经济全球化的时代，经济全球化涉及三种要素的跨国界流动：产品、服务、资本以及人员。在经济全球化的大背景下，对于福利国家而言，超出国界的社会风险主要来自世界人口的流动，以国家为界限的传统被打破了，这将会对主权国家内的社会再分配和福利国家功能产生直接的影响。①

从流动人口来看，他们的人数呈增长的趋势。流动人口的情况相差很大，他们有的在发达国家之间流动，有的随着资本的流动从发达国家流向不发达或欠发达国家或地区，有的在不发达国家间或地区间流动，也有的从不发达穷国向工业化富国流动。这些流动人口所从事的行业不同，拥有的资源不同，他们的社会需求也都各不相同。从发达的福利国家流出的劳动者通常受到比较好的保护。如果他们的去向是另外一个福利国家，那么他们在那里享受到的社会保护与其在母国的相差不多。社会保护水平相近的欧盟成员国之间，还签订了有关连接福利国家各项服务的多种协议，就流动人口社会保障金的分担、最低保护标准、住房、健康等进行了制度安排。如果福利国家公民的去向是不发达或欠发达的国家和地区，那么他们仍然可以利用他们的“国民资格”，继续享受母国的社会保障。

从不发达国家流出的劳动人口和非劳动人口，有的流入发达的福利国家，有的则是在贫困地区流动。流入福利国家的人主要目的是寻找更佳的就业渠道以改善经济生活条件，但他们中的大多数人及其后代没有受过良好的教育或职业培训，难以适应发达国家快速发展的技术转型和经济，所以他们总是充斥在失业大军或者是失业后备军中。他们在母国不享受任何社会保障，涌入发达福利国家必然加大对驻在国的住房、教育、医疗甚至养老金和失业救济等社会福利和公共服务的需求。这些福利国家一则面临资本外流、经济转型带来的社会保障税收减少的问题，二则受到国内失业人口增加和人口老龄化给社会保障支出造成的压力，所以对外来移民的国民待遇十分反感，纷纷通过新的移民法案，防止新移民享受各种优惠的福利国家待遇。这样一来，在欧洲的福利国家中，就出现了欧洲民族的核心福利利益集团和外来移民的边缘人群之分，甚至出现了庞大的“打黑工”的非法移民团体。

可见，人口流动给现代福利国家带来的压力是不均衡的。这是因为生活在世界上各个国家的人们享受的福利保障程度和水平不均衡，而全球人口的流动冲破了自我保护的福利国家的边界，使福利国家的财政不堪重负，结果就在福利国家中造成了被迫降低福利待遇和收缩福利国家功能的局面。随着世界市场竞争的日趋激烈，“社会排斥现象”愈来愈严重，解决社会边缘人群的保障问题成了全球化时代的一种突出的社会需求。

2. 非正规就业群体的大量涌现

在工业社会中，职业是决定个人身份和社会地位的最主要因素。贝克在《风险社会》中写道：或许没有什么可以像下面的情景那样清晰地展现出工资劳动对工业世界中人们的意义——两个陌生人相遇并问对方“你是谁？”他们不是以爱好如“鸽迷”，或信

① 周弘．福利国家向何处去［M］．北京：社会科学文献出版社，2006：289.

仰如“天主教”，或有关美的理想如“虽然我是一个‘红头发’，但我有副热心肠”，而是以他们的职业如“西门子公司的技工”来做回答。如果我们知道交谈者的职业，我们就会认为自己知道了他或她是谁。职业在这里成为一种相互辨识的模式，凭借它的帮助，我们可以评价个人的需要和能力以及经济和社会地位。[①]然而随着社会的发展，工作与非工作的界限开始模糊，灵活而多元化的不充分就业形式开始流行。在风险社会中，工作模式已经由传统的单一工作场所里的终身全职工作，转变为充满风险的灵活、多样和分散的就业体系。这种转变带来了一种普遍的就业不安全感，虽然已经不再有失业，但它以普遍的带有风险的不充分就业的方式又重新出现。

在经济全球化进程中，随着经济和社会的信息化发展，西方社会逐渐显现出灵活化、分散化和非标准化等“信息社会”特征。美国学者托夫勒指出，“信息社会”是以家庭为中心的经济和社会，同工业社会相比，“生产形式和组织形式”都将发生重大变化，将会出现“金融的高度集中和生产中心的日趋分散现象”；小型生产单位的数目将越来越多而且将出现“具有细胞特点的公司组织”；“有薪全日制雇员的普遍模式将被多种工作新形式所取代”。换句话说，“工业革命造成的人们所熟知的群体社会以及它对群体生产、群体交往、群体教育和群体政见的严重依赖——正向着‘非群体化’演变，价值观念、家庭形式、联络交往、宗教、技术，从政治到诗歌一切方面的多样性将会开始取代工业社会的统一性”[②]。

这种变化给现行劳动法律制度、社会保障体制等带来许多新的挑战。风险社会中，风险借助于个体化正越来越多地以个人危机的形式表现出来。贝克是这样界定个体化的：“人们将从工业的社会模式中——阶级、阶层、家庭、男女的性别身份——解放出来，就像在宗教改革中，人们从教会的世俗统治中解放出来走向社会一样”。个体化的实质就是制度化的个人主义。劳动市场是个体化的强劲动力，劳动市场使个体化的生涯表现出标准化和制度化的特征，个人的生命历程如进出教育体系、工作时间和退休年龄的确定，都是基于社会政策，个人只能按照社会给我们预定的模式生存。一方面，标准生涯的基础是标准的劳动关系，因而社会保护体系就与参加工资劳动相联系。另一方面，伴随着自动化浪潮的到来，劳动市场提供的就业岗位越来越少，就业体系变得灵活多元和不充分，越来越多的人处于兼职、失业或半失业状态。现今社会保障制度是以社会保险为核心的，而社会保险又以标准就业为前提，考虑到始终规模庞大的非正规就业乃至失业群体，社会保险所基于的那些标准和规范愈发显得无法满足，面对强大的社会风险，这些人却发现自己处于孤立无援的境地。

3.集体谈判制度的瓦解

事实上，人们在社会风险面前之所以无能为力，也与集体谈判制度的瓦解有着密切的关系。集体谈判的起源是与工业革命分不开的：始于18世纪中期的欧洲工业革命不但带来了巨大的技术、经济和社会变革，也极大地促进了工人组织的成长壮大，直接影响着传统劳资关系的发展。技术的突飞猛进带来生产力的迅速增长，工人们开始组织能够代表其利益的团体对抗雇主和政府，以保护自己免受生产技术革新和机械化给他们带

① 贝克．风险社会［M］．张文杰，何博闻，译．南京：译林出版社，2017：170.
② 托夫勒．第四次浪潮［M］．北京：华龄出版社，1996：331.

来的危害，集体谈判正是在这种情况下出现的。然而，随着工业社会进入后工业时代，伴随全球化的不断深化，世界范围内的人口流动、人们频繁调换工作以及非正规就业群体的大量涌现，劳资关系愈加复杂化，使得越来越多的劳动者陷入无组织化的境地，集体谈判制度开始发生某些变化，以前依赖工会保护的传统被逐渐打破。虽然国际上反全球化的浪潮一波接着一波，但是这些压力集团本身除了提出口头的抗议和局部的利益要求以外，并没有组成有效的组织机构，也没有形成能够在全球化条件下运行的社会保护措施，因此尚未构成对国际资本的有力量和有组织的挑战。

英国学者约翰·格雷指出，随着制造业的萎缩和现代工业变得越来越全面地具有后产业性，"产业工人阶级在人数和经济上的重要性都已经下降了"：从泰勒式的工厂大规模生产到灵活劳动市场的"巨大的转变"，使"工资-劳动和持有工作职位这些传统的资本主义制度局限在越来越小的人口比例中"；"现在，劳动大军中有很多人甚至缺乏劳动-工资制度中的经济安全感。他们生存的世界到处都是打工、包工和组合式就业，这些就业形式与任何单一的确定雇主都没有稳定的关系"，"这些变化使国家进行集体工资交涉的能力丧失了，并使得工会在生产过程中的影响力被极大地削弱了"①。

我们知道，无论是19世纪后半叶德国俾斯麦政府推行的社会保险制度，还是二战以后西欧以《贝弗里奇报告》为蓝本的福利国家制度，都不过是阶级力量对比和大规模冲突威胁到整个资产阶级统治时的一种"阶级妥协"产物。经济全球化进程中的经济、政治权力发展的不平衡，打破了福利国家内部的权力平衡格局，削弱了国家继续推行"阶级合作"政策的能力。吉登斯指出："在出现全球化趋势，特别是信息技术飞速发展之前也就是大约20世纪70年代初之前，西方社会是一个政治化的阶级体系，在其中，福利国家基本上是劳资双方之间阶级力量的一种平衡。从那时以来，由于全球化的不断强化，资本的流动性使劳工被远远抛在后面，使这一平衡失衡了。一旦这一平衡改变，政治上的组合就越来越多地偏离阶级间的划分，福利国家受到巨大压力。"②

（二）应对风险的社会保障策略

从贝克的风险社会理论来看，当前我们所面临的社会风险既有政治体制方面的原因，也有个人方面的原因。体制方面的原因是深层次的原因，个人方面的原因主要在于自身所具备的知识有限，缺乏抵御风险的能力。因此，应对风险的策略也必须从这两个主要方面着手，只有这样才能最大限度地减少人们在风险社会中所面临的风险。在这里，我们主要探讨体制方面的对策。

1.构建与就业分离的社会保障制度

我们知道，劳动者获得福利是有条件的。劳动者福利的获得，或者依赖于以经济调查和家计调查为基础的社会救助，或者依赖于以工作业绩为计算基础的社会保险计划。作为福利的受益者，他们都是劳动力市场大军中的一员，他们对诸如失业保险、就业培训、医疗服务、康复服务，甚至养老保险等福利的享有程度，直接与劳动力市场相连接。自从人类社会进入风险社会之后，灵活就业、非正规就业群体的大量涌现使得他们始终游离于"社会保障安全网"的保护范围之外，劳动者在世界范围内的频繁流动也使

① 格雷. 伪黎明——全球资本主义的幻想［M］. 张敦敏，译. 北京：中国社会出版社，2002：155.
② 吉登斯，皮尔森. 现代性——吉登斯访谈录［M］. 伊宏毅，译. 北京：新华出版社，2008：218.

得这部分人群难以以稳定的职业获得保障。

我们需要构建与就业分离的社会保障制度，这就涉及“非商品化”的概念，根据艾斯宾-安德森的定义，“非商品化”的含义是：公民在必要时可以自由地选择不工作，而无须担心会失去工作、收入或一般福利。由于福利国家中的有些社会服务被看成“社会权利”，借助这种权利，个人可以不依赖市场而获得“社会工资”。也就是说，社会服务和社会支付解脱了个人对于市场的依赖。思想家达伦多夫也观察到同样的现象，他认为，公民权和社会阶级是理解问题的关键。在福利国家里，公民权变得没有任何条件了，例如选举权的获得不再依赖于公民个人纳税的情况，尽管纳税是一种与公民地位相联系的义务。个人可以不被当作商品，不依靠市场也能生存。这样一来，市场和劳动者个人之间的关系中间就加进来一个国家政府的因素。劳动者不仅可以通过劳动契约从市场获得支付和服务，而且可以依靠作为公民的社会权利从政府获得支付和服务。

“非商品化”概念是安德森在研究福利国家理论时首先提出来的，他在其名著《福利资本主义的三个世界》中将福利国家体制类型或形式划分为三种：自由主义的福利国家、保守主义的福利国家和社会民主主义的福利国家。他指出在欧洲各国劳动者所享受的社会权利是不一样的，在不同的福利国家里，市场、政府和个人（家庭）之间的关系组合也是不同的，相应的“社会权利”在福利国家中的政治作用也有差异：在英国（以及美国、加拿大、澳大利亚）等“自由主义”的福利国家里，社会支付和社会服务一般都是提供给弱势群体和低收入者的，对于受益人的资格审查是严厉的，主导社会支付的观念不是“社会权利”，而是维护劳动道德的秩序。国家鼓励市场发挥作用，要求市场起码提供基本的生活保障，如果有可能，还可以发挥积极性，提供更多的私营补充福利。在这样的福利国家里，劳动力“非商品化”的程度最小，贫富之间保持着距离，但是穷人能够获得相对平等的国家福利，而大多数人可以从市场上获得数量不等的福利。在这样的福利国家里，国家对于穷人的社会福利起着主要的作用：在德国、法国、奥地利、意大利等“保守主义”的欧洲大陆国家里，历史上的“社团主义”国家遗产被改造成为新的“后工业化”的阶级结构和社会伙伴关系，市场力量从来就没有占据过上风，劳动者也没有被真正地“商品化”，因此公民为获取“社会权利”而进行的斗争从来就不是认真的，私营保险、职业福利等市场的社会支付也微乎其微。在这样的福利国家里，社会伙伴对于社会福利起着主导的作用；只有在“社会民主主义”主导的北欧福利国家里，福利的普及性原则、社会权利和劳动者的“非商品化”才成为真正的议题，成为社会改革背后的指导力量。在这样的福利国家里，市场的因素被国家的力量挤了出去，普遍的社会团结得到了强调。而这里“非商品化程度”之所以最高是因为这种类型的制度来自贝弗里奇的普遍公民权原则，即只要是一国长期居住的居民，就有权获得相应的收入和服务（或称定额给付），而不论需求程度或工作业绩。这种人民福利制度已在斯堪的纳维亚国家牢牢扎根，并且已成为其社会政策中的一个经久不变的社会主义传统原则。

2.将非正规就业人员的保障问题纳入工会的关注视野

从劳资关系的角度讲，劳动就业的安全性主要是劳动者所需要的，而劳动力市场的灵活性却是资本所要求的。在一定程度上，灵活化与安全性之间存在对立性，劳动力市场的灵活化趋势使得劳动就业的安全性面临严峻的挑战。国际劳工组织多年来一直关注非全日制就业方式的发展，1994年国际劳工大会通过的第175号公约和第182号建议书提出以下目标：一是促使各国重视非全日制工作在创造就业岗位方面的作用；二是向选择这一就业方式的劳动者提供更好的保护。在新形势下，工会必须主动适应劳动关系发展变化的要求，代表和维护职工的合法权益。工会的维权不仅单指会员，而是整个劳动者的队伍，这在参与立法的层面更为突出。在基层工会，也面临越来越多的灵活就业人员的社会保障权益保护问题。因此，将灵活就业人员的社会保障问题纳入工会视野十分必要。一般认为，纳入劳动保障部门视野和职责的主要是政策的研究、制定和执行，如参保缴费，自上而下；而纳入工会视野和职责的，除了协助、督促政策执行外，还要倾听群众的呼声，反馈他们的要求，使政策更加完善。工会拥有强大的组织体系和细密的组织网络，通过工会组织的网络终端，可以调查了解、跟踪访谈、获得大量信息，工会的这种维权是补充式的、有优势的、可行的和有实效的。[①]

政府的适度介入也能发挥其应有的作用。在立法指导、促进谈判、监督实施和舆论宣传方面，政府的作用十分重要，政府制定的政策是促进劳资双方自愿谈判的前提条件，也是监督者。政府可以成立独立的“三方劳资关系委员会”，调解、调停和仲裁各种纠纷，在工资谈判出现问题而当事双方又不能协商解决的时候，政府可以进行直接或间接的干预，监督企业和工会严格按照谈判制度办事。

实践证明，集体谈判是协调劳资纠纷、解决劳资争议的有效手段。政府和社会、企业要积极推进非正规部门就业工会的组建，培训谈判代表，切实提高工会在非正规部门中的地位和作用。通过推行集体协商或集体谈判，工会组织就有关福利、赔偿、休假、劳方与雇主的工作权利与义务等问题签订集体合同制度，在企业内部建立劳动关系的协调与平衡机制，合理处理劳资双方的责、权、利关系。

正是由于社会风险的存在，加强社会保障的实施和制度调整就更加具有现实意义和保障意义。社会风险会加大社会成员们的损失可能性，政府作为稳定社会和管理社会的执行者，针对社会风险的特点和各种风险发生后的特点，做出适合的风险应对，即能更好地防止和减少社会成员们面对社会风险时的损失，这是另一种意义上的社会保障。其实，社会保障在另一种程度上也是为社会成员们防范社会风险而诞生的。[②]

关键术语

剩余型社会福利（Residual Welfare） 制度型社会福利（Institutional Welfare） 选择型社会福利（selective benefits） 普惠型社会福利（Universal Benefits） 选择型服务（Selective Services） 普惠型服务（Universal Services） 工业成就型社会福利（Industrial Achievement Welfare） 结构功能主义（Structural Functionalism） 风险社会（Risk Social） 社会分层（Social Stratification）

---

① 曾煜．工会应关注灵活就业人员、进城务工人员的社会保险问题［J］．天津市工会管理干部学院学报，2004（4）：24-28.

② 梁君林，汪朝霞．社会保障理论［M］．合肥：合肥工业大学出版社，2011：204-205.

复习思考题

1. 风险社会下应该采取怎样的社会保障策略?
2. 社会分层理论对社会保障政策有什么指导作用?
3. 基于结构功能主义，试论述社会保障的作用。
4. 世界人口流动给社会保障制度带来了怎样的挑战?

第十章 管理学的社会保障理论

学习要点

通过本章学习，了解管理学中的需求层次理论、新公共服务理论、人本管理理论和分类管理理论与社会保障的联系，以及其对社会保障的指导实践。

案例引入

渔夫和金鱼的故事

一个渔夫和他的妻子生活在海边的一个破旧的草棚里面，生活十分拮据，渔夫每天都要到海上捕鱼，以此来维持生活。有一天，渔夫从早上开始一遍遍地撒网，可怜的是一条鱼都没有捕到，最后只捞上来一条小金鱼。小金鱼祈求渔夫放它回去，只要满足它这个要求，小金鱼会满足渔夫的所有要求。渔夫把小金鱼放了回去，没有提出任何要求。空手而归的渔夫遭到了妻子的责问："你怎么会一整天连一条鱼都没捕到？"渔夫便将小金鱼的事情告诉了妻子，妻子一听连连训斥渔夫蠢笨："你干嘛不向它要一个木盆呢？我洗衣服的木盆多旧了！"第二天，渔夫来到海上，开始呼唤小金鱼，小金鱼出现了，渔夫将自己希望得到一个新的木盆的愿望告诉了小金鱼。小金鱼说："你回去就可以见到新的木盆了。"回到家的渔夫果然看见妻子正在用一个新的木盆洗衣服。妻子并没有因此而感到满足，她一边洗衣服一边抱怨说："你怎么就不知道向它要一座好的房子呢？没见到我们的房子已经又破又旧了吗？"第二天，渔夫再次在海上呼唤小金鱼，小金鱼出现后，渔夫向它诉说了妻子想要一间新房子的要求，小金鱼听完便说："你回去后就可以见到你们的新房子了。"到了晚上，渔夫回到家，果然见到一所崭新的大房子，他的妻子就在那房子里面准备晚餐。可是，妻子又说："我们为什么不是住在宫殿里呢？你去和小金鱼说，我要住宫殿，我要做国王。"渔夫没有办法，第二天只好再次呼唤小金鱼，小金鱼出现后渔夫便将妻子说的话告诉了它，小金鱼听了摆摆尾巴说："好吧，你回去吧，会有宫殿和王位的。"这天他回到家后，妻子已经住在富丽堂皇的宫殿里面了，并且已经坐在国王的王位上了。"我想做高高在上的女皇。你再去告诉小金鱼，给我一个女皇的宝座。"

在妻子的训斥下，渔夫又一次唤出了小金鱼："我的妻子想做女皇。""她会当上女皇的，你回去就知道了。"小金鱼说。这天，渔夫回到家，妻子已经是高高在上的女皇了，坐在巍峨的宝殿上。这时候她又对渔夫说："我要做海上的女霸王，要小金鱼来伺候我，听我的吩咐，我要得到任何我想得到的东西。"渔夫经受不住妻子的训斥，无奈之下只好再次回到了海上，呼唤出小金鱼，并把妻子的话说给小金鱼听。小金鱼听完没说一句话，转身就沉入了大海里。渔夫十分沮丧地回来了，发现原来金碧辉煌的宫殿已经消失，一切都恢复到原样，妻子也不再是高高在上的女皇，而是如从前一样坐在破旧的木盆前洗衣服。

资料来源：普希金．渔夫和金鱼的故事［M］．任溶溶，译．桂林：广西师范大学出版社，2023.

讨论：

1.渔夫妻子的需求表现出怎样的特点？

2.从社会保障制度的角度出发，如何满足个体不同层次的需求？

分析提示

第一节 需求层次理论

一、理论概述

需求层次理论的全称为马斯洛需求层次理论，由美国著名社会心理学家亚伯拉罕·马斯洛提出。马斯洛需求层次理论是心理学中的激励理论，包括人类需求的五级模型，通常被描绘成金字塔内的等级。从层次结构的底部向上，需求分别为：生理（如食物和衣服），安全（如工作保障），社交（如友谊、归属和爱），尊重，自我实现。这五阶段的需求可分为不足需求和增长需求。前四个阶段通常称为缺失需求，而最高级别称为增长需求。马斯洛指出，人们需要动力实现某些需求，有些需求优先于其他需求。

二、需求层次理论及发展

马斯洛在1943年发表的《人类激励的一种理论》一文中提出了需求层次理论。该理论把人类的各种各样的需求分成五种，并按其优先次序排成阶梯式的需求层次。该理论有四点基本假设：（1）一种需求如果已经得到满足，就会被另一种需求代替，原来的需求也就不再是激励因素；（2）大多数人的需求都是很复杂的，因此在任何时刻都有许多需求在对人的行为产生影响；（3）在一般情况下，只有在较低层次的需求满足之后，才会产生较高层次的需求激励人们去从事某种行为；（4）满足较高层次需求的途径会比满足较低层次需求的途径多。

马斯洛认为，个体成长发展的内在力量是动机。而动机是由多种不同性质的需求所组成的，各种需求之间有先后顺序与高低层次之分；每一层次的需求与满足，将决定个体人格发展的境界或程度。①

需求层次理论认为生理、安全、社交、尊重和自我实现五个等级的需求是人最基本的、与生俱来的，每个人都有这五种需求，只是在不同时期对各种需求表现的强烈程度不同而已。马斯洛认为，高级需求出现之前，必须先满足低级需求。当下一层次的需求在相当程度上得到满足后，个体才会追求上一层次的需求。需求层次越低，力量越大，潜力越大。随着需求层次的上升，需求的力量相应减弱。未被满足的需求是行为的主要激励源，已获得基本满足的需求不再具有激励作用。在从动物到人的进化中，高级需求出现得比较晚，婴儿有生理需求和安全需求，但自我实现需求在成人后出现；所有生物都需要食物和水分，但是只有人类才有自我实现的需求。五种层次的需求还可大致分为

① MASLOW A H. A Theory of Human Motivation［J］. Psychological Review，1943，50（4）：370-396.

两大类：前三个层次为基本需求，后两个层次为高级需求，前三者的满足主要靠外部条件或因素，而后两者的满足主要靠内在因素。

在这五种需求中，低级需求直接关系个体的生存，也叫缺失需求，当这种需求得不到满足时直接危及生命；高级需求不是维持个体生存所必需的，但是满足这种需求使人健康、长寿、精力旺盛，所以叫作增长需求。高级需求比低级需求复杂，满足高级需求必须具备良好的外部条件：社会条件、经济条件、政治条件等。

马斯洛看到了低级需求和高级需求的区别，他后来澄清说，满足需求不是“全有或全无”的现象，他承认先前的陈述可能给人一种“错误的印象，即在下一个需求出现之前，必须百分之百地满足当前的需求”。在人的高级需求产生以前，低级需求只要部分满足就可以了。例如，为实现理想，不惜牺牲生命，不考虑生理需求和安全需求。[①]个体对需求的追求有所不同，有的对自尊的需求超过对爱和归属的需求。

三、理论内容发展

马斯洛的五阶段模型已经扩大为八阶段，还包括认知需求、审美需求和超越需求。其中，生理需求包括对食物、水分、空气、睡眠、性的需求等，它们在人的需求中最重要、最有力量；安全需求包括人们需要稳定、安全、受到保护、有秩序、能免除恐惧和焦虑等；社交需求包括一个人要求与其他人建立感情的联系或关系，如结交朋友、追求爱情。尊重需求分为两类，即尊重自己（如尊严、成就、掌握、独立）和对他人的尊重（如地位、威望）；认知需求包括知识和理解、好奇心、探索、意义和可预测性需求；审美需求包括欣赏和寻找美、平衡、形式等；自我实现需求包括人们追求实现自己的能力或者潜能，并使之完善；超越需求指一个人的动机是超越自我的价值观。

四、理论应用

（一）生理需求的应用

生理需求在人的需求中最重要，最有力量。满足生理需求的激励措施有：增加工资、改善劳动条件、给予更多的业余时间和工间休息、提高福利待遇。

（二）安全需求的应用

满足安全需求的激励措施有：强调规章制度、职业保障、福利待遇，并保护员工不致失业，提供医疗保险、失业保险和退休福利，避免员工因受到双重指令而混乱。

（三）社交需求的应用

满足社交需求的激励措施有：提供同事间社交往来机会，支持、赞许员工寻找及建立和谐温馨的人际关系，开展有组织的体育比赛和集体聚会。

（四）尊重需求的应用

尊重需求使人相信自己的力量和价值，激发自己的潜力和创造力。缺乏自尊的人，没有足够的信心去处理问题。例如，努力读书让自己成为医生或律师来证明自己存在的价值。满足尊重需求的激励措施有：公开奖励和表扬，强调工作任务的艰巨性以及成功

---

① DENHARDT R B, DENHARDT J V. The New Public Service: Serving Rather than Steering [J]. Public Administration Review, 2000, 60 (6): 549-559.

所需要的高超技巧，颁发荣誉奖章、在公司刊物发表文章表扬、张贴优秀员工光荣榜。

（五）自我实现需求的应用

在人生道路上自我实现的形式是不一样的，每个人都有机会去完善自己的能力，满足自我实现的需求。例如：运动员把自己的体能练到极致，让自己成为世界第一或是单纯只为了超越自己；企业家真心认为自己所经营的事业能为社会创造价值，而为此更好地工作。满足自我实现需求的激励措施有：设计工作内容时运用复杂情况的适应策略，给有特长的人委派特别任务，让其有发挥才能的空间。

五、需求层次理论与社会保障的联系

马斯洛的需求层次理论尽管有缺陷，但反映了绝大多数人的一般需求规律，而这种规律揭示了社会保障的重要性。社会保障所划分出的体系内容，正是根据人不同层次的需求确定的，其中社会救助满足的多是人们第一层次的需求，社会保险满足的是人们基本层次的需求，社会福利等则更多地满足人们更高层次的需求。例如，食物救济、交通津贴和住房福利等满足的是生理需求；医疗保险、失业保险等满足安全需求；社会保障工作者提供的物质和精神方面的服务满足社交需求；教育福利等满足尊重需求。社会保障制度正是促使社会成员的需求获得满足并由低级向高级转移的良好的社会机制。在现代社会，社会成员需求的满足客观上离不开社会保障制度；越是低层次的需求，越是离不开社会保障。

第二节 新公共服务理论

一、理论概述

新公共服务理论是西方公共管理前沿理论之一，兴起于21世纪初，它的出现源于对新公共管理主张市场化和竞争化而导致公共利益与公民权利缺失进行的反思与批判。该理论从市场和经济学的角度重塑行政的理念和价值，主张民主、公民权利和公共利益，坚持七大基本原则，建立了一整套全新的行政发展架构的理论体系。在对新公共管理进行理性批判和反思的基础上，一些学者提出了新公共服务理论。

二、理论发展

早在1989年，美国著名行政学者帕特里夏·英格拉姆和戴维·罗森布鲁姆就提出了“新公共服务”的概念。在他们看来，新公共服务是指一场新型的公共行政运动，他们指出新公共服务是未来公共行政的发展方向，对于未来重大的挑战是巩固和整合权利、代表性、参与和分权，使行政国家的支柱——公共服务——真正变得合宪合法。

1999年，美国纽约大学的保罗·C.莱特在其《新公共服务》一书中概括了新公共服务的特征，并将新公共服务描述为21世纪政府公务员应具备的典型特征。但这一时期的新公共服务概念并没有引起学术界及政府改革的关注，还未形成较强的影响力。

2000年，罗伯特·B.登哈特和珍妮特·V.登哈特在《公共行政评论》上发表了

《新公共服务：服务，而不是掌舵》一文。他们在文中写道："在民主社会里，我们思考治理制度时，对民主价值观的关注应该是极为重要的。效率和生产力等价值观不应丧失，但应当被置于民主、社区和公共利益这一更广泛的框架体系之中……未来的公共服务将以公民对话协商和公共利益为基础。"[①]他们比较了传统公共行政、新公共管理和新公共服务，简要概括了新公共服务的四大理论来源和七项基本原则，正式提出了新公共服务理论。在新公共管理成为政府治理的主导模式背景下，登哈特夫妇提醒人们不要忽视了民主、公民权利和公共利益，在公共管理领域中他们引入了一种新的以公民协商和公民利益为基础的模式。在随后几年中他们加快步伐，完善新公共服务的体系。同年，罗伯特·B.登哈特还出版了《公共组织理论》一书。该书对传统公共行政、新公共行政、新公共管理的组织理论进行了梳理，对很多该领域知名作者的经典著作进行了评述。在此基础上，登哈特着眼于美国学术界对公共行政的争议，提出了自己的观点——新公共服务，以将新公共服务与已有理论进行对比的方式对这一观点进行全面的阐述。他在书中指出："政府中的人也必须愿意去倾听，以及愿意把公民的需要和价值放在决策和行动的首要位置上。他们必须以新的和革新的方式主动出击，去理解公民正在关心什么。他们必须对市民的需要和利益做出回应。"[②]登哈特是从公共组织角度论述以公民为导向的新公共服务的。

2001年，登哈特夫妇发表了《新公共服务：把民主放在第一位》一文。这篇文章对当时美国风行的新公共管理运动进行批判，新公共管理吸引了政府官员和公共行政研究人员的注意力，人们聚焦在私人事务、绩效评测和顾客服务上，忽视了另一种途径，即植根于民主、公民权和公共利益的新公共服务。他们提醒人们，特别是政府和研究人员，新公共服务更值得关注。

2003年哈登特夫妇出版了《新公共服务：服务，而不是掌舵》一书，对新公共服务理论进行了全面系统的论述，它的出版标志着新公共服务在理论层面成为一个独立的体系，是一部里程碑式的著作。哈登特夫妇在书中介绍了出版该书的两个基本目的：其一是对公共服务领域的种种想法和呼声进行综合，这些想法和呼声要求将公共利益的民主价值观、公民权和服务重新肯定为公共行政领域的规范性基础。其二是围绕一些原则为组织这些想法提供一个框架，进而提供一个我们认为一直都缺少的名称、外壳和表达方式。构成本书理论核心和实质的有两个主题：一是增进公共服务的尊严和价值；二是将民主、公民权和公共利益的价值观重新肯定为公共行政的卓越价值观。[③]该书在作者之前发表的文章基础上对新公共服务的理论来源及七大原则进行了详细的论述。同年，哈登特夫妇发表了文章《新公共服务：一种改革的途径》。该文提出了不同于传统公共行政、新公共管理的以民主和社会标准为核心的第三种改革途径，即新公共服务，扼要概括了新公共服务的特征以及新公共服务将来如何指导公共行政人员。

新公共服务在发展的15年间，逐渐形成自己独立的体系，并呈现出超越新公共管

① DENHARDT R B，DENHARDT J V. The New Public Service：Serving Rather than Steering［J］. Public Administration Review，2000，60（6）：549-559.

② DENHARDT R B. Theories of Public Organization［M］. Belmont，CA：Wadsworth Publishing Company，Inc，2000.

③ DENHARDT J V，DENHARDT R B. The New Public Service：Serving，Not Steering［M］. New York：M.E. Sharpe，2003.

理的趋势，在公共行政领域日益成为一种主导范式。新公共服务在理论层面的研究于21世纪初界定概念，区分与传统公共服务的不同，逐步转向完善的新公共服务体系，突出核心价值取向；在实践层面，国外学者注重其在政府变革中的应用，并不断提醒政府不要忽视民主、公民权、公共利益等价值，宪政主义日益发展，逐步与管理主义达到平衡状态，正在向“公平”一方倾斜。[①]

三、理论内容

（一）新公共服务与旧公共服务的区别

什么是新公共服务？“新”是“旧”的对立面，新公共服务的出现是相对于旧公共服务而言的。美国纽约大学的保罗·C.莱特指出了新公共服务不同于旧公共服务的四个特征：（1）新公共服务比旧式的以政府为中心的公共服务更加多元化；（2）政府被视为最能代表公共利益的部门，但是在节约支出和服务公民方面落后于私人部门与和非营利部门；（3）部门之间的变换和对调；（4）它深刻的承诺对世界产生影响，这是新公共服务与旧公共服务不易被察觉的区别。[②]他认为，新公共服务的这种多元化扩展到了种族、性别、知识和职业经历等方面，而且强调提供公共服务的主体多元化，非营利部门可以比政府更有效地提供公共服务，增加公共利益，这就使得提供公共服务的政府部门、非营利部门、私人部门间相互交换与对调，更加有利于服务质量的改善与公共福祉的增加。

美国印第安纳大学詹姆斯·L.派瑞认为相对于旧公共服务，新公共服务具有以下特征：（1）新公共服务与旧公共服务的传统联系更加多样化，也更加松散；（2）新公共服务中，嵌入政府公共服务机构之中的与市场因素相联系的规则对公共行政人员的行为产生最强烈的影响；（3）新公共服务的灵活性和适应性营造了这样一个工作环境——在其中我们的感情或归属是暂时性的，而这种暂时性可能会破坏公民与公务员之间的联系。[③]登哈特夫妇从政府作用评价标准的角度区分传统公共行政、新公共管理和新公共服务，他们认为，随着传统形式的进化，政府在社会转型中起着不同的作用，但政府仍将由法律与政治标准、经济与市场标准以及民主与社会标准方面来评价。其中，法律与政治标准是传统公共行政的核心，经济与市场标准是新公共管理的核心，而民主与社会标准是新公共服务的核心。新公共服务是政府改革的第三种途径，注重民主与社会标准，追求公共利益，区别于前两者。

（二）新公共服务的内容

登哈特夫妇在民主社会的公民权理论、社区和市民社会的模型、组织人本主义和组织对话的基础上，提出了新公共服务的七大原则：

（1）服务而非掌舵。登哈特认为这是七大原则中最突出的原则。公共管理者的重要作用并不是体现在对社会的控制或驾驭上，而是在于帮助公民表达和实现他们的共同利益。

---

① 韩兆柱，翟文康．“新公共服务”研究综述［J］．燕山大学学报（哲学社会科学版），2017（2）：24-34.

② LIGHT P C. The New Public Service［M］. Washington D. C.: The Brooking Institution，1999：127-128.

③ PERRY J L. Democracy and the New Public Service［J］. The American Review of Public Administration，2007，37（1）：3-16.

（2）公共利益是目标而非副产品。公共利益是管理者和公民共同的利益和责任，是目标而不是副产品。新公共服务理论提出，建立社会远景目标的过程并不能只委托给民选的政治领袖或被任命的公共行政官员。政府的作用将更多地体现在把人们聚集到能无拘无束、真诚地进行对话的环境中，共商社会应该选择的发展方向。

（3）战略地思考，民主地行动。新公共服务理论认为，符合公共需要的政策和计划，只有通过集体努力和协作的过程，才能够最有效地、最负责任地得到贯彻执行。为了实现集体的远景目标，在具体的计划实施过程中，依然需要公民的积极参与，使各方的力量集中到执行过程中去，从而迈向预期的理想目标。通过参与和推动公民教育计划、培养更多的公民领袖，政府就可以激发公民的自豪感和责任感。

（4）服务于公民而不是顾客。新公共服务理论认为，政府与公民之间的关系不同于工商企业与顾客之间的关系。

（5）责任并不是单一的。新公共服务理论要求公务员不应当仅关注市场，还应该关注宪法和法令，关注社会价值、政治行为准则、职业标准和公民利益。新公共服务理论意识到了这些责任的现实性和复杂性。

（6）重视人而不只是生产率。新公共服务理论家在探讨管理和组织时十分强调“通过人来进行管理”的重要性。在他们看来，如果要求公务员善待公民，那么公务员本身就必须受到公共机构管理者的善待。

（7）超越企业家身份，重视公民权和公共事务。新公共服务理论明确提出，公共行政官员并不是其机构和项目的业务所有者，政府为公民所有。

（三）新公共服务理论的创新

新公共服务理论是对新公共管理理论的补充和完善，它在理论上有诸多创新之处，高度重视公民权和公共利益，提出了适合现代公民社会发展要求的新理论，也提供了一种新的政府管理模式，对于指导公共服务的实践具有重要意义。

1.强调尊重公民权利

新公共服务理论将公民置于首位，强调对公民的服务，并将权力授予公民。新公共服务理论家们相信公共组织如果能在尊重公民的基础上通过合作和分享的过程来运行，就一定能获得成功，所以提出政府必须真正了解公民在关心什么，必须对他们的需要和利益做出回应。

2.呼吁维护公共利益

新公共服务理论的核心价值理念是追求公共利益，公共利益是一种共同的事业，源于对共同价值准则的对话协商，关键是所有的公民能够参与其中，当公民参与其中时，对公共利益的关注程度就会超过对自身利益的关注，当他们能够根据公共利益去行动时，社会的广泛利益才能统一起来，最终惠及每个人的利益。

3.重新定位政府角色

新公共服务理论批判新公共管理将政府的职责放在“划桨或掌舵”上，它认为政府不再仅仅处于控制地位的掌舵者，同时也是重要的参与者，公共管理的本质是服务，政府或公务员的首要任务是帮助公民明确表达并实现他们的公共利益，而不是去控制或驾驭社会，即主张努力构建一个具有完整性和回应性的公共机构。

四、新公共服务理论与社会保障之间的联系

20世纪70年代末，以登哈特为代表的新公共服务理论家为社会保障提供了一定的时代指向。新公共服务理论是关于公共行政在以公民为中心的治理系统中所扮演的角色的一套理念，它主要认为：政府的职能是服务而不是掌舵；公共利益是目标而非副产品；政府应重视人而不只是生产效率，有效率地提供公共产品，集中精力与公民建立信任与合作关系，关注公民的需要和利益。在登哈特看来，公共利益超越了个人自身利益的聚集，新公共服务通过广泛的对话和公民参与来追求共同的价值观和共同的利益。在政府职能的界定和划分上，这一理论提出将社会公共服务职能作为政府的一项基本职能，通过引进私营部门的管理方法对现行政府管理体制进行改革，以适应社会的发展需要。新公共服务理论认为，社会保障事业是政府行使社会公共服务职能的一个重要领域，是服务型政府理念的集中体现。

该理论要求政府并不直接提供社会保障产品，而是引进多种机制，将社会保障看作政府的一项基本服务，而不是管理职能，注重政府在社会保障方面的绩效，从而提升社会保障的总体水平。社会保障通过各种保障制度的建立和政策的实行向社会提供民众切实需要的服务，化解个人和社会风险，实现社会公平，缓解社会矛盾，保障社会民众的公共利益，追求全社会的发展。有效的社会保障管理是对社会事务进行计划、组织、协调、控制和监督的过程。既要改变传统的官僚机构和科层制度，实现政府、市场、社会力量多元主体的参与，也要促进社会保障制度的规范与完善，设置合理的社会保障管理体系，提高社会保障的管理效率。

第三节 人本管理理论

一、理论概述

人本管理思想是把员工作为企业最重要的资源，以员工的能力、特长、兴趣、心理状况等综合情况来科学地安排最合适的工作，并在工作中充分地考虑到员工的成长和价值，使用科学的管理方法，通过全面的人力资源开发计划和企业文化建设，使员工能够在工作中充分地调动和发挥工作积极性、主动性和创造性，从而提高工作效率、增加工作业绩，为实现企业发展目标做出最大的贡献。

人本管理理论模式的创立，涉及复杂的跨学科知识，这就要求我们必须对变化中的人本管理的基本要素做出合乎客观实际的分析判断，从而确立适应时代变化和企业发展的人本管理学说。

二、理论发展

（一）确立人本管理理论模式的依据

相关学者在分析、综合各学派理论后，结合人本管理基本要素的不同层面，认为确立人本管理理论模式的基本依据是：

（1）企业人是一个完整意义上的人，具有社会人的角色。人本管理应该始终坚持把企业人本身的全面发展和完善作为最高目标，为个人发展和更好地完成其社会角色提供选择的自由。

（2）企业人的心理、动机、能力和行为都是可以塑造、影响和改变的，社会和企业的环境、文化及价值观的变化也同样可以影响企业人的心理和行为方式。

（3）作为管理主体和客体的人之间具有相关性，其目标是可协调的。①

（二）人本管理的理论模式

人本管理的理论模式是：主客体目标协调—激励—权变领导—管理即培训—塑造环境—文化整合—生活质量法—完成社会角色体系。

1.主客体目标协调

作为管理主客体的人具有其生物存在和社会、人际关系的相关性，无论管理主客体各自实现利益的目标是何等客观和主观，总存在由于关系协调使双方目标趋于一致的协调空间。只要企业人的目标趋于一致，即管理主客体目标协调，必然在确保各自利益不招致较大损害的前提下，开展非零和协作，使人本管理在实施管理和领受管理的双方之间达成共识，于是就开始了人本管理。

2.激励

激励即企业人为实施管理、领受管理、实现人本管理目标而制定的激发企业人工作动机、努力程度并保障管理实效的各项措施。这些措施基本上分为物质与精神两大类，目的是使企业员工发挥最大的主动性、积极性、创造性等。

3.权变领导

权变领导即企业管理者以影响管理的各种因素为依据，抓住以人为本的前提，采取有利于自己的领导。实施这种领导方法是一种分析研究管理过程中各种矛盾和矛盾的各个方面从而有的放矢地进行灵活有效管理的方法。

4.管理即培训

人本管理的过程，也就是培训员工，教会他们完成企业人的职能和义务，传授他们作为社会角色进行活动的专长、技能。更重要的是，通过管理培训，使员工把完成自己担当的企业人和社会角色的任务看作自己的理想和追求，从而尽其所能为实现个人和企业的目标而奋斗。

5.塑造环境

在企业和社会范围内塑造有助于人的主动性、积极性、创造性充分发挥和人的自由全面发展的环境氛围，以建立企业人的劳动绩效与获得相称的生活资料、物质和精神奖励相联系的有效机制，使个人感觉到自己的劳动为企业和社会所承认。

6.文化整合

文化整合指企业文化对企业人的心理、需要和个人行为方式的形成和发展起着引导、规范、激励等制约和影响作用。人本管理正是要利用文化整合功能，培育和塑造企业人的文化特质，使其都受到有利于个人发展和企业目标实现的积极的文化熏陶。因

① 周三多．管理学［M］．上海：复旦大学出版社，2014：79.

此，文化整合功能的确立与完善对于有效实施人本管理是至关重要的。

7.生活质量管理法

生活质量管理法就是企业在确定目标时不再将利润最大化作为唯一的选择，而是在承认企业需要利润的前提下，充分考虑企业员工的利益要求并保障社会利益，从而使企业利益与社会利益趋于一致。

8.完成社会角色

完成社会角色是指企业人在担任企业角色的同时要完成其所扮演的社会角色。这是由企业人工作的社会性质和社会需要所决定的。企业实施人本管理，从根本的意义上说，是确立人在管理过程中的主导地位，以调动企业人的主动性、积极性和创造性，也就是要帮助企业员工出色地掌握和完成自己的社会角色，以此促进企业、社会和个人发展目标的实现。

三、理论内容

（一）人的管理第一

企业管理，从管理对象上看，分为人、物及信息，于是企业管理就具有了社会属性和自然属性两种特质。应该看到，企业不是物的堆积，而是人工的集合，是由以营利为目的的经济性组织。企业的营利性目的是通过对人的管理进而支配物质资源的配置来达到的。基于这种考虑，企业管理就必然是也应该是人本管理，以及对人本管理的演绎和具体化。调动企业人创造财富和营利的主动性、积极性和创造性，就是从提高人力资源作为一种生产要素的使用效率的层面上来描述人本管理本质和最终意义。

（二）以激励为主要方式

激励是指管理者针对下属的需要采取外部诱因进行刺激，并使之内化为按照管理要求自觉行动的过程。激励是一个领导行为的过程，它主要是激发人的动机，使人产生一种内在动力，朝着所期望的目标前进的活动过程。未满足的需要，才会引起动机，所以它是激励的起点。激励必须是领导者利用某种外部诱因，刺激人的未满足的需要。这是因为，管理上需要的动机和行为并不是建立在自发基础上的，需要是人对客观事物的需求，更需要诱发人的“潜在的需要”，一旦潜在的需要变成现实的需要，就会引起动机。人的需要，有物质的和精神的，因此外部诱因也应有物质的和精神的，组织应该用不同的诱因刺激人们相应的需要。所以说，激励的实现必须使外部诱因内化为个人的自觉行为。激励的目的是激发人们按照管理要求、按目标要求行事。

（三）建立和谐的人际关系

人们在一定的社会中生产、生活，就必然要同其他人结成一定的关系，不可能独立于社会之外。不同的人际关系会引起不同的情感体验。人际关系会影响到组织的凝聚力、工作效率、人的身心健康和个体行为。实行人本管理，就是为了建立没有矛盾和冲突的人际关系，达成企业成员之间的目标一致性，以实现企业成员之间的目标相容性，从而建立和维持和谐关系。

（四）积极开发人力资源

人力资源开发是组织和个人发展的过程，其重点是提高人的能力，核心是开发人的潜能，所以说，人力资源开发是一个系统工程，它贯穿人力资源发展过程的始终，预测规划、教育培训、配置使用、考核评价、激励和维护，都是人力资源开发系统中不可缺少的环节。企业从事生产经营活动，需要具备两个基本的条件：一是占有资金；二是拥有掌握专业技能、从事管理和操作的人员。两者之间，人的因素更为重要。所以说，制定和实施人才战略，是企业实现发展战略的客观要求，是现代企业人才发展规律的内在要求，也是现代科学知识和教育的客观要求和发展趋势。①

（五）培育和发挥团队精神

培育团队精神、把企业建成一个战斗力很强的集体，受许多因素的影响，需要系统配套的措施：

（1）明确合理的经营目标。要为共同的目标凝聚在一起，形成坚强的团队，以激励人们团结奋进。因此，我们要有导向明确、科学合理的目标，让经营目标、经营战略、经营观念融入每个员工的头脑中，成为员工的共识。为此，我们必须把目标进行分解，使每个部门、每个人都知道自己承担的责任和应做出的贡献，把每个部门、每个人的工作与企业总目标紧密结合在一起。

（2）增强领导者自身的影响力。领导者是组织的核心，一个富有魅力和威望的领导者，自然会把全体员工紧紧团结在自己的周围。领导者的威望取决于他的人格、品德和思想修养，取决于他的知识、经验、胆略、才干和能力，取决于他是否严于律己、率先垂范、以身作则、全身心地投入事业中去，更取决于他能否公平、公正待人，与员工同甘共苦、同舟共济，等等。

（3）建立系统科学的管理制度，以使管理工作和人的行为制度化、规范化、程序化，是生产经营活动协调、有序、高效运行的重要保证。

（4）良好的沟通和协调。沟通主要是通过信息和思想上的交流达到认识上的一致，协调是取得行动的一致，两者都是形成集体的必要条件。

（5）强化激励，形成利益共同体，即通过建立有效的物质激励体系，形成一种荣辱与共、休戚相关的企业命运共同体。

（6）引导全体员工参与管理。这样企业能够做到吸引每个员工直接参与各种管理活动，使全体员工不仅贡献劳动，还贡献智慧，直接为企业发展出谋划策。

（六）人本管理工程

人本管理工程是一个规模宏大的系统工程，包括一系列子系统，而且每个子系统都有独自的功能和目标。在独自运行的基础上，各子系统互相协调、互相配合，才能形成人本管理大系统的整体功能，以达到人本管理的预期目标。

人本管理工程主要包括行为规范工程、领导者自律工程、利益驱动工程、精神风貌工程、员工培育工程、企业形象工程、企业凝聚力工程、企业创新工程等。这几个子系统工程必须互相协调、互相配合，以增强人本管理系统的总效能。

要有效地进行人本管理，关键在于建立一整套完善的管理机制和环境，使员工处于自动运转的主动状态，激励员工奋发向上、励精图治。

---

① 黄国庆．管理学概论［M］．北京：清华大学出版社，2010：216.

（1）动力机制：主要包括物质动力和精神动力，即利益激励机制和精神激励机制，二者相辅相成，形成一个整体。

（2）压力机制：包括竞争的压力和目标责任压力。竞争使人面临挑战、有危机感，从而使人产生一种拼搏向上的力量，而目标责任制在于使人们有明确的奋斗方向和责任，迫使人们努力去履行自己的职责。

（3）约束机制：由制度规范和伦理道德规范组成。前者是企业的规范，是一种有形的强制约束，而后者主要是自我约束和社会舆论约束，是一种无形的约束。当人们的思想境界得到进一步提高时，约束将转化为自觉的行为。

（4）保证机制：主要指法律的保护和社会保障体系的保证。前者主要是保证人的基本权利、利益、名誉、人格等不受侵害，而后者则是保证人的基本生活。此外，企业福利制度则是作为一种激励和增强企业凝聚力的手段。

（5）选择机制：主要指企业和企业员工双向选择的权利。创造一种良好的竞争机制，有利于人才脱颖而出和优化组合，以建立结构合理、素质优良的人才群体。

（6）环境影响机制。人的积极性、创造性的发挥，要受环境因素的影响。通常，环境因素由两个方面组成：一是和谐、友善、融洽的人际关系；二是令人舒心愉快的工作条件和环境。

四、人本管理理论与社会保障学之间的联系

管理学认为，人在管理系统内部诸要素中处于主导地位，是决定管理成败的主要因素，既包括管理者，也包括被管理者，还包括用户、合作伙伴和社会大众。在公共管理中，对人的重视更加明显，社会保障作为社会的一种有效安全机制和刺激手段，体现了人本管理理论的核心思想。社会保障的对象是全体社会成员，社会保障应该使所有社会成员都可能成为受益者。除此之外，社会保障的目标是满足公民的基本生活需要，从而实现社会稳定和社会公平，这些体现了管理学中的人本原理。

人本原理是指管理者要实现组织目标，一切管理活动都必须以人及人的积极性为核心和动力来进行。管理过程中的许多环节都需要人去掌握和推动，同时人也是管理对象的重要组成部分，在管理过程中必须重视和处理好人与人之间的关系。社会保障的整个过程都离不开人的参与，无论是制度的制定、执行还是它的对象都与人密切相关，可以说，人本原理为社会保障理论提供了理论基础。

第四节 分类管理理论

一、理论概述

管理理论的三维分类法是从职能维度、专业维度和模式维度对各种代表性管理理论进行分类。分类管理就是将事物分门别类，针对不同的分类适用不同的或是类似的管理方法进行管理。分类的目的是便于管理，社会分工也属于分类管理。而具体到个人，其自身的事务分门别类也是一种管理。分类管理有助于我们更好地利用知识，更快地得到信息。

二、理论发展

学派与时期相结合分类法是使用最为普遍的一种分类法。自20世纪初以来，管理理论层出不穷、学派林立，孔茨称之为“管理理论的丛林”，并试图通过学派归类来走出丛林，把当时有代表性的管理理论归为六大学派。但是，20年过去后，不仅没有走出管理理论的丛林，反而新的管理理论越来越多，丛林更加茂密，孔茨（1980）又把有代表性的理论划分为十一个学派。

孙继伟（1998）认为，管理理论学派纷争源于对人性假设、人与人的关系两大基本问题的认识不一致。刘宝宏（2004）认为，管理理论学派纷争是由于研究对象、研究取向、研究假设、研究方法四个方面存在诸多差异和问题。对这些基本问题在短期内仍然难以达成共识，所以在可以预见的将来，仍然不可能走出管理理论的丛林。这也使得寻求涵盖面广、视角宽、实用性强的管理理论分类法的意义更大。

国内外的管理思想史著作都采用学派与时期相结合分类法（孙耀君，1999）。多数管理学教材也以学派与时期相结合分类法导入，以职能分类法展开讲解，但将哪几项职能列入教材，有所差异。学派与时期相结合分类法适用于专业人员研究，不容易被广大学生和管理实务界人士理解和应用，而且未能充分反映管理理论的门类特征、结构关系。三维分类法可以弥补学派与时期相结合分类法的不足，是最好的管理理论分类法。在职能维度上，最具代表性的经典管理包括计划、组织、指挥（或领导）、协调（或沟通）、控制、决策；在专业维度上，最具代表性的经典管理包括战略管理、人力资源管理、营销管理、运营管理（生产和服务管理归入此类）、财务管理（会计、投资、融资归入此类）、项目管理、信息与知识管理七种；在模式维度上，最有代表性的是科学管理、人本管理、问题管理、目标管理四类。

三、分类管理思想与社会保障的联系

管理学中的分类管理思想在社会保障制度的建立和实施中体现得尤为鲜明。为了对需要社会保障的人们进行更有针对性和有效性的管理，政府对社会保障的对象进行了基本的分类，其具体的保障范围是因年老、失业、患病、工伤、生育而减少或丧失劳动收入的人，能从社会获得经济补偿和物质帮助，保障基本生活。从贡献的程度讲，这些人也是对国家的发展做出了基本贡献的，从而社会保障也体现了这种回报性的权利，进而体现了国家管理的人性化。

人的存在意味着劳动力的存在，也意味着经济的长足发展动力。管理推动了社会保障的规范性发展。2011年年初，时任人力资源和社会保障部部长尹蔚民提出应从五个方面构建覆盖城乡的社会保障制度体系：从无到有，优先解决制度缺失问题；从窄到宽，逐步扩大覆盖面：从低到高，稳步提高保障水平；从分到合，积极推进城乡社会保险制度统筹；实现精确管理，提高社会保障经办能力和水平等。可以看到，在实际的操作中，管理使社会保障的工作更加有秩序和合理地推进。

关键术语

需求层次（Hierarchy of Needs） 新公共服务理论（The New Public Service Theory） 分类管理（Classification Management） 人本管理（People Oriented Management）

复习思考题

1. 试论述马斯洛需求层次理论在我国老年保障中的应用。
2. 人本管理理论具有哪些特点？
3. 我国社会保障如何实现分类管理？

第十一章

伦理文化学的社会保障理论

学习要点

通过本章学习，了解伦理文化学中社会价值观理论、公平正义原则和福利文化论与社会保障的联系，以及其对社会保障的指导实践。

案例引入

日本“忠义”共同体主义福利文化与企业化的社会福利

中日两国的文化特质存在极大的差别。中国文化属于建立在血缘关系基础上的“孝道”文化，“孝道”为中国文化之本，人际关系基本维持在“家庭–宗族”范围内。而日本文化的血缘关系性相对较弱，超越血缘关系建立起的组织大量存在，而这种组织的存在很大程度上是基于日本“忠义”共同体主义福利文化特质。“忠义”文化来自其特殊的“家族”制度。日本“家族”的成员构成，不仅包括血缘关系的亲族，还包括非血缘关系的成员。在父母与子女的关系上，日本强调“父母”对于“子女”的恩。日本学者沟口雄三曾指出：“比较日本和中国的‘家’，最大的不同在于中国是血统主义的，相对于此，日本则是家督主义。”在中国人的眼里，建立在血缘关系基础上的孝是家族伦理的核心。而在日本人眼里，忠居于首位，在忠与孝发生矛盾之际，日本人首先选择的是忠诚，这从日本著名的“47浪人的故事”中可窥见一斑，即“得主人而尽奉公之忠；交朋辈，厚信，独慎身，专在与义。而已身之父子兄弟夫妇乃不得已交接也”。经过明治维新，“忠”的对象从将军转移到象征性的“天皇”。于此，“忠”已演变成每个日本人对日本统一与永恒的象征——天皇——的报恩。这种“忠义”的文化由于二战惨败的无情现象，使得日本国民将效忠于封建君主转而效忠于企业。战后，日本经济迅速发展，企业地位凸显。日本人将企业视为一个“大家庭”或“大家族”，雇主是家长，雇员都是家庭成员。为了企业本身的兴盛，每个雇员都可以牺牲自己的一切，包括自己的妻子和孩子。个人在企业这个共同体之中找到了自己的位置，从而形成了为企业忠诚工作的心理。这种“忠义”共同体主义福利文化逐渐积淀为人们的思想意识，在日本福利制度模式的构建中发挥着重要作用。

受日本“忠义”共同体主义福利文化影响，企业雇员会牺牲自己的生活而忠诚于企业。过去的那种“家长中心”的观念，使日本人在企业里较容易树立服从权威、服从上级的思想；过去“一切为了家”的观念，转化为现在一切为本企业的思想。而雇主也利用传统的“忠义”福利文化观，想方设法把企业的经营与雇员家庭利益结合起来，将雇员的所有生活领域都包括在企业这一共同体之中。有人形容在日本企业雇主和雇员之间的关系是“一家人”，但一个更为贴切的名词就是“福利国家”。这种“福利国家”实质上相当于一种企业化的保障制度模式，这种模式主要是企业对雇员及其家属提供生活保障。日本企业保障的受益对象只限于在企业工作的雇员和家属，而自营个体业者或失业者不能享受。一般情况下，日本的企业保障包括两部分，即法定福利和附加福利。法定福利是指日本企业负担的法定福利费，包括厚生年金保险、健康保险、雇佣保险等制度中由企业负担的部分，还包括由企业出资的儿童补助金，残疾人雇佣未达标时的缴费等。附加福利则是除了工资和法定福利费之外，企业为雇员提供的其他现金给付或福利性服务，在日本被称为“附加给付”“职员福利”等。企业福利性质的“附加福利”作为日本劳资管理的重要组成部分，符合日本福利文化背景，是日本企业保障的重要组成部分。在日本，对企业雇员影响最大的还是在就业保障方面。在雇用制度上，日本大部分企业都实行“终身雇佣制”。终身雇佣制就是一个人从学校毕业之后立即进入企业工作，一直在那里工作到退休为止，在中途不调换工作（或调换较少）。企业也不会随意解聘雇员，即使发生经营上的困难，企业也会尽力加以预防。

资料来源：张军．中西福利文化下社会福利制度模式比较分析——基于中国、日本、美国、瑞典四国的考查［J］．探索，2011（5）:141-146.

讨论：

1. 日本共同体主义福利文化的基本特点是什么？

2. 分析日本的企业化社会保障与共同体主义福利文化之间的联系。

分析提示

第一节　社会价值观

价值观是多种人文、社会学科关注的一个问题，哲学、经济学、伦理学、教育学、人类学、社会学、社会心理学等学科都在这一领域进行过不同深度的探讨。价值观既是个体的选择倾向，又是个体态度、观念的深层结构，它主宰了个体对外在世界感知和反应的倾向，因此是重要的个体社会心理过程和特征；与此同时，价值观还是群体认同的重要根据——共享的符号系统，因此又是重要的群体社会心理现象，也是回顾、观察、预见一个社会发展水平的标尺之一。

一、社会价值观的内容

价值观是人们关于好坏、得失、善恶、美丑等价值的立场、看法、态度和选择。价值观是主体以自身的需要为标准，对外在于自身的事物或现象所蕴含意义的认识和评价，他往往表现为信念、理想、信仰、追求等形态。

价值观属于社会意识形态的范畴，它是和特定的社会经济基础联系在一起并受其制约的，是处于一定经济关系之中的人们的利益和需要的反映，它决定着人们的思想取向和行为选择。由众多的复杂多样的价值观进行长期反复的整合和消解，最终就形成了体现一个社会价值理念的价值体系。任何社会的价值体系都是该社会价值观的集合体，是建立在该社会基本政治经济制度基础上的意识形态。任何社会的存在和发展，都需要有一定的社会价值体系的强力支撑。社会的价值体系是一个包括核心价值体系和一般价值体系的完整的、内涵丰富的价值观系统，其构成具有层次性。

社会价值体系的内核是由核心价值观构成的核心价值体系，由里到外则是由一般价值观构成的处于从属地位的其他价值体系，主要包括伦理价值观、政治价值观、经济价值观和社会价值观。核心价值观对其他层次的价值观起着支配性的作用，各个层次的价值观依据核心价值观来确定其内涵。各个层次的价值观互相影响、互相渗透，各个层次的具体价值观内涵会随着社会的发展和时代的变迁而调整或变化。

一个社会的价值观念，既是对各种客观存在的经济社会政治结构和发展状况的反映，也是对人们理想中的个人发展目标和社会关系状况的期盼。因而，社会结构特征的变化及其多样化，将在很大程度上表现为社会价值观念的结构性变化和多样化，表现为新的价值观念的不断出现。不难看到，我国社会的价值观念发生了结构性转变，这种转变的基本特征或表现形式，就是价值观念的多样化、复杂化。具体说来，与改革开放前相比，改革开放以来我国社会价值观念的变化和新的价值观念结构的形成，具有几个重要的社会学特征。

第一，在市场化、工业化和城市化的推动下，我国居民的发展机会不断增加，也日益多样化，这使得社会成员实现个人成功的机会空间空前扩大，可供选择的路径显著增加，人们不再共同瞄着某一个方向谋求自身发展。不同的发展路径，不同的发展机会，必然导致不同的价值观念，形成不同的价值取向。

第二，社会评价机制多样化。这意味着个人成功标准的分化和多样化。在当今社会，个人发家致富，做青春偶像、影视明星、文化体育明星，加入甚至引导时尚消费潮流，成为知识和技术精英，还有仕途发达等，都可成为个人成功的标志。特别值得注意的是，个人价值的实现有一种从过去注重组织评价转向现在重视自我评价、“粉丝”评价、媒体评价的趋势，其背后的实质则是从以往注重精神内涵转向更加注重物质效果。

第三，不同社会发展阶段的价值在同一时空中并存。我国社会目前正处于从农业社会走向工业社会、从农村社会走向城市社会、从封闭社会走向开放社会的现代化过程之中，并且随着对外开放的深入而受到全球化的深刻影响，在这样复杂的情况下，传统社会价值、现代社会价值乃至后现代社会价值，都在我国社会生活中广泛存在，相互激荡。

二、社会价值观与社会保障的联系

走进现代社会保障的历史，我们不难发现无论是17世纪英国首先制定的《济贫法》、19世纪德国建立的一套社会保险制度、1935年美国通过的《社会保障法》，还是20世纪中叶英国和北欧各国的“福利国家”制度，它们以法律方式确定国家对社会成员应有责任的背后，各自显现出独特的价值观。毫不夸张地说，倘若我们不知道那个时代的主流价值观，就无法理解那个时代的社会保障制度。

（一）17世纪到19世纪英国的济贫事业：新教伦理和古典自由主义价值观

面对由英国圈地运动与早期工业革命带来的大批涌入城市且频频危及社会秩序的流民和突增的贫困群体，以往的宗教慈善组织已捉襟见肘，时代呼唤国家必须站出来发挥作用。从16世纪开始英国执政者先后通过一系列济贫法律，一改零星分散的社会救济行为，通过立法凭借国家力量有计划地实施救济。

英国《济贫法》的产生当然与社会动荡、民族和国家兴起相关，可《济贫法》的产生和演变还体现了英国近代逐步形成的一套价值观体系：一是确立了有限国家责任，使济贫问题的解决走出狭隘的地方化与教会的私人仁慈；二是滥觞于新教理论，强调工作的意义和勤劳的美德，视贫困为个人懒惰的产物；三是19世纪初期开始盛行自由放任主义，强化个人责任和国家最少干预。

《济贫法》确立了政府承担社会保障责任的制度，首次改变了以往民间的自发救济行为。与现代社会把救济视为穷人的权利和实现社会正义的手段不一样的是，《济贫法》囿于当时流行的"新教工作伦理"，把贫困归于个人原因，把济贫事业视为维护社会道德秩序的一种必要手段。不同于古希腊和罗马把劳动看成远离高级精神活动的低级活动，也不同于早期基督教把劳动看成原罪的救赎——它们甚至赞美贫困的高贵性，新教把工作看成上帝号召的"天职"，作为工作成果的财富则是上帝荣耀的象征。此种观念渗透进《济贫法》的立法理念中，这种理念基于"财富是通过个人努力而获得的"新教教义，认为贫穷是由个人因素而非社会因素造成的，甚至视"贫穷为万恶之源"，进而认为慷慨的救济制度会鼓励与放纵更多的人懒惰，从而主张济贫制度应当是一种惩戒性制度。作为鼓吹个人责任的社会主流道德观念的反映，《济贫法》开启了把接受济贫的人分为"值得救济的穷人"和"不值得的救济的穷人"之风：那些没有工作能力的老人、残疾人、体弱者等，值得人们在道德上同情并予以救助；那些身体状况良好的贫困者，他们的失败来自不负责任、缺乏智慧等个人原因，所以不值得同情。

从根本上来说，这一时期的社会保障更像一种惩罚措施和矫治制度。《济贫法》担负着包括重塑道德秩序在内的社会重建任务，通过让接受救济的穷人的生活状况差于任何独立的自由劳动者，以及让他们在救济院中接受准监狱似的严格管理，迫使穷人的道德完善并使懒汉勤奋起来。

到18世纪后半期，在尖锐批评《济贫法》阻碍经济竞争与自由的过程中，古典自由主义逐步登上了英国社会主流意识的舞台，它所内含的个人主义、市场竞争、放任主义等理念，强化了英国济贫法传统中的个人责任观和劳动观，在现实中也深刻影响了1834年修订的新《济贫法》。

在古典自由主义者眼中，任何需要的满足都是靠个人的劳动获得，或通过市场交换去挣得。只要有一个完全自由的市场经济，给予每个人充分交换的自由，那么利己的人不仅能通过自己的劳动满足自己所需，还能在"看不见的手"的作用下实现社会总体福祉或者说社会公共利益。完善的自由市场中发生的一切都是合理的，都是对个人自立和努力程度的奖励和惩罚，国家没有理由去改变经过市场淘洗的贫富分化的一切结果。最小化的、自由放任的社会政策自然也是其逻辑结果，国家至多被看成充当一种"守夜人"的角色。古典自由主义者更是提倡自愿基础上的慈善事业以及后来出现的各种类型的私人保险。古典自由主义者反对《济贫法》有着经济考虑的原因，庞大的社会保障项目所带来的后果是严重的，它将阻碍自由交易，影响国民财富的增长。但是，古典自由主义者更看重《济贫法》引发的道德沦丧、穷人自身的懒惰和依赖性现象，从而损害劳动激励①。

（二）19世纪晚期德国的社会保险：保守主义价值观

19世纪最后20年，俾斯麦主导的德意志帝国通过一系列社会保险法，强制对所有雇佣劳动者实行统一的社会保险，构建了现代意义上的社会保险制度。作为一套强制化和规范化的社会政策，社会保险体系表现出“已不再是统治者对被统治者的恩赐与怜悯，而是国家和社会的一项应尽的职责，社会保险的提供者与社会保险的享受者在法律上处于平等地位，这正是现代社会保障制度最本质的东西”②。但是，这种制度为什么会在当时无论是经济上还是政治上均不发达的德国首先建立？对于这一问题可以从当时德国所面临的经济和政治危机的视角做出解释，然而若忽视其产生的社会价值观根源，这种解释将会是肤浅的、片面的。毋庸置疑的是，在德国这次制度变革的背后还存在超越经济、政治层面的历史文化传统的作用，其中的保守主义思想、普鲁士王朝的“家长制主义”和德国历史学一起构成了其社会保险产生的文化源头和推动力。

当今，一谈到社会保障领域内的保守主义，必定追溯至德国早期的制度安排。“保守主义”以强调秩序、权威和社会团结为特点。资本主义商品化、阶级分裂和个人主义带来的社会无序，令保守主义极为反感。保守主义思想观念的特征是将人的商品化视为道德的堕落，社会秩序的腐败、涣散和紊乱。它强调要维持权威，为了社会的融合必须保持传统的社会关系，对严格的等级制度、合作主义及宗法制度的偏爱变成了保守主义的共同基调。保守主义最初采取一种“合作社团”来解决“商品化”问题，即城镇工匠或技工中出现具有等级特点的协会组织。这些合作性社团集生产和生活管理于一体，规定加入权、会员资格、生产和价格，将缴费与社会福利连接起来，给予伤残者、孤寡者以照顾，依据成员的团体身份划定救助范围。到了俾斯麦时期，保守主义演变为一种家长式的国家主义形式，即以国家参与或支配为基础建立合作主义社会福利体系。这种保障体系植根于封建领主制及欧洲君主专制制度，前提是等级主义、政府权力主义以及个人或家庭对于家长或国家的绝对服从。强调效忠和恭顺的家长权威式保守主义，有着承诺提供社会帮助的一面，渗透了“显贵者应当乐善好施”的德国古老遗训，表现出人道和慷慨。普鲁士王国的领导者深受封建主义思想的影响，愿意“对其臣民的幸福负责”③。有学者指出，实际上存在两个俾斯麦：一个是能够熟练运用权术、转移矛盾的俾斯麦；另一个则是“基督教家长制主义”的俾斯麦。他相信国家有道德责任照顾它的臣民。国家主义和家长仁慈主义一起构建成后来德国社会国家思想的重要源泉。“社会国家”的思想在普鲁士王朝的家长制主义中早已萌芽。康德和黑格尔也为社会国家思想奠定了哲学基础。在《法的形而上学原理》中，康德提到：“人民已经事实上通过他们的共同意志结合起来成为一个社会，这个社会必须永远保持下去。为此目的，他们就要服从国家对内的权力，以便保存这个社会的成员，甚至当他们无力维持他们的生活的时候，根据国家的基本原则，政府有理由并有资格强迫那些富裕的人提供必要的物资，用于维持那些无力获得生活最必要的资料的人的生活。”黑格尔批判了市民社会的原子个

① 汤剑波．西方早期社会保障制度背后的主流价值观［J］．南京师范大学学报（社会科学版），2009（6）：17-22.

② 郑功成．社会保障学理念——制度、实践与思辨［M］．北京：商务印书馆，2000：131.

③ 桂莉．简论德意志第二帝国社会保障制度［J］．武汉大学学报（人文科学版），2005（5）：618-625.

人主义，强调“理性国家”是一种伦理共同体[①]。

到19世纪下半叶，“社会国家”的思想在德国知识界广为传播，逐渐形成了一面旗帜，这就是著名的“新历史学派”，即“讲坛社会主义学派”。1872年又正式创立了“德国社会政策协会”，聚集了大部分知名的社会改革家，他们的社会政策思想获得了俾斯麦的赏识，直接促成了1883年起几部社会保险法律的制定和实施。新历史学派的出现是德国跨入资本主义行列最初进行的自我调整和更新，其社会改良政策的理论基础主要表现在如下两个方面：（1）强调伦理道德因素在经济生活中的地位和作用；（2）强调国家作为超阶级的组织应当干预社会和经济生活，由国家担负“为其臣民的幸福和福利负责”的责任，由国家采取保护性措施来改善工人的生活和劳动条件[②]。

（三）20世纪美国的社会保障：个人主义价值观

美国现代社会保障制度形成于20世纪30年代，当时的经济危机给美国人的生活带来的灾难，使政府代替自愿性慈善组织发挥宏观作用成为大势所趋。1935年，罗斯福签署了美国历史上也是世界历史上第一部《社会保障法》。然而，纵观美国社会保障的发展进程，虽然其早期的社会保障政策受英国的影响很大，但并未随着二战后的英国发展其福利事业。美国政府始终对介入社会保障供给采取一种谨慎的、不积极的态度，这与美国有着与欧洲不同的国家制度相关。美国是联邦制国家，州与地方政府要确保联邦政府充分弱，从而不会威胁到它们各自的权力[③]。美国的一些社会价值观如参差不齐的个人主义、自愿捐助主义、自助、节俭以及对自由放任且国家干预最少的市场资本主义的偏好等，可以追溯到19世纪美国殖民地的结构特征，即充足的土地资源、对劳动力的极大需求以及流动性（包括垂直流动）的社会结构。这种典型的自由主义在19世纪末期对社会进化论的支持表现得十分明显[④]。“个人主义是美国文化的核心”，据桥·费金分析，个人主义包含如下要素：（1）每个人应该努力工作，努力在与其他人的竞争之中成功。（2）那些努力工作的人应该由于成功获得报酬（比如财富、财产、声誉和权利）。（3）因为广泛的和平等的机会，工作努力者事实上会因为成功而获得报酬。（4）经济失败是个人自己的错误，显示了他缺乏努力和其品质的缺陷。“既然国家提供了无限的自然资源和成功的机会，那么贫困就是个人道德错误造成的——懒惰、放纵、淫荡和无宗教信仰。”[⑤]

在这种个人主义价值观的主导下，部分学者担心过度的社会保障将导致竞争观念衰退，进而抑制勤劳者的劳动积极性和助长懒惰者的依赖心理。伴随着开拓者来到北美的清教精神是个人主义信念的重要文化源泉，深嵌入美国人民的心灵。基于个人奋斗的精神，自由放任的传统在美国被坚定地建立起来，并且找到了它最纯粹的形式。相对于战后欧洲的一些福利国家，美国的社会保障依旧被限制在狭小的范围之内。美国人更看重

① 汤剑波．西方早期社会保障制度背后的主流价值观［J］．南京师范大学学报（社会科学版），2009（6）：17-22.

② 汤剑波．西方早期社会保障制度背后的主流价值观［J］．南京师范大学学报（社会科学版），2009（6）：17-22.

③ 汤剑波．西方早期社会保障制度背后的主流价值观［J］．南京师范大学学报（社会科学版），2009（6）：17-22.

④ 威廉姆森，帕姆佩尔．养老保险比较分析［M］．马胜杰，等译．北京：法律出版社，2002：168-169.

⑤ 汤剑波．西方早期社会保障制度背后的主流价值观［J］．南京师范大学学报（社会科学版），2009（6）：17-22.

自主、自愿和慈善组织的帮助。美国历史上一直存在大量社群组织，尤其是各类私营慈善组织，在美国早期的社会救助领域发挥着重要作用。慈善组织是早期美国人对待社会福利的主要态度，并且成为各种服务的实际提供者。这种对民间组织的崇信，其实体现了美国人对大政府的警惕。美国人重视慈善组织的意义是：一方面，提倡人们要有仁慈心，因为自私是一种罪恶，仁慈是一种真正的美德；另一方面，志愿机构将可以更好地发挥道德和宗教的影响力，防止救济堕落成为一种导致贫困化施舍的机制。强调道德品德的培养是各类慈善团体的重要目标之一。私人慈善机构的目的不在于为贫困者提供物质帮助，而是要通过改善穷人的品格来提升他们的道德境界。慈善工作应帮助穷人摆脱救济，使穷人懂得自尊和寻找解决问题的办法。为此，各种慈善机构通过活动对穷人进行精神教化和道德教育，使之勤奋、节俭、有道德和宗教信念，从而恢复穷人好的天性。

1935年《社会保障法》的内容体现了美国人长期形成的个人主义价值观。美国人并没有形成欧洲福利国家那样的为承担国民福利责任而建立的联邦政府中央计划，没有承认对国民所有保障需要的责任，在保障方式上，也主要是“以工代赈”这种“间接救济”方式。罗斯福指出，“‘以工代赈’的就业措施，不仅能使失业者避免贫困潦倒，还能保持他们自力更生的精神、自尊心、勇气和决心”，相反直接救济“像一种麻醉剂，会给人们的精神状态造成一种无可名状的破坏”。[①]

（四）20世纪中期西欧的福利国家政策：自由平等和团结的价值观

二战后的西欧国家进入了福利国家的发展时期。福利国家的社会价值观基础是社会民主主义的福利思想。社会民主主义所追求的是“一个基于自由、权利平等，以及借助市场经济和社会福利国家实现其公民团结互助的政治共同体的理想”[②]，然而实现这一理想的条件是自由市场经济与国家干预之间的有机结合。因此，凯恩斯主义和《贝弗里奇报告》为推动这一理想的实现做出了贡献。凯恩斯主义为福利国家既提供了思想基础，也提供了政治基础，《贝弗里奇报告》为福利国家发展设计了基本框架。由于这种“福利国家理想”从本质上看是维护“自由、平等”基础上的国家对公民个人福利的干预，而不是建立在“家长制主义”或“父爱主义”基础上的国家福利，因此德国社会政策专家考夫曼认为，这种福利国家理想“只能在深受基督教和启蒙运动文化影响的西欧社会的界域中产生”[③]。考夫曼认为，福利国家理想在工业化早期“国家第一次对工业中雇佣的童工采取劳动保护措施”时就已经显现，但是，这些个别国家的保护措施“如果没有价值信念的规范性基础的话……看来还不足以为福利国家的发展确定其自身的方向”。推动福利国家政策形成和发展的首先是“道德信念”，而且证明其合法性的主要途径通常也是道德的。考夫曼说：“国家采取措施保护弱者并保障所有人获得符合人的尊严的生存条件的源泉，就在于西方统治的基督教和人道的信念。”[④]

在考夫曼看来，基督教的信念以及对“集体的”生活方式的回忆，对启蒙思想家所

① 汤剑波．西方早期社会保障制度背后的主流价值观［J］．南京师范大学学报（社会科学版），2009（6）：17-22.

② 考夫曼．社会福利国家面临的挑战［M］．王学东，译．北京：商务印书馆，2004：31.

③ 考夫曼．社会福利国家面临的挑战［M］．王学东，译．北京：商务印书馆，2004：31.

④ 考夫曼．社会福利国家面临的挑战［M］．王学东，译．北京：商务印书馆，2004：31.

宣扬的个人主义起了强有力的修正作用。正是价值取向的，或者更确切地说，基本公正理念的这种共同性，为福利国家政策的内涵指引方向，并使社会改革具有规范性的“共识凝聚力”。在现代社会的两大阶级——资产阶级和工人阶级之间形成一种自由、平等和分享利益的“社会理念”。在这种平衡利益的公正理念不占主导地位的地方（如美国），福利国家的发展就只能很晚才起步，并且相对而言发育不良。“因此，福利国家已成为欧洲各国以规范性方式达成基本共识的一个决定性要素，这也在通过宪法和国际条约保障文化和社会权利方面清楚地表现出来”①。

（五）我国社会价值观对社会保障的影响

社会主义核心价值观和社会保障二者相互关联、辩证统一。社会主义核心价值观为社会保障提供理论指导。一方面，社会保障的具体实施离不开社会主义核心价值观的引领和指导，社会主义核心价值观的内涵贯穿于社会保障事业的整个目标和过程；另一方面，社会主义核心价值观为社会保障事业的进一步发展和完善提出了目标、指明了方向。

社会主义核心价值观所要建立的国家包含诸多积极的要素，所要建立的社会包含自由、平等、公正、法治等要素，所要树立的个人形象应该是爱国、敬业、诚信、友善的。社会保障是社会主义核心价值观的实践表达。任何理论的提出最终目的都是回归实践，用于指导实践，发挥理论的应有作用。社会主义核心价值观作为理论形态，所倡导的目标需要通过具体的环节得到落实，发展和完善社会保障事业，是实现社会主义核心价值观所倡导目标的有效途径。

第二节 公平正义原则

公平正义是人类文明的重要标志，是衡量一个国家或社会文明发展的标准。社会和谐、人际和睦，无疑以公平正义为重要条件。而公平正义的创造和维持离不开公共权威，离不开公共行政。如果以政府为核心的公共组织及其公共行政不能倡导公平正义、不能奉行公平正义、不能主持公平正义，国家和社会就不会有公平正义。

一、公平正义原则的内容

（一）内涵

公平正义是古往今来人们衡量理想社会的标准之一，也是人类社会发展进步的重要价值取向。现代意义上的公平指的是一种合理的社会状态，它包括社会成员之间的权利公平、机会公平、过程公平和结果公平。所谓权利公平，是指公民的权利不因职业和职位的差别而有所不同，其合法的生存、居住、迁移、教育、就业等权利得到同等的保障与尊重。所谓机会公平，是指公民能普遍地参与社会发展并分享由此而带来的成果。所谓过程公平，是指公民参与经济政治和社会等各项活动的过程公开透明，不允许某些人通过对过程的控制而牟取不当利益。所谓结果公平，则主要指在分配上兼顾全体公民的

① 考夫曼. 社会福利国家面临的挑战 [M]. 王学东，译. 北京：商务印书馆，2004：32-33.

利益，防止过于悬殊的两极分化，以利于共同富裕的实现。正义的内涵与公平存在若干重叠，但它更多地指向社会的是非观及荣辱观。它呼唤社会正气，谴责歪风邪气，与各种社会丑恶现象更是水火不容。

公平正义原则是关于“什么事物的平等更为重要”的价值选择。从分配公义角度看，如果一个人的分配额和所认可的标准成比例，那么这种分配就是公平的。但是，究竟应该采用何种指标的比例来衡量公平则无定数，而采用不同的指标，则会得出不同的公平正义。例如，当我们以劳动投入作为指标时，公平的定义是按劳分配，当我们以生产要素作为指标时，公平变成按要素分配，而不仅仅是劳动力。由于诸如权利、贡献和需求之类的标准都是由社会构建的，它们的实际用法千差万别，所以不同的理论派别对公平正义的看法迥然不同，并未达成一致意见。各国社会保障改革中所面临的矛盾与冲突，在很大程度上是其公平与正义价值观冲突的具体表现。从总体上看，有关公平与正义的价值观可以分为社群主义价值观、社会民主主义价值观和自由主义价值观，其中自由主义价值观又可分为源于康德的绝对主义价值观和源于边沁的功利主义价值观两类。最具代表性的公平正义理论是罗尔斯的正义论，他提出的“最大最小标准”经常被理论家视为指导社会保障政策的理论基础。本节以下部分主要围绕罗尔斯的公平正义原则来讨论。

（二）罗尔斯的公平正义原则

20世纪70年代美国著名政治哲学家约翰·罗尔斯从公平正义入手，全面系统深刻地论证了自由与公平、个人与国家、机会与结果等广泛的社会政治问题，力图为现代西方社会重建“公平正义”的道德基础。他的《正义论》一书对西方政治哲学产生了重要的影响，引发了西方学界对“公共理性”与社会行为、个人权利与社会共同体要求、个人价值与社会正义、社会多元与社会统一、自由与平等、民主与秩序等重大理论问题的广泛探讨，从而形成当今西方社会政治哲学的大繁荣局面。

罗尔斯的正义论，追本溯源，可以在古希腊柏拉图、亚里士多德那里找到它的滥觞，但有别于柏拉图、亚里士多德的正义思想。同样是讲正义，柏拉图和亚里士多德强调的是社会秩序，认为正义体现为国家和谐的秩序，而罗尔斯强调的是人的自由平等，认为人的自由是正义的核心。罗尔斯的正义思想与其说是古代正义思想在长期社会发展中的演变，毋宁说是对近代资产阶级启蒙主义思想的继承和发展更为恰当，但罗尔斯并非简单地继承了启蒙主义的思想，而是对其进行了创新性的“修正”。

罗尔斯从人都处在“无知的面纱”中的“原初状态”出发，推出了正义的两条根本原则。第一条原则：每一个人都有平等的权利去拥有可以与别人的类似自由权并存的最广泛的基本自由权。第二条原则：对社会和经济不平等的安排应能使这种不平等不但可以合理地指望符合每一个人的利益，而且与向所有人开放的地位和职务联系在一起。罗尔斯的第一条原则简称自由原则，用于确定和保障公民的平等自由。罗尔斯认为正义的核心就是平等，在他看来“正义即公平”。具体来说，“公平”是指社会权利、利益的公平分配。罗尔斯把社会成员所承担的责任、义务和享有的权利统称为基本利益。可见，平等地享有自由权利是罗尔斯正义论的首要原则。第二条原则简称差别原则。它规定了经济和社会福利领域的不平等权利的适用范围和条件，要求社会利益和经济利益的不平等分配应该对处于社会最不利地位的成员最有利。这条原则实质上是要求国家应对社会成员的社会经济差别予以调节，使之最大限度地改善最差者的地位。在这两条原则中，自由原则是首要原则，差别原则是建立在自由原则基础上，从属于自由原则的。只有在贯彻自由原则的前提下，才能贯彻差别原则，绝不能以牺牲前者满足后者。

罗尔斯正义论的两个原则，反映出个人和国家关系问题是其正义论要论述的根本问题。其实这一问题也是一切政治哲学都要讨论的根本问题，但罗尔斯的正义论在对待个人和国家关系问题上，为政府的制度建设提供了更为深刻、合理的理论依据，是古希腊的正义思想和近代资产阶级思想家的正义思想所不可企及的。古希腊柏拉图和亚里士多德的正义思想突出个人对国家秩序的服从，以国家利益消解个人利益。而17世纪至18世纪的启蒙时期的社会契约论，既产生了以霍布斯为代表的典型君主专制论，也产生了以洛克、孟德斯鸠为代表的有限政府论，它们虽然代表了启蒙时代在个人和国家关系上的两种对立的倾向，但它们的共同点是，都没有解决好个人与国家之间的关系。前者是以国家专制吞没个人自由；后者是以个人自由排斥国家干预。个人自由对国家干预的排斥这一思想倾向，发展到19世纪初的功利主义哲学家手里，就更趋于极端。功利主义者边沁、穆勒认为追求功利是人的本性，个人利益是真实的，社会利益是虚构的，社会利益不过是个人利益的总和，最大限度地追求个人利益必然会带来全社会的繁荣。因此，他们主张国家对个人经济社会生活采取放任主义或不干涉原则，“管得最少的政府是最好的政府”。功利主义已完全排斥或否定了国家对个人的干预和调节。罗尔斯虽然继承了近代资产阶级自由主义传统，但他关于个人和国家关系的理论，既和古希腊哲学家的正义论大相径庭，也远胜过启蒙主义和功利主义的正义观。罗尔斯的深刻之处在于他不仅看到个人和社会的统一，更看到两者的对立，并深刻揭示人类自由的悖论现象，即当个人充分享有自由权利的同时，由于人类理性的缺陷和迷误，也必然会造成人们利益的冲突，造成人们实际社会政治经济生活结果的差别和不平等，从而最终限制和破坏个人对自由权利的充分享有。同时，罗尔斯还提供了解决这一矛盾的途径和办法，那就是在实施自由原则的同时实施差别原则，通过国家调节以保障自由和不断解决由之产生的矛盾。

罗尔斯仅仅是一个改良主义者，他的目的是在资本主义的现有范围内进行改良，而不是去改变它。罗尔斯的主要目的在于通过用正义即公平的观念来取代功利主义的正义观念，从而推动社会变化。他的注意力集中在民权和贫困两大问题上，这两大问题在美国社会长期以来没有得到解决，这是由资本主义社会的基本结构所决定的。他提出的自由权优先、考虑最少受惠者的利益、平等自由等观念，也都是为这些难题寻找出路。①

二、公平正义原则与社会保障制度

（一）公平正义原则与社会保障制度的联系

社会保障制度是国家、社会群体和个人为使社会成员能够维持基本物质生活，实现生存权提供援助和保证而设置的若干内容和项目的总和，是社会团体和个人必须遵守的

① 梁君林，汪朝霞．社会保障理论［M］．合肥：合肥工业大学出版社，2011：299-301.

工作规程和行为规则。它一般包括社会保障、社会救济、社会补贴（福利）、优抚安置、社会互助和个人储蓄积累保障等六个方面。自现代社会保障制度产生以来，公平是社会保障制度遵循的首要原则，社会保障制度从制定之初就天然带有公平正义的品质和特征。

社会保障制度安排是以维护社会公平正义为目标的，公平正义是其根本原则。社会保障制度首先在资本主义国家迅速发展并很快扩展到全球，尽管各国的保障制度内容、途径、方法有异，但维护公平正义始终是其制度选择的初衷和首要原则。

就社会保障制度本身来说，完善的社会保障制度能为社会成员提供基本生活保障并通过其补偿功能，可以在一定程度上促进起点公平和过程公平；社会保障的“非歧视性原则”使社会任何成员只要符合法律规定的条件都可以享受相应的社会保障，每一社会保障项目对于其适用范围内的社会成员而言机会是均等的，因而它可以促进机会公平；社会保障实质上是一种再分配政策，具有调节收入差距的功能，因而它又可以在一定程度上促进结果公平。

从社会的发展历程来看，社会保障制度是关乎国家和社会发展的基本制度，是促进社会成员和谐生活的根本保证。社会保障制度以公平社会财富为手段，以正义社会生活为目标，以促进社会和谐为使命，将保护社会成员的权益作为自身行为的出发点和归宿点。

社会保障制度在事实上天然就带有公平正义的影子，它的实施和完善对社会公平正义有巨大的促进作用。社会保障制度是社会公平正义的一杆秤，衡量一个国家、一个地区社会公平正义与否，社会保障制度的建立与完善是不可缺少的因素，可以说要实现社会公平正义必须建立健全社会保障制度；而一个公平正义的社会，必然会逐步建立和完善社会保障制度，实现全社会人民的解放与自由。

（二）罗尔斯公平正义原则的实现机制

罗尔斯的差别原则（即最大最小标准）对于当今世界各国的社会保障制度建设的理论意义是无与伦比的，无论是社会民主主义的左派纲领，还是保守主义的右派纲领，抑或是“第三条道路”的中间纲领，均不能回避它的存在和价值。差别原则之所以会成为许多国家社会保障制度建设的主导理念，其原因大体上可以概括为以下三点：

首先，差别原则可以达到新福利经济学所提倡的补救原则的某些目标。罗尔斯认为补救原则是指“对不应有的不平等要求予以补救的原则”，而差别原则一方面并不要求社会去努力拉平不利条件，另一方面“它改变了基本结构的目标使体制的总体安排不再突出社会效益和专家政治的价值”。

其次，差别原则体现为一种互惠观。罗尔斯通过对道德上“应得”这个观念加以澄清，说明只有实行差别原则，社会合作所体现的互惠互利原则才能实现，社会合作本身才有可能。也就是说，差别原则成为了合作的合理基础，那些天赋较好的人，或者在社会环境中运气较佳的人，可以在这个基础上指望别人来和他们携手合作，实现彼此的共同利益。

最后，差别原则又体现博爱的观念。博爱思想既体现一种心理态度，又与一种思想感情相联系。如果在差距较大、两极分化的社会中，指望社会成员之间会有很好的思想感情联系，那是很不现实的，因而要实现资本主义的博爱理想就必须缩小社会中的分配差距，实现社会的平等。差别原则中对最少受惠者的偏爱，正好“符合博爱的天然含义”。

罗尔斯并未停留在抽象的理论探讨层面，而是试图给出贯彻与实施差别原则的具体方案。他主张设定四个职能部门，即调配部门、稳定部门、转让部门和分配部门来保障差别原则的贯彻实施。其中，后三个部门与差别原则的贯彻密切相关。

罗尔斯认为，社会的不平等源于机会的不均等，因此他设定了稳定部门，它的任务就是努力实现合理的充分就业，使那些希望工作的人能够找到工作，并且为那些进行职业选择的人提供有效的支持。可见，稳定部门的职能可以保证机会均等的权利的实现。

在现实生活中，或者由于自然天赋，或者由于社会文化条件的差异，某些人在竞争中处于最少受惠者的地位。为此，罗尔斯认为要设立转让部门去维护这些人的权利，通过确定社会最低限度的保障，照顾这些社会的最少受惠者或贫困者。这样，转让部门的转让款项的功能可以确保地位不利的人总收入得到提高，从而实现社会的公平正义。

“如果财富的不平等超过了一定的限度，这些社会体制甚至人们的自由权都会受到损害”，因此，罗尔斯认为解决现实中不平等现象的唯一途径在于实行再分配。而分配款项的来源分为两种形式的税收：其一是用累进税的办法对相关人的遗产和遗赠进行征税，这类征税的目的在于“纠正财富的分配状况”；其二是为确保政府的财源以便让政府建设一些公共善以及确保转让部门调拨款项的运行，而按“某种比例支出税的方法对因偶然因素处于有利地位的高收入者进行征税”。通过分配部门的征税能缩小不平等的差距，使财富的不平等保持在一定的限度之内。

通过以上三个部门的职能，推行税收制度对不应得的收入进行再分配，给予最少受惠者以补偿，这就是罗尔斯差别原则实施的途径及目标。

虽然有了保障实施的部门，但是不足以圆满，对于个人和群体来说，至少还要了解“差别原则”的基本实施操作原则，即遵循“最大最小标准”。

“最大最小标准”告诉我们要按选择对象可能产生的最坏结果来排列选择对象的次序，然后选择那个其最坏结果好于其他最坏结果的行动。在正式践行的时候，我们必须牢记：第一，这一标准不考虑环境的可能性。尽管人们一般希望采取那些带来最高期望的行动，但是由于它在这里是极不确定的，因此人们并不知道其可能性有多大。第二，如果为了得到一个不确定的利益要冒险去做那种可能造成重大损失的事，人们是不会去做的。第三，被拒绝的选择对象有一种个人几乎不可能接受的后果，因为这种状况涉及重大冒险，即是说，如果人们想得到那个最大的结果，就存在损失最大的可能。

罗尔斯关于自由与平等相矛盾的思想以及解决这一矛盾的两条正义原则，对于中国的社会保障制度建设和改革实践有着很强的借鉴和启迪意义。自由和平等的矛盾在任何社会形态里都是必然存在的，不仅在资本主义社会有深刻的表现，在社会主义社会里亦是如此。为了保障公民个人充分享有平等的经济保障权利，必须确立平等协商的国家、集体和个人之间的合作关系，建立合理的社会保障管理体制。这样的管理体制，既不应该是霍布斯式的政府包办体制，也不应该是功利主义者主张的极端放任自由的市场化体制，按照罗尔斯在正义论中所阐述的有条件的政府干预理论，合理的社会保障管理体制应该是一种政府与市场有机结合的混合型体制。

就当代中国而言，公平正义在构建社会主义和谐社会的进程中处于十分关键的基础地位。没有公平正义，社会的诚信友爱、安定有序、充满活力等也都无法实现。因此，高扬公平正义的旗帜，从我国社会各个层面体现和推进公平正义的治国理念，应该成为构建社会主义和谐社会的重要内容。罗尔斯的公平正义原则，对于我们正确认识和解决在社会保障制度建设中公平与效率的关系问题，确立正确的社会保障发展战略，也有非常重要的现实意义。根据罗尔斯的观点，公平是正义的第一要义、首要原则，任何限制、损害个人自由平等享有社会保障权利的政府都是违反正义的。公平是效率的基础，效率寓于公平之中，没有公平就没有效率。因此，我们的社会保障实践要有利于在市场经济条件下公平分配社会财富，缩小个人之间的社会经济差距，保护贫困社会群体的基本利益。在我国社会保障制度建设中引入罗尔斯的差别原则，切实保障贫困群体的基本的和平等的社会权利，对于促进我国社会全面发展和繁荣具有重要的现实意义。[①]

第三节 福利文化论

福利文化产生于人类的社会福利实践，又反作用于人类的社会福利行动，与福利制度存在内在互动机制。在社会福利模式差异的比较中，福利文化是“形塑”社会福利模式多样性的重要变量；在构建和完善福利制度中，福利文化为福利制度提供思想基础和理论支持；在具体福利实践中，福利文化是社会成员的心理认同和整合号召的“符号”。

一、福利文化论的内容

福利文化论指出福利文化对于不同国家社会之间的福利模式的选择具有决定性作用。“福利文化”一词最早是罗伯特·平克在《日本和英国的社会福利的比较研究——社会福利的正式和非正式的内容》一文中提及的。平克指出，无论在哪一个国家社会，福利文化都是由价值观和行为习惯所构成的。其中，价值观是社会成员对于权利和责任的看法，行为习惯是社会成员的价值观在现实中的表现形式。这两部分所组成的社会福利文化价值模式，一方面以制度化、正式的福利项目展现出来，另一方面以非制度化、非正式的家庭、邻里之间的互助形式表现出来。价值观主要对一国的社会福利制度的选择产生重要影响，而社会福利制度安排则深受一国的行为习惯所影响。平克将文化对于社会福利制度的作用内在化了，将社会福利文化与社会福利制度看成一个统一的有机整体。和罗伯特·平克的界定相比，毕天云教授的定义则更进一层，他认为从某方面讲，如果将社会福利制度看成一个独立的子系统，那么福利文化就是其主观反映，在一定程度上决定和影响了社会福利制度的运行[②]。

（一）福利文化的内涵

新时期，在福利国家为应对福利危机而进行改革和福利多元主义理论提出的背景下，

① 梁君林，汪朝霞.社会保障理论［M］.合肥：合肥工业大学出版社，2011：301-304.
② 张军．社会保障制度的福利文化解析——基于历史和比较的视角［M］．成都：西南财经大学出版社，2010：60-61.

社会福利的理论研究越来越深入、范围越来越广，学术界对于意识形态、文化价值观念与社会政策、社会福利制度之间的关系越来越重视，福利文化的理念也随之受到重视。平克首先对福利文化进行了定义，他指出社会成员的价值观念影响他们对权利和义务的看法，在任何社会福利制度模式的实践过程中，社会成员的普遍价值观念会对社会福利制度的实践产生一定的影响。黄黎若莲在其所著的《边缘化与中国社会福利》一书中也对福利文化进行了定义，她指出："社会福利文化是这些顺应文化的价值观念和传统，社会成员所持的价值观念影响其对责任和权利的看法，而这些价值观念在现实中的表现形式则是传统。"

在社会福利制度的实践中，社会福利文化对社会福利制度体系产生重要影响，毕天云教授指出，福利文化不仅是社会文化的重要组成部分，也是社会福利制度体系的有机组成部分，他将福利文化定义为在社会福利制度实践中，社会成员所表现出的思想、心理、意识等方面的集合，社会福利体系中的各种福利项目、设施、服务显然不能归入福利文化的范围内，但也有学者认为福利文化是社会制度体系中的一个有机整体，是促成社会福利产生、运行的内在驱动。[①]

目前，无论是社会福利学还是社会政策学，都没能准确地给福利文化下定义，国内学者对于"福利文化"一词大多数是无意识地使用，或者是借用国外学术界对其的定义，大多数都不能准确地理解福利文化的内涵和外延。我们认为，福利文化是关于社会保障制度的一个有机整体，是促进社会保障产生、运行的内在因素，包括在社会保障制度实践活动中所存在和体现出来的各种思想、价值观念、意识形态、心理、习俗惯例等观念要素，以及在这个价值观下为反映和确定一定的福利保障关系并对这些关系进行调整和调控而建立起来的一套规范体系，是关于社会保障制度的价值观念的精神文化和社会保障的制度规范的制度文化的综合体。

（二）福利文化的表现

福利文化是社会福利在实践过程中所体现出来的各种思想、意识、观念、态度的组合，它是社会文化的组成部分。从总体上看，社会福利思想、福利意识形态观、福利态度与宗教福利观念等几个层面是福利文化的主要表现形式。

社会福利思想是指社会福利制度运行过程中所涉及的相关行为者针对社会福利所形成的各种观念、思想等的综合体。从广义来看，社会福利思想是对社会福利制度和社会政策理论方面的表述，也可以看成是学术界对于各种社会福利问题的阐述。西方社会福利思想可以分为古代社会福利思想、中世纪社会福利思想、空想社会主义的社会福利思想、马克思主义的社会福利思想、人道主义的思想、公民权利及多元主义的思想等。中国社会福利思想主要包括以儒家、道家、法家等为核心的传统社会福利思想，以马克思主义、社会主义为核心的计划经济时代的社会福利思想，以及以发展价值观念为核心的社会主义市场经济时代的社会福利思想等。[②]

福利意识形态指的是社会福利的系统理论。在国家和社会层面，社会福利文化的表现形式通常为福利意识形态，福利意识形态对一国的社会福利制度模式的选择具有重要

---

① 张军．社会保障制度的福利文化解析——基于历史和比较的视角［M］．成都：西南财经大学出版社，2010：60-61.

② 张军．社会保障制度的福利文化解析——基于历史和比较的视角［M］．成都：西南财经大学出版社，2010：60-61.

影响。从不同的角度对社会福利制度进行研究，可以将福利意识形态划分为不同的种类。例如，坚持市场自由竞争、反对国家过度干预的新自由主义，主张政府、市场、家庭和社会组织共同参与的福利多元主义，认为社会福利有利于经济发展、实现社会公平公正的社会民主主义，主张人人都应得到平等福利权的马克思主义，反对性别歧视、认为妇女应该享有平等公民权的女权主义，保护环境、强调可持续发展的环境保护主义六种福利意识形态观。

福利意识形态是广大社会成员的福利态度的集合，一国的人们对于社会福利体系的基本态度就是福利态度。福利态度强调的是作为社会福利供给过程中接受者对于社会福利体系的态度。广大社会成员对于社会福利体系的态度会对社会福利制度的实现产生重大影响，因此政府在对社会福利制度模式进行选择的过程中，一定要充分考虑社会成员的福利态度。社会成员的福利态度内容是多样的、存在差异的，但是可以归纳为对于弱势群体成因的看法、对于社会福利供给主体选择的看法、对于社会福利供给客体选择的看法及对于社会福利和工作道德伦理关系的态度等几个方面。

福利文化是伴随着福利事业发展的，宗教的慈善行为及思想观念一直对福利文化具有重要影响。“所有的宗教教义都有劝人行善的规范，每一种宗教都有自己的福利价值观。”有的宗教福利观念宣扬“民本”“仁”“济”，有的宣扬“大爱”“博爱”精神，有的宣扬“善心”，有的宣扬“善恶报应”等思想。作为社会福利文化不可缺少的一部分，宗教福利观念对社会福利制度的实践意义重大。

（三）福利文化的结构

福利文化的内涵是抽象的，给人模糊的感觉，但是从实质上讲，福利文化包括精神文化和制度文化两个部分。社会福利制度实践过程中所涉及的服务、实物、设施等显然不属于制度文化和精神文化两部分，因此它们也不属于福利文化的组成部分。为了更方便地理解福利文化的内涵，需要使福利文化的概念具体化。从社会福利文化的内在性来看，社会福利文化至少应该包括贫困观念文化、健康观念文化、孝道观念文化和宗教福利价值观四个要素。这四个要素之间的关系错综复杂，既相互独立又相互联系，既相互合作又相互制约，共同构成了社会福利文化的制度体系。

贫困文化观念涉及对弱势群体形象的看法等，是从属于社会救助系统的福利文化观念的一部分；孝道文化涉及社会成员退休之后的生活问题，是从属于养老保障系统的福利文化观念；健康观念文化涉及社会成员生病的医疗服务，从属于医疗保障系统的福利文化观念；宗教福利文化价值观从结构上讲是社会福利文化的重要组成部分，从福利文化的形成渊源来讲是福利文化形成的开端和背景。宗教对阐述人类的生、老、病、死有着一套自己的体系，这套体系影响着信徒对这些人生问题的基本看法，甚至对信徒的行动具有决定性的作用，因此宗教被认为是对人类精神领域的终极关怀。宗教福利文化价值观念处于社会福利制度的深层系统之中，它深刻影响着社会福利文化的其他因素，是一种深层次的社会福利文化。

构成福利文化的四个要素之间并不是简单的横向并列的关系，它们还存在更深层次的相互配合、相互影响的关系，四者相互作用，共同构成了福利文化的有机整体。具体而言，宗教价值观念处于社会福利文化构成的核心要素层面，深刻影响着贫困文化观念、健康文化观念、养老文化观念等社会福利文化的构成要素，而贫困文化观念、健康文化观念、养老文化观念又植根于社会救助体系、医疗保障体系、养老保障体系之中，其内在的福利文化观念具有纵向的交流和横向的独立特点。①

二、福利文化与社会保障的联系

文化与制度具有统一性和一致性，文化在社会保障制度产生和发展中起着非常重要的作用，因而福利文化对整个社会保障制度体系也具有非常重要的功能。

福利文化在整个社会保障制度体系中的重要功能就是维系功能，福利文化作为社会保障体系的一个子系统，分析其在社会保障制度中的功能和作用时，可以借用帕森斯的功能体系模型。帕森斯的功能体系模型指出，无论是个人还是团体建立关系的目标都是为了实现功能性目标，并指出功能性目标可以分为适应功能、目标达成功能、整合功能和模式维系功能四种。从帕森斯的功能体系模型的表述来看，分析个人或者团体二者之间的关系时，需从共识、均衡和整合三方面入手。依据帕森斯的社会功能体系模型，可以将社会保障制度体系分为四大部分：经济和实物等社会资源能够确保社会保障制度得到足够的运行所需的资源，在社会保障制度中发挥着适应性功能；政府等权力的决策机构和代表部门，在社会保障制度运行中发挥着调动社会保障资源、引导社会目标实现的功能，也就是说在社会保障制度中发挥着目标达成的功能；政府作为管理部门能够有机协调各个组成部分，在社会保障制度运行中也发挥着整合的功能；福利文化是社会保障制度的价值观念基础，对社会保障制度的运行发挥着模式维系的功能。②

福利文化在社会保障制度中的另一功能是：福利文化能够解释不同的社会福利制度模式为什么存在差异。从纵向上看，每个国家在每个时期的社会福利制度模式的选择会存在一定的差异；从横向上看，世界上各个国家都有自己的社会福利制度，并且各具特色。学术领域对社会保障制度模式选择的差异从经济、政治等方面进行了研究，结果不尽如人意。从经济方面看，社会保障制度模式选择存在差异是由经济发展水平所决定的，但是在经济发展水平相似的欧美国家，其社会保障模式存在很大的差异；从政治方面，政治意识形态决定一个国家的社会保障制度模式的选择，但中国和朝鲜的政治意识形态相似，两国的社会保障制度模式却大相径庭。无论是从经济发展水平上，还是从政治意识形态上，对于社会保障制度模式选择存在差异的解释都是行不通的。随着福利文化研究的兴起，学术界开始尝试从文化角度解释社会保障制度模式选择存在差异的原因。通过对世界各国社会保障制度模式选择的背景进行研究分析，学者们发现福利文化对一国之社会保障制度具有“形塑”的作用，福利文化的差异造成了社会保障制度模式选择的差异性和多样性。

张军教授从福利文化的福利意识形态观、福利制度供给两个层面，将中西社会保障制度分为了六种基本模式：

（1）自由主义的社会保障模式。以基督教新教加尔文派的宗教福利观形成的自由主义意识形态观念为其福利文化基础；实行市场主导的福利资源供给制度，通过国家的收

---

① 张军．社会保障制度的福利文化解析——基于历史和比较的视角［M］．成都：西南财经大学出版社，2010：65-66.

② 张军．社会保障制度的福利文化解析——基于历史和比较的视角［M］．成都：西南财经大学出版社，2010：66-67.

入转移程度很低。其代表国家有美国、加拿大、英国等。

（2）保守主义的社会保障模式。以“集体主义”“法团主义”的保守主义意识形态观为其福利文化基础；实行“国家-家庭-市民”社会主供的福利资源供给制，注重三者间的协调与平衡。其代表国家有德国、法国、比利时等。

（3）社会民主主义的社会保障模式。以新教路德派宗教福利观形成的社会民主主义意识形态观为其福利文化基础；实行“国家-市民”社会主供的福利资源供给制度，国家在福利供给方面占主导。其代表国家有挪威、瑞典、丹麦等。

（4）南欧天主教的社会保障模式。以天主教宗教福利观形成的国家非干预意识形态观为其福利文化基础；实行“家庭-市民”社会主供的福利资源供给制，家庭和教会在福利供给方面占主导。其代表国家有西班牙、葡萄牙、希腊等。

（5）东亚儒家的社会保模式。以儒家伦理道德观形成的儒家意识形态观为其福利文化的基础；实行家庭主供型的福利资源供给制度，同时强调政府的干预和控制。其代表国家有中国、日本、韩国、新加坡等。

（6）社会主义的社会保障模式。以马克思、列宁等人的价值观念形成的社会主义意识形态观为其福利文化基础；实行国家主供的福利资源供给制度，强调国家在福利供给中的垄断地位。前苏联和中国在计划经济时期实行的就是这种模式。①

可以看出，福利文化与社会保障制度之间是相互适应的。每一种社会保障制度都有与之对应的福利文化；社会保障制度的改革必须以福利文化的变迁为观念基础，没有福利文化的变迁，社会保障制度改革是难以推行的。

关键术语

社会价值观（Social Values）　自由主义价值观（Liberal Values）　保守主义价值观（Conservative Values）　个人主义价值观（Individualistic Values）　公平正义原则（Principle of Fairness and Justice）　福利文化（Welfare Culture）

复习思考题

1. 不同时代的社会保障制度体现了何种价值观？
2. 罗尔斯公平正义原则如何实现？
3. 公平正义原则在中国社会保障制度中的如何体现？
4. 不同模式的社会保障制度蕴含了怎样的福利文化？

① 张军．社会保障制度的福利文化解析——基于历史和比较的视角［M］．成都：西南财经大学出版社，2010：28.

下篇　社会保障的基本理论篇

第十二章

社会救助基本理论

学习要点

通过本章学习，了解贫困的定义、分类与成因，以及我国贫困的演变规律，熟悉社会排斥理念与社会融入理论的主要内容，掌握贫困的测量方法与衡量指标。

案例引入

慈善救助　放飞希望

——刘庆祥的善行之路

刘庆祥，江苏省淮安市仙客来大酒店董事长，淮安市淮阴区南陈集镇张周村村民委员会副主任，仙客来生态农场总经理，清江浦区人大代表。长期以来，他始终坚持企业发展与社会责任并重，积极推进企业发展，主动参与慈善捐赠，竭心尽力奉献。持续向各级组织、困难群众捐款捐物约300万元，救助社会弱势群体、困难群众、贫困学生等5万多人次，受到当地群众的一致称赞，在市政府第四届淮安慈善奖仪式上被表彰为“最具爱心慈善捐赠个人”。

穷则思变　探索发展之路

刘庆祥出生于20世纪60年代初，曾经历过吃不饱饭的困难时期。困难的家庭生活，激发他奋发创业的激情，奠定了他成功后的慈善情缘。他的创业之路是从原先的物流行业做起，企业的发展在平稳中前行。

2002年，淮安市人民政府为了弘扬中国淮扬菜美食文化，扩大地方知名度，促进经济快速发展，开始举办中国淮安淮扬菜美食文化节。为了响应政府的决策，刘庆祥决定转行做餐饮，把淮安著名的“淮扬菜之乡”的美誉发扬光大。他特意在市区前进西路创办了仙客来大酒店，专做传统的淮扬名菜。经他多年的精心打理，细心研究，不断开拓，仙客来大酒店创新菜频出，在当地已小有名气。该店厨师在淮扬菜厨艺大赛中也多次获奖，酒店成为淮安市区淮扬菜名店之一，吸引着市内外大量食客前来品尝，生意做得红红火火。在经营好酒店的同时，他开办的仙客来浴室，为周边群众洗浴、休闲提供了很好的场所，吸纳了数名企业下岗职工再就业，也进一步扩大了企业的经营规模。

扶弱济困　勤耕慈善之路

企业发展不忘回报社会，无论行业怎么变化，企业怎么发展，但他的慈善之路从未间断。从2008年开始至2019年底，连续多年春节他都邀请附近的环卫工人免费吃年夜饭，现场再发给每人1 000元春节慰问金。同时，每年还为东风社区、港口路社区、淮三路社区的贫困大学生每人发放慰问金1 000元。为困难家庭送年货、送年夜饭，并根据社区贫困人口情况，分别再捐资10万元、5万元、2万元，用于慰问孤寡老人和困难家庭，连续10余年从未间断。2019年，刘庆祥向淮安市慈善总会捐赠30万元，专项用于慈善助学和促进慈善事业的发展。2020年，他向淮阴区南陈集镇贫困家庭捐资5万元，向张周村捐资修路30多万元。2021年7月，他再次向市慈善总会捐款5万元，并持续固定资助多名贫困大学生完成学业。

家住淮安区的大学生于某，父亲常年生病卧床，仅靠体弱的母亲维持家务。于某考上大学正为学费、生活费犯难时，刘庆祥知悉后，主动承担其学习费用每年1万元，不定期给予生活费用，现于某已是一名在读研究生。2020年新冠肺炎疫情期间，刘庆祥托关系购买口罩送到其居住地派出所，并向淮安市第四人民医院捐赠5万元，用于医护人员疫情防控所需。绵延慈善路，留下美名传。刘庆祥乐善好施的故事在当地群众中被传为佳话，他在慈善的道路上也一直奋勇前行。

乡村振兴　共谋富裕之路

2019年，正当仙客来大酒店经营红红火火时，因城市建设的需要，酒店地址在拆迁红线之内。刘庆祥二话没说，全力服从政府安排。然而，酒店拆迁后干点什么，也是他重点考虑的事。一个人富不算富，大家富才是真的富，他决定放弃悠闲的城市生活，在自己的有生之年，再到农村去闯一闯，为农村老百姓做点事，为乡村振兴出把力。2020年初，经慎重选择，他把家搬迁至淮阴区南陈集镇张周村。初到张周村，村民们听说刘老板搬来了都很高兴，有事也经常找他帮忙、商量，他也基本上是有求必应。

2020年起，为帮助村民解决实际问题，他自己出资并带领村民修建了几千米的乡村道路，解决了村民的出行难问题。他还出资治理居住环境卫生，改造臭水池塘，种植良种树木，实现了美化村民居住环境与经济收入的双赢。由于他热心公益，帮助群众共同致富，他被张周村聘为村委会副主任，主要负责村里的扶贫、村民矛盾调解工作。遇有群众信访，他主动靠前协调，解决问题，避免矛盾激化。逢年过节，他会出资慰问困难群众，共度佳节。到张周村生活两年多以来，他做的一件件好事、一件件善事不胜枚举。他的善行义举，低调行善、无私奉献的行为，在张周村好评如潮。

为进一步增强慈善产业后劲，提升乡村振兴的发展效能，他自筹资金在张周村承租了150亩废弃的砖瓦厂，进行改造后，成立了仙客来生态农场，其规划建设集优质养殖、特种种植、进口果树、盆景花木以及垂钓休闲、民俗民风等于一体的生态农场，目标是成为新型、养生、环保的特色乐园。

经过一年多的规划和改造建设，目前，仙客来生态农场的家禽养殖、果树盆景等建设已初见端倪，预计年底前将大部分建成投产。届时，将与马头镇形成相互映照的南北特色乡村，吸引市内外游客来农场休闲观光。刘庆祥表示，农场建成后，一方面可以吸纳当地农民进场务工，带动共同富裕，提升农民自身造血功能，另一方面可以将经营的利润拿出来继续做慈善，救助更多的困难群众，这也将成为慈善发展的一个支柱产业，成为产业慈善的强劲资源。

当问及刘庆祥为什么热衷于慈善事业时，他感慨地说："是国家改革开放政策好，让我们有了良好的发展机会。如今，我们自己的日子过好了，还要帮助因各种原因致贫的群众，把帮助他们作为一种责任，一件快乐的事去做。一方面，这是我们回报社会的方式；另一方面，也希望激励和带动更多的人献出爱心，力所能及地去帮助困难人群，这样社会才会更加和谐"。

一个人做一件善事容易，难的是十几年持续做善事。刘庆祥多年来在慈善公益路上默默耕耘，践行了一个爱心企业家的社会责任。他的善行之路越走越宽，越走越远，以自己的实际行动，为社会的和谐发展做出了贡献，谱写了他感人至深的慈善篇章。

资料来源：卢立志，艾捷. 矢志不渝行善 为民造福无悔——刘庆祥的善行之路 [N]. 慈善公益报，2021-09-20.

讨论：谈谈我国慈善事业发展的现状。在社会贫困中如何发挥慈善事业的作用？

分析提示

第一节　贫困的广泛性及演化规律

一、贫困的广泛性

贫困是一种客观的社会现象。贫困作为社会发展过程中的一个消极方面，是一个全球性的问题。社会越发达，绝对贫困人口就越少；反之，绝对贫困人口就会增加。根据世界银行2020年的报告，2019年世界绝对贫困人口约为6.32亿，贫困率为8.2%，90%以上的贫困人口集中在撒哈拉以南非洲、中美洲、巴西和中国。除东亚外，撒哈拉以南非洲和南亚的贫困人口仍在不断扩大。世界上最不发达国家一共有48个，其中非洲33个，亚太地区13个，拉丁美洲2个。如今，贫困主要表现为制度性贫困、区域性贫困和新增贫困人口。

（一）制度性贫困

从宏观上看，制度性贫困是由于社会、经济、文化和政治制度所决定的生活资源在不同社区、地区、社会群体和个人之间分配不均，造成一些地区、社会群体、社区和个人的贫困。例如，在宏观层面，二元经济、二元社会等城乡二元现象是制度性贫困的标志。从微观层面看，一些不能因地制宜、因时而异的制度或政策加深了贫困地区的贫困程度。

（二）区域性贫困

区域性贫困是由于自然条件差、社会发展水平低造成的贫困现象。如我国原先的老、少、边、穷地区就属于区域性贫困，农村贫困人口集中在一些自然条件相对较差的地区。

（三）新增贫困人口

近年来，新型冠状病毒的全球传播对各国经济产生了严重影响，导致“新贫困”阶层的出现。根据《2021年可持续发展目标报告》，2020年全球贫困人口增加约1.2亿人，极端贫困率自1998年以来首次上升，从2019年的8.4%上升到9.5%。分区域来看，全球新增贫困人口主要来自以印度为中心的南亚、撒哈拉以南非洲、中东和南美洲。联合国认为，各国应对疫情的能力和措施明显不平衡，反过来又加剧了各国之间已经严重的差距和不平等。

显然，贫困实际上并不是一个国家或地区特有的社会问题，而是一个严重的全球性社会问题。贫困不仅是一个历史的或现在的问题，而且是一个将在未来持续存在的严重的社会问题。由于贫困是危及社会成员生存和发展权利的主要因素，减轻贫困直至消除贫困已经成为世界各国，特别是发展中国家促进其社会发展的最重要方面。

二、贫困的定义

贫困是一个复杂又简单的现象。其复杂之处在于，迄今为止，贫困的定义及其衡量的方法在学者中仍然存在争议，而且似乎越来越复杂。贫困对于不同的人有不同的定义和解释。从另一个角度来看，贫困又是非常简单的，因为无论争论的结果如何，贫困都是以简单而客观的方式存在的[①]。总体而言，我们可以从三个层面来理解贫困：

（1）贫困是社会的客观生存条件。由于种种原因，世界上仍有大量贫困人口。

（2）贫困是一种被普遍接受的社会评估，贫困人口的生活水平往往低于社会公认的最低标准。

（3）贫困是社会环境的社会后果。从根本上说，贫困是缺乏手段、能力和机会的社会群体。由此看来，克服贫困就是向穷人提供援助。也就是说，它不应该是被动的保障，而应该消除人们贫困的根源，主动为穷人提供必要的手段、能力和机会。

三、贫困的分类

贫困类型可从不同视角、按不同标准分为绝对贫困和相对贫困、狭义贫困和广义贫困、长期贫困和暂时贫困、农村贫困和城市贫困、区域贫困和个体贫困。这里主要把握绝对贫困与相对贫困的划分。

（一）绝对贫困

绝对贫困的概念自19世纪末20世纪初以来，在欧美国家的官方文件中被广泛使用。绝对贫困是指在特定的社会生产方式和生活方式下，个人或家庭依靠劳动收入或其他合法收入，无法满足最基本的生存需要，生命的延续受到威胁。它用绝对客观的物质指标来衡量贫困。它以贫困线作为其衡量标准。贫困线是指购买基本生活必需品或维持最低生活水平所需要的最低收入水平，低于这一水平即为绝对贫困。这里的基本必需品一般包括满足人体最低热量需求的食物，以及最简单的服装和住房。当然，随着经济社会的发展，基本必需品的含量会逐渐增加，水平也会相应提高。因此，绝对贫困的标准也会随着经济、社会和文化的变化而变化。

简而言之，绝对贫困具有以下特点：

（1）绝对贫困是指缺乏导致生存威胁的必需品。这些必需品通常是指维持生存的物质，如食物、住房、衣着等。

（2）在发展方面，绝对贫困的特点是，由于生产资料缺乏，难以维持简单再生产和扩大再生产，从而陷入“贫困循环”。

（3）在消费方面，绝对贫困的特点是，由于收入低，在衣食住行等方面难以满足基本的生存消费。

（二）相对贫困

相对贫困是在绝对贫困的基础上提出的，是指人口所占比重相对处于最低水平、生活水平也处于国民收入总额最低水平的人群的生活条件。由于缺乏资源，他们被排除在

---

① 黄静．社会救助实务［M］．成都：西南交通大学出版社，2018：165.

一般生活方式和常规活动之外。相对贫困用来衡量财富或收入在不同社会阶层和社会群体之间的分配。因此，相对贫困不是指不能解决的温饱问题，而是相对剥夺、相对被侵占的概念。穷人的生活水平低于大多数社会成员，被排除在社会生活的主流之外。相对贫困与贫困人口分布不公平、环境质量下降以及造成精神困扰的因素有着内在的联系。相对贫困的特点主要表现在以下几个方面：

（1）相对贫困是一种主观判断，是由社会做出的。实际上，它是对社会上大多数人生活水平低下的一定认同。如有的国家以人均收入的一定比例作为贫困标准，有的国家以收入水平中位数的一定比例作为贫困标准。

（2）相对贫困具有历史的动态性。随着不同时期社会生产力和生活方式的变化，贫困标准也有很大差异。

（3）相对贫困是长期的。相对贫困本质上是不平等，只要社会上存在不平等，就存在相对贫困。现实中，不平等是常态，因此相对贫困也将普遍存在。

（三）绝对贫困与相对贫困的联系与区别

无论是绝对贫困还是相对贫困，它们的定义都包含相同的因素，即贫困是缺乏足够的收入以维持社会可接受的生活水平的状态。两者的区别在于“最低生活标准”，即接受的生活标准是什么，是相对于社会上其他人的收入标准，还是为了维持最基本的生存需要。应该说，什么样的贫困观对不同时期或不同社会贫困水平的比较有着重要影响。在现代社会，由于经济发展的不平衡，相对贫困不可避免。社会援助制度无法消除相对贫困，因此这一制度重点关注的是绝对贫困，特别是在经济发展水平较低的国家。例如，中国的社会救助制度只为居民提供最低生活标准。

当然，两者除了区别之外，还存在内在的联系。阿马蒂亚·森指出，贫穷的概念具有绝对贫困不可回避的核心。贫穷是用绝对贫穷来衡量的，其最低支出范围是由最低生活水平决定的，最低生活水平本身就是贫穷的相对化；社会公认的相对贫困需要一个合理的核心，它将是绝对的相对贫困。因此，在分析和研究贫困时，必须将二者统一起来，体现在贫困线的确定和贫困总指数的测算上。

四、我国贫困的演化规律

（一）普遍性贫困与启动发展（1990年前）

在这个阶段，我国处于“短缺经济”时期，人们的收入和生活水平差距不大，大家“捆绑在一起致贫”。在思想观念上，人们以贫困为荣，不敢也不愿摆脱贫困致富，党和政府的干预高度敏感。如果农副产品价格小幅上涨，劳动者工资收入小幅增加，农民、劳动者及其家庭的生活条件就能得到极大改善。

导致普遍性贫困的原因如下：首先，“人口众多、耕地少、基础薄弱”一直是中国的基本国情。其次，自1840年鸦片战争以来，持续100年的战争使国家遭到严重破坏。此外，新中国成立后在战争年代形成但未及时调整的革命意识形态也有所引领。

面对如此普遍的贫困，我国的治理战略是“启动发展”。1978年，党的十一届三中全会坚决终止了第一阶段的斗争路线，把全党全国人民的工作重心转移到经济建设上来，确立了允许甚至鼓励一部分地区和一部分人先富起来的“大政方针”，先富带动后富，最后实现共同富裕。此后，按生产要求控制人口数量。根据国家统计数据，到1990年，诸如引进资本技术等关键举措从总体上消除了贫困，实现了温饱，告别了普遍贫困。

（二）区域性贫困与开发式扶贫（1990年后）

摆脱普遍贫困并不意味着消除贫困。在绝大多数人口脱贫致富的同时，一些生活条件没有明显改善的人的贫困状况却比较突出。在允许甚至鼓励部分地区一部分人先富起来的"宏大政策"框架下，经济发展采取"梯度发展"模式。东部沿海地区先富起来，中西部地区和东北老工业基地显得相对贫乏。经济社会发展和管理采取"城市优先"和"城乡分割"模式。城市基础设施建设和公共服务体系相对发达，城镇居民生活水平明显提高，广大农村却成为相对贫困地区。此外，改革过程中必然会进行结构调整和企业改制，由此，大量下岗失业人员出现，生活水平明显降低，这在一些资源枯竭型城市尤为明显，特别是一些连片特困地区的居民无法脱贫致富，因而我国进入区域贫困阶段。

针对区域贫困的致贫因素，国家采取了一系列面向发展的扶贫政策和举措。一是修建铁路、公路，加强水电等基础设施建设，打破相对孤立，改善居住条件。虽然这不是以扶贫的名义进行的，却是最有效的发展型扶贫措施。例如，京九铁路于1996年建成。二是推动教育、科技、文化、金融向农村转移，为贫困地区投入先进生产要素，鼓励企业下乡，通过发展贸易、工农融合，帮助农民增收、脱贫致富。三是引导贫困地区组织剩余劳动力向珠三角、长三角等制造业发达地区转移，解决当地企业用工短缺的问题，以缓解当地人口少与收入少之间的矛盾。四是各级政府成立了扶贫办公室，专门负责扶贫开发。五是按照"覆盖城乡"和"统筹城乡"的理念，将原本仅由城市人才享有的最低生活保障、基本养老保险和基本医疗保险等基本医疗保险扩展到全体农民。

党的十八大以来，以习近平同志为核心的党中央团结带领全党全国各族人民，把脱贫攻坚摆在治国理政突出位置，组织实施了人类历史上规模最大、力度最强的脱贫攻坚战。2021年2月25日，在全国脱贫攻坚总结表彰大会上，习近平总书记庄严宣告：我国脱贫攻坚战取得了全面胜利！8年来，近1亿人脱贫，832个贫困县全部摘帽。虽遭遇疫情影响，我国依然如期完成新时代脱贫攻坚目标任务，提前10年完成了联合国2030年可持续发展议程的减贫目标。这一重大胜利，让贫困地区发生了"当惊世界殊"的沧桑巨变，给贫困群众带来了满满的获得感、幸福感、安全感。

第二节 贫困的成因解释

一、贫困成因理论

贫困成因的诊断和分析是选择扶贫措施和制定反贫困政策的基础，也是反贫困理论研究的重点。关于贫困成因的探讨历来是经济学和社会学学者热衷的话题：

（一）经济学视角

从经济学的角度来看，贫困的确有着深刻的经济原因，与占有的资源、收入的数量和国民经济发展有着直接的联系。从经济学视角阐述贫困成因的理论主要有：

1.贫困恶性循环理论

这是从经济或投入产出的角度分析贫困的成因。持这种观点的学者认为，发展中国家的长期贫穷是由一系列较低的投入产出行为造成的。发展中国家人均收入低和储蓄少，导致社会再生产投资不足。投资不足使生产规模难以扩大，生产效率难以提高，因而其产出处于较低水平，居民收入水平较低。也就是说，贫困导致投资不足，投资不足导致产出低下，产出低下导致收入低下。这一循环是发展中国家贫困再生产的过程和机制。

2.人力资本投资理论

这是美国学者舒尔茨提出的。舒尔茨认为，人力资本也是一种资本，是通过投资形成的。个人和社会为了获取利益而对劳动力进行教育和培训的各种投资，统称为人力资本投资。根据这一理论，个人和群体之间的收入差距在很大程度上是由人力资本投资的差异造成的。贫困的主要根源是人力资本投资不当。解决贫困问题的关键是提高贫困人口的人力资本投资水平。

（二）社会学视角

贫困作为一个全球性的社会问题，很早就引起了社会学学科的关注。从社会学角度对贫困进行解释的理论主要有：

1.结构贫困论

这一理论将贫困归咎于社会原因，表现为利益冲突造成贫困、社会政策、制度造成贫困。冲突论认为贫困的根源是群体间利益的争夺，因为社会的总资源是有限的，而每个群体都会为自己争夺资源，这会造成权力和资源的不平等占有。贫困人口之所以陷入贫困，主要是因为他们在社会的经济、政治和社会过程中缺乏资源。因此，他们在经济上缺乏竞争力，没有政治权力，在利益分配上没有机会有效表达诉求，从而陷入贫困。政策本身的不公平、政策价值取向的扭曲以及政策操作的不当都会引起社会不平等从而造成贫困问题。制度引起的贫困以马克思的观点为代表，马克思认为，资本主义制度下生产资料的不平等占有是造成贫困的根源。

2.文化贫困论

这是美国学者刘易斯通过对贫困家庭和社区的实地研究提出的。他认为社会上有些人由于“文化贫乏”而处于非常贫困的地位。贫困人口通常生活在贫民窟中，这种独特的生活方式促进了贫困人口之间的集体互动，与其他社会群体长期相对隔离，形成了一种脱离社会主流文化的贫困亚文化。这种亚文化代代相传。穷人的孩子在生活中长期接受贫困文化，自然会获得一种贫困文化，使他们难以改变生活方式，甚至难以利用脱贫的机会。

3.社会排斥理论

社会排斥指的是对于公民资格权利，主要是社会权利的否定，或者是这些权利没有得到充分实现。它包括经济排斥（劳动力市场排斥、收入排斥和消费市场排斥）、政治排斥、社会关系排斥、文化排斥和福利制度排斥。事实上，社会排斥绝不仅仅是这么几个方面，而且社会排斥的诸方面并不是孤立的，尤其是在具有基础意义的经济方面一旦被排斥，其他方面的排斥就会接踵而至。

二、贫困成因的宏观解释

贫困可以分为宏观贫困和微观贫困。宏观贫困是从整体的角度来看待的。例如，民族贫困、区域贫困、农村贫困、城市贫困等。

从宏观经济发展战略和政策方面考察贫困形成的原因，一直是发展经济学和福利经济学研究贫困的一个重要视角。这方面的研究主要从资源和收入的宏观分配角度，考察财产分配、宏观发展战略和政策对贫困的影响。政府的收入分配制度直接影响到一个国家的贫富差距。不合理的分配制度会使得富人更富，穷人更穷，加大贫富差距，深化阶级矛盾，使贫困问题更加严重。如资本主义分配制度主张“按资分配”，资本家可以通过投资获得高额利润，而劳动者只能靠微薄的工资维持基本的生计，其结果会进一步加剧贫富之间的差距。政策的失误特别是重大政策的失误，也会使无数的家庭陷于贫困。国家的政策对全国具有指导作用，各国的生产和运行都按照政策的指向进行，一旦政策出现严重的错误，则很有可能产生难以挽回的后果。如2001年阿根廷政策失误引发了震动全球的金融和经济危机，使得这个南美最富裕的国家有一半人口处于贫困状态，贫富差距拉大，社会矛盾加剧。

此外，战争也是造成贫困的重要因素①。战争会造成数百万人流离失所甚至死亡，给民族造成极大的破坏，如亚洲的阿富汗、非洲的刚果（金）等国家，多年的战争给国家带来了贫困。文化因素也影响一个国家的贫困程度，如亚文化的负面影响。由于与外界缺乏交流，偏远地区往往形成有别于主流文化的亚文化。它对社区居民的思想意识和行为有很大的约束作用，表现为“懒惰致贫”。

三、贫困成因的微观解释

微观贫困是指个体的贫困感，即从个体和家庭贫困的角度出发。贫困的微观解释主要包括先天性因素、后天性因素和突发性因素。

（一）先天性因素

第一，人口压力。在其他资源一定的条件下，家庭人口越多，劳动力的人口负担系数就越大，贫困的可能性就越大。

第二，环境压力，包括不利的气候、地形等环境条件。大多数长期贫困的地区是由自然条件差和资源缺乏造成的。这些地区或土壤不适宜耕作，或水资源缺乏，或天气恶劣，或交通闭塞，或缺乏其他宝贵资源，因此长期贫困。例如非洲大部分地区。

第三，劳动力约束，包括数量约束和质量约束。数量约束主要是指劳动人口中由于疾病、家庭结构等导致家庭缺乏正常的参与，使家庭无法获得维持基本生活所必需的收入。质量约束是指家庭劳动力素质低下，缺乏基本劳动技能和必要的专业知识，导致生产力低下，收入水平低下。

---

① 夏淑梅，罗遐．社会保障概论［M］．合肥：安徽大学出版社，2005：212.

第四，贫困的生成周期。如果一个家庭长期处于贫困状态，一方面可能通过债务把贫困传递给下一代，导致贫困的恶性循环；另一方面无法对子女进行人力资本投资，包括身体素质投资和教育投资，使得下一代继续陷入贫困。

（二）后天性因素

后天性因素导致的贫困一般包括就业机会不足、人力资本缺乏、社会地位低下、赡养负担较重等，这导致贫困人口只能从事低收入职业，也会因病致贫、因病返贫。造成就业机会不足的原因主要有以下几个方面：一是专业技能欠缺。在竞争激烈的劳动力市场中，只有具备一定技能、满足市场需要的劳动力才有可能在竞争激烈的市场中占有一席之地，而缺乏专业技能的人往往被排斥在外，导致依赖就业的家庭陷入贫困。二是无法获得劳动力市场的准确信息或者不能及时获得劳动力市场的信息，就很难获得稀缺的就业机会，无法进入就业市场，从而陷入贫困。

（三）突发性因素

疾病、自然灾害、家庭不幸、战争、饥荒等突发性因素，使一些应对能力差的人变得贫困，或者使本已贫困的家庭走向饥饿和死亡。例如，南亚的孟加拉国经常受到洪水的影响，非洲的埃塞俄比亚常年干旱。每年我国都会遭受不同程度的干旱、洪涝、冰雹、台风、泥石流、滑坡、地震等灾害，造成严重的经济损失和人员伤亡，一些人因此陷入贫困。

第三节　贫困的衡量

一、贫困的衡量方法

贫困标准，又被称为贫困线，是衡量贫困的工具，也是整个贫困问题理论和政策研究的基础。社会救助制度是以解决贫困问题为目标的，因此首先需要对贫困进行客观的衡量。我们可以采用以下方法对贫困进行衡量：

（一）恩格尔系数

在国际上，通常采用恩格尔系数来确定人们的生活水平或财富水平。恩格尔认为，粮食收入比例能够很好地反映贫困程度。他在研究英国、法国、德国和比利时工人的家庭收入和支出（预算）的基础上发现了一条规律：随着家庭收入和个人收入的增加，粮食支出在收入中的比例将越来越小；相反，收入越少，食品支出比例越大。因此，恩格尔系数是指人们全年的食品支出与消费性支出的比值，即：

$$\text{恩格尔系数}(E)=\frac{\text{全年食品支出}}{\text{全年消费性支出}}$$

联合国根据恩格尔系数确定的划分贫富的标准是[①]：

E>0.60，为绝对贫困，用这个数据求出的消费性支出即为贫困线，亦即最低生活保障线；

① 郭士征．社会保障学［M］．2版．上海：上海财经大学出版社，2009：233.

$0.50<E\leq 0.60$，为勉强度日的温饱型；

$0.40<E\leq 0.50$，为小康水平；

$0.20<E\leq 0.40$，为富裕；

$E\leq 0.20$，为最富裕。

以恩格尔系数作为唯一的指标来比较和衡量国家的生活水平和部分人的贫困状况，其结果往往与人们的实际生活条件有差异。因此，许多国际学者指出，由于经济结构、生活习惯、个人消费支出内容等方面的差异，仅靠恩格尔系数不能准确反映一国人民的实际生活水平，还应考虑其他指标。

（二）预算标准法

预算标准法，即一般所说的“市场菜篮子法”，首先列出社会公认的维持最低生活水平的必需品清单，包括必需品的种类和数量，然后根据市场价格计算出购买这些必需品需要多少钱，这个数额就是贫困线，低于这个基准的人就是穷人。

由于生活必需品名单通常由专家确定[1]，而且他们本身很可能缺乏较低水平社会生活的经验，因此学者们质疑这样的标准是否符合人们的实际消费模式，并进一步建议标准制定的过程要民主化，即通过公开讨论共同确定名单。事实上，无论何时何地，以何种方式，人们对篮子清单项目始终存在较大争议，这种争议不仅存在于非生活必需品中，也存在于生活必需品中。因此，在市场菜篮子法中，谁确定名单以及如何确定哪些不是生活必需品成为争议的焦点[2]。

（三）收入比例法

收入比例法也被称为国际贫困线法。一些发达国家或地区以相对的方式衡量贫困，通常以一个国家或地区中等或平均收入的50%～60%作为该国家或地区的贫困线。采用该方法的前提是对受资助国家或地区的情况进行全面的调查。

（四）生活形态法

生活形态法由英国学者彼特·汤森（Peter Townsend）提出。这一办法的核心基础是汤姆森提出的剥夺概念，即如果人们因为得不到社会或习俗认为应享有的食物、基本设施和服务而不能参与正常的社会活动，则被认定为处于贫困状态。这种方法通过筛选人们生活方式和消费方式的指标，分离出必要的生存指标，从而确定贫困线。该方法可以使用更具体的图像描述或指标来考察贫困，但实际操作相当复杂。最低标准应该随着全体劳动者平均工资的提高而提高，因为公民有权享受国家经济发展的成果，也应该随着物价水平的波动而相应变化，从而满足最低生活保障制度的本质要求。

当然，衡量贫困的方法有很多，而且每种方法都有各自的优缺点。事实上，贫困研究的难点在于测量的复杂性和角度选择的多样性。关键问题是如何界定贫困人口的标准，如何考虑不同的家庭结构和规模，如何确定共享资源的家庭单位，以及如何确定衡量收入变化的时间长短和如何衡量收支关系。

---

① 张思锋，温海红．社会保障学［M］．西安：西安交通大学出版社，2007：218.

② 杨翠迎．社会保障学［M］．上海：复旦大学出版社，2015：265.

二、衡量贫困的指标

（一）贫困发生率

贫困发生率又称绝对贫困指数，最早由巴斯和兰特利在分析20世纪初英国的贫困问题时采用。它是指一个国家或地区低于一定贫困线的人口占总人口的比重。贫困发生率的特点是：忽略贫困线以下人口的收入差异和收入分配，侧重于人口比率的确定。它可以简单地衡量贫困规模，粗略地评价扶贫工作，但是它不能完全反映贫困的程度。它既不表示贫困线以下的贫困人口所遭受的贫困程度，也不反映贫困线以下的贫困人口的分布情况，即不反映贫困人口之间的收入差异。如果用H表示贫困发生率，用n代表全部人口，用q代表贫困人口，则：

$$H = \frac{q}{n}$$

（二）贫困缺口率

贫困缺口率又称贫困深度指数，是贫困人口的收入与贫困线的距离之和占所有人脱贫需要的收入之和的比重[①]。这一指标可用于估计贫困人口收入低于贫困线的程度或与贫困线的平均差距。设贫困线为 π，第 i 个贫困者的收入为 $Y_i(Y_i \leq \pi,\ i = 1, 2, 3, \cdots, q)$，q 为个人收入低于贫困线的人数，贫困缺口率为I，则：

$$I = \sum_{i=1}^{q}\left(\frac{\pi - Y_i}{q\pi}\right)$$

与贫困发生率相比，贫困缺口率对贫困人口的数量不太敏感，侧重于人口的分布，主要用来说明贫困人口实际收入与贫困线之间的差距以及贫困人口的变化。如果贫困人口的收入上升，与贫困线的差距就会缩小，I就会下降。因此，I越高，说明贫困程度越高；I为0时，表明贫困基本消除。

（三）加权贫困缺口率

加权贫困缺口率又称贫困强度指数，反映贫困人口内部的贫困差异度。在贫困发生率和贫困缺口率一定的情况下，贫困强度指数越大，表明贫困人口群体内部的收入差距越大，扶贫难度越大。贫困强度指数的计算方法与贫困缺口率基本一致，只不过给更穷的人以更大的权数。其计算公式如下：

$$I = \sum_{i=1}^{q}\left(\frac{\pi - Y_i}{q\pi}\right)^2$$

第四节　社会排斥理论和社会融入理论

一、社会排斥理论

（一）社会排斥概念

没有一个现代国家会轻易地认识到贫穷的存在。因此，随着时代的发展，贫困概念

① 赵曼．社会保障［M］．北京：中国财政经济出版社，2005：245.

逐渐被另一个词取代，它也被赋予了更广泛的内涵，即社会排斥。1974年，法国学者勒诺伊尔提出了社会排斥的概念，它不仅指物质资源的匮乏，而且指社会联系的缺失，无法参与正常的社会生活。也就是说，社会排斥概念不仅注重社会分配的公平，而且注重社会关系的正常化。其核心概念是排斥劳动力市场和持续贫困，以及那些不能分享经济增长成果的人，包括身心残疾者、自我毁灭者、老年人、吸毒者、少年犯和反社会人士①。它在经济层面表现为收入分配差距扩大，在社会层面表现为享受社会服务的失败、就业的不稳定、社会结构和社会参与的弱化，在政治层面表现为缺乏代表性和少数群体参与政治的机会被剥夺。

社会排斥源于贫困的概念，与广义上的贫困具有相似的特征，二者是相互联系的。但是，社会排斥概念优于贫困概念，具体表现在以下两个方面：第一，它关注剥夺的多重特征，即能更好地分析造成贫困的原因，为理解造成穷人持续被剥夺的累积因素提供观察视角；第二，社会排斥将剥夺当成一种动态致贫因子的结果来分析。因此，社会排斥逐渐成为后福利国家时代的新思维。

社会排斥的政策意义在于，它使人们特别是政策制定者充分认识到贫困的复杂性和长期性，从而制定更加完整有效的对策。例如，打破来自儿童和青少年的“弱势”或贫困的代际传递循环；契合当地需求，采取灵活行动；各级政府密切配合减少贫困。

（二）社会排斥与社会分化

在某种意义上，社会排斥是社会分化过程研究的延伸。社会排斥理论一部分根源于社会分化的社会学理论。社会分化研究的第一阶段是杜尔克姆对社会分工、机械团结和有机团结的讨论。第二阶段是以帕森斯为代表人物的宏观社会结构和社会分化理论。第三阶段是社会排斥理论。社会排斥不仅影响穷人，而且影响整个社会，使得整个社会出现分化。

社会排斥不仅代表收入的不足，也代表工作参与的不足。总之，社会排斥是指一个社会中两个社会层次（一个二层社会）的危机，或者说它还包括福利依赖层的重组，表现出比社会不平等更为复杂的意义，强调经济之外社会分化的意义，包括社会联系的断裂。

二、社会融入理论

（一）社会融入概念

随着人们对社会排斥理论和实践的重视，反社会排斥与社会分化的社会融合也得到了更多的研究。国际机构、政府机构和社会政策研究者都认识到社会排斥是社会融合的关键原因。反社会排斥和社会分化就是要建立一个共建、共享、共治、凝聚力强的社会，使每个人都能实现平等、获得福利和发展②。

社会融入理论的来源可分为两条脉络，它们是古典社会学理论和现代社会政策理论。古典社会学理论的代表学者是涂干。他认为，社会融合是一个多维度的复杂概念，

① 彭华民．西方社会福利理论前沿：论国家、社会、体制与政策［M］．北京：中国社会出版社，2009.
② 杨彩云．规训与调适：社区服刑人员的社会融入研究［M］．上海：华东理工大学出版社，2018.

是指不同个体或群体的凝聚力，即个体在一个群体中的参与和认同程度，群体成员之间的相互依存程度，或个体、不同群体或不同文化之间相互合作和适应的过程，包括经济、政治、社会、制度、文化和心理等方面。其核心内涵可以概括为：平等的参与机会、基本社会福利的享受、积极的社会关系，包括社区内社会、政治、经济和文化层面的平等关注和关怀，家庭、朋友和社区内的相互信任、欣赏和尊重的人际关系，以及提高和发展能力。现代社会政策理论认为，在实践取向的指导下，社会整合的研究视角从个体层面转向群体整合，不仅仅关注“如何促进边缘化个体融入主流社会”。西方社会整合理论的概念包括同化、社会适应、文化适应、社会吸收和社会整合，并提出了人力资本、社会资本和政策体系等归因解释理论。

（二）社会融入理论的三种代表性观点

1.促进社会参与——基于“社会排斥论”的视角

欧盟认为，社会融合应确保有社会风险和社会排斥的群体与个人能够获得必要的资源和机会，更充分地参与政治、经济、社会和文化生活，使他们能够在所居住的社区享受正常的社会权利和社会福利，从而使其家庭和个人有体面和高质量地生活。

2.促进社会适应——基于“移民融入论”的视角

移民的社会融合是西方移民研究的重要组成部分。该理论的研究对象主要是移民人口和外来人口。它试图从不同的层面和角度来概括和描述移民融入新国家或新社会的状态和过程，也关注移民的城市适应问题。2006年，时任联合国秘书长科菲·安南在《国际移徙与发展》报告中指出，社会融合意味着移徙者能够熟悉和接受目的地的习俗和价值观，用当地语言交流，获得平等的劳动和就业权利，并具有直系亲属的陪伴或团聚等多重含义。这一过程需要移民与目的地社会的相互适应。

3.促进社会公平——基于“社会融合论”的视角

社会融入的概念可以追溯到社会融合的概念。根据社会融合论，社会融入至少有两层含义：第一，它可以在社会、政治、经济、文化等层面得到同等的重视和关怀；第二，他们在家庭、朋友和社区中存在相互信任、欣赏和尊重的人际关系。可见，社会融入概念强调一种状态和目标。其目的是为人民谋取利益，使每个人享有平等权利，最终达到一种相互融合、平等的状态。因此，社会融入理论不仅强调个体的参与和适应，而且强调社会公平。个体在社区生活的各个方面都应该得到平等的对待和关怀。

关键术语

绝对贫困（Absolute Poverty）　相对贫困（Relative Poverty）　贫困恶性循环理论（Vicious Cycle Theory of Poverty）　恩格尔系数（Engle Coefficient）　预算标准法（Budget Standard Methods）　贫困发生率（Poverty Incidence）　贫困深度（Poverty Gap）　贫困强度（Poverty Intensity）　社会排斥（Social Exclusion）　社会分化（Social Differentiation）　社会融入（Social Cohesion）

复习思考题

1. 贫困可以从哪些方面和角度来描述、衡量？
2. 简单区分绝对贫困与相对贫困。
3. 什么叫贫困缺口率？
4. 简述贫困恶性循环理论。
5. 从微观与宏观角度论述贫困的原因。
6. 论述社会排斥理论与社会融入理论的区别以及未来的发展趋势。

第十三章

社会保险基本理论

学习要点

通过本章的学习，了解社会保险产生的理论基础，准确认知社会保险的内涵，同时正确理解社会保险的特征与功能，掌握社会保险制度及其基本要素，深刻认识社会风险与社会保险的关系；全面掌握养老保险的基本理论，理解和把握养老保险的概念，把握养老保险基金筹集模式及养老保险待遇支付的条件及标准；了解医疗保险的概念、特征及实施原则，认识和把握第三方支付及医疗保险实施过程中的信息不对称，全面掌握医疗保险支付方式及控费方法。

案例引入

金融保险能否替代养老保险?

某一从事计算机软件开发的外商独资公司，高薪聘用了一位博士毕业生赵某担任副总经理。当时，公司董事长在谈到工资待遇时，对赵博士说：“董事会给你定的工资为12 000元/月。不过，丑话要说在前头，我们是一家外资公司，之所以工资定得这么高，是因为除了工资以外，再没有其他福利待遇了。像什么医药费报销、养老等问题都得自己解决，公司概不负责。”听了董事长这番话，赵博士心里盘算开了：“这家公司给我的工资的确是够多的，可就是将来万一得了什么大病，或者老了怎么办呢?”但他转念又一想：“我刚30多岁，一般也不会有什么大病，至于养老问题，现在考虑还为时过早。倒不如趁年轻多挣些钱，实惠。”

工作以后，赵博士为了解除自己的后顾之忧，每月从工资中拿出1 000元，向保险公司投了一份养老保险。这样一来，他在这家公司工作，倒也觉得很踏实多了。

几个月后，赵博士与董事长在公司的经营管理等重大问题上产生了分歧，被董事长炒了“鱿鱼”。赵博士不服，双方为此闹到了劳动争议仲裁委员会。

在劳动争议仲裁委员会，赵博士又提出了公司未给他缴纳养老保险的问题，他认为，这也是侵犯他合法权益的行为。公司董事长抗辩道：“不为你缴纳养老保险，是事先跟你讲好的。你要是不同意，当时可以不干嘛。你既然干了，就说明咱们的协议已经达成，你现在无权反悔。再说，你不是自己已经向保险公司投了养老保险了吗?”

资料来源：钟晨珊. 高薪可否取代保险［EB/OL］.［2023-11-20］. https://www.shenlanbao.com/zhishi/5-224608.

讨论：赵博士向保险公司投的养老保险能代替社会保险中的养老保险吗?

分析提示

第一节 社会保险的基本理论

一、社会保险产生的理论基础

社会保险作为一种社会政策，它的产生主要源于两个方面：一方面是社会经济条件；另一方面是理论支撑，即理论基础。

（一）新历史学派

新历史学派产生于19世纪下半叶的德国，当时的德国面临尖锐的劳资冲突，在这种历史条件下，新历史学派主张国家直接干预社会经济生活并肩负起福利与文明的职责[①]。新历史学派的主张本质上是一种折中调和的主张，它既反对亚当·斯密的经济自由主义，也反对马克思主义，这种主张很适合政府的需要，并对当时的执政者俾斯麦产生了极大的影响，使德国成为第一个就社会保险立法的国家。

新历史学派提倡的是劳资合作与社会改良政策，其主张主要包括五个方面：一是强化国家职能。它主张国家的职能除安定社会秩序和发展军事实力外，还要对经济进行管理。二是突出法律制度。它主张法律至高无上。三是强调经济与伦理的相关性。在人类经济生活中，一方面要满足其物质方面的欲望，另一方面应满足其伦理道德方面的欲望。四是主张劳工问题是德意志帝国所面临的最严峻的问题。五是主张国家应通过立法实施包括社会保险、劳资合作等一系列社会措施。

从1883年开始，德国陆续推出了《疾病保险法》《老年与残疾保障法》等社会保险法律。德国建立起国家负责的社会保险制度，这是当时世界上最为完备的社会保险法律体系，是现代社会保障制度产生的标志，也是人类历史上社会保险制度诞生的起点。

（二）福利经济学

福利经济学形成于20世纪20年代的英国，1920年出版的《福利经济学》是其标志。福利经济学是最早对社会保险政策进行经济学研究的学派，其主要有新旧之分。

1.旧福利经济学

庇古是旧福利经济学的主要代表人物，也被誉为“福利经济学之父”。庇古的福利经济学以边际效用递减为理论基础，主张国家实行养老金制度和失业救助制度，建立了福利经济学的社会保险经济理论。庇古认为，福利是指个人获得的某种效用或满足，它们来自对财物、知识感、欲望的占有和满足，而所有社会成员的这些满足或效用的总和便构成社会福利。

庇古依据边沁所提出的“最大多数人的最大福利”这一功利原则，假定在收入分配中有一个货币收入的边际效用递减规律在起作用。所谓收入边际效用递减规律，是指一个人拥有的收入越多，其收入的边际效用就越小。庇古认为，把收入由相对富裕的人转移到相对贫穷的人手中，从整体上来说，会增加社会福利。因此，旧福利经济学主张国家采取收入累进税对国民收入进行再分配，实现财富的转移，提高国民收入的平均程度。

庇古从资源配置的最优角度提出了最优收入分配学说，该学说强调通过增加国民收入总量和国民收入再分配两种方式来增加社会福利，换句话说，国民收入量的增加和国民收入分配的平均程度是检验社会福利的两个标准。社会福利与国民收入的数量和国民收入的平均程度成正比。

庇古的福利经济学主张：第一，增加必要的货币补贴，改善劳动者的劳动条件，使劳动者在患病、残疾、失业和年老时能得到适当的物质帮助和社会服务；第二，向收入高的富人征收累进所得税，向低收入劳动者增加失业补助和社会救济，以实现收入的均等化，从而增加普遍的福利效果；第三，建立普遍养老金制度，或者建立按最低收入进

① 刘同芗，王志忠．社会保险学［M］．北京：科学出版社，2016：31.

行普遍补贴的制度，通过有效的收入转移支付实现社会公平。虽然在资本主义制度下难以真正实现“收入均等化”，但庇古提出的转移性支付以及一些改革社会福利的理论，为福利国家制定社会保险政策提供了理论依据。庇古的福利经济理论存在的局限，成为经济学争论的焦点问题，后来，在庇古福利经济学基础上又发展出新福利经济学。

2.新福利经济学

英、美一些著名的经济学家于20世纪40—50年代对旧福利经济学做了重要补充与修改，形成了新福利经济学，即现代西方福利经济学。该学派的主要代表人物有意大利经济学家帕累托，美国经济学家萨缪尔森和柏格森，英国经济学家希克斯等人。新福利经济学家运用序数效用论、帕累托最优、补偿原理、社会福利函数等分析工具来说明政府应当保证个人的自由选择，通过个人福利的最大化来增进整个社会的福利，以此实现社会福利的最大化。当一国的经济福利总和增加时，整个社会的福利保障水平也就随之提高。新福利经济学认为，最大福利的内容是经济效率，而不是收入的均等分配。经济效率，是指生产资源的使用达到最适度状态，即实现了“帕累托最优”。当资源得到最适度配置时，经济就是有效率的，因而才能达到最大社会福利。

新福利经济学的贡献主要有三点：其一是提出了社会福利函数理论；其二是提出了社会选择理论；其三是对市场失灵与政府作用进行了研究。新福利经济学认为，只要坚持效率原则，国民收入就能够实现较快增长，个人福利也就能够提高，这是与旧福利经济学之间的显著区别。新福利经济学否定收入再分配理论，提出了补偿原则，认为社会保险制度正是实现补偿的有效机制。

自从福利经济学产生以来，其理论虽然经过了一些变化，但新旧福利经济学之间并没有本质的区别。它们都是建立在边际效用价值学说、消费者“自由选择”学说和自由竞争学说之上的，都包含两个方面的内容：一是论证竞争市场的有效性及其例外得出了福利经济学的第一个基本原理，即竞争的市场注定是帕累托有效的；二是认为政府通过采取适合的收入分配政策能够有效地纠正市场失灵，实现社会福利的最大化或帕累托最优，得出了福利经济学的第二个基本原理。

（三）凯恩斯主义

凯恩斯主义（Keynesianism）建立在英国著名经济学家凯恩斯的代表作《就业、利息和货币通论》之上，是以需求管理为基础创立的有效需求理论，主张国家采用扩张性的经济政策，通过增加需求促进经济增长，即扩大政府开支，实行赤字财政，刺激经济，维持繁荣。凯恩斯的经济危机理论认为，只要设法提高资本的有效需求和居民的有效需求，使社会的有效需求提高，便可刺激投资增加、生产增加、供给增长，实现充分就业，从而走出经济危机[①]。

关于如何提高资本的有效需求和居民的有效需求，凯恩斯给出了相应的指导方法。国家可通过积极干预经济生活，通过财政支出，大兴基础设施建设及各种有关福利设施的建设，以刺激资本家投资的热情，这样，资本的有效需求自然会大大提高。有两种的办法可提高居民的有效需求：一是促进出生率回升、人口自然增长率提高，从而摆脱人

① 刘同芗，王志忠．社会保险学［M］．北京：科学出版社，2016：33.

口危机的束缚；二是促进生活水平提高。因此，国家可借助发展社会福利事业提高资本的有效需求和居民的有效需求，为了提高有效需求，即使出现财政赤字也在所不惜。

凯恩斯同时提出了社会保障问题，主张消灭贫穷、实行累进税、实施最低工资法等。他倡导积极国家，反对自由的消极国家。

凯恩斯主义首先在英国得到传播，并于二战后在整个宏观经济理论体系中占绝对主导地位。凯恩斯主义作为社会保障理论方面的一个新的里程碑，对现代社会保障制度在世界范围内的普遍建立起到了直接的和巨大的作用。

（四）《贝弗里奇报告》

1941年，英国成立社会保险和相关服务部际协调委员会，着手制定战后社会保障计划。英国牛津大学经济学教授威廉·贝弗里奇受命进行社会保障调查，并于1942年12月提交了一份《社会保险及有关服务》的报告，即英国社会保障史上著名的《贝弗里奇报告》。该报告在周密调查的基础上，提出了一份关于社会保险与社会服务的蓝图，制定了一整套对英国全体公民实行福利制度的指导原则，设计了“从摇篮到坟墓”的福利计划。

《贝弗里奇报告》主张通过建立一个全面系统的国民保险计划，对公民提供失业救济、儿童补助、养老金、残疾津贴、丧葬补助、救灾补助、妇女福利。

《贝弗里奇报告》中的社会保障思想主要包括如下方面：①社会保障制度的主要目标是消除贫困；②社会保障需要国家和个人的合作；③充分就业的思想；④普遍保障的思想。

在报告中，贝弗里奇就社会保障制度设计提出了四项原则，分别是：①统一费率、统一待遇原则。报告提出了“公民只按统一的费率缴费，不管其收入高低，都享受同样水平的待遇”。②统一管理原则。报告指出“全部缴费都进入一个独立的社会保险基金，各种待遇和其他保险支出都从该基金中列支”，并且将社会保障计划的绝大部分职权和国民救助业务都交给社会保障部统一管理。③适度原则。《贝弗里奇报告》始终强调社会保险以保障人民基本生活的最低收入为目标，认为社会保险主要是指达到最低标准的收入保障，强调社会保险的待遇高低适度，享受期限适当。在此基础上享受更高标准的待遇和保险，则是由个人自主选择和自愿保险予以保障。④广泛保障和分门别类原则。社会保障计划要保障全体公民的一切风险，“其统一性和广泛性决定了必须考虑全社会不同阶层的不同生活方式”，也就必须根据人口和保障需求进行社会保障制度设计，以不同的社会保障项目来应对国民生活中所面对的不同风险。广泛保障和分门别类原则构成了国民救助、自愿保险、子女补贴、全方位医疗和康复服务、维持就业等社会保险的配套政策和社会保险内部诸多项目的出发点。

以上理论和报告，为各国社会保障制度的建立提供了理论基础。在这些理论和报告的指导下，继1883年德国社会保险制度建立以后，社会保障制度逐渐普及到其他国家。《贝弗里奇报告》作为社会保障思想发展史上的又一个里程碑，促进了现代社会保障制度的建立。

二、社会保险的含义

社会保险作为一种风险分担机制，是劳动者享受的宪法所赋予的一项基本权利。关于社会保险的含义，国内外尚未形成统一的说法。

美国危险及保险学会社会保险术语委员会把社会保险的界定为："由政府采用危险集中管理方式，对可能发生预期损失的被保险人提供现金给付或医疗服务"。1953年，在维也纳举办的社会保险会议对社会保险的界定是："以法律保证的基本社会权利，其职能主要是让以劳动为生的人，在暂时或永久失去劳动能力时，能够利用这种权利来维持劳动者及其家属的生活"。

国内有学者认为，社会保险是国家通过筹集各方资金或通过财政预算，对遭遇生育、年老、疾病、失业、伤残，甚至死亡等不可规避的危险，而暂时或永久丧失劳动能力、失去工资收入的工薪劳动者，提供一定程度的收入补偿，使他们仍然能够享有基本的生活权利，安然度过危机，从而促进社会稳定的一种社会政策。也有一部分学者认为社会保险是根据立法，由劳动者、劳动者所在的工作单位或社区及国家三方共同筹资，帮助劳动者及其亲属在遭遇年老、疾病、伤残、失业、生育和死亡而导致丧失劳动能力或失去工作的社会成员或其遗属提供基本生活保障的一种社会保障制度。还有学者认为，社会保险是在既定的社会政策指导下，由国家通过法律手段对全体公民强制征缴保险基金，用于对其中因年老、疾病、伤残、失业、生育和死亡而导致丧失劳动能力或失去工作的社会成员或其遗属提供基本生活保障的一种社会保障制度。

尽管表述不一，但我们从中可以看出，社会保险的概念包括六层含义：

（1）社会保险是国家举办和发展的一项社会事业。这里强调的是：社会保险举办的主体是国家；社会保险是一项社会事业，是促进社会进步、保障社会生产稳定和社会安定的一项社会举措。

（2）社会保险以国家立法为保证和依据。这里强调的是，社会保险的推行和实施必须依法进行。

（3）社会保险建立保险基金，是社会保险得以正常运行的必要条件，是实现社会保险目的的关键所在。

（4）社会保险的保障对象是劳动者。这一含义明确了社会保险的属性，界定了社会保险的范围。

（5）社会保险旨在当劳动者遭受劳动风险，即在劳动者暂时或永久丧失劳动能力以及失业而丧失生活收入来源时，从社会得到基本生活保障。社会保险通过建立保险基金补偿收入损失，借以分散劳动风险。这是社会保险的主要功能，其实质是保证劳动者在特殊情况下参与社会分配。

（6）社会保险是社会保障制度的一种，是社会保障的核心，社会保险政策是国家社会政策的重要组成部分。

综上所述，社会保险（social insurance）是指，采取强制手段对国民收入进行再分配，用以对劳动者因为年老、患病、伤残、生育、死亡等暂时或永久丧失劳动能力，或是因为失业、中断劳动而失去收入来源时，由社会通过社会保险基金给予物质帮助和补偿来维持其基本生活条件，促进社会安定的一种社会保障制度。这是广义的社会保险。在中国，从狭义上来说，社会保险就是劳动者参加工作后由用人单位购买的“五险”，包括失业保险、工伤保险、医疗保险、生育保险、养老保险。这五种社会保险是国家强制要求大多数劳动者参加的社会制度，缺一不可。劳动者与用人单位建立劳动关系后，根据规定缴纳五种社会保险费，即可享受社会保险的相关待遇。

三、社会保险的特征

《中华人民共和国社会保险法》(以下简称《社会保险法》)明确了我国社会保险制度的特征，即“广覆盖、保基本、多层次、可持续”。

“广覆盖”是指社会保险制度的覆盖面要广，把尽可能多的人纳入社会保险制度。从我国推进社会保险制度建设的发展过程来看，各项社会保险的覆盖面都在逐渐扩大：从国有单位到非国有单位，从单位职工到个体工商户、灵活就业人员，从就业相关人员到非就业人员，从城镇人口到农村人口。基本养老保险和基本医疗保险覆盖全体国民，其目标是做到人人“老有所养”“病有所医”；工伤保险、失业保险、生育保险与就业相关，主要覆盖职业人群。

“保基本”是指社会保险待遇以保障公民基本生活和基本需要为原则。要防止过高标准造成国家财政、用人单位和个人负担过重，避免有劳动能力的人过分依赖社会保险而妨碍其主动性、创造性的发挥。保基本是相对的，各项社会保险待遇应随着经济发展水平的提高而逐步提高。

“多层次”指的是社会保险除了基本保险之外，国家还鼓励和支持建立补充保险(如企业年金和职业年金，补充医疗保险)，发展各类商业保险，以满足不同人的需求。

“可持续”指的是社会保险制度应当能够长期稳定地发展。特别是为应对人口老龄化程度持续加深的问题，努力实现社会保险基金收支长期平衡，以保证社会保险制度的稳定、良性运行，不给用人单位和个人造成过重的缴费负担。

“广覆盖、保基本、多层次、可持续”这四个特征是社会保险制度的立足点，也是健全社会保险制度的实现路径以及社会保险待遇水平的确定原则。

四、社会保险的功能

多数学者认为，社会保险的功能主要有以下三点：

第一，防范风险，实现社会安全保障。稳定的社会秩序与社会环境是社会经济发展进步的基础。如果说，市场机制是现代各国经济发展的动力机制，社会保险则是社会安定的稳定机制。一方面，社会保险能为社会成员提供安全感，使其对未来生活有良好的心理预期；另一方面，社会保险能在一定程度上缓解社会矛盾，从而实现整个社会的稳定。在历史进程中，当劳动者生存陷入困境，生存危机演变成社会政治危机的现象比比皆是。劳动者面临的风险主要分为两大类：一是年老、疾病、工伤、生育等人身风险；二是工作风险，如失业风险。这些风险均难以避免且具有重大破坏性，个人往往难以凭自力救济的方式应对风险。社会保险应运而生，是国家为劳动者提供基本生存保障的社会制度。当风险来临时，社会保险制度将个人风险转化为社会风险，让社会为个人风险买单，避免个人因独木难支而陷入困境，使其在风险来临时仍能维护家庭及个人的生存尊严，保障基本生活，免除后顾之忧，从而避免“铤而走险”行为的发生，保障社会安全。

第二，维护效率和公平之间的平衡。人们在受教育年限、劳动能力、资本积累等方面的差异，会形成收入上的差距。随着差距的不断扩大，贫富悬殊的社会问题就不可避免。社会保险可以通过强制征收保险费，聚集成保险基金，对收入过低或失去收入来源的劳动者给予补助，提高或维持其基本生活水平，在一定程度上实现社会的公平分配。

第三，对国民收入再分配，维护经济正常运行。初次分配是以市场为基础，强调的是效率原则。在市场竞争中劳动者个体的差异性广泛存在，使得他们从国民收入初次分配中的所得存在差别。尽管在不同劳动者中存在适度收入差距是一种激励措施，有利于提高劳动者的积极性，但收入差距如果长期持续，并不断拉大，就会形成贫富两极分化。过度的收入分配差距必然形成社会不公。贫富悬殊一旦超过基尼系数0.4的警戒线，就会对社会稳定与经济发展产生负面影响。社会保险制度作为重要的国民收入再分配机制，能够在一定程度上缩小不同社会成员及不同群体之间的收入差距，具有实现与维护社会公平正义的价值。社会保险分配旨在缩小贫富差距、缓解贫困，通过建立社会保险基金实现社会成员之间的互助互济，保障在竞争中处于弱势地位的社会成员，使其能够维持基本的生活条件，在一定程度上调节着不同社会阶层、不同地域之间国民收入分配，以弥补初次分配公平不足的缺陷，与国民收入的最终分配目标相一致。

五、社会保险的内容

由于各国经济发展水平的不同，其社会保障水平存在较大的差异，各国社会保险的内容亦存在差异，但大致上可分为五种。

（一）老年、残障和遗属（死亡）保险

老年保险即社会养老保险，是国家和社会依据法律法规对达到法定退休年龄或资格条件的劳动者，由社会保险机构或由指定的其他单位按规定给付养老年金的一项社会保险制度。残障保险是对那些因为各种原因导致伤残，而无工作能力、无生活来源、无自立能力的人们，由政府或社区或社会保险机构按照法定条件与标准给予残障年金的保险。遗属（死亡）保险是指当有条件、有资格领取社会保险给付金者去世后，由政府或社会保险机构对其遗属给予定期或一次性遗属年金的保险。

老年、残障和遗属（死亡）保险首创于德国。老年、残障保险举办于1889年，遗属（死亡）保险创设于1991年。由于各国国情及社会保险政策不同，老年、残障和遗属（死亡）保险的具体形态、对象及保障水平也有所不同，但各国社会保险制度在保障被保险人安度晚年和遗属的基本生活等方面已经形成共识。

老年、残障和遗属（死亡）保险的保险范围在各国不一，主要取决于各国建立社会保险制度的年代和经济发展水平。社会保险制度建立越早、经济发展水平越高，保险的范围就越宽泛，保险对象就越多；反之，保险的范围就越狭窄，保险对象就越少。具体而言，世界各国规定享受老年、残障和遗属（死亡）保险待遇的资格条件均存在一定程度的差异。发展中国家的老年保险首先覆盖产业工人，其他劳动者一般都是后来参加，而且大多数国家在设立老年、残障和遗属（死亡）保险项目的初期，家庭佣工、临时就业者、农业工人、自由职业者、农民等都不在保险范围之内。

老年、残障和遗属（死亡）保险的基金来源于雇主、雇员和政府三方。一般都由被保险人、雇主共同缴纳，政府给予一定程度的资助。也有部分国家规定保险基金全部由雇主或政府负担。值得注意的是，各国在雇主、雇员和政府三方缴纳保险基本比例的规定也不尽相同。

（二）疾病保险

疾病保险是指被保险人因患病而失去劳动收入时，由保险机构按规定支付医疗费用和一定程度的收入补偿的保险。疾病保险是德国1883年首创的，旨在保障劳动者在遭遇疾病风险而陷入困境时，能够从国家或社会获得经济援助。由于疾病风险具有不可预测性，医疗费用难以控制，人们的疾病保险意识越来越强烈，当今世界上有160多个国家和地区建立了社会疾病保险制度。

疾病保险制度的保险范围在世界各国间存在普遍的差异性。有些国家或地区的疾病保险制度成熟，如英国的国民健康服务体系是全民健康保障体系。也有些发达国家至今尚未建立统一的社会医疗保险制度，如美国、韩国等依然是以商业医疗保险为主。

疾病保险的基金来源主要是雇主和雇员。实行国民健康服务体系的国家，其经费从一般税收中拨付，或征收国民健康服务费。

（三）失业保险

失业保险是指劳动者由于各种社会、经济原因造成失业，由保险组织按照规定时间、条件和标准给付保险金的社会保险项目。失业保险分为强制性投保和失业救助制度两种，分别由英、法两国于1911年和1905年首创。二战后，失业保险在世界各国广泛建立。

失业保险的保险范围没有统一的标准。采取强制性失业保险的国家一般以有稳定工作的职工为主要保障对象，临时工、季节工、家庭佣工及公务员不纳入保险范围。有些国家的失业保险只局限于工商业职工。非强制性失业保险制度的覆盖范围取决于工会是否建立失业基金会，或者劳动者的选择意向。例如，在丹麦、瑞典等国家，工会会员强制参加，非工会会员自愿参加。采取失业救助制度的国家覆盖范围的大小取决于失业救助金的支付能力，国家经济实力雄厚则救助范围宽泛、救助力度大；反之，救助范围狭窄、救助力度小。

失业保险基金来源于雇主、雇员及政府三方。在世界各国中，三方承担失业保险税费的情况较多，极少由三者中的单方负担费用。各国的失业保险制度根据实际需求、相关政策、历史传统、政府责任认定以及企业与雇员的承受能力等多方面因素采取组合方式。受保人与雇主承担的比例在各国没有统一标准，政府在失业保险中承担行政管理费用并弥补失业保险基金赤字。实行失业救助制度的国家，大多数国家的失业救助资金主要来源于政府，从公共财政中列支，雇主与受保人原则上不负担缴费。

（四）工伤保险

工伤保险，又称职业伤害保险，是指劳动者在就业期间，因遭遇意外事故或患职业病，造成伤残、疾病或死亡时，从保险机构获得医疗费用和保险金的一项社会保险制度。伤害保险分为普通伤害保险和职业伤害保险两种。普通伤害是指不是在作业中遭遇的伤害，这种伤害造成的损失，各国均规定了给付条件，符合条件的被保险人才能领取伤害给付金。职业伤害（包括职业病）是指在工作中遭受到伤害，各国不规定给付条件，且给付标准高于普通伤害。

现代意义上的工伤保险由德国在1884年首创，是伴随着工业化及雇主责任制的普遍实施而出现的。目前，在世界范围内，80%以上的国家都在不同程度上建立了工伤保险制度。职业伤害保险是所有社会保险项目中最具有普遍性的制度。

由于职业伤害会影响到劳动者的健康权、生存权及劳动权，世界各国的工伤保险立法，都明确规定劳动者拥有享受工伤保险的权利。但在建立工伤保险制度的国家中，制度覆盖范围宽窄不一，大多数国家包含工商业劳动者，有的国家也将农民与私营企业主包含在内。工伤保险总的发展趋势是保障范围不断扩大，从体力工作扩展到非体力工作，从某些行业扩展到全部劳动者，甚至覆盖从事非经济活动的社会群体，如教师、学生等。

工伤保险制度的建立保障劳动者在遭遇职业伤害时能够获得医疗救治与经济补偿，同时促进工伤预防和职业康复，并分散工伤事故的风险。因此，工伤保险是实施范围最广、保障性最强、待遇相对优厚、给付条件最宽泛的项目。此外，凡是建立社会保险制度的国家都建立了工伤保险，劳动者参加工伤保险一般不需要缴纳相关税费，享受工伤保险待遇不受年龄、工龄及参保年限的限制，但享受工伤保险待遇必须在工伤保险保障范围之内并进行工伤鉴定。工伤保险除了具备社会保险的一般特征外，还拥有区别于其他社会保险项目的显著标志。

（五）生育保险

生育保险是指当被保险人因怀孕和生育而产生经济损失时，包括检查、保胎、医疗、助产等医疗费，以及在生育期间的工资收入，均由保险机构按约定条件给付的保险。生育保险于1887年举办。生育保险的待遇形式是提供带薪产假、生育津贴、生育补助及生育医疗服务等。生育保险是工业化发展到一定阶段的产物，是专门针对生育妇女的权益保障措施。

生育保险的保险对象也是女性工薪劳动者。相对于其他社会保险项目，生育保险的覆盖范围较窄，主要保障对象是处于生育期间的女职工。发达国家的生育保险会与人口政策关联，基本上将所有妇女都包括在制度范围之内，借以提高妇女生育率。也有些国家的生育保险还有法定生育、最低工作年限等条件限制。例如，中国生育保险与计划生育政策相关联，享受待遇必须是合法、合规生育。伴随着经济社会的发展和进步，生育保险的覆盖范围日趋宽泛，有些国家和地区将男职工无工作的配偶也纳入保障范围，福利国家甚至覆盖所有生育妇女，还有些国家为鼓励生育允许生育女职工的配偶享有带薪假期等。例如，欧洲福利国家，男职工有生育假期规定。俄罗斯为鼓励生育，其生育保险待遇优厚。

生育保险基金主要来源于雇主、雇员及政府三方。也有些国家的生育保险基金由雇主与政府或雇主与受保人两方承担。建立专门生育保险制度的国家如中国的生育保险基金来源于雇主方。生育保险待遇除享受生育补助金外，还有生育津贴、护理津贴及产假。

六、社会保险制度的基本要素

社会保险制度，意指由法律规定了的、按照某种确定的规则实施的社会保险政策和措施体系。社会保险制度的基本要素主要包括社会保险当事人、社会保险结构、社会保险待遇的享受条件、社会保险待遇的计算依据和社会保险基金统筹等。以下为详细说明：

（一）社会保险当事人

社会保险当事人包括保险人、投保人、被保险人和受益人。保险人又称承保人，是指依法经办社会保险业务的主体；投保人又称要保人，是为被保险人利益向保险人投保社会保险的主体，一般为用人单位；被保险人又称受保人，是直接对社会保险标的具有保险利益的主体；受益人是基于同被保险人的一定关系而享有一定保险利益的主体。

（二）社会保险结构

社会保险一般由三个部分构成：国家基本保险、用人单位补充保险和个人储蓄保险。其中，国家基本保险是由国家统一建立并强制实行的为全体劳动者平等地提供基本生活保障的社会保险；用人单位补充保险是由用人单位根据自己的经济实力，自主地为劳动者建立，旨在使本单位劳动者在已有基本生活保障的基础上进一步获得物质帮助的社会保险；个人储蓄保险是由劳动者个人根据自己的收入情况自愿以储蓄形式为自己建立的社会保险。

（三）社会保险待遇的享受条件

享受社会保险待遇，必须具备法定条件。社会保险待遇的享受条件一般包括具备享受社会保险待遇的主体资格和实际发生法定的社会保险事故。

（四）社会保险待遇的计算依据

社会保险待遇的计算依据主要包括工资、工龄、保险费、特殊贡献和经济社会政策等。

（五）社会保险基金统筹

所谓社会保险基金统筹，是指在社会范围内，对社会保险基金的各种来源和用途做出统一的规定，规划和安排，并据此对社会保险基金进行统一的收支、管理和运营，以保证其收支平衡、合理使用和安全、保值、增值，充分发挥其社会保障职能。

七、社会风险与社会保险

（一）社会风险

“风险”概念在17世纪已经出现，意思是遇上危险或触礁，后指在特定的客观情况下，在特定期间内，某种损失发生的可能性。随着现代社会的演进，社会风险有了更多的含义。现代一般意义上的社会风险指在一定条件下，某种自然现象、生理现象或社会现象是否发生及对人类社会财富和生命安全是否造成损失和损失程度的客观不确定性。其本质上是一种导致社会冲突，危及社会稳定和社会秩序的可能性。更直接地说，社会风险意味着爆发社会危机的可能性。一旦这种可能性变成了现实，社会风险就转变成了社会危机，对社会稳定和社会秩序都会造成灾难性的影响。具体而言，社会风险的定义包括三层含义：一是社会风险的发生是偶然事件；二是社会风险发生所造成的结果不是人们所期望的，也即产生损失；三是社会风险造成的损失程度是不确定的。为了抵御社会风险的不确定性，社会保险应运而生。

（二）社会保险覆盖的风险

在工业化社会中，风险种类很多，社会保险主要覆盖生育、死亡、年老、疾病、工伤和残障等人身风险，以及暂时失去工作岗位的失业风险。

1.生育风险

女性参保者孕育子女，会伴随人身风险，这种风险具有客观必然性。生育期间，女性劳动者失去劳动能力，当然也就失去收入，并且失去的收入远非个人和亲友所能弥补。在这种情况之下，社会保险契合了人们的需要，旨在弥补女性参保者因生育后代而遭受的收入损失。值得注意的是，这里的风险保护乃至弥补风险损失是针对整个参保者群体而言的。

2.死亡风险

死亡风险亦具有客观必然性，是参保者毫无例外地都要遭遇的风险。人死亡之后，丧失一切收入，而且永久失去收入来源，死者生前扶养的亲人便无法生存下去，所以社会保险有必要推出并负起补偿收入损失的职责。这既是对死者及其亲人的告慰，也是保证社会生活稳定以及关怀后代成长的需要。

3.年老风险

年老是任何参保者必然面对的一种客观存在。进入老龄，参保者退出工作岗位，也就自然地失去工资或收入。所以，年老对参保者来说，是一种必然要经历的风险。同时，部分参保者仍要继续生存下去，而家庭、邻里、所在用人单位是无力养老送终的，至多提供些许帮助。因此，社会保险有义务对年老风险提供补偿，确保他们安度晚年，以利于整个社会的安定。

4.疾病风险

疾病也是参保人一生中不可避免的人身风险。一个人年轻的时候，由于身体抵抗力强，就医的可能性会小些，随着年龄的增长，患病率必定提高，这已为医学所证明。当疾病风险到来时，人们丧失劳动能力，不能再继续工作，也就自然失去了工作报酬，面对重病、大病、危病以及长期疾病，就无能为力了。因此，政府有必要推出社会保险，并有义务帮助患有一切病症的参保人度过风险，使之不因病致贫或因病返贫。

5.工伤和残障风险

其实伤和残很难分开，不管是因工还是非因工伤残。其中，工伤是工业化带来的环境污染以及机器普遍使用的必然产物，经常烦扰着劳动者及其家庭。工伤风险经常酿成人身伤害、残障乃至死亡，轻则造成参保者暂时失去劳动能力，重则使之永久丧失劳动能力。参保者伤残后，需要大量的医疗服务，也就意味着遭受更多的经济损失，而这种风险并不是所有的参保者都能靠自己来度过的。国家通过实施社会保险，帮助工伤致残劳动者应对风险，才能有效地使伤者、残者安然度过风险。

6.失业风险

失业，在以竞争为核心的市场经济下，不但必然发生，而且时刻存在。只要有竞争，就必然经常有劳动者在竞争中成为失业大军中的一员。失业既然是常态，并非偶尔发生，国家自然要通过失业保险给失业者以工资补偿，使其不至于陷入困境，并提供必要的培训，使他们尽快再就业，充分地发挥他们的社会价值。

需要说明的是，社会保险对因风险而被夺走的收入，绝不是百分之百地补偿，而是针对不同的风险及其重要程度，根据国家制定的补偿水平进行相应补偿。

（三）社会保险项目

现实中，各国制定了养老保险项目、医疗保险项目、失业保险项目和工伤保险项目以应对威胁参保者收入的七大风险。这四大项目不仅覆盖了年老、疾病、失业和工伤风险，也覆盖了生育、非因工负伤和残障以及死亡风险。具体如下：

1.养老保险项目

由于人人都会步入老年，且从退休到离世的时间可能很长，因此养老保险的花费最多，需要筹集建立的基金即养老保险基金也最雄厚，所以养老保险被列为社会保险的主要项目。养老保险给付养老金，要一直给付到投保人死亡为止，不像其他社会保险的给付，有期限约束，由此可以做出这样的评断：养老保险的发展水平代表一国社会保险事业的发展水平，而社会保险的发展水平又代表一国社会保障事业的发展水平。对个人来说，养老金是养命钱，十分重要；而对整个社会保险和社会保障事业来说，养老保险举足轻重，涉及社会安定。就我国而言，劳动者以至任何公民，甚至长期侨居我国并取得合法证件的外国人，只要达到我国规定的退休年龄或退休标准，并进行了国家规定年限的投保，便有权获得一份养老金，赖以度过晚年。

2.失业保险项目

参保者非主动失业，有权享受失业保险金，有权享受社会保险机构提供的免费培训，以期提高自身适应社会劳动岗位和竞争上岗的能力。应该指出的是，实施失业保险的目的绝不仅仅在于确保失业者的生活，更重要的是创造条件促使失业者尽快再就业，更充分地实现劳动者自身的价值，这既有利于劳动者自身，也有利于国家和整个社会的稳定。正因为如此，失业保险有改称就业保险的趋向。

值得注意的是，失业期间，如果失业者不幸负伤、致残、死亡，同理，应由失业保险基金支付统一规定的伤残补偿金、丧葬补助金以及抚恤金。

3.工伤保险项目

工伤往往给劳动者带来极大的痛苦，不仅劳动者失去收入，甚至永远失去工作能力，而且家人受连累，用人单位也受损。所以，工伤的发生虽不像其他风险那么频繁，但是危害后果非常严重。

工伤保险与养老保险一样，越来越呈现体系化。因此，工伤保险的科学体系不仅包括工伤津贴、致残补偿金给付，还包括工伤预防机制、失能程度界定，以及伤残者的治疗、医疗康复、职业康复和社会康复等。应当说，每项社会保险项目走向体系化都是一种进步，都表达了国家对投保者的关怀，起到利民利国的作用。

4.医疗保险项目

如果说养老保险在社会保险体系中唱主角，医疗保险则因其复杂性和涉及面广泛而著称。医疗保险向投保者提供门诊、住院治疗、护理、康复和生育等服务，以及患病期间失去个人收入后的补偿，因而是人们十分需要的一种保险。

为了解除人们对疾病风险的担忧，福利国家有的采取通过征税来基本免除医疗服务付费的办法，但更多的是采取社会保险方法，通过征缴少许医疗保险费并加进适当财政补贴建成医疗保险基金，以此支付医疗服务费以及疾病津贴。

（四）社会风险与社会保险的关系

社会保险是为了抵御社会风险的不确定性而产生的，它采取强制手段对国民收入进行再分配，用以对劳动者因为年老、患病、伤残、生育、死亡等暂时或永久丧失劳动能力，或是因为失业而中断劳动而失去收入来源时，由社会通过社会保险基金给予物质帮助和补偿来维持其基本生活条件，促进社会安定。

社会保险以劳动者及其家属为保障对象，是社会群体中最基本而且重要的部分。社会保险的支出规模在社会保障体系中占有最大份额。同时，社会保险所承担的风险也最多，关系到劳动者的整个生命周期和所有重大生存风险。因此，社会保险是现代社会保障体系的核心与主体，关系到国家大计与民生建设，被称为“社会安全网与稳定器”。

综上所述，社会风险和社会保险的研究对象都是风险，社会保险存在的前提是社会风险的存在[①]。

第二节 养老保险的相关理论

一、养老保险概述

养老保险是社会保险制度的重要组成部分，也是社会保险五大险种中最重要的险种之一。《现代经济辞典》将养老保险定义为一种社会保险制度，是国家和社会根据一定的法律和法规，为解决劳动者在达到法律规定的解除劳动义务的劳动年龄界限，或因年老丧失劳动能力而退出劳动岗位后的基本生活而建立的[②]。国内学者也对养老保险进行了深入研究，其中具有代表性的养老保险定义还有两种。第一种观点认为养老保险是指国家根据一定的法律法规，对劳动者达到退休年龄或退休，由社会保险机构或指定的其他单位按规定给付养老金的保险[③]。第二种观点认为养老保险是国家和社会通过相应的制度安排为劳动者解除后顾之忧的一种社会保险，目的是增强劳动者抵御老年风险的能力，手段是提供相应的社会保障[④]。

综上所述，本书认为，养老保险是国家或社会根据一定的法律和法规，对达到法定退休年龄而退出劳动领域的劳动者给予一定的经济补偿，以满足其基本生活需求的一项社会制度安排。这一概念主要包括四层含义：①养老保险是国家立法强制实施的，是国

① 李兵：社会保险［M］. 北京：中国人民大学出版社，2016：9.
② 刘树成：现代经济辞典［M］. 南京：凤凰出版社，2005：892.
③ 邓大松. 社会保险［M］. 北京：高等教育出版社，2016：17.
④ 郑功成. 社会保障学［M］. 北京：中国广播电视大学出版社，2004：171.

家实行的一项制度安排；②养老保险的对象是达到退休年龄并退出劳动领域的劳动者；③养老保险旨在保障老年人的基本生活所需；④养老保险是以货币的形式给予退休人员补偿的。

二、养老保险基金的筹集模式

养老保险基金的筹集模式是指用于养老金给付的资金来源方式。养老保险基金的基本筹集模式主要有3种：现收现付制（pay-as-you-go）、完全积累制（fully fund）和部分积累制（partly fund）[①]。基金筹集模式的选择与各国的经济发展水平和制度规定息息相关。

（一）现收现付制

现收现付制实质上是一种靠后代赡养的养老保障模式。代际转移支付理论为现收现付制提供理论支撑。该理论认为，退休一代的养老保障待遇可以通过当期正在工作的一代人的养老保险缴费支付来实现，养老保障资金不用于累积，而是当年提取当年支付，实现两代人之间的代际平衡。该模式的实施以近期横向平衡为指导原则，第一步要对每年保障计划所需支付费用进行估算，第二步需要按照一定比例分担到所有参加该保障计划的单位和个人身上，并做到保障缴费当年提取当年支付，略有结余。

现收现付制的优点主要包括：

① 可以依靠需求变动及时调整征税比例，保持收支平衡；

② 发挥代际收入再分配功能和代内收入再分配功能，互济性较强，实现相对公平；

③ 操作简便，管理便利，且管理成本相对较低；

④ 以支定收，注重当期平衡，可以有效的避免通货膨胀造成的货币贬值风险及在长期过程中可能出现的经济和政治风险。

现收现付制也存在相应的缺点，其缺点包括：

① 抗人口老龄化冲击的能力较弱。在老龄化社会，现收现付制由于缺乏资金积累，随着人口老龄化程度的日益加深，收支平衡难以实现，从而面临巨大的财务困境。

② 易产生代际矛盾。现收现付制的本质是两代人之间的代际平衡，也即代际互济。

现收现付制适用于人口稳定增长、新增劳动力与退休人口相对平衡的大环境。这主要是因为较高的经济增长率是现收现付制得以可持续运行的基本保障。随着人口老龄化程度日益加深，现收现付制遇到了极大的挑战。部分积累制和完全积累制在对现收现付模式进行改革的呼声和浪潮中得到了更广泛的应用。

（二）完全积累制

完全积累制实际上是一种通过强制储蓄实现自我赡养的养老保障模式。个人收入纵向平衡理论为该制度提供了理论支撑。该理论认为，一个人会在年轻时为自己年老时享受的养老保险待遇进行养老保险投资，他在年轻时缴纳的费用总和与其所参与保险形成的基金总和保持平衡。因此，完全积累制强调为每位劳动者设立个人账户，对其缴费情况及基金收益情况进行记录。在此模式下，筹集的养老资金主要用于积累，而非当期养

① 郭曦，梁波．社会保险学［M］．北京：中国劳动社会保障出版社，2019：78-79.

老保险金支出，以便满足养老保险缴费者未来退休后的养老金给付需要。可见，完全积累制注重收支的长期平衡，其实质是对个体一生中的跨时性收入再分配的制度。

完全积累制的优点主要包括：

① 具有较强的激励效应。在该制度下，个人缴纳的养老保险费直接计入个人账户，个人未来收益与参保期间所缴纳的养老保险费呈正相关。

② 透明度较高，基金提取的比例相对稳定，充分体现基金的储备功能。

③ 较少受人口年龄结构影响。基金的来源靠的是个人的缴费积累而不是依赖代际之间的相互扶持。

④ 既能促进经济的发展，又能使制度本身分享经济增长的成果。积累的基金可进入资本市场进行投资运营，促进资本的形成。

与此同时，完全积累制也伴有以下弊病：

① 容易受资本市场的风险冲击。在该制度下，为了实现保值增值，必须将积累的养老保险基金进行投资运营以获得收益，不确定风险较大。

② 管理成本高。该基金实行个人账户制度，要求获得大量的私人信息，对这些信息进行管理的成本极高。

③ 不利于缩小贫富差距。该制度无代际和代内收入再分配功能，不能使财富进行转移，远离了养老保险制度的初衷。

（三）部分积累制

部分积累制有狭义和广义之分。狭义的部分积累制基于阶段式平衡原则，是对现收现付制与完全积累制的整合，是兼具近期横向收支平衡与远期纵向收支平衡的筹资模式。广义的部分积累制不局限于阶段式平衡原则，主要包括以下几种形式：

一是基于现收现付制，将给付当年养老金之外的结余进行累积，用于未来养老金的给付。

二是基于现收现付制，引入个人账户，即结合现收现付制与完全积累制。

三是在多层次、多支柱的养老保险体系中，根据需要，有的层次采用现收现付制，有的层次采用完全积累制。

四是名义账户制，即现收现付的筹资模式与缴费确定型的给付模式相结合。

部分积累制要求政府在满足当年一定规模的保障支出需要的前提下，留出一定的储备，以适应未来的支出需求。这种模式既保持了养老保险的统筹互济功能，又具备个人账户的激励和监督机制，因而在集中了现收现付制和完全积累制优点的同时，避免了二者的弱点和可能出现的问题。其优点在于具有较大的灵活性，一方面避免了完全积累制的较大风险，另一方面又可缓解现收现付制缺乏储备和负担不均的问题。但这种模式操作难度较大，特别是对比率的合理确定难以把握。

三、养老保险制度的改革与未来发展

（一）“三支柱”模式

世界银行于1994年做了题为《为了避免老龄化危机》（Averting the Old Age Crisis）的报告，其中提出了对养老金制度的改革方案，即建立以基金积累制为核心的三支柱养老保障体系：强制性、税收筹集、政府管理的现收现付的第一支柱；强制性、个人筹资或雇主雇员共同筹资、私营管理、完全积累的缴费确定型的第二支柱；自愿性的第三支柱。具体如下[①]：

1.第一支柱：强制性公共管理支柱

这是政府向全体就业人员强制性推行的公共养老金计划，用于保障员工退休后的基本生活需要。该计划由政府通过税收融资，强制实施，一般采用现收现付制。

2.第二支柱：强制性私营管理支柱

这是在政府鼓励下，企业为员工建立的补充养老金保险。该保险是私人和公共部门的雇主向雇员提供的一种辅助性的补充养老金计划，采用个人账户积累和市场化运营模式，以提高员工退休后的生活水平。

3.第三支柱：自愿性支柱

这是政府鼓励全体就业人员为养老而进行储蓄的计划，由商业保险公司举办，员工根据个人收入情况自愿参加。该计划强调自由支配的灵活性和自愿性，为那些希望在退休后得到更多收入的人提供额外保障。

（二）“五支柱”模式

2005年12月，世界银行提出了确保老年人经济安全的“五支柱”模式。其中，非缴费型的“零支柱”主要为终身贫困者以及不适用任何社会养老保险制度的非正式部门和正式部门的老年人或者丧失劳动能力者提供社会养老保险，以达到制度“兜底”作用；缴费型的“第一支柱”为强制性的社会保障年金制度，主要通过社会财富的再分配为老年人提供最低生活水平的终身保障；强制性的“第二支柱”通过个人和用人单位在个人在职期间缴纳的一定费用建立职业年金制度；自愿性的“第三支柱”主要通过个人的商业保险和理财保障个人年老（或者丧失工作能力）后的生活质量；非正规保障的“第四支柱”主要来自子女供养、亲戚资助以及家庭间资金转移等，以弥补前四个支柱覆盖人群的不足。

四、基本养老保险待遇给付

（一）基本养老保险待遇给付条件

基本养老保险待遇给付条件不同于其他社会保险项目。它一方面要考虑社会经济发展水平，使雇员的退休养老和熟练劳动力的需求衔接；另一方面要考虑如何使员工退休后的收入较退休前不会有较大幅度的下降，以保证退休员工的基本生活水平，进而稳定社会秩序。实行基本养老保险的各个国家，其基本养老保险待遇给付条件基本上是一致的，具体条件取决于一国的经济发展水平和养老保险制度成熟程度。一般，基本养老保险待遇的给付条件如下：

1.年龄条件

年龄条件即达到法定退休年龄并办理相关手续。达到法定的退休年龄在各国的给付条件中往往是核心条件之一，我国也不例外。退休年龄的科学设定至关重要，一方面能

---

① 张琪．社会保障学［M］．北京：高等教育出版社，2016：109.

够保证劳动者在因年老丧失工作能力而退出社会劳动时，得到及时且有效的生活保障，另一方面能够保证劳动力市场的规模和数量。退休年龄的规定主要取决以下因素：

① 人口的平均预期寿命。平均预期寿命延长，则退休年龄应相应推后；反之应提前。

② 人口老龄化程度。人口老龄化程度提高，表明劳动力供给减少，应推迟退休年龄；反之应提前。

③ 适龄人口的就业率。就业率高则表明就业岗位较充裕，可推迟退休年龄；反之应提前。

④ 劳动者平均受教育年限。劳动者平均受教育年限延长表明人才培养的成本上升，为创造相应的社会价值以弥补投资成本，应推迟退休年龄。目前，受教育年限延长已成为社会发展的普遍趋势。

⑤ 生产率的变化。技术等方面的不断进步使得劳动生产率提高，国民产出增加，退休金来源更加有保障，退休年龄可以适当提前。

⑥ 职业的性质。例如，有一些工作岗位会给劳动者带来一些无法避免的身体伤害，应提前退休年龄；而某些技术性很强的岗位，新人掌握该技能的时间长、难度大，则可以适当推迟退休年龄。

总体上，世界各国的法定退休年龄虽不尽相同，但均有推迟的趋势，这和世界人口的平均寿命大大延长和严重的人口老龄化有直接的关系。

2.缴费条件

缴费条件即参加养老保险的年限和缴纳养老保险的年限。劳动者的缴费年限是决定退休保险待遇的主要条件。各国对退休工龄和缴费年限标准的规定主要有四种方式：第一，符合最低工龄标准就可享受基本数额的退休金，待遇随工龄的增加而增加；第二，符合最低缴费年限就可享受基本数额的退休金，待遇随缴费年限的增加而增加；第三，同时达到以上标准才可领取全额退休金；第四，只要达到规定年龄即可领取养老金，强制储蓄模式下常见这种规定。我国《社会保险法》第十六条规定缴费年限（含视同缴费年限）累计需达到15年。

3.其他条件

其他条件如居留条件等。一般设置普惠式国民年金的国家或地区会对居留条件进行限制，规定申请者必须满足一定的居住期限。例如，丹麦规定国家养老金领取者必须在25~67岁连续在丹麦居住5年并且具有公民权。

（二）基本养老保险待遇给付标准

在满足了领取养老金的各项条件后，养老保险的待遇给付便是首要关注点。从世界范围来看，制定养老保险待遇给付标准的基本原则有：

（1）普惠制养老金，即养老金给付标准以居住年限或年龄为依据，达到一定年龄的人，无论其过去就业年限长短和收入高低，都可以获得一份数量相同的养老金，这一般被称作国民年金或基础养老金。

（2）就业关联养老金，即养老金给付标准与就业年限的长短呈正相关。

（3）收入关联养老金，即养老金给付标准与退休前收入的多少呈正相关。

（4）缴费关联养老金，即养老金给付标准与缴纳的保险费呈正相关。需要指出的是，缴费多少往往与收入高低有一定的联系，所以“缴费关联”在一定意义上就是“就业收入关联”。

养老保险待遇给付标准通常受通货膨胀、社会经济发展水平等宏观因素的限制，也取决于最低生活费用和工作年限等具体因素。在我国，不同性质单位的养老保险待遇给付标准亦不相同。以下简单介绍我国企业和机关事业单位的职工养老保险待遇给付标准①。

1.企业职工养老保险待遇给付标准

根据《国务院关于完善企业职工基本养老保险制度的决定》，有老、中、新三种给付标准。

（1）“老人老办法”。在《国务院关于建立统一的企业职工基本养老保险制度的决定》（以下简称《决定》）实施前已经退休的人员，仍按国家原来的规定发放基本养老金，同时执行基本养老金调整办法。

（2）“中人中办法”。在《决定》实施前参加工作、自《决定》实施后退休且缴费年限累计满15年的人员，在发给基础养老金和个人账户养老金的基础上，再发放过渡性养老金。

（3）“新人新办法”。在《决定》实施后参加工作、缴费年限累计满15年的人员，退休后按月发放基本养老金。基本养老金由基础养老金和个人账户养老金组成。养老金月标准以当地上年度在岗职工月平均工资和本人指数化月平均缴费工资的平均值为基数，缴费每满1年发给1%。个人账户养老金月标准为个人账户储存额除以计发月数，计发月数根据职工退休时城镇人口平均预期寿命、本人退休年龄、利息等因素确定。在《决定》实施后到达退休年龄但缴费年限累计不满15年的人员，不发给基础养老金；个人账户储存额一次性支付给本人，终止基本养老保险关系。

2.机关事业单位职工养老保险待遇给付标准

根据《国务院关于机关事业单位工作人员养老保险制度改革的决定》，也有“老、中、新”三种给付标准。

（1）“老人老办法”。该决定实施前已退休的人员，继续按照国家规定的原待遇标准发放基本养老金，同时执行基本养老金调整办法。

（2）“中人中办法”。该决定实施前参加工作、实施后退休且缴费年限累计满15年的人员，按照合理衔接、平稳过渡的原则，在发给基础养老金和个人账户养老金的基础上，再依据视同缴费年限长短发放过渡性养老金。具体办法由人力资源和社会保障部会同有关部门制定并指导实施。

（3）“新人新办法”。该决定实施后参加工作、个人缴费年限累计满15年的人员，退休后按月发放基本养老金。基本养老金由基础养老金和个人账户养老金组成。退休时的基础养老金标准以当地上年度在岗职工月平均工资和本人指数化月平均缴费工资的平均值为基数，缴费每满1年发放1%。个人账户养老金月标准为个人账户储存额除以计

---

①　郭曦，梁波．社会保险学［M］．北京：中国劳动社会保障出版社，2019：90.

发月数，计发月数根据本人退休时城镇人口平均预期寿命、本人退休年龄、利息等因素确定。

（三）养老保险待遇给付标准确定模式

根据养老保险待遇给付的基本原则，养老保险待遇给付标准确定模式主要分为两种[①]：

1.普遍生活保障模式

普遍生活保障模式强调所有老年居民只要满足领取养老保险待遇的法定资格条件，其享受待遇的标准是均等的，保障水平仅与人均消费水平有关，而与老年人的社会阶层、退休前收入的多少、职业是否稳定无关。一般而言，普遍生活保障模式往往都属于基础养老金或者国民年金等，注重公平的实现和维护，一般只保障基本生活水平，政府财政都会给予直接支持。福利国家的国民年金基本上都是普遍生活保障模式。

2.收入关联模式

收入关联模式一般只面向工作相对稳定的劳动阶层，非工薪阶层、灵活就业者、农民等群体往往被排斥在制度之外。收入关联模式强调养老保险费一般由雇主、雇员和政府三方共同负担，养老保险的缴费额度与养老保险待遇的给付标准都与劳动者在职时的工资收入关联。这是一种与个人收入水平关联的制度模式。相比较而言，收入关联模式更为关注效率，而普遍生活保障模式则更强调社会公平。

第三节 医疗保险的相关理论

一、医疗保险概述

（一）医疗保险的概念及特征

医疗保险是指当立法范围内的人群（公民）因疾病需要治疗时，保险组织或机构对因疾病造成的经济损失进行赔偿的一项制度安排。医疗保险作为社会保险的一部分，具有社会保险的强制性、互济性、福利性、社会性等基本特征，同时，由于疾病风险和医疗服务的特殊性，它又具有以下特有特征[②]。其中，前三个特征为其区别于其他保险项目的本源特征[③]。

1.保障对象的普遍性

医疗保险在社会保险各个项目中覆盖对象最广，原则上应该覆盖全体社会成员。这是因为在人的不同生命阶段，疾病的发生具有随机性和不可预测性，每个人都难以回避疾病风险的侵害。我国致力于全民医保，据统计，2020年我国医保参保率稳定在95%以上[④]。

2.主体关系的复杂性

主体关系复杂性体现在两个方面。一方面，一般社会保险项目仅涉及保险方、被保

① 刘同芗，王志忠．社会保险学［M］．北京：科学出版社，2016：87.
② 邓大松．社会保险［M］．北京：高等教育出版社，2016：202-203.
③ 张琪．社会保障学［M］．北京：高等教育出版社，2016：137.
④ 国家医疗保障局．2020年全国医疗保障事业发展统计公报［R］．北京：国家医疗保障局，2021.

险方两方主体，最基本的医疗保险则涉及保险方、被保险方、医疗服务提供方和政府四方，多方关系之间错综复杂。另一方面，由于医疗的专业性、技术性特点，信息非对称性普遍存在于普通消费者与医疗服务提供者之间，再加上第三方付费的情况，主体关系更为复杂。

3.补偿费用的不确定性

疾病风险的不确定性决定了费用补偿的不确定性，其补偿费用取决于参保人的疾病情况。区别于养老保险、失业保险等其他社会保险项目提供的长期、有规律的定额补偿，医疗保险所提供的补偿费用是短期、非规律性的非定额补偿。

4.内容交叉性

医疗保险既是社会保险的一个独立子系统，又与其他社会保险子系统相互交织在一起，其他社会保险子系统的顺利运转均离不开医疗保险。[①]工伤、生育、养老保险项目与医疗保险相互交织，例如，在生育保险下，参保人在获得生育津贴的同时，还需要享受医疗服务，这是医疗保险的范畴。

5.服务性

医疗保险具有服务性。在医疗保险中，仅仅由保险机构向受保人给予经济补偿是不够的，必须由医疗服务提供方对参保人的疾病进行诊治即提供医疗服务，才能真正化解参保人的疾病风险，发挥医疗保险的功用，而其他社会保险项目则以货币补偿方式为主。

（二）医疗保险的实施原则

世界各国建立的医疗保险制度虽有差异，但医疗保险的实施总体上有几个共同的原则[②]。

1.强制性原则

国家通过立法规定，强制实施医疗保险这一项社会保障制度，并对医疗保险的实施范围、相关主体权利义务、医疗保险费率及待遇水平等相关内容加以规定。强制性原则一方面体现为任何单位和个人必须按照法律规定参加，并按规定缴纳医保费用；另一方面体现为各级医疗保险机构不得拒绝任何符合参保条件的单位或个人参加医疗保险。

2.公平与效率兼顾原则

公平是指参保人无论是何年龄、职业、职位、用工形式及身体状况，均须按相应的比例缴纳医疗保险费，均可享受相应的医疗保险待遇。效率主要体现在两方面：制度本身的运作效率和制度实施效率。前者主要体现为医疗保险的制度设计能否为工作的开展提供有效的指导；后者主要体现为医疗保险基金利用效率和医疗费用控制效率。例如，医疗保险基金能够及时、足额筹集到位，医疗服务机构能够做到因病施治、合理治疗等均是医疗保险效率的体现。

3.互助性原则

“互助共济、风险分摊”是医疗保险互助性原则的主要体现，医疗保险费率界定一般只与参保人员收入水平和支付能力有关，而与参保人员的健康、年龄、职业等因素无

① 邓大松. 社会保险［M］. 北京：中国劳动社会保障出版社，2009：212.
② 刘同芗，王志忠. 社会保险学［M］. 北京：科学出版社，2016：103-104.

关。医疗保险制度将参保人员缴纳的医疗保险费聚集起来作为疾病风险基金，同时通过向发生疾病风险的参保人员提供医疗服务保障的形式进行风险的分散。在这个过程中，未发生风险的人员互助共济发生风险的人员。

4.基本保障原则

社会医疗保险即基本医疗保险，只能提供基本的医疗保障，并不能提供基本医疗以外的其他医疗服务。其目的是在满足参保者基本医疗需求的同时，避免道德风险，以提高医疗保险的运行效率。

二、第三方支付及信息不对称

（一）第三方支付

所谓第三方支付，指的是医疗服务市场发生的医疗费用不是由患者直接支付给医疗服务提供方的，而是由作为第三方的医疗保险机构将全部或部分医疗费用支付给医疗服务提供方①。第三方支付体现的三边关系如图13-1所示。第三方支付机制的存在，使得医疗服务需求方远离了医疗费用的支付，导致其费用意识淡薄，进而容易产生过度利用医疗服务的行为，而医疗服务提供方受利益驱使，容易产生诱导消费的情况，在这种情况下，极易出现医疗费用和保险费用的不合理上涨以及医疗资源的严重浪费。

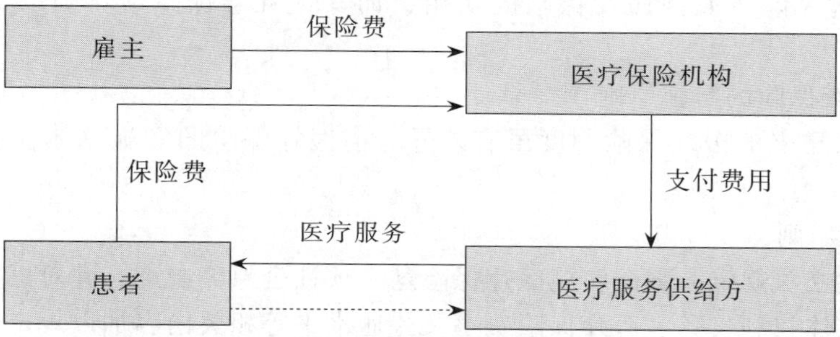

图13-1 医患保三边关系

（二）信息不对称

信息不对称现象在医疗卫生领域的医患关系方面和医疗保险方面普遍存在，并导致了市场失灵。信息不对称，是指在市场交易中，一方拥有另一方无法拥有的信息，或一方较另一方拥有更多的信息，由此造成信息的不对称。在医疗保险系统中，传统的医生与患者直接进行医疗服务的经济交换关系，转变为由保险机构（第三方）向医疗服务提供方支付费用的三边关系，由于各方掌握的信息不对等，基于各主体自身利益的考虑，第三方支付极容易产生医疗服务供需市场上的弊端，主要表现在以下两个方面②：

1.逆向选择

逆向选择是指在买卖双方信息非对称的情况下，拥有信息优势的一方总是倾向于选择尽可能有利于自己而不利于别人的选择。在医疗保险领域，作为购买医疗保险的被保险人，因更了解自身健康状况这一信息优势，进行逆向选择，高风险人群更倾向于购买

① 秦立建．社会保障学——理论·制度·实践［M］．北京：高等教育出版社，2016：158-159.
② 张琪．社会保障学［M］．北京：高等教育出版社，2016：137.

保险，而低风险人群则倾向于不购买保险，从而损害保险机构的利益，由此导致疾病风险得不到有效分散和规避，整个医疗保险市场不能实现帕累托最优。

2.道德风险

道德风险是指交易双方在签订交易合约后，信息占优势的一方为了最大化自己的收益而损害另一方的利益，同时也不承担后果的一种行为。在医疗保险领域，道德风险表现为一种非理性的医疗服务供给和消费行为，第一，在医疗保险机构成为第三方支付机构之后，由于被保险人的医疗服务消费成本降低，被保险人倾向于夸大自己的医疗服务需求，并且由于医方的利益与其提供的医疗服务数量有关，甚至会产生被保险人和医方联合起来套取保费的风险。第二，由于医生在专业知识上有明显的信息优势，并且其提供的医疗服务数量与其利益紧密相关，医方容易从其利益最大化角度出发“诱导需求”，提供过量的医疗服务。道德风险的存在不仅使得处于信息劣势的一方即医疗保险机构受到损失，而且会破坏原有的市场均衡，导致资源配置的低效率。

三、支付方式演进

社会医疗保险费用支付也称为医疗保险费用偿付，指医疗保险机构作为付款人，按照合同规定，代替被保险人支付他们接受的医疗服务所花去的医疗费用，对医疗机构提供医疗服务所消耗的经济资源进行补偿。社会医疗保险费用支付的具体方法和途径就是社会医疗保险的费用支付方式①。按支付对象划分，社会医疗保险费用支付方式主要分为两种：一是对医疗服务供方的支付；二是对医疗服务需方的支付②。

（一）医疗服务供方的费用支付方式

医疗服务供方的费用支付方式是指社会医疗保险机构作为第三方代替被保险人向医疗服务提供方支付医疗费用的方法，是社会医疗保险费用支付的主要方式。从支付时间来看，主要分为后付制和预付制两种。后付制是指在医疗服务发生之后根据服务发生的数量和支付标准进行支付的方式。按项目付费是典型的后付制。预付制是指在医疗服务发生之前，按照预定的支付标准，向医疗服务提供者拨付医疗费用的方式。具体形式包括：

1.按服务项目付费

按服务项目付费是所有费用支付方式中最传统、运用最广泛的一种，指医疗保险机构根据医疗机构提供的医疗服务项目和服务量，按照规定的每项服务项目的付费标准对医疗机构做出费用补偿的方法。在具体操作上，可以由医疗保险机构直接向医疗机构支付，或者由病人先垫付，再由医疗保险机构对病人给予补偿。这种付费方式实际操作方便、适用范围广泛，但由于医疗机构的收入与医疗服务项目和数量呈正相关，因此医疗机构具有过度服务甚至虚报的动机。同时，由于第三方付费，使医患双方缺乏费用控制机制，可能导致医疗费用的过度上涨和浪费。

2.按人头付费

按人头付费指医疗保险机构按合同规定的时间（如一年），根据被保险人人数和规

---

① 邓大松．社会保险［M］．北京：中国劳动社会保障出版社，2009：212.
② 贾海彦，董西明，路军，等．社会保障概论［M］．北京：科学出版社，2020：192-195.

定的收费标准，预先支付给医疗服务供方一笔固定的医疗费用，在此期间医疗机构提供合同规定范围内的一切医疗服务而不再另行收费的方式。其特点是医疗机构收费的多少与提供医疗服务的数量和种类无关，只与合同约定的被保险人数有关，被保险人数越多，获得的付费数量越大，实际上是一定时期、一定人数的医疗费用包干制。这种方式的优点是将医疗费用超支的风险转移给了医疗服务供方，从而刺激医生和医院降低医疗费用，有效控制诱导需求行为，从而有利于控制医疗费用及合理利用卫生资源。其缺点是医疗服务供方可能会通过减少服务提供来节约费用、降低医疗服务质量。

3.按病种付费

按病种付费也称按疾病诊断分类定额支付，是指按诊断的住院病人的病种进行定额预付。这种方式是根据国际疾病分类法，将住院病人的疾病按诊断、年龄、性别等分为若干组，每组又根据疾病轻重程度、有无并发症等分成不同的级别，对每个级别制定相应的价格标准进行支付。它最初是由美国耶鲁大学卫生研究中心米尔（Mill）等人提出的，1986年开始在美国老年医疗照顾计划中应用。此方式的特点是医疗费用支付与诊断的病种相关联，而与病人的实际花费无关。其优点是可以激励医院为获得利润主动降低成本，缩短平均住院日，在一定程度上减缓和控制医疗费用上升的趋势。其缺点是难以恰当地制定病种分类和付费标准，对技术水平和管理能力要求高，管理成本高。

4.总额预算制

总额预算制又称总额预付制，是指由社会医疗保险机构根据与医院协商确定的年度预算总额进行支付。医院必须为前去就诊的所有受保者提供合同规定的服务，但收入不能随服务量的增加而增加。如果全部服务的费用超出了年度总预算，社会保险机构不追加多出的费用，亏损由医院自付。年度预算总额的确定，往往需要考虑医院等级与规模、医疗设施水平、医疗服务质量、上年度医疗费用情况、参保人数、疾病谱、患病率、通货膨胀率等多种因素。预算总额一般每年协商调整一次。这种方式的优点在于费用结算简单，促使医疗服务供方成为医疗费用支出的控制者，增强费用风险意识，能够较好地控制医疗费用总量，促使医院降低服务成本，提高资源的利用效率，且管理费用少。其缺点是预算总额难以准确制定，而且可能影响医疗服务供方的积极性，出现服务强度和服务质量下降的情况。

5.定额付费

定额付费是指按照预先确定的平均服务单元费用标准对医疗机构的服务单元量进行支付。这种方式最大的特点是操作简便，管理成本低，但是可能刺激医院和医生增加门诊次数和平均住院天数，导致门诊次数和平均住院天数难以把控。

6.工资制

工资制是对医生的支付方式，指医疗保险机构根据医疗机构医务人员所提供的服务向其支付工资，以补偿医疗机构人力资源消耗的方式。工资水平的确定通常要考虑医务人员的技术级别、工作年限等，而不考虑其所提供服务的数量多少与质量高低。这种方式的优点是医疗保险机构能够较好地控制医院的总成本和人员开支水平，医务人员收入也有保障，可以消除医务人员诱导需求的动机。其缺点是缺乏对医务人员的激励机制，可能会导致服务态度不好和质量下降的不利后果。工资制广泛应用于芬兰、瑞典、苏联、西班牙、葡萄牙、希腊、土耳其、印度、印度尼西亚及拉美国家。英国、加拿大等国对医院里的医生也实行这种方式。

实际上，社会医疗保险的供方费用支付方式不止以上几种，还有平均费用支付、以资源为基础的相对价值标准制（resource-based relative value scale，RBRVS）等。每种支付方式都各有利弊，各有各的经济诱因，对医疗保险机构、医疗服务提供者及被保险人的影响也各不相同，见表13-1。社会医疗保险的费用支付方式决定着整个医疗费用的支出水平、医疗机构的收入与效益及医疗服务的质量。各国在确定医疗费用支付方式时，需要考虑整体医疗费用支付水平及其上涨率、医疗部门收入规模、医疗服务质量、支付方管理组织的工作效率等因素，进行权衡后，慎重选择适合本国国情的单一或组合支付方式。目前，国际上一般对医院采取按病种付费和总额预算制，按人头付费用于初级卫生保健，按服务项目付费用于对专科医生的支付。

表13-1　**各支付方式比较表**

支付方式	费用控制	服务质量	管理难度
按服务项目付费	很差	很好	很难管理
按人头付费	很好	良	很容易管理
按病种付费	好	良	难管理
总额预算制	很好	良	容易管理
定额付费	良	差	很容易管理
工资制	良	差	容易管理
RBRVS	好	好	容易管理

资料来源：贾海彦，董西明，路军，等. 社会保障概论［M］. 北京：科学出版社，2020：195.

（二）医疗服务需方的费用支付方式

医疗服务需方的费用支付也称社会医疗保险费用分担，是社会保险机构为了防止被保险人在免费医疗的情况下出现“道德风险”，控制因过度需求造成的医疗费过度上涨，让被保险人在接受医疗服务的同时支付部分医疗费的做法。医疗服务需方的费用支付方式主要包括以下几种：

1.起付线

起付线又称扣除保险，即医疗保险机构全部或部分承担一定额度即起付线以上部分的医疗费用，起付线以下部分由参保人自付或者通过其他途径获得补偿。实行这种办法一则有利于增强参保人的费用意识，减少浪费和控制医疗费用过度上涨；二则可以避免处理大量的小额支付手续，减少管理成本；三则可以减少小额费用补偿，有利于提高保障更大医疗风险的能力，提高基金使用效率。该方法的难点在于起付线难以确定。

2.比例共担

比例共担，又称共同付费或共付保险，要求参保人在第三方为其支付医疗费用的同时，本人也要支付一定比例的费用。比例共担可以是固定比例，也可以是变动比例。其优点是在降低医疗服务价格的同时，仍能促使病人去寻求较便宜的医疗服务。这种方式的有效程度取决于医疗服务利用率对价格下降的反应程度，即医疗服务需求的价格弹性。

3.封顶线

封顶线又称最高限额或限额保险，即保险机构设立最高支付限额，超出这一限额的医疗费用由病人自己负担。最高支付限额即社会医疗保险基金支付的封顶线，是指社会保险机构为参保职工支付的医疗费用达到规定的额度时就不再对职工的医疗费用进行支付。这种费用承担方式与起付线方式相反。该方法的难点在于封顶线的确定。

4.混合制

社会医疗保险费用分担的各种形式并不是完全独立的，可以结合起来加以运用[①]。在医疗保险实际操作中，往往是将以上三种费用支付方式一起使用，优势互补，以更加有效地控制需方的就诊行为，限制医疗费用的过度上涨。

关键术语

社会保险（Social Insurance） 现收现付制（Pay-As-You-Go System） 完全积累制（Fully-Funded System） 部分积累制（Partly Funded System） 养老保险（Endowment Insurance） 医疗保险（Medical Insurance） 逆向选择（Adverse Selection） 道德风险（Moral Hazard）

复习思考题

1.什么是社会保险？

2.社会保险的功能是什么？

3.社会保险覆盖哪些风险？

4.简述社会保险项目的种类。

5.社会风险与社会保险的关系是什么？

6.养老保险基金的筹资模式、特点及优缺点是什么？

7.与其他社会保险项目相比，社会医疗保险有哪些特有特征？

8.在社会保险中，为什么养老保险唱主角，医疗保险复杂而涉及面广？

① 孙光德，董克用. 社会保障概论［M］. 4版. 北京：中国人民大学出版社，2012：219-223；228.

第十四章

社会福利原理理论

学习要点

通过本章的学习，理解社会福利的概念，掌握普遍性原则和选择性原则的基本思想及优缺点，社会福利的三种给付形式即现金、实物、服务的优缺点，社会福利是如何提供的，社会福利的主要资金来源，了解社会福利资金的转移支付方式，从而更深入地理解社会福利理论。

案例引入

新时代中国社会福利制度的基本特征

党的二十大报告指出，十年来，“我们深入贯彻以人民为中心的发展思想，在幼有所育、学有所教、劳有所得、病有所医、老有所养、住有所居、弱有所扶上持续用力……建成世界上规模最大的教育体系、社会保障体系、医疗卫生体系……人民群众获得感、幸福感、安全感更加充实、更有保障、更可持续，共同富裕取得新成效”。

党的十八大召开至今已经十年，中国特色社会主义进入新时代，社会保障制度进入顶层设计的快速发展时期。我们坚持把社会保障全民覆盖作为全面建成小康社会的目标，提出了全覆盖、保基本、多层次、可持续的方针。

我国以社会保险为主体，包括社会救助、社会福利、社会优抚等制度在内，功能完备的社会保障体系基本建成，是世界上规模最大的社会保障体系。这为人民创造美好生活奠定了坚实基础，为打赢脱贫攻坚战提供了坚强支撑，为如期全面建成小康社会、实现第一个百年奋斗目标提供了有利条件，体现了中国共产党的初心使命、全心全意为人民服务的宗旨，体现中国特色社会主义制度的本质和优越性。

百年来，我国社会保障制度建设从无到有，覆盖人数从少到多，保障水平从低到高，管理服务能力从弱到强，在国家经济社会发展全局中所扮演的角色、地位和作用日益凸显，上升为民生领域的基本制度保障、重要制度安排和治国安邦的大问题。正因为国家在社会保障工作上的持续用力，才有了我们现在的美好生活，让老年人老有所养、老有所依。

资料来源：文明兰州．“党的二十大精神”网络微宣讲丨第四期：老有所养 社会保障制度在持续用力［EB/OL］．［2023-11-20］．https：//m.toutiao.com/is/iewEHqdo/.

讨论：

1.你如何看待“依靠福利制度建设解决新时代社会主要矛盾”的观点？

2.中国的福利制度必须坚持哪些特征？

3.中国社会福利制度与文化传统之间存在怎样的联系？传统文化如何促进社会福利制度发展？

分析提示

第一节 社会福利概述

一、社会福利概念

社会福利是一个被广泛应用但缺乏公认定义的概念，而社会福利制度的概念有广义和狭义之分[①]。

狭义：政府或社会为帮助特殊群体、疗救社会病态而提供的服务，也称福利服务。我国民政部门采用社会福利的狭义定义，包括公共福利和特定人群福利。

广义：国家和社会为实现国民幸福（社会福利状态）所做的各种制度安排，既包括各种社会服务，也包括社会保险和社会救助等收入保障。常用于国际比较社会政策的研究和对福利国家的研究。

二、社会福利的分配基础（普遍性或是选择性）

社会福利的分配基础是指在特定的经济政治条件下，将社会福利品分配给特定社会人口或群体时所采用的不同原则。简言之，它是确定福利对象时所遵循的标准或依据。从大的方面来说，有两个相对的大原则：普遍主义和选择主义。

蒂特马斯于1968年提出了普遍性与选择性的福利给付模型[②]。普遍性指福利是人人可以享受的基本权利，如老年人的社会保障和年轻人的公共教育。蒂特马斯的普遍性概念来源于英国的《1944年教育法》、《1945年家庭津贴法》和《1946年国民保险法》，指在政府社会福利政策的可及性方面，国民不因地位及其他个人条件或状况的差异而被区别对待，而应该能公平地享有及获得政府的公共服务。选择性是指福利应根据个人需求来决定，如公共救助和公共房屋。选择性给付基于公共资源分配概念和《济贫法》传统，即应该把有限的社会资源支付给那些有限的值得“帮助”的人或家庭，所以必须经由某些调查及核定的过程。

普遍性社会福利比较注重社会效益。由于平等分配，人人享有社会福利，因而有效避免了因区别对待而造成的社会分割和污名化问题，既保护个人尊严，又增强社会凝聚力。同时，由于普遍性福利不分需求大小，人人享有，因此那些实际上并没有需求的人也可能领取社会福利给付，故而成本高效益低。

选择性福利比较注重成本效益，可以把有限的资源集中在真正有需求的人身上，从而达到控制福利开支的目的。但是，由于选择性福利采取区别对待的原则，在大多数情况下以家庭的经济状况来决定其领取资格，从而强化道德和经济层面的社会差异，导致社会分割。

选择性福利和普遍性福利具有不同的价值观和理论考量，但并非完全对立，双方都试图学习并汲取对方的优点和长处。两种方法的具体优缺点见表14-1。

---

① 尚晓援．“社会福利”与“社会保障”再认识［M］．中国社会科学，2001（4）：113-121.

② PRATT A. Universalism or Selectism? The Provision of Services in the Modern Welfare State［M］// LAVALETTE M, PRATT A. Social Policy: A Conceptual and Theoretical Introduction. 2nd ed. London: SAGE Publications, 1997: 196-213.

表 14-1　　普遍主义和选择主义的比较

特征	普遍主义	选择主义
政策效果	领取率高/非常高	领取率不定（通常偏低）
政策目标实现情况	资源浪费	资源有效利用
管理成本	低	高
公共开支压力	较大	较小
社会成本和效益	无污名效应；促进社会整合；促进社会平等	污名效应严重；导致社会分割；促进社会公平
劳动力市场意义	促进就业诱因	理论上存在较高的边际税率，破坏就业诱因

资料来源：PRATT A. Universalism or Selectism? The Provision of Services in the Modern Welfare State [M] // LAVALETTE M, PRATT A. Social Policy: A Conceptual and Theoretical Introduction. 2nd ed. London: SAGE Publications, 1997: 207.

第二节　社会福利的给付方式

社会福利的给付方式是探讨社会福利以何种形态进行给付的问题，其给付方式主要分为现金形式、实物形式和服务形式三种①。

一、现金形式

现金形式是指政府通过发放货币的形式来实施社会福利制度。它一般分为两种：一种是政府在实施某项可能影响居民物质利益的经济政策时，为了让居民不会因为新政策的出台使生活水平降低而为居民普遍提供的一种货币津贴；另一种是政府为了让全体社会成员分享到经济和改革的成果而向其提供资金补助。现金形式作为运用最广泛的福利给付形式，其优点主要包括：（1）效用最大。现金给予使用者最大的自由和选择权，因而可以获得最大效用。（2）现金便于使用。用现金形式提供福利可以节省大量的行政资源，因为它很少涉及处理和管理成本。（3）可以消除实物福利带来的污名，为穷人有尊严地自主生活提供可能。（4）是减少贫困的最有效方法，因为从贫困测算的角度来看，实物给付的价值通常是不计入贫困家庭收入的。尽管现金分配有以上优点，但其无法保证会完全用在目标人群上，存在现金被挪用的风险，易导致效率低下。

二、实物形式

实物形式是指政府和社会通过提供实物的形式来体现社会福利的待遇。政府通过提供疗养院、社会福利院、精神病院、养老院、托儿所及大众文体活动等场所，提高居民的生活质量，为居民的基本生活和身心健康提供有效保障。实物形式作为社会福利的主

① 张琪. 社会保障学［M］. 北京：高等教育出版社，2016：243.

要形式之一，主要有两个优点：第一，实物分配有利于形成规模效应。作为社会福利提供方的政府和社会较社会福利需求方有更强的讨价还价能力，能以更低的价格购得大量社会福利产品，形成规模效应。第二，实物分配比现金补助的效率要高，因为实物分配完全用在目标人群上，而现金补助则存在变数。换言之，如果给予现金补助，我们就无法保证这些现金不会被挪用。但是，实物形式也存在管理成本高、效用小等弊病。

三、服务形式

随着经济社会的进步，社会服务成为现代社会福利的一种主要形式，发挥着越来越重要的作用。服务形式指的是政府和社会以一种提供社会服务的形式来实施社会福利制度。社区组织和福利机构是提供社会服务的主要渠道，它们通过举办各类福利院、福利卫生医疗机构、福利性娱乐场所等来为社会成员提供服务，以提高社会成员的生活水平。

第三节 社会福利的生产、组织和输送

本节所要讨论的是社会福利的提供问题。对于该问题，有两种不同的看法。广义的理解认为，社会福利的提供是社会福利从设计者送到需求者手中的全过程，包括社会福利的生产、组织和输送[①]。狭义的理解认为社会福利的提供是社会福利从提供者到需求者手中，也就是广义理解中的输送过程。本节采用广义的理解，即社会福利的提供问题由社会福利的生产、组织和输送来回答[②]。

一、社会福利的生产

社会福利的生产指的是社会福利由谁提供。斯皮克认为公共部门、私营部门、志愿部门、互助团体和非正式部门负责社会福利的生产[③]。

（一）公共部门

公共部门（public sector）即政府。20世纪以来，政府作为主要的社会福利提供者，影响两类社会福利的制度安排（Midgley et al.，2000）。一类是直接提升人们福祉的国家福利政策，具体包括“六大服务”（收入保障、医疗、教育、住房、就业、社会工作服务）和对个人的社会服务（Alcock et al.，2012；Spicker，2020）。另一类是间接提升人们福祉的经济、环境或其他政策，如提供就业机会、推行最低工资制和免税等。

（二）私营部门

私营部门（private sector）主要指营利性商业机构或个人。传统上，完全竞争市场即自由市场达到了帕累托最优状态，是有效率的，而社会福利是政府干预市场、实现收入再分配的手段，因而两者是互不相容的。随着时代的发展，20世纪80年代后，社会福利领域遭到私营化浪潮的冲击，营利性的商业机构或个人凭其高效、反应灵敏、自

① ALCOCK P，MAY M，WRIGHT S. The Student's Companion to Social Policy［M］. 4th ed. Chichester：Wiley-Blackwell，2012.
② 黄晨熹. 社会福利［M］. 上海：格致出版社，2020：121-138.
③ SPICKER P. An introduction to Social Policy［EB/OL］.［2023-11-20］. http：//spicker.uk/social-policy.

由、专业化等优势打入社会服务市场。

（三）志愿部门

志愿部门（voluntary sector）主要包括宗教团体和非营利性组织。无论在东方还是西方，在历史的长河中，宗教团体都是主要的福利提供者之一。它们除了提供精神信仰外，还致力于各种社会福利事业。19世纪，非营利性组织在发达国家蓬勃发展，已成为提供社会福利的重要部门。志愿部门的存在旨在对政府服务拾遗补阙。

（四）互助团体

互助团体（mutual aids）是指基于成员之间的相互依存关系而形成的社会连带组织，其中心原则是“我为人人，人人为我”。互助团体除了具有利他主义思想外，还具有浓厚的利己主义思想，其规模较小，专业化程度较低，常以工会、行业协会、互助会等形式出现。

（五）非正式部门

非正式部门（informal sector）主要包括家庭成员、亲朋好友和社区。家庭不仅是社会化的重要场所，而且是提供社会、经济和情感支持的福利手段。这种基于血缘和道德的支持网络的作用在任何社会都无法被取代[①]。

二、社会福利的组织

社会福利的组织是探讨提供者以何种方式将社会福利资源转化为社会福利产品，以便向福利对象传送的问题。社会福利的组织过程既涉及社会经济因素，又涉及政治和组织因素。其主要涉及三大问题：中央集权管理还是地方分权管理；公营还是私营；营利还是非营利。

（一）中央集权和地方分权

中央集权是指国家权力集中由中央政府统一行使，而地方分权是指国家权力依法由中央政府和地方政府分别行使。

中央集权的优点包括：①中央政府拥有较多的资源，便于开展全国性或大范围的社会项目；②中央政府可以通过地区间再分配或中央财政补贴等措施实现地区间平衡。

地方分权的优点主要包括：①通过增强地方的成本意识可提高技术效率。②由于地方决策者比中央决策者能更好地了解地方需求，并且可以因地制宜地根据地方的需求和偏好来确定给付的方式和水平，因此可提高分配效率。③公众参与地方决策过程可促使地方决策者对其行为负责，使服务质量得以改善。④地方政府作为一个小单位，便于进行试验。

地方分权也存在一些问题：① 信息不对称导致中央意图被扭曲，很容易产生“上有政策，下有对策”的现象，因此中央政府应尽可能及时掌握地方动态，减少信息不对称。② 地方政治影响地方分权目标的实现。地方政府的干扰使地方分权受阻。如果地方政要是利益相关者，那么他们可能会对地方分权施加影响，以制约地方分权目标的实现。③ 机构能力不足导致地方分权缺乏组织保障。地方分权目标的实现需要一定的组

① GILBERT N，TERRELL P. Dimensions of Social Welfare Policy［M］. 8th ed. Boston：Pearson，2013：3.

织保障。如果地方政府的行政管理能力不足，资金和资源浪费现象严重，那么地方分权也将无法达到预期目的。把权力下放给通过选举产生而且对地方情况较熟悉的地方官员可以改善服务提供状况。但是，如果地方政府问责性不强，也会导致地方分权漏洞百出。④ 地方机构可支配资源数量相当有限，无法应对大范围的问题，而管理权下放还可能导致各地福利发展状况的不平衡。

要注意的是，尽管地方分权似乎已经成为当今世界特别是发展中国家中央和地方关系的主流方向，但地方化并不意味着中央完全放权和推卸责任，而是表明中央角色的转变，即由以前的全面管理转变为宏观监管和平衡。与此同时，地方分权也并不是万灵丹，如果地方政府缺乏问责性，地方分权就是空中楼阁。实际上，地方分权本身并不是一个政策目标，而是一种在中央集权管理模式存在的问题日益突出的情况下采取的管理策略。要使这种策略切实有效，自主性和服务对象特征之间的平衡是关键。

（二）公营化和私营化

公营化是指社会福利由政府部门及其机构来提供的方式，它常常被认为是社会福利提供的传统方法。“私营化”一词是相对“公营化”而言的，指政府部门与私营部门（志愿机构或营利机构）签订合约并由后者来提供社会福利的方式，其实质是政府购买服务。

公营化的最大优点在于，政府拥有雄厚的资源，适用于大型社会保障项目，且更公平，但该模式也饱受诟病。支持私营化的学者认为，政府机构往往墨守成规、效率较低，且福利项目单一，不自由，还容易滋生腐败，存在福利资金被挪用的问题。

在社会福利领域中，私营化意味着政府越来越少地承担社会服务的管理和财政责任，而把其中一些功能转移给私营机构。这种私营机构可以是商业公司、志愿组织或由家人和亲朋好友组成的非正式网络。私营化倡导者认为，社会服务通过私营化，引进市场竞争机制，可以提高效率，让服务的使用者拥有真正的选择权。不过，私营化也带来了一定的负面效果：服务质量下降，使用者要多付费用，而且一些急需服务的人士得不到服务，还提高了交易成本和监管成本。

需要指出的是，私营化并不是简单地等于政府完全放弃管理或资助的责任，而是政府要收缩在社会福利方面的管理和资助的责任。现实中，一些发达国家社会服务私营化的实际进展虽不显著，但政府收缩其社会服务责任的态势已形成，不可逆转。

（三）营利和非营利

在社会福利提供策略中，选择以商业化方式运作的营利机构还是以公益为主的非营利机构作为社会福利的提供方是另外一对难以抉择的选项。需要指出的是，商业化是和私营化相伴而生的，许多私营机构是以商业化模式运作的营利机构，但私营化并不等于商业化，因为也有许多私营机构是非营利的，如宗教团体、非营利组织等。

对于营利还是非营利，学者们亦是基于自己的立场争论不休。非营利机构的拥护者认为，营利机构在道德上是和社会福利的精神相背离的，社会福利的目的不是赚钱，而是满足人们的需求，因此相比而言，非营利机构具有更强的社会责任感，更具有慈善精神。而支持营利机构的学者认为，相较于非营利机构，营利机构提供服务的效果较好，效率较高，道德因素则微不足道。这些营利机构和非营利机构各自的特征为我们选择和分析社会福利提供策略提供了指导。

吉尔伯特和特雷尔[①]提出分类指导的原则，即我们可以根据社会福利的特征来确定具体的提供策略。首先，对于那些标准化的服务或产品，如健康接种疫苗，我们可以采用商业化方式来运作，因为这些服务或产品具有统一的生产标准和程序，而且它们被滥用的状况也比较容易被察觉。其次，如果社会福利的对象是那些非常容易受剥削的案主群体，如儿童、精神障碍人士或者智障人士，那么最好由非营利机构来提供福利，因为这些群体没有能力来监督服务提供者所提供服务的质量。在这种情况下，公信力和慈善精神是决定选择何种类型机构的重要因素。再次，如果社会服务具有强制性，如儿童保护服务，那么最好由非营利机构来提供，因为在这些服务中，如果机构缺乏公信力，那么案主就不能获得足够的保护，他们的自由会受到威胁。最后，如果政府对福利提供做出了足够的规定，并能确保服务的标准和对案主的保护，那么无论是营利机构还是非营利机构都是适用的，如居家养老服务。

需要注意的是，我们调控社会福利的范围和能力是有限的。总之，在选择营利机构还是非营利机构的时候，我们的重点不是寻找一个尽善尽美的组织形式，而是在具体条件下判断哪种形式能更好地为案主服务。我们不仅要考虑前面提到的要点，还要考虑服务购买安排的性质，特别是资助机构所规定的拨款条件和范围，以确保服务和它们的目标相一致。

三、社会福利的输送

社会福利的输送是探讨社会福利提供者如何将福利产品发放到福利对象手中的问题。吉尔伯特和特雷尔[②]提出，无论社会服务是由政府机构还是私营机构提供，服务提供策略的重点都在于如何提高输送系统的一致性和可及性。前者是指输送系统各部门之间的任务分配、内部构成和职责划分相互协调统一；后者是指案主获取服务的能力和可能性。一致性和可及性能否提升，取决于三个方面的问题：由谁来决策和控制？由谁来提供服务？输送系统由哪些机构组成，其数量分布如何？

在有关服务输送系统的历史研究中，不少学者对服务输送系统中存在的问题和缺陷提出了批评。吉尔伯特和特雷尔[③]对这些问题和缺陷进行了总结。他们认为服务提供系统存在的问题和缺陷主要体现在四个方面：首先是分散性，指的是由于机构区位分布不合理以及相互之间缺乏协调（如时间上的不配套或项目重复等）而给案主享受服务带来不便的状况；其次是不连贯性，指的是当身处服务网络中的案主试图由一项服务转到另一项服务时会碰到各种障碍因素（如交通、转介或资金等），使得服务项目之间的转换相当不便或困难；再次是不负责性，指的是服务机构的决策者对案主的需求不闻不问，反应不灵敏；最后是不可获得性，指的是由于服务机构的各种资格规定（如收入、年龄、居住地等），造成案主无法享受社会服务。所以，理想的福利输送系统所提供的服务应该是整合、连贯、负责和可及的。

① GILBERT N，TERRELL P. Dimensions of Social Welfare Policy［M］. 8th ed. Boston：Pearson，2013.
② GILBERT N，TERRELL P. Dimensions of Social Welfare Policy［M］. 8th ed. Boston：Pearson，2013.
③ GILBERT N，TERRELL P. Dimensions of Social Welfare Policy［M］. 8th ed. Boston：Pearson，2013.

根据提升服务输送系统一致性和可及性的三个方面的内容，吉尔伯特和特雷尔[①]就每一方面分别提出了两项改革和完善策略，其具体内容如下：

（一）决策权和控制权的重建

决策权和控制权的重建策略有二：协同安排和公民参与。协同安排策略调整的是机构之间的决策和控制权，其目的是要形成一个整合且综合的社会服务系统。由于案主的需求错综复杂，且需求之间关系密切，而服务机构则往往以专业化和专门化为发展方向，因此，如果服务机构各自为政，单兵作战，那么显然会带来分散性和不连贯性的问题。协同安排策略有三种常用方法：统一管理、联合管理和个案管理。

统一管理是指所有社会服务机构由一个政府部门统一管理。这种方法提升了机构间的相互协调能力，但可能产生组织内部冲突和官僚作风问题。联合管理是互惠互利的独立机构因自愿合作而集中在一起，它不同于统一管理，机构之间不存在上下级的关系，因而，联合管理较统一管理而言是松散和脆弱的控制机制。由于机构功能单一，而案主的问题多样不一，因此，不同机构可以采用联合管理的方式，签订双边协议，共同为案主提供服务。个案管理是一种多维的服务模式，意指社会工作专业人员为案主或其家庭协调整合一切有助益性活动的一种程序，这种程序使得来自相同或不同福利领域或机构中的工作人员能彼此沟通协调，以专业团队合作的方式为案主提供所需要的服务，从而扩大服务的效果。个案管理的适用对象主要是那些面临多重问题但又无法有效使用资源的弱势群体。统一管理和联合管理是自上而下的安排，而个案管理是自下而上的。

公民参与是指普通公民或案主直接参与有关社会福利提供的决策过程，或有投票权。公民参与策略调整的是机构和案主之间的决策和控制权，其目标是在机构和案主之间进行决策和控制权的再分配，让关乎切身利益的案主也具有发言权与投票权，而不是默默无闻地接受。公民参与的基本原理是，只有当案主有影响力时，他们才会得到反应及时且有效的服务。纵然诸多专业人员具有良好的意愿，官僚机构也具有合理性，但由于他们都拥有和其生存密切相关的多重目标，在很多情况下均无法保证案主的需求得到满足。当然，公民参与策略需要基于民主这一社会价值观，因为我们通常假设民主决策的服务提供系统比专家特权的服务提供系统能更及时地对需求做出响应，不过这种民主化可能会导致服务质量的降低。

（二）提供者的配置

对于提供者的配置，他们提出两项策略：依附社会角色（role attachment）和解放专业人员（professional disengagement）。依附社会角色策略指采用当地的非专业化或准专业化人员来提供服务。其原因在于，不可获得性和不连贯性的产生是由于服务提供者与服务接受者之间的社会分层，或专业机构与其案主之间的差异，而且这种问题不能通过行政上的改进而得到解决，只能通过加强人与人之间的联系和理解来改善。依附社会角色策略可能产生以下问题：第一，雇用非专业人员可能影响或降低服务质量；第二，可能引起专业人士的强烈抵制；第三，进入服务输送系统后，由于受到机构管理和个人

① GILBERT N，TERRELL P. Dimensions of Social Welfare Policy［M］. 8th ed. Boston：Pearson，2013.

利益因素的影响，非专业人士可能会向专业化方向发展。需要强调的是，在服务提供过程中服务提供人员需要有民族和文化的敏感性。

解放专业人员策略是指把专业人员从官僚机构中解放出来，让专业人员成立私人组织，由专业人员提供私人化服务，以更好地服务于案主。该策略的前提是案主们有选择其服务提供者的机会。该策略的提出是基于组织规范与专业伦理之间的不可调和的冲突。因此，要真正解决专业人员和官僚作风之间的矛盾问题，还需要处理好两个方面的内容：首先要加强对专业人员的培训，这种培训不仅包括帮助者和服务提供者的角色，还包括他们必须扮演但又常常忽视或拒绝的官僚角色；其次，把企业运作方式应用于机构实务中，以提高资源的利用效率。

（三）输送系统的构成

对于输送系统的构成，他们提出两项策略：建立专门的准入架构（specialized access structure）和特意重复建设（purposive duplication）。建立专门的准入架构策略是针对传统的官僚机构的弊端提出来的。该策略专门建立一个为案主提供个案支持、建议、信息和转介服务的特殊机构，来帮助案主与官僚机构进行协商。不过，这种策略可能会增加服务的分散性和复杂性，而且这种准入服务的效果究竟如何不得而知。此外，这种准入策略还可能影响输送系统中的其他服务机构，至少这种专门的准入服务机构的增设会导致其他服务提供机构的服务内容中准入服务的减少。

特意重复建设策略是指在一个新机构中重建现有系统的部分或全部服务。特意重复建设有两种形式：竞争式和分离式。竞争式重复建设是指在现存的输送系统内创建一个内容完全相同的新机构，让它与现有机构竞争案主和资源。竞争式重复建设可以是直接建立新机构，如用社区行动基金来建立新的社区机构以提供日间照顾、辅导和社区组织服务，而不是用来提升现有机构的服务提供水平；也可以是间接改变社会服务形式，如把服务以代金券的形式分配给消费者，让他们自由选择服务机构。分离式重复建设是指在现存的输送系统外组建新的机构，即新机构是另立门户的，并不加入原先的系统中。分离式重复建设的目的是建设另外一个服务网络，为那些因为种族、民族、性别或者社会经济地位等问题而被现有制度排斥在外的弱势群体提供服务。显然，特意重复建设存在一个最大的缺陷，那就是成本非常昂贵，而且新建服务机构和项目会引发机构矛盾和项目分散性问题。

综上所述，这六项服务提供策略都是改进服务的可行方法，但所有策略皆有其缺陷，而且它们各自的结果也有很大的不确定性，许多结果都有待于进一步的调查和实证研究。例如，协同安排有利于提高服务效率，但可能牺牲多样性，而特意重复建设可能与此相反。我们在改善服务输送系统时该如何选择？又如，何谓最佳的协同安排？协同安排应该围绕地域因素、案主人口特征、服务功能领域（如健康、就业），还是综合以上因素来进行？再如，非专业工作人员种类繁多、特征参差不齐，究竟哪些类型的人员最具亲善能力，最能改善服务机构和案主之间的紧张关系？那些参与机构决策的群众代表真的能对他们所代表的服务使用者负责吗？在有如此多不确定因素的情况下，管理者和规划者该如何选择呢？这就涉及关于服务输送系统如何运作的理论和假设。

第四节　社会福利的资金来源和转移支付

一、社会福利的资金来源

当前，我国已经形成多元福利制度，社会福利的资金来源也逐步多元化。社会福利制度是靠社会福利资金支撑的，福利资金的筹集是福利制度可持续发展的重中之重。同时，应该加强福利资金的监管，要筹集、监管并重，杜绝资金占用、乱用。社会福利的资金来源主要包括以下几种[①]：

（一）财政资金

税收是由政府部门依据有关法律强制征税所得的收入，是国家财政的主要来源。财政资金作为福利资金筹集的主要方式，国家（政府）作为社会福利资金的主要责任者，往往通过财政转移支付来提供社会福利，就是将一部分人的资源转移给福利获得者，从而实现社会福利目标。财政转移支付一般以显性和隐性两种方式对社会福利予以支持。显性指的是政府通过税收等方式筹集资金，然后将其拨付给社会福利部门用于福利支出；隐性就是通过税收优惠（税收减免）让福利获得者从中受益。目前来看，我国显性的财政福利支出在国内生产总值中占比仍然偏低，说明我国的“福利度”还比较低。在隐性财政转移支付方面，我国各级政府通过多种政策支持社会福利机构的发展，凡是举办社会福利事业的机构都可以不同程度地享有税收优惠。比如，举办福利企业可以减税，甚至可以免税；安置残疾人达到一定比例的企业也可以享受减税优惠；社会力量兴办社会福利院、养老院、老年服务中心、老年公寓等福利性、非营利性的老年服务机构可以暂免征收企业所得税；社区服务项目中的福利性项目收入也可以减免所得税，从而降低服务成本和服务价格。

（二）慈善资金

我国出台了一系列政策对慈善资金的筹集及使用进行了规范。《中华人民共和国国民经济和社会发展第十四个五年规划和2035年远景目标纲要》指出，“优化社会救助和慈善制度。……促进慈善事业发展，完善财税等激励政策。规范发展网络慈善平台，加强彩票和公益金管理”“支持和发展社会工作服务机构和志愿服务组织，壮大志愿者队伍，搭建更多志愿服务平台，健全志愿服务体系”。

《“十四五”民政事业发展规划》指出，“促进慈善事业健康发展”“积极发挥慈善在第三次分配中的重要作用”“鼓励慈善组织和慈善信托发展”“规范发展互联网慈善”。未来慈善资金的来源也将多元化。

慈善资金的筹集是慈善组织的首要任务，是慈善组织提供社会福利的物质保障。慈善资源募集可以面向政府、企业、团体和个人，具体资源包括现金、实物、劳务，还包括知识产权收益、技术、股权、有价证券等。

---

① 黄晨熹．社会福利［M］．上海：格致出版社，2020：151-155.

（三）福利彩票资金

作为福利资金的重要来源之一的福利彩票，对社会福利事业的推进发挥了重要作用。《“十四五”民政事业发展规划》对福利彩票资金规范化管理、促进福利事业发展做了进一步说明，提出：发挥福利彩票支持保障作用；保障发行销售安全健康运行；强化福利彩票发行销售整体性、协同性；推动发行销售创新发展；加强彩票公益金使用管理；加强对彩票公益金资助项目的分类指导，切实践行福利彩票“扶老、助残、救孤、济困”的发行宗旨。

2022年，全国共销售彩票4 246.52亿元，福利彩票机构贡献1 481.31亿元，彩票筹集的福利资金还可以加大支出力度。

二、资金的转移支付

资金的转移支付是指资金从来源部门转移到服务提供部门的过程。

（一）资金流的一般模式

资金流在这里被用来描述政府资金由税收转变为支出的方式。Glennerster[①]将社会福利政策的资金流过程分为四个部分。

第一部分是企业和个人。企业和个人是财富和收入的创造者。它（他）们缴纳的直接税和间接税构成中央和地方的主要财政收入，同时，它（他）们向慈善机构和个人捐款。

第二部分是各级政府的财政部门。它们是资金的再分配者，主要负责财政预算的总量控制和用途分配，即通过政府预算机制确定其他政府部门的资金量及其支出用途。

第三部分是各级政府的其他部门，如健康卫生、社会保障和社会服务等。它们是资金的使用者，负责制定资金的具体用途。同时，企业、慈善机构和个人也是资金使用者，它（他）们以转移支付、现金支付、捐赠的方式将资金用于提供社会服务的非营利机构、私人营利机构等。

第四部分是各级政府的服务机构、非营利机构、私营机构等。它们是服务的提供者，以拨付的资金向个人提供服务或给付。

（二）政府间的财政转移支付

在大多数国家，财政转移支付是地方政府最主要的资金来源。财政转移支付是以各级政府之间所存在的财政能力差异为基础，以实现各地公共服务水平的均等化为主旨，而实行的一种财政资金转移或财政平衡制度。简而言之，财政转移支付是中央政府向地方政府提供财政拨款或补贴。

政府间的财政转移支付大致可分为非匹配性拨款（一次性拨款）和匹配性拨款两种拨款类型，其中，非匹配性拨款又可分为条件性拨款和非条件性拨款[②]（如图14-1所示）。条件性拨款，亦称类别拨款，是指该笔款项是在被指定用途的前提下，由中央拨付给地方政府的，地方政府必须根据中央的规定来使用这些拨款。此类拨款项目（如健

---

① GLENNERSTER H. Paying for Welfare［M］// ALCOCK P，MAY M，WRIGHT S. The Student's Companion to Social Policy. 4th ed. Chichester：Wiley-Blackwell，2012：241-247.

② LITVACK J I，AHMAD J，BIRD R M. Rethinking Decentralization in Developing Countries［M］. Washington，D.C.：World Bank，1998.

康、教育、交通运输、就业培训等）的目的在于为特定阶层提供特定服务，而不是为地方政府增加财政收入。非条件性拨款，亦称一般拨款，是指对于该笔款项的拨付，中央没有任何附加条件，地方政府对该笔拨款的用途有充分的决定权。此类拨款通常以各地区人口数量、人均收入和课税状况为依据，旨在平衡地区财政之间的差异。

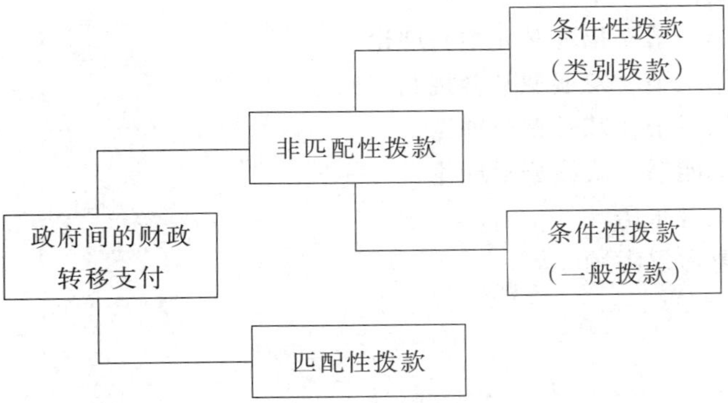

图 14-1　政府间的财政转移支付类型

匹配性拨款不仅强调中央指定款项用途，而且强调地方政府给予相应配套，只有在两者都满足的前提下中央才将资金拨付给地方政府。此类拨款的主要目的是增强地方政府财政行为的问责性，但这种转移支付也存在一些问题：（1）可能打破原先地方事务的优先次序；（2）有失公允。因为富裕地区容易筹集配套资金，而贫困地区可能因此必须打乱原来的财政安排，所以在实践中，各国通常会根据地方经济的发展状况来设定匹配比例。

关键术语

转移支付（Transfer Payment）　匹配性拨款（Matching Appropriation）　非匹配性拨款（Non-Matching Appropriation）　条件性拨款（Conditional Appropriation）　非条件性拨款（Non-Conditional Appropriation）

复习思考题

1. 简述社会福利的含义及特征。
2. 社会福利的给付方式有哪些？
3. 社会福利由谁提供？
4. 社会福利的资金来源有哪些？
5. 什么是资金的转移支付方式？

第十五章

社会福利基本理论

学习要点

通过本章的学习，了解福利多元主义理论、发展型社会福利理论、基础整合理论与底线公平理论产生的历史背景，认识社会福利基本理论所包含的主要内容。

案例引入

福利多元部门比较分析

福利多元主义最核心的思想是提倡福利来源的多样性，各个福利部门对福利领域都有所贡献，共同担负起福利提供的责任。特别是在20世纪70年代的经济危机以后，各国政府都强调福利责任不仅仅是政府一方的责任，家庭、非营利组织以及市场都是福利的提供方。由此，福利多元主义逐渐兴起。

通过回顾英国、德国和瑞典三国在个人社会服务领域福利提供模式的变迁，可以看到尽管这三个国家的福利提供者日益增多，福利模式有共同点，但提供的主导者仍有区别。一方面，每个国家的福利发展具有一定的路径依赖性，与其历史文化特征相联系；另一方面，它们又相互影响，处于同样的历史改革的大环境中，福利提供难免有所趋同。具体的比较分析见表15-1。

表15-1　三个类型国家不同历史时期福利多元部门的比较分析

	国家	市场	非正式部门
20世纪50年代以前			
英国	++	+	+++
德国	++	+	+++
瑞典	+++	+	++
20世纪50—70年代			
英国	+++	+	++
德国	++	+	+++
瑞典	+++	+	++
20世纪70年代以后			
英国	+	+++	++
德国	+	++	++
瑞典	++	++	++

注："+"代表福利提供的程度，加号越多表明福利提供发挥的作用越强。该表只表示福利提供者地位强弱的变化。

表15-1反映了随着历史的变迁，三个国家福利部门地位的变迁。在个人社会服务领域，英国的主要福利提供者经历了非正式部门到国家到市场的变化；德国与瑞典则没有如此激进，非正式部门始终是德国个人社会服务的主要提供者，国家则在瑞典个人社会服务提供中始终发挥主导作用。对于德国和瑞典而言，福利提供并不是一成不变的，如市场在福利提供中的作用也上升得比较快，其中商业部门即营利组织在个人社会服务领域的发展势头比较快，这是因为国家政策对市场采取开放的态度，鼓励其发展。

资料来源：黄叶青. 福利多元主义：理论逻辑的发展与三个类型福利国家的实践［D］. 天津：南开大学，2007.

分析：分析以上案例，对比英国、德国和瑞典福利多元主义发展的异同。

分析提示

第一节 福利多元主义理论

福利国家最初强调福利供给的主要责任由政府承担，然而，随着时代的发展，仅仅依靠政府的力量提供福利逐渐出现一些新的问题。其中，主要问题是福利国家危机和“政府并不是万能的”思想。这些问题给贝弗里奇倡导的建立“福利国家”的思想和凯恩斯主义强调的国家介入干预经济的思想以沉重打击。正是在这样的背景之下，福利多元主义理论被提出来了。它倡导福利的提供渠道应该来自多个方面，而不能仅仅依赖国家这一个渠道，也不能仅仅依赖市场这一个渠道，福利的供给来源于整个社会。福利多元主义的理论成为20世纪80年代以来社会福利研究领域一个崭新的理论范式。

一、福利多元主义的提出背景

任何理论都是在特定的历史背景下发展起来的，因而存在十分明显的路径依赖，福利多元主义也不例外。从时间来看，它是在福利国家经历了长达25年的西方社会“黄金时代”的扩张之后，于20世纪70年代中期西方国家出现经济滞胀的形势下，显露出了福利国家危机之后兴起的。大多数人对福利国家的质疑集中在福利国家的经济危机、财政危机、政治法律危机、福利提供危机等方面。面对这些危机与挑战，由政府作为福利提供方的模式面临极大的冲击。在福利提供的政策上，政府部门面临角色改变。

20世纪80年代以来，西方各国普遍掀起了一场全面民营化的风潮，政府从公共服务相关产业中大举撤离，社会福利政策和服务领域从政府主导供给转为民间主导供给，从中央垄断供给转向地方分散供给，从政府单一垄断的服务提供转向多元组合的服务提供。20世纪90年代，一些西方福利国家进一步调整，企图在不扩大政府财政支出的同时，也就是在减少政府预算的前提之下，对市场与官僚组织的长处加以运用，探求解决问题的好办法。于是，大量新的方案与策略被提出来了，如市场化、民营化、商品化、契约外包化、社区化、去科层化以及去机构化等。这些主张的核心集中到一点，即着重阐述要结合民间的资源与力量来推行各种福利方案，政府不应当也不可能成为福利的唯一来源渠道，福利的责任应由家庭、企业、非营利性组织与政府这四个部门来共同承担。它们主张政府与民间组织合作，来共同承担起福利供给的责任。

福利多元概念在与社会政策相关的领域中深受广大专家、学者关注。这一概念源自1978年的《沃尔芬德的志愿组织的未来报告》。该报告明确提出志愿者组织属于社会福利提供者的范畴，并在英国的社会政策中切实运用福利多元主义理论。明确阐述福利多元主义理论的人是罗斯。罗斯曾撰文详细解析了福利多元主义的概念。所谓福利多元，就是指福利国家在面临危机时，政府转变原有的唯一福利提供者角色，使之市场化、地方化、社区化、分权化以及志愿化，从而有效防止福利私有化。从根本上来说，对于这股新的福利风潮，我们可以用“福利多元主义”来加以指代。

二、福利多元主义的主要概念

福利多元主义的理论观点是建立在对福利国家的批评基础之上的，同时延续了福利国家出现危机之前的一些观点。在制度型福利和剩余型福利的供给中，福利多元主义属于一条中间路线。福利多元主义是由多元化、分散/分权化和参与三个主要概念组合而成的。

（一）多元化

从多元化的层面来看，社会总体的福利有多个来源，除了政府提供福利之外，家庭、志愿组织、市场（包括企业）、社区等也是福利供给的重要渠道。要解决福利国家的危机，就要重视政府之外其他社会部门在福利供给中的重要作用。因此，应该转变过去单一由政府供给福利资源、政府大包大揽的做法，引入家庭、社会组织和市场等其他社会组织，社会福利的提供可以依靠政府部门、社会组织、市场和其他非正式部门组织。这些部门和组织根据自身所具有的特点，向广大民众提供各种类型的社会福利。向福利多元组合转化时，重点应做到“国有民营化”和“制度非制度化”，弱化政府的作用。

（二）分散/分权化

分散/分权化是指将福利提供的责任从完全由政府承担转化为部分由私有市场承担，具体做法包括：中央政府分解福利提供的垄断职权，将这些职权下放到地方政府，同时将其垄断的福利资源由政府分散提供给小型社会服务团体和家庭居所。实质上，这是强调社会力量参与和选择福利服务，使社会福利实现社区化、地方化，因此它具有较强的反科层制和反专业化的色彩①②。

（三）参与

参与是指福利提供者和福利需求者共同参与制度决策和相关福利的输送。比如，福利提供者有权依据机构、社区的属性与实际情况来设计具体的福利内容。

三、福利多元主义的主要理论

从20世纪70年代开始，福利多元主义在社会政策方面所发挥的作用愈加重要。福利多元主义在西方国家的福利制度和社会政策当中，主要是指由几个部门共同承担福利的提供、筹资与规则制定。由于不同国家之间的经济环境和意识形态不尽一致，福利多元主义的具体构成和内容存在各自的特色。例如，在艾斯平·安德森所提出来的三分法福利模式中，自由主义福利模式国家认为社会福利的提供应由市场自发干预，不管是对私人福利方案进行积极补贴，还是采取消极的最低保障；保守主义福利国家则十分注重家庭的作用，国家介入的前提是家庭不能发挥作用；民主社会主义福利国家尤为重视国家对福利的全面承担与承诺，人们享有非常高的福利水平。虽说如此，但在福利国家，

---

① 林闽钢．福利多元主义的兴起及其政策实践［J］．社会，2002（7）：36-37.
② 王家峰．福利国家改革：福利多元主义及其反思［J］．经济社会体制比较，2009（5）：85-90.

福利多元主义受到了广泛认可，因为它不仅解释了福利国家的危机现状，还对福利国家的转变提出了新的发展方向。罗斯、约翰逊、伊瓦思、吉尔伯特等从不同角度构建了福利多元主义理论。

（一）罗斯的三分法

罗斯提出了福利供给的三分法，认为社会福利的提供是由家庭、市场和国家三方共同负责的。作为福利提供的三方主体，每一方对其他两方都产生积极的影响，如果将福利提供的三方主体加以整合，就构成了一个完整的社会福利整体。罗斯还强调，在福利提供方面，国家的作用十分重要，但不能因此而让国家垄断福利的供给；社会福利水平是整个社会供给所形成的，如果不考虑家庭、市场这两个福利供给的主体，单纯由国家承担福利供给的责任无疑是错误的。社会福利是多种制度的结晶。在现代社会中，福利总量就是指家庭、国家和市场提供的所有福利，用公式可以表述为：TWS= M+S+H（TWS指社会总福利，M、S、H分别指市场、国家以及家庭所提供的福利）。这三个福利提供主体整合在一起，就可以达到相互联系、相辅相成、取长补短的效果。当西方国家面临福利危机时，罗斯的三分法在国家承担福利责任之外还引入了家庭和市场承担福利责任，为后续的福利多元主义理论研究建立了分析的基本框架。

（二）约翰逊的四分法

约翰逊在罗斯的三分法的基础上增加了志愿组织这个主体，形成了福利供给的四元主体，因而它更强调福利供给的分散化，志愿组织、非营利性组织以及家庭在福利的提供方面都发挥着各自的重要作用。约翰逊的四分法将社会福利的提供划分为四个部分：一是由家庭、朋友、邻里等非正规的部门提供的非正式福利；二是各种志愿组织诸如社区组织、互助组织以及自助组织所提供的福利；三是由企业之类的商业部门提供的职业福利等营利性质的福利；四是政府机构所提供的包括直接和间接等各种形式的福利。

（三）伊瓦思的福利三角及四分法

基于罗斯的研究，德国著名学者伊瓦思提出了福利三角研究模式。他表示，罗斯针对福利多元主义提出的概念过于简单和笼统，应该将福利的分析框架放置在文化、经济、社会的大背景下，将福利三角中的三方具体化为对应的组织、价值（文化/社会经济和政治背景）和社会成员关系（见表15-2）。

表15-2 **伊瓦思的福利三角：组织、价值和社会关系**

福利三角	组织	价值（文化/社会经济和政治背景）	关系（文化/社会经济和政治背景）
市场	正式	具有自主性和可选性	福利参与者与市场的关系
国家	公共	平等地享有保障	福利参与者与国家的关系
家庭	私人（非正式）	团结、共有	福利参与者与社会的关系

资料来源：彭华民．福利三角：一个社会政策分析的范式［J］．社会学研究，2006（4）：157-168.

市场对应的是正式组织，体现的价值是选择和自主，福利参与者建立的是与市场的关系；国家对应的是公共组织，所体现出来的价值是公民平等地享有福利保障，福利参与者所构建的关系属于与国家之间的关系；家庭福利组织属于私人组织，是一种非正式的福利组织，从微观层面上体现了共有与团结的价值，福利参与者所构建的关系属于与社会的关系。

福利三角向我们呈现出了三大福利提供主体之间的互动关系。非正规福利是通过家庭保障、个人努力及社区互助达成的；就业福利是由市场提供的；而正规的福利供给则是指国家坚持平等的原则再次分配社会资源。在特定的文化、经济、政治、社会背景下，由国家提供的社会福利和家庭福利能有效规避个人因为竞争失败而引发的各种风险。

伊瓦思在日后的深入研究中，对福利三角的研究范式进行了修正，创造了四分法。伊瓦思表示，国家、社会、市场及社区均属于社会福利提供的渠道。他特别关注社会在福利提供中的重要作用，认为社会可以为不同理念的市场、社区、政府通过各种层面构建有效的沟通桥梁，从而很好地协调公共利益和私人的局部利益。他着重分析了怎样面向社会福利有效整合民间社会资本。

（四）吉尔伯特的四分法

在吉尔伯特看来，福利多元主义在结构上主要表现在以下两点：其一是社会福利由家庭等非正式组织、营利性组织以及非营利性志愿组织和政府提供，福利需求者通过以上四个部门获得社会福利；其二是虽然以上四个部门能相互独立，但它们在福利国家的公共和私人领域均有涉及，在一定程度上与资本主义的市场经济重叠在一起（见表 15-3）。

表 15-3　**福利的社会市场和经济市场**

社会市场	经济市场		
公共	私人		
来自各级政府的转移支付（直接的）	非正式支持（由家庭和亲朋好友所提供）	志愿组织提供的福利	企业提供的商品和服务
来自税收的转移支付（间接的）			
规则转移			

资料来源：彭华民，等．西方社会福利理论前沿：论国家、社会、体制与政策［M］．北京：中国社会出版社，2009：21.

吉尔伯特在一定程度上区分了社会市场与经济市场，认为社会福利分配的动机与指导原则方面的差异是两者之间的主要不同之处。在分配商品与服务时，福利国家主要是依据人们的需求、对公共保障的渴望、慈善动机以及社会义务开展的。而资本主义社会并不是如此，只是根据经济市场的原则对商品与服务进行分配。如果从理论上探讨，其表现为追求生产效率，追逐利润，以个人进取心和消费者选择作为基础。

吉尔伯特的四分法是基于罗斯的三分法提出来的，它对福利的来源进行了更加细致的阐述。吉尔伯特认为，福利提供方除了国家、市场和家庭之外，还包含志愿组织。他的观点使福利多元主义的理论更为丰富。吉尔伯特在社会大背景下嵌入了福利多元主义，从而使得福利提供不管是在公共领域还是在私人领域，不管是在社会市场中还是在经济市场中，都能互相独立、互相交融。这意味着社会政策与经济政策从之前的不和谐慢慢演变为协同一致[①]。

在福利多元理论下，不管是三分法还是四分法，都不存在绝对的界限。一些认可三分法的学者在实践中也可能使用四分法进行研究。总的来说，这两种方式都用于反思福利的提供。福利多元组合因为理论要求的不同而不同，在具体的福利组合中往往比较看重某一部门。例如，新自由主义强调发挥市场的优势，保守主义强调发挥非正式部门和志愿组织的作用，费边社会主义认为个体应自由、积极地延伸属于国家部门的权力[②]。

在世界范围内，福利多元主义受到了广泛认可，一方面它能对福利国家的危机现状进行解释，另一方面也能帮助国家在关于福利转型的问题上达成共识。

四、福利多元主义对中国福利制度改革的意义

福利多元主义十分重视福利来源渠道、供给和传输结构的多元化，它属于社会政策的宏观分析范式。一旦国家陷入福利困境，福利多元主义就会为社会政策带来新的曙光。它认为，福利提供者是多元化的，包含家庭、市场、国家以及志愿组织等多个主体。所以，福利多元主义最关键的观点是构建多元化的福利提供者结构。

我国社会的福利制度改革也深受福利多元主义的影响。我国的社会福利制度几经发展，在计划经济时期，由早前的家庭-宗族福利制度逐渐发展到国家-单位福利制度，随着经济体制的转型，出现了新的社会福利制度。尤其是发展市场经济之后，社会福利制度的发展必须注重与市场的关系。这样一来，民间社团、新型志愿组织应该如何发挥作用？传统的家庭、单位、社区又将居于何种地位？在我国，福利文化以家庭为本的观念深入人心，除此之外，还有密切往来的邻里关系和井井有条的社区互助，这些福利提供主体在提供社会福利时发挥了巨大作用。因此，福利多元主义的理论值得我们加以审视。中国目前尚不具备西方发达国家的经济水平，单纯依靠国家提供福利无法从本质上解决我国福利水平低下的问题。当前，福利多元主义给中国建立适度普惠型社会福利制度提供了一个福利模式：对不同福利提供者的作用进行协调，以免国家垄断福利供给，同时防止出现福利依赖的现象。我们必须对西方的福利危机引以为鉴，重视自身的福利文化结构，充分考虑福利多元主义理论对我国福利发展的影响，并以此为基础，探寻与我国国情相适应的适度普惠型社会福利制度。在适度普惠型社会福利制度的构建过程中，原有的补缺型福利制度应该加入本国的国情民意，强调社会福利与经济社会的协调发展。

---

① 王卓祺，获加．西方社会政策概念转变及对中国福利制度发展的启示［J］．社会学研究，1998（5）：44-50.

② 彭华民．福利三角：一个社会政策分析的范式［J］．社会学研究，2006（4）：157-168.

第二节　发展型社会福利理论

一、发展型社会福利理论提出的背景

从经济层面来看，二战结束以后到20世纪六七十年代，西方国家经济持续快速增长，其社会福利制度也得到了重大发展。无论是思想层面，还是实践层面，其社会福利都取得了前所未有的突破，使得福利国家的制度体系进入黄金时代。社会福利领域的专家学者普遍认为，随着世界工业化速度不断加快，社会福利必然将向制度化、规范化方向发展，社会福利成为西方世界制度格局中不可分割的部分，也是社会风险分担的第一道防线。但是，随着20世纪70年代石油危机造成经济滞胀局面，庞大的社会福利支出日益成为西方国家财政的沉重负担，给国家发展带来沉重的压力，也使得它们不得不重新审视本国的福利体系。

从政治层面来看，企业税收负担过重，个人依赖国家的思想强烈、劳动意愿下降，福利国家制度导致财政入不敷出等一系列社会问题出现时，西方世界开始质疑福利国家制度，"福利国家危机论"登上历史舞台，瑞典作为"福利国家橱窗"也被世界诟病，以"瑞典病"为名而遭受嘲讽。社会上广泛的质疑声对执政党及其政治领袖的支持率产生极大的影响。如何走出这样的政治困境，成为政治领袖不得不思考的问题，也逼迫执政党直面社会福利问题。

在思想意识层面，凯恩斯的国家干预理论的兴起和英国《贝弗里奇报告》的发表，是西方福利国家建立的两大理论基础。在二战后西方工业化国家经济快速发展的"黄金十年"，各个国家争相扩张社会福利体系，以至于遭遇经济滞胀问题。在这种形势下，上述两大理论不再适用。于是，新自由主义登场，成为福利理论的重要组成部分，出现了菲尔德斯坦、弗里德曼、哈耶克等代表人物。

综上所述，为有效解决传统福利理论存在的突出问题，西方学者进行了大量的实践与探索，在全面总结前人经验的基础上，概括性地提出了发展型社会福利理论，试图协调经济与社会发展的关系，实现共同进步。在大量社会实践主要是发展中国家的实践基础上，发展型社会福利理论应运而生。

二、发展型社会福利理论的基本观点

与传统福利理论相比，发展型社会福利理论有着无可比拟的优势，其核心要义在于始终将"社会与经济和谐发展"作为主题。该理论认为："在历史发展进程中，社会和经济如同硬币的正反两面，社会发展离不开经济促进，而经济如果脱离社会则成为无源之水、无本之木，但如果不将经济增值部分回馈于社会，那么再发达的经济也没有实际意义。"①

从社会政策角度来看，该理论的基本观点有以下四个方面：强调经济与社会协调发

---

① MIDGLEY J. Socilal Development: The Developmental Perspective in Social Welfare [M]. London: Sage Publications, 1995: 23.

展、注重社会发展的概念、主张社会福利项目的生产性（投资取向）及增强对福利对象的投资性。

（一）强调经济与社会协调发展

在人们的传统认知中，经济增长必然会推动社会发展。20世纪60年代，联合国在第一个十年发展计划当中将经济增长视为首要发展目标。特别是发展中国家更为重视这一指标，其领导人也将经济增长视为消除贫困的灵丹妙药、迈入现代文明的基本标志。然而，事实并非如此，经济增长并没有带来人们幸福指数的提升、社会平等的改进、收入分配的改善以及社会福利的提升。经济发展并不理想的国家，其主要问题是经济增长无法与社会发展相适应。这种情况在拉美一些国家十分常见。虽然拉美部分地区的经济增长取得了令人瞩目的成就，但其贫困状况依然非常显著。正如美国社会政策专家梅志里所言，就算是经济十分发达的国家，也无法从根源上消灭贫穷。从实践意义来看，一个地区经济发达并不等同于所有社会主体的生活水平都得到了改善，依然有相对落后的农村地区和城市贫民窟。就好比美国，密西西比河流域的经济十分发达，但这一区域内的贫困水平却位居全美第一，这一区域的婴儿死亡率也高于一些发展中国家。这种现象就是经济与社会发展不和谐的体现。到20世纪70年代，联合国第二个十年发展计划出台，相关部门才认识到发展是经济和社会的协调发展。梅志里提出了发展型社会福利理论，他将福利定位为人类追求的目标，强调经济与社会协调发展，强调经济发展和社会福利发展的相互融合，同时提出发展型社会政策①。

（二）注重社会发展的概念

20世纪初，社会学研究领域首次提出社会发展的基本概念，并得到业界普遍认可。于是，社会学家在著作当中大量应用此概念说明社会已经开始转型，由小型同质社会向大型异质社会转变。从实践视角来看，直到20世纪60年代，社会发展概念才在联合国得到认可和应用。尽管人们对社会发展概念的理解存在诸多争议，但也在一些方面达成了共识②：（1）关注科技创新对人类生存能力的影响；（2）关注人道与自由的社会政策途径；（3）关注政治与经济体系；（4）关注社会体制内福利的成败；（5）关注人类行为模式及价值观念的转变；（6）促进社会运作的“伙伴”合作关系。社会发展的价值目标包含人类尊严、平等和社会正义这三个既相互联系又相互区别的基本原则。另外，社会发展在一定程度上促进了社会价值观念的变化，它主张反对竞争、加强合作，反对个人主义，提倡集体主义。阿玛蒂亚·森认为，“发展可以看作是扩展人们享有的真实自由的一个过程”“发展要求消除那些限制人们自由的主要因素，即：贫困以及暴政，经济机会的缺乏以及系统化的社会剥夺，忽视公共设施以及压迫性政权的不宽容和过度干预”③。梅志里认为社会发展的目标和实质是人类的福祉，在许多发展中国家，社会发展就是社会福利的同义词。他指出：“社会发展因其干预性质、致力于进步、宏观聚焦、全民性质、将社会政策与经济增长融合、社会空间聚焦以及能采众家之长，而成为当今

① MIDGLEY J. Social Development: The Cevelopmenttal Pespective in Socail Welare [M]. London: Sage Publications, 1995: 15-45.

② CUMMINGS R. Social Development: The Economic, the Political, and the Normative Emphases [J]. International Social Work, 1983, 26 (1): 13-25.

③ 森. 以自由看待发展 [M]. 任赜，于真，译. 北京：中国人民大学出版社，2012：1-2.

最有包容性的促进社会福利的途径。”关于社会发展水平的度量，最有影响力的是联合国开发计划署提出的“人类发展指数”（HDI）。该指数主要由四个指标构成，分别为成人识字率、预期寿命、人均国内生产总值以及综合入学率。该署从1990年开始每年发表《人类发展报告》，为我们比较世界各国的社会发展水平提供了横向和纵向的依据。

（三）主张社会福利项目的生产性（投资取向）

从西方社会福利实践来看，社会福利主要分为补缺型与制度型两种模式。这两种模式都是传统福利模式，属于事后补偿方式，不能从根本上解决问题，因而产生的综合效益也是极为有限的。社会福利的重点不是通过物质帮助受助者得到补偿并自立，而是通过输入思想和资本，帮助他们提升整体价值，从而获得社会需求主体的认可。基于这种福利视角，经济发展与社会福利不是一回事，而是具有关联性的两个主体①。蒂特马斯认为，市场能够为需求主体提供经济产品，而国家应当对社会福利产品有所控制，从而能够取得最大的综合效益。传统福利模式存在一定的消费依赖，在运行过程中，其存在的问题受到学者们的一致批判。他们认为，这种福利制度在一定程度上影响和破坏了组织在社会中的基本功能，其纯消费型支出必然会对经济产生影响。发展型福利主要强调社会与经济相互依存的关系，对生产性（投资取向）予以关注。社会福利开支的生产性能够体现出财富增长与经济发展对社会的回馈度。发展型社会福利项目的生产性主要是提高劳动者的就业能力，具体包括安置服务、培训项目、补贴指标等，还可以通过政府行为和激励措施实现人员的再就业。该措施具有一定的保护性与个体性，以往是对工作进行保护，而现在则是对个体能力进行保护和提升，具有较强的就业保障作用。

（四）增强对福利对象的投资性

传统的福利国家模式使得受益人群对国家供给产生一定的依赖性，形成了西方世界独有的“下层阶级”。马歇尔的公民权利理论改变了社会福利的耻辱化，为制度型社会福利模式奠定了基础，从而促进了西方福利国家的全面发展。当前，公民社会权利已经不再被视作理所当然的存在，而是有着与之相匹配的责任与义务。发展型社会福利倡导者认为，社会福利项目必须进行创新，过于重视对福利对象的供给而忽略他们对社会发展的贡献显然是不可取的。基于上述视角，发展型社会福利要求福利对象必须积极参与经济活动，从而实现自我脱贫、自立脱贫。他们认为，对于受益者而言，他们更愿意加入具有生产性质的产业，而不单纯依赖福利救助。西方国家在福利改革初期，往往采取胁迫性的方式终止福利供给。与这种方式不同，发展型社会福利倡导者认为使福利接受者摆脱救济救助的方式是自立自强，因而社会必须为他们提供一定的支持和帮助。发展型社会福利对被经济发展忽略或没有享受发展成果的群体比较关注，在全面普及群体福利的同时，也注重提升特定阶层的福利。其受益对象一般具有普遍性和包容性的特点。在投资方面，发展型社会福利还对受助者进行教育与培训，使他们具备自我增值空间，从而实现自强与自立。这种认知是福利思维的重大发展，能够促进福利对象的自我发展，从而最大限度地降低受助者对福利的依赖性。

---

① 彭华民，等．西方社会福利理论前沿：论国家、社会、体制与政策［M］．北京：中国社会出版社，2009：192.

三、发展型社会福利理论的启示

(一) 从中长期战略的角度入手制定社会福利政策

从我国具体的国情出发，在研究制定社会福利政策时，必须将中长期发展战略作为重要的组成部分。在全面构建社会福利体系时，必须从国家长期发展视角出发，要对未来面临的挑战有所预期，有针对性地设计中远期目标，从而规避可能发生的各种问题。发展型社会福利强调对社会问题的“上游干预”，内在包含中长期战略眼光[①]。“上游干预”策略对我国处理发展和转型过程中的社会问题有着极为重要的借鉴作用。采取“上游干预”方式就是在上游有效消除社会问题，从而消除社会问题产生的源头。当然，“上游干预”本身就存在极为突出的战略眼光，如医疗教育是解决后续问题的基础，其中不仅有战略思考，还有战略发展意图。

(二) 投资于人力资本是反贫困和提高国家竞争能力的根本措施

近年来，医疗与教育开支是城乡居民致贫的重要影响因素，与之相对应的是，如果经济收入水平不高，在一定程度上会严重影响子女教育与就业，于是形成“人力资本投入不足—贫困—人力资本投入不足”的怪圈[②]。从诸多影响因素来看，人力资本一旦受到损失，会使家庭生计丧失自我恢复的可能，任何外在的支持都会变得力不从心。因此，要注重人力资本的投入，打破恶性循环的怪圈，从而有效解决贫困问题。这不仅是社会福利政策面临的重大挑战，也是构建和谐社会的内在要求。从另外一个视角来看，社会发展和经济延续都离不开“人”这个根本要素，一个民族是否能够屹立于世界民族之林，取决于是否能够持续进行制度与技术上的创新，而这与社会成员个人的角色定位密切相关，能够最大限度地调动人力资源的效能，才是国家竞争力的根源所在。所以，在人力资本上进行投资，是提升国家竞争能力的关键因素。从实践角度来看，人力资本对经济效率的积极作用已经被大量研究所证明，特别是在全球一体化发展格局基础上，人力资本的重要性更为突出。有鉴于此，随着我国市场经济体制改革的不断深化，国内的社会福利政策必须从保护和培育人力资本的角度出发，虽然在某种程度上投资于人力资本会增加支出，但其产生的综合效益却是永久的。

第三节 基础整合理论

基础整合理论是在研究和反思中国社会保障制度改革的过程中由中国社会科学院“社会保障体系研究课题组”首先提出来的社会福利理论，其对促进中国适度普惠型社会福利制度的构建具有重要的理论和实践指导意义。

一、基础整合理论的提出背景

2000年11月，中国社会科学院“中国社会保障体系研究”课题组（以下简称课题

① 张秀兰，徐月宾．发展型社会政策及其对我们的启示［C］．北京：第二届社会政策国际论坛，2006：27-56.

② 张秀兰，徐月宾．发展型社会政策及其对我们的启示［C］．北京：第二届社会政策国际论坛，2006：27-56.

组）发表了《中国社会保障改革：反思与重构》一文，提出了基础整合的社会保障体系；2001年中国社会科学院景天魁研究员出版了《基础整合的社会保障体系》一书，对该理论做了全面的阐述。

我国自20世纪80年代开始实施社会保障制度改革，涉及以养老、失业、医疗三大社会保险制度和社会救助（低保）制度为骨架的中国城镇社会保障体系。但是，从实施情况来看，效果不尽如人意。该书认为，导致社会保障出现问题的原因在于制度设计和基本思路，而不是具体操作和具体方法。课题组提出，当前养老保险的制度设计存在的主要问题包括：（1）养老保险重视收取忽视支出，从而导致支出资金膨胀。（2）采用"统账结合"的模式，造成个人账户没有资金，导致即时收付，为养老金支出膨胀带来可乘之机。（3）国家承诺过大的养老金比例，造成"三支柱"变为"一支柱"。失业保险的制度设计存在的问题包括：片面追求与国际接轨，对出现的结构性失业和下岗失业等问题不加区别，致使失业保险金处于投入颇多、效率低下、收效甚微的尴尬境地。医疗保险的制度设计存在两个问题：一是统账结合的城镇职工医疗保险制度不符合保险的基本规则；二是个人账户既不承担风险分散的功能，又产生了社会排斥的问题，即把未成年人和无工作、无收入的老人排斥在制度之外。

上述主要是从单项制度设计的角度考虑问题，但其往往是由整体思路上存在偏差造成的，因此要从整体上追溯目标模式、基本原则、主要功能、本质特征等的认识和选择。中国社会保障的基本思路问题表现在四个方面：一是社会保障缺乏相对独立性。社会保障是相对独立的社会体制，但在我国却被简单看作市场经济体制的配套制度。二是对社会保障制度赋予过多过高的要求。社会保障制度的功能是有限的，但是我国对社会保障制度却提出了种种要求，视其为解决各种问题的灵丹妙药：要能与经济体制改革相配套，要能推动国企改革，要能应对未来的老龄化危机，要能减轻国家、企业和个人负担，要能维持一定的保障水平，等等。三是社会保障体系整合性差。社会保障属于一个有机整体，服务保障与资金保障缺一不可，共同维系医疗、就业、养老这三个方面的保障，三者之间的关系是环环相扣的。但是，我国的社会保障制度改革往往是单兵突进，互不往来，壁垒森严。四是社会保障的主体单一。福利多元化是世界各国社会保障发展的共同方向，通常表现为市场手段和行政手段齐头并进，营利组织、慈善组织、政府组织紧密相连，政府、社区、家庭、企业一同承担社会福利责任。然而，在我国，社会保障改革的参与主体只是政府一方，企业、个人、社会团体的积极性尚未完全调动起来。最后，课题组得出的结论是：基础整合的社会保障体系才与我国社会发展相适应。

二、基础整合理论的主要内容

（一）基础整合概念的含义

基础整合的基本含义可以概括为三个方面[①]：在保障方式上，实行有限福利、适度保险、确保互助，选择以社会救助为基点；在保障载体上，依托社区实现系统整合，通过社区把老年看护、医疗卫生服务、就业服务、贫困救助和其他社会福利结合起来；在

① 景天魁．基础整合的社会保障体系［M］．北京：华夏出版社，2001：253-257.

保障主体、筹资渠道和保障内容上，实行多元整合。景天魁在2003年发表的《中国社会保障的理念基础》一文中对“基础整合”的含义做了具体解释，它包括六个方面的内容：①在对多元福利进行整合时，要遵循最低的生活保障这条底线；②在对多层次需求进行整合时，要基于卫生保健；③在对福利设施、资金、制度等多方面的保障进行整合时，要基于福利服务的保障；④在对各种资源进行整合时，要基于就业；⑤在对政府和市场的作用进行整合时，要基于社区；⑥在对城乡统筹的社会保障进行整合时，要基于制度的创新。概括来说，所谓基础整合，就是要以社区为依托，兼顾城乡，优先考虑就业，并守住底线。[①]

（二）基础整合社会保障体系的特征

基础整合理论认为，社会保障从实质上看，就是对公民的基本生活提供保障，这是社会保障制度安排的出发点，也属于终极评估标准。它的主要目的是保障基本民生，依托社区服务，以社会救助为社会保障体系的基点，在资金和服务方面予以双重保障，以众多渠道筹集资金，注重多元化的保障方式以及多层次的保障内容，切实做到以民生为本。基础整合的社会保障体系具有三个基本特征：

一是基础性。民生需求包括基础性需求和发展性需求两个层次，基础整合的社会保障体系强调优先满足基础性的民生需求，即人民最基本的需求，缺乏这种需求就难以自我发展和参与社会。保障人民的基础性需求是底线，是国家对全体公民的承诺。基础性民生保障是面向全体公民的，是公平的、平等的。不管国家的大环境怎样变化、不管出现何种风险，都要维持这种基础性保障。

二是综合性。首先是资金保障和服务保障的综合。民生需求涵盖了很多方面，除了资金保障之外，还必须有服务保障，部分需求更加适合服务提供。所以，在社会保障体系中，要兼顾现金援助和社会服务，将二者有机融合在一起，还可以用部分服务取代资金，提高社会资源的利用效率。其次是以特定人群的需求为中心实现各种保障制度的综合。从不同人群的需求出发，实现相关保障制度的有机组合，强调不同保障制度可以互为资源，相互依存，形成制度与制度之间的跨制度融合。例如，针对老年人的需求，可以将基本养老金、社区医疗健康服务、职业年金、养老储蓄、商业人寿保险以及社区综合性服务制度等进行组合，使之成为一个具有整体性的老年人保障制度。

三是多元性。社会保障包括基础性保障和发展性保障两个层次，其中的多元性要求是指，在满足基本需求的基础上注重保障供给主体的多样性。它认为，多样化的保障供给主体具有一定优越性，能引导和鼓励各种社会力量、社会团体和组织参与社会保障，由它们提供除基础保障之外的其他各种民生需求。因此，多元性包含以下两个部分：其一是由国家提供的基本社会保障；其二是由多个供给主体自由选择并与社会合作的发展性保障等。

（三）基础整合社会保障体系的框架

基础整合的社会保障制度包括以下整合内容[②]：①整合某一项制度的子系统。比如，在养老保障中，可以整合基本养老金、退休金、个人养老储蓄、商业人寿保险以及

① 景天魁．中国社会保障的理念基础［J］．吉林大学社会科学学报，2003（3）：60-64.
② 景天魁．基础整合的社会保障体系［M］．北京：华夏出版社，2001：253-257.

互助养老金等。②根据不同需求的人群来整合，由与之相对应的综合性子系统和制度性子系统组合成打破制度限制的资源重组系统。例如，对于失业人群来说，可以整合社会服务、社会救助及失业保障这几个子系统。③整合基础性层次和发展性层次的系统。基础性保障在社会保障体系中居于主体地位，政府责任在其中起到主导作用；发展性层次则需要多元化的供给主体参与，由其对社会保障进行辅助、丰富与补充。四是各种制度发挥作用的共同载体的综合子系统。社区是各种保障制度发挥作用的地域载体，可以提供包括养老、医疗、就业、低保等多方面的服务。

基础整合的社会保障体系主要具有以下优点：①能帮助国家、企业和个人确定责任。缓解因国家财力有限而社会保障资金需求无限所造成的矛盾，为社会保障制度的建设与改革开辟新的路径；②能以保障基本民生为出发点，惠及广大人民群众，不受既有利益圈的局限，进一步强化社会保障的社会支持力度；③能够促进社会结构的重新塑造，推动各种资源的整合，不断强化社会保障的自我维持能力；④能强化社会保障制度的可持续发展，避免随着经济增长和政治民生的发展，由国家福利走向福利国家①。

三、基础整合理论的启示和意义

（一）区分福利需求满足的次序，增强社会保障的针对性

基础整合理论提出，社会福利以满足民生需求为本。民生需求可以分为生存需求、温饱需求、发展需求和享受需求等基本层次。社会保障不应该满足所有层次的民生需求，而要优先满足和保障基础性的民生需求，即优先满足生存需求和温饱需求。在建立社会福利体系时，必须满足最基本的民生需求，这些观点对于中国社会福利制度可持续发展非常重要。

（二）合理划分政府与社会力量在社会福利领域的责任范围

在社会福利领域，合理界定政府与社会力量在福利保障上应该承担的责任范围，是一个难题。历史证明，在社会福利领域，政府不能只充当守夜人的角色，也不能既当运动员又当裁判员。在我国的社会福利领域，政府必须承担基础性需求的福利保障责任，而民间团体、社会组织、市场则分担民众的非基础性需求，要跳出要么由政府大包大揽一切要么政府对一切不予过问的境况。

（三）不断强化对社会保障体系的整合

在社会保障资源受到约束的状态下，有效提升社会保障整合程度是减少社会保障运行成本、实现社会保障效益最大化的有效途径。当前，我国社会保障领域普遍存在碎片化和孤岛化的现象，从某种意义上来说不利于发挥社会保障统筹互济的重要作用，而基础整合的理论提出的“六个整合”的构想和设计，为我国社会保障制度体系的有效整合提供了一定的思路和方法。

（四）重视服务保障的作用

基础整合理论强调服务保障的重要作用，服务保障要和资金保障相互协调，这是一个很有远见的观点，有利于克服资金保障的局限。随着国内社会经济的快速发展以及人

① 景天魁. 中国社会保障的理念基础［J］. 吉林大学社会科学学报，2003（3）：60-64.

民收入水平的显著提升，广大人民群众对于社会服务方面的需求更是呈现出加速发展的态势，但是国内在服务保障上比较匮乏，服务保障存在较大压力，这就给服务保障增加了发展的动力。

第四节 底线公平理论

底线公平理论既是一种社会公平理论，也是一种社会福利理论，还是一种社会福利模式，对适度普惠型社会福利体系建设具有多方面的指导意义。

一、底线公平理论提出的背景

2004年8月，景天魁在《光明日报》上发表《论底线公平》一文，首次提出了底线公平这个概念。2009年，景天魁在其出版的《底线公平：和谐社会的基础》一书中，对底线公平的理论进行了系统的阐述。

底线公平理论的提出，源于两个方面的背景：一是反思抽象公平理论的局限，为现代社会保障制度提供良好的观念基础。以效率为目标还是以公平为目标是当代社会保障领域激烈争论的问题。由于社会保障是对市场失灵的矫正，人们自然而然将社会保障的基础视作社会公平。然而，不同的人对公平的理解不尽一致，所形成的公平观也并不相同。所以，对社会公平进行笼统的谈论并没有任何现实意义，必须深究社会公平的深刻内涵。抽象的公平是平均分配，人人有份，但其前提假设为不存在收入差距。但中国存在较大的收入差距、地区差距和城乡差距，如果不顾实际，一味谈论抽象公平，则往往会加重社会不公平。底线公平理论强调社会保障制度建设的重点是面向弱势群体和老百姓最现实、最迫切的需要，以底线公平为理念基础，不仅可以做到收益大成本小，而且可以有效促进社会公平。二是破解社会保障难题，为解决社会保障制度刚性问题探索新机制。全世界建立社会保障制度的国家都会遇到一个难题，那就是随着保障覆盖范围越来越大，保障项目越来越多，保障水平越来越高。这个趋势的必然结果就是高福利逐渐达到一个国家财政难以维系的程度，整个国家经济发展缓慢。而此时，如果想要降低福利和缩小福利开支都难以实行，如果硬要实行，必然会引发社会不满和不稳。西方国家社会保障制度改革的经验已经表明，如果要在已经定型的社会保障制度中植入柔性机制，不仅难度大而且成本高。中国社会保障制度尚在建设和发展之中，要避免重蹈西方国家的覆辙，必须及早解决机制问题，形成一种富有弹性的社会保障机制，即在刚性不断增长的过程中，同时建立一种柔性机制。

二、底线公平的含义

第一，底线公平并不是指个人的公平，而是社会意义上的公平，即“社会公平”。个人意义上的公平，是一个含混不清的概念，对公平的理解仁者见仁，智者见智。社会福利制度有可能使得一部分人得到好处，一部分人利益受损，得到好处者就认为公平，受损者就认为不公平。底线公平处理的是个人与社会之间的关系，政府与社会和个人之间的关系，而不是指个体之间的关系。底线公平从社会意义出发，由社会个体之间的损益转化为责任和权利的关系，即个人不管损益多少，在社会意义上都是应尽的责任；个人不管得益多少，都是应得的权利。

第二，底线公平是政府担当首责的社会公平。底线公平划分了政府和非政府组织在责任方面的界限，底线内的部分是由政府财政提供的，是政府的责任，而不是由市场机制来承担责任。底线是一种政府责任的底线。在经济发展水平不高时，政府必须保证底线公平，保障全体公民的基本生活，使所有公民都能有尊严地生活；在经济发展水平不断提高时，政府依然要守住底线公平，以避免社会福利水平过高。

第三，底线公平是一种表示性质的社会公平。虽然底线公平具有量的含义，但是它首先是一种质的概念。底线表示一种性质的概念，是一种界限，即不能推卸，必须坚持，是必须做到的事情。因此，可以将底线划分在上部，也可能划分在中部和下部，它不是公平高低意义上的定义，而是社会公平类型划分意义上的定义。所以，底线公平不是低水平的公平，它并不意味着低水平的社会福利。底线公平是指在社会福利制度和项目中，有些是必不可少的项目，这些项目的福利水平可能较低，也可能并不低。

第四，底线公平是体现权益一致性的社会公平。这里所说的底线，指的是全体社会成员最基本的需求。它主要包含以下三方面的需求：①解决温饱的需求；②发展基础性教育的需求；③满足医疗救助和公共卫生服务的需求。以上三种需求是社会公认的底线，是所有人都不能避免的，是全体社会成员生存与发展中最基本的部分，是公民不可或缺的基本权利。底线使全体社会成员的权利存在一致性和差异性。底线内体现的是一致性的权利，超过底线的部分体现的是差异性权利。

三、底线公平的原则

根据底线公平的概念来调整不同阶层和利益群体的利益关系，包含如下基本原则①：

1.优先保障弱势群体的原则

这一原则主要是为了处理弱势群体和强势群体以及穷人和富人之间的关系。依据这个原则，社会弱势群体所获得的社会效益将更大。同一笔款项，如果花在穷人和社会弱势群体身上，用于解决其最基本的生存问题，比花在富人和强者身上，用于满足其更高层次需求显然更具社会效益。发达国家的经验表明，如果人们的基本生活需求尚未满足，通常会有较高的收入差距敏感度。如果社会弱势群体的基本生活需要得到了满足，那么其对收入差距的敏感度将不断降低。

2.由政府承担首要责任

这一原则能很好地处理政府与市场和社会之间的关系。根据这一原则，政府担任首责的是在市场经济条件下政府必须管的事情。当前，对于满足生存需求的最低生活保障、最基本的健康保障和教育保障，政府都承担了首要责任，这些是政府不可避免的。至于非底线福利需求则需要通过非政府组织、家庭和个人多元化的福利供给来满足。

---

① 景天魁．底线公平：和谐社会的基础［M］．北京：北京师范大学出版社，2009：203-205.

3.社会补偿

这一原则主要是对个人与社会之间的关系进行处理。不论是哪个国家，社会资源永远都是不够的。受各种因素的影响，不同社会成员所占有的资源不尽一致。所谓社会补偿原则，就是指那些占有资源较多或者有限占有资源的人补偿那些较少甚至尚未占有资源的人。现代社会是正义社会，正义社会就是有社会补偿的社会。这就要求，一方面，个人要对社会尽责；另一方面，社会也要对个人尽责。个人与社会的关系是一种责任关系、契约关系。

4.持久效益

这一原则主要强调的是经济和社会在近期和远期利益方面的关系。底线公平应该建立在社会福利制度的稳定、可持续上。所以，满足社会成员的基本生活需求，如生存、健康、教育等基础性福利需求应作为社会福利制度建设的重点。这些最基本的福利不仅能保障个体的可持续发展，也是一个国家健康、稳定发展的不竭动力。任何事情都是过犹不及的，福利提供也是如此，所以要确保福利水平适度。当前的福利供给要维持在能保证社会公平和拓展社会保障范围的水平上。在未来，则应该避免福利供给过度公平以及福利水平过高[①]。

四、底线公平的制度

底线公平理论认为，体现底线公平的社会福利制度有三项：

1.低保制度

这种制度使人们的基本福利需求得到满足，使其基本生存权得以保障，极大促进了底线公平的实现。生存权利是社会成员的基本权利，是个人享有其他社会权利的基础和前提，是“社会权利中的权利”。因此，从这个意义上来说，低保制度是“底线中的底线”，是底线公平的本质内涵。实践表明，低保这种福利制度能以最实惠的经济获得最大社会效益。低保制度的实施，使贫穷者生活有所改善或走出贫穷，起到了降低社会不公平程度的效果。

2.卫生和医疗救助制度

卫生、保健和医疗对人的健康和寿命的影响因素最大。首先是卫生，虽然在这方面的花费较小，但能对人们的健康与寿命带来显著影响。其次是保健，也是花钱少而收益大。以预防为主，搞好公共卫生，有可能减少甚至消除对广大人民群众构成威胁的传统疾病、流行病、地方病。实践证明，良好的生活习惯、生活方式和处世态度有助于避免患上“富贵病”“慢性病”等疾病，从而可能从根本上降低医疗卫生费用。

3.公共基础教育制度

首先，“发展教育不讲公平不行”，对教育的本质而言，公平就是效率。其次，“发展教育，抽象地讲公平也不行”。抽象的公平是最差的公平，甚至是不公平。最后，“教育公平也是一个连续谱”。基础教育应该是无差别的公平，体现教育的普享性、均等性和一致性。

---

① 景天魁. 底线公平：和谐社会的基础［M］. 北京：北京师范大学出版社，2009：147.

五、底线公平理论的启示和意义

1.为实现经济发展与社会福利均衡协调发展提供了理论依据

在经济发展与社会福利的关系上，有两种观点：第一种观点一味强调经济发展，推崇经济发展第一；第二种观点一味关注社会福利，认为福利至上。实质上，这两个观点都没有充分考虑社会福利和经济发展之间的关系，没有考虑到二者之间的辩证统一，应该克服片面的“经济第一”或“福利第一”。经济发展和社会福利二者之间的相互关系事实上是公平与效率的兼顾，本质趋向是两者之间的均衡。要让这两者之间达到均衡，就要避免极端化的单向思维，不能一味只讲求经济或者福利至上，因为简单的折中主义根本无法解决本质问题。在底线公平理论下，强调的是社会福利与经济发展之间的协调，要兼顾效率与公平，将福利供给控制在合理范围内，防止最小和最大化福利。总的来说，底线公平这种机制就是为了使福利发展能与经济发展相适应，让福利水平随着经济的不断发展而有所提高。另外，提升福利水平不会拖经济发展的后腿，而是能成为促进经济发展的重要动力①。在关于社会福利问题的主张上，底线公平理论认为，在满足穷人的利益之后，才能使富人的利益得到真正满足；相对于一般公平来说，底线公平更能促进社会公平的实现；相对于全面公平来说，有侧重的公平往往更容易实现；相对于单纯的经济增长来说，增加普遍福利水平更能促进社会经济健康、有序地发展。

2.为缩小贫富差距和实现共同富裕提供了思路和对策

邓小平早在1985年就表示：社会主义的主要目标就是使全国人民实现共同富裕，不能两极分化。改革开放40多年来，我国经济飞速发展，在生产力的提升上获得了令人瞩目的成就。2022年，我国的GDP已突破120万亿元，稳居世界第二位。但全国基尼系数不断扩大，从1978年的0.3扩大到2002年的0.45再到2022年的0.47，超过国际公认的贫富差距警戒线。从社会财富分配的角度来说，底线公平理论能有效缩小贫富差距，达到共同富裕的目的。具体包括以下两种途径：其一是让农民增收；其二是在一定程度上对富人的收入进行调控。首先，在初次分配领域提升劳动要素贡献的比例，注重底线公平，保证穷人的最低收入；其次，在再分配领域，要基于满足社会弱势群体的底线需求，加大力度对穷人的转移支付。同时，采用激励性和强制性的方式，让富人和强者承担起提高社会福利的责任。只有这样，才能切实打破贫富差距这一世界难题，从而实现共同富裕。

3.为适度普惠型社会福利体系提供了价值理论基础

社会福利碎片化、孤岛化导致了社会福利追求的公平价值观遭受到损害，适度普惠型社会福利体系要求实现福利体系的整合，这明显具有公平的价值取向。社会福利公平有底线福利公平和非底线福利公平这两个层次，其中底线福利公平是社会福利公平的基础，对实现社会福利公平具有关键性的意义。在建设适度普惠型社会福利制度中，根据底线福利的基本价值理念，一方面要确保底线福利公平，另一方面也要推进非底线福利公平。要把底线福利公平放在基础、优先的位置，在此基础上推进非底线福利公平。要

① 景天魁．底线公平：和谐社会的基础［M］．北京：北京师范大学出版社，2009：158.

优先整合体现权利一致性的底线福利制度，努力减少甚至消除底线福利领域的不公平现象。

关键术语

国有民营化（State-Owned Privatization） 制度非制度化（Institutional De-Institutionalization） 政府失灵（Government Failure） 瑞典病（Swedish Disease） 发展型社会福利（Developmental Social Welfare） 社会公平（Social Justice） 福利多元（Diversified Benefits） 人类发展指数（Human Development Index） 下层阶级（Lower Class） 上游干预（Upstream Intervention）

复习思考题

1.简述福利多元主义的分析框架。
2.简述我国发展型社会福利体系的内容。
3.简述普遍整合理论中“整合型”的四层含义。
4.从底线公平理论视角分析社会福利需求的纵向结构。

主要参考文献

［1］一番瀬康子．社会福利基础理论［M］．沈洁，赵军，译．武汉：华中师范大学出版社，1998.

［2］一番濑康子．社会福利基础理论导读［M］．沈洁，赵军，译．武汉：华中师范大学出版社，2018.

［3］王先谦，等．后汉书集解：外三种［M］．上海：上海古籍出版社，2006.

［4］周良才．中国社会福利［M］．北京：北京大学出版社，2008.

［5］孙光德，董克用．社会保障概论［M］．北京：中国人民大学出版社，2000.

［6］尚晓援．“社会福利”与“社会保障”再认识［J］．中国社会科学，2001（3）：113-121.

［7］郑杭生．社会学概论新修［M］．北京：中国人民大学出版社，2003.

［8］范斌．福利社会学［M］．北京：社会科学文献出版社，2006.

［9］景天魁，毕天云，高和荣，等．当代中国社会福利思想与制度［M］．北京：中国社会出版社，2011.

［10］陈银娥．社会福利［M］．北京：中国人民大学出版社，2004.

［11］Encyclopedia Britannica Inc. The New Encyclopedia Britannica：Vol.27［M］．15th ed. Chicago：Encyclopedia Britannica Inc，1990.

［12］侯文若．社会保障理论与实践［M］．北京：中国劳动出版社，1991.

［13］陈良谨．社会保障教程［M］．北京：知识出版社，1990.

［14］郑功成．社会保障学——理念、制度、实践与思辨［M］．北京：商务印书馆，2000.

［15］童星．社会保障与管理［M］．南京：南京大学出版社，2002.

［16］周沛．社会福利体系研究［M］．北京：中国劳动保障出版社，2007.

［17］张军．社会福利与社会保障的再解读：基于我国适度普惠型社会福利制度构建的视角［J］．社会福利（理论版），2018（1）：5-12.

［18］莫泰基．香港贫穷与社会保障［M］．香港：中华书局，1993.

［19］ROMANYSHYN J M. Social Welfare：Charity to Justice［M］. New York；Random House，1971.

［20］MENCHER S. Poor Law to Poverty Program：Economic Security Policy in Britain and the United States［M］. Pittsburgh：University of Pittsburgh Press，1974.

［21］ROTHMAN J. Practice with Highly Vulnerable Clients：Case Management and community-Based Service［M］. Englewood Cliffs，New Jersey：Prencice Hall，1995.

［22］美国社会保障总署．全球社会保障制度［M］．魏新武，等译．北京：华夏出版社，1989.

［23］TENBROEK J. The Law of the Poor［M］. San Francisco：Chandler Publishing，1966.

［24］MACAROV D. Social Welfare Structure and Practice［M］. Thousand Oaks：Sage，1995.

［25］国际劳工组织．社会保障基础［M］．王刚义，魏新武，译．长春：吉林大学出版社，1989.

［26］PIVEN F F，CLOWARD R A. Regulating the Poor：The Functions of Public Welfare［M］. Updated Edition.New York：Vintage Books，1993.

［27］ROBSON W A. Welfare State and Welfare Society：Illusion and Reality［M］. London：George Allen & Unwin，1976.

［28］HILL M. Understanding Social Policy［M］. Oxford：Basil Blackwell，1980：2.

［29］GINSBURG N. Divisions of Welfare：A Critical Introduction to Comparative Social Policy［M］. London：Sage，1992.

［30］庞绍堂．社会保障的思想渊源［J］．南京社会科学，2008（7）：132-137.

［31］龙冠海．社会学［M］．台北：三民书局，1966.

［32］罗雪尔．历史方法的国民经济学讲义大纲［M］．朱绍文，译．北京：商务印书馆，1997.

［33］诺斯．制度、制度变迁与经济绩效［M］．刘守英，译．上海：上海三联书店，1994.

［34］黑格尔．哲学史讲演录：1卷［M］．贺麟，王大庆，译．北京：商务印书馆，1959.

［35］刘仲林．现代交叉科学［M］．杭州：浙江教育出版社，1998.

［36］金吾伦．跨学科研究引论［M］．北京：中央编译出版社，1997.

［37］林义．西方国家社会保险改革的制度分析及其启示［J］．学术月刊，2001（5）：29-36.

［38］林义．制度分析及其方法论意义［J］．经济学家，2001（4）：79-85.

［39］张军．社会保障制度的福利文化解析——基于历史和比较的视角［M］．成

都：西南财经大学出版社，2010.

[40] 周秋光. 熊希龄集（下册）[M]. 长沙：湖南出版社，1996.

[41] 杨庆. 儒家思想与中国宗教之间的功能关系 [M] //刘纫尼，段昌国，张永堂. 中国思想与制度论集 [M]. 台北：联经出版事业公司，1976.

[42] 潘皓. 中国社会福利思想与制度 [M]. 台北：台湾中华书局，1991.

[43] 耶林. 罗马法的精神：1卷 [M]. 郑永流，译. 北京：中国政法大学出版社，1997.

[44] 汤因比. 历史研究 [M]. 曹来凤，译. 上海：上海人民出版社，1966.

[45] 西塞罗. 论老年·论友谊·论责任 [M]. 徐奕春，译. 北京：商务印书馆，2003.

[46] 郭士征. 社会保障学 [M]. 上海：上海财经大学出版社，2004.

[47] 凯恩斯. 就业、利息和货币通论 [M]. 徐毓枬，译. 2版. 北京：商务印书馆，1983.

[48] 熊力军. 西方福利思想的演进及启示 [J]. 今日南国（理论创新版），2010（2）：5-8.

[49] 张军. 我国适度普惠型社会福利制度的建构：理论基础与路径选择 [M]. 北京：人民出版社，2018.

[50] 杨雪冬. "第三条道路"与新的理论 [M]. 北京：社会科学文献出版社，2000.

[51] 彭华民，等. 西方社会福利理论前沿：论国家、社会、体制与政策 [M]. 北京：中国社会出版社，2009.

[52] 吉登斯. 第三条道路：社会民主主义的复兴 [M]. 郑戈，等译. 北京：北京大学出版社，2000.

[53] 韩克庆. 第三条道路与中国的福利改革 [J]. 天津社会科学，2010（2）：45-48.

[54] 秦晖. 第三条道路，还是共同的底线？——读吉登斯第三条道路 [J]. 社会科学论坛，2002（6）：4-11.

[55] 彭华民，宋祥秀. 嵌入社会框架的社会福利模式：理论与政策反思 [J]. 社会，2006（6）：138-153.

[56] 韩克庆. 转型期中国社会福利研究 [M]. 北京：中国人民大学出版社，2011.

[57] WILLCOCKS A. The Creation of the National Health Service [M]. London: Routledge& Kegan Paul, 1967.

[58] MARMOR T. The Politics of Medicare [M]. London: Routledge & Kegan Paul, 1970.

[59] NORDLINGER E A. On the Autonomy of the Democratic State [M]. Cambridge, MA: Harvard University Press, 1981.

[60] MISHRA R. The Welfare State in Crisis [M]. Brighton: Wheatsheaf Books,

1984.

[61] 翟绍果．社会保障财产权的性质及保护研究［D］．西安：西北大学，2006.

[62] BERRY J M. The Interest Group Society［M］．Chicago：Scott Foresman，1989.

[63] 西斯蒙第．政治经济学新原理［M］．何钦，译．北京：商务印书馆，1964.

[64] 谢冰．社会保障概论［M］．武汉：武汉大学出版社，2011.

[65] 丁建定．社会保障概论新编［M］．北京：中国人民大学出版社，2016.

[66] 哈耶克．通向奴役的道路［M］．滕维藻，朱宗风，译．北京：商务印书馆，1962.

[67] 周沛，易艳阳，周进萍．社会保障概论［M］．武汉：武汉大学出版社，2010.

[68] 郑功成．社会保障学：理念、制度、实践与思辨［M］．北京：商务印书馆，2020.

[69] 张浩淼．社会保障理论与实践［M］．北京：对外经济贸易大学出版社，2017.

[70] 张广利．社会保障理论教程［M］．上海：华东理工大学出版社，2008.

[71] 李秉坤，陈淑君，张洪艳．社会保障学［M］．北京：经济科学出版社，2008.

[72] 杨翠迎．社会保障学［M］．上海：复旦大学出版社，2015.

[73] 章晓懿．社会保障概论［M］．上海：上海交通大学出版社，2010.

[74] 李春根．社会保障理论与政策［M］．上海：复旦大学出版社，2018.

[75] 贾海彦，董西明．社会保障概论［M］．北京：科学出版社，2020.

[76] 王德高．社会保障学［M］．2版．武汉：武汉大学出版社，2018.

[77] 钟仁耀，杨莲秀，刘晓雪．社会保障概论［M］．大连：东北财经大学出版社，2006.

[78] 边沁．道德与立法原理导论［M］．时殷弘，译．北京：商务印书馆，2011.

[79] 斯密．国民财富的性质和原因的研究［M］．郭大力，王亚南，译．北京：商务印书馆，1972.

[80] 马歇尔．经济学原理：下卷［M］．陈良璧，译．北京：商务印书馆，2011.

[81] 庇古．福利经济学：上卷［M］．朱泱，张胜纪，吴良健，译．北京：商务印书馆，2003.

[82] 哈耶克．致命的自负［M］．冯克利，胡晋华，等译．北京：中国社会科学出版社，2000.

[83] 森．伦理学与经济学［M］．王宇，王文玉，译．北京：商务印书馆，2003.

[84] 巴尔．福利国家经济学［M］．郑秉文，穆怀中，译．北京：中国劳动社会保障出版社，2003.

[85] 巴尔，怀恩斯．福利经济学前沿问题［M］．贺晓波，王艺，译．北京：中国税务出版社，2000.

[86] 罗宾斯．经济科学的性质和意义［M］．朱泱，译．北京：商务印书馆，

2000.

[87] BOWLEY A L. The Effect of the War on the External Trade of the United Kingdom [M]. Cambridge: Cambridge University Press, 2014.

[88] 洛佩斯．“福利国家”的理论述评［J］．张苹，吴名棋，编译．当代世界社会主义问题，1987（3）：58-62.

[89] 郑秉文．西方经济学中“市场失败理论”的产生与发展［J］．世界经济与政治，1992（6）：14-20.

[90] 布拉哈南德．庇古［J］．宋承先，译．现代外国哲学社会科学文摘，1960（3）：25-37.

[91] 方福前．当代西方经济学主要流派［M］．北京：中国人民大学出版社，2004.

[92] 郑秉文．20世纪西方经济学发展历程回眸［J］．中国社会科学，2001（3）：82-92.

[93] 科斯．论经济学和经济学家［M］．罗君丽，茹玉骢，译．上海：格致出版社，2010.

[94] 凯恩斯．就业、利息和货币通论：重译本［M］．高鸿业，译．北京：商务印书馆，2008.

[95] 许琳．社会保障学［M］．北京：清华大学出版社，2017.

[96] 李珍．社会保障理论［M］．4版．北京：中国劳动社会保障出版社，2017.

[97] 马克思．资本论：3卷［M］．中共中央马克思恩格斯列宁斯大林著作编译局，译．北京：人民出版社，1975.

[98] 王爱华．马克思主义社会保障理论的发展［J］．当代经济研究，2003（2）：3-7；73.

[99] 郑岩．马克思主义的社会保障理论及其现实意义［J］．生产力研究，2011（1）：10-11；75.

[100] 马克思，恩格斯．马克思恩格斯全集：46卷（下）［M］．中共中央马克思恩格斯列宁斯大林著作编译局，译．北京：人民出版社，1980.

[101] 马克思，恩格斯．马克思恩格斯全集：24卷［M］．中共中央马克思恩格斯列宁斯大林著作编译局，译．北京：人民出版社，1972.

[102] 马克思，恩格斯．马克思恩格斯全集：23卷［M］．中共中央马克思恩格斯列宁斯大林著作编译局，译．北京：人民出版社，1972.

[103] 马克思，恩格斯．马克思恩格斯全集：2卷［M］．中共中央马克思恩格斯列宁斯大林著作编译局，译．北京：人民出版社，1957.

[104] 梁君林，汪朝霞．社会保障理论［M］．合肥：合肥工业大学出版社，2011.

[105] 埃斯平-安德森．福利资本主义的三个世界［M］．苗正民，滕玉英，译．北京：商务印书馆，2010.

[106] 舒建华．现代资本主义福利国家的结构性矛盾——新马克思主义的福利国家批判理论［J］．理论月刊，2015（4）：176-181.

[107] 吴德帅. 可持续的社会保障去商品化问题研究 [J]. 当代经济研究, 2019 (5): 81-88.

[108] 马歇尔. 公民权与社会阶级 [J]. 刘继同, 译. 国外社会学, 2003 (1): 4.

[109] 彭华民. 社会福利与需要满足 [M]. 北京: 社会科学文献出版社, 2008.

[110] 马克思, 恩格斯. 马克思恩格斯全集: 3卷 [M]. 中共中央马克思恩格斯列宁斯大林著作编译局, 译. 北京: 人民出版社, 1960.

[111] 彭华民. 论需要为本的中国社会福利转型的目标定位 [J]. 南开学报 (哲学社会科学版), 2010 (4): 55-60.

[112] 孙慧民. 社会福利政策的本质: 社会控制与"去商品化" [J]. 社会科学, 1994 (10): 50-54.

[113] 吴德帅. 阶层和谐视阈下的社会福利权研究 [D]. 长春: 吉林大学, 2014.

[114] 孔志国. 公共选择理论: 理解、修正与反思 [J]. 制度经济学研究, 2008 (1): 204-218.

[115] 褚松燕. 一种政治学研究范式的局限——评公共选择理论 [J]. 天津社会科学, 2000 (4): 43-47.

[116] 方福前. 当代西方公共选择理论及其三个学派 [J]. 教学与研究, 1997 (10): 29-34; 63.

[117] 潘贤掌. 关于西方公共选择理论若干问题的研究 [J]. 财经问题研究, 1998 (10): 78-81.

[118] 陈招顺, 汪翔. 论公共选择理论的方法论基础及其规范意义 [J]. 经济评论, 1993 (1): 56-61.

[119] 宋延清, 王选华. 公共选择理论文献综述 [J]. 商业时代, 2009 (35): 14-16.

[120] 夏永祥. 公共选择理论中的政府行为分析与新思考 [J]. 国外社会科学, 2009 (3): 25-31.

[121] 陈振明. 市场失灵与政府失败——公共选择理论对政府与市场关系的思考及其启示 [J]. 厦门大学学报 (哲学社会科学版), 1996 (2): 1-7.

[122] 郭士征. 社会保障学 [M]. 2版. 上海: 上海财经大学出版社, 2009.

[123] 帕森斯. 社会行动的结构 [M]. 张明德, 夏遇南, 彭刚, 译. 南京: 译林出版社, 2012.

[124] 蒂特马斯. 蒂特马斯社会政策十讲 [M]. 江绍康, 译. 长春: 吉林出版集团有限责任公司, 2011.

[125] 钱宁. 现代社会福利思想 [M]. 2版. 北京: 高等教育出版社, 2013.

[126] 马克思, 恩格斯. 马克思恩格斯选集: 1卷 [M]. 中共中央马克思恩格斯列宁斯大林著作编译局, 译. 北京: 人民出版社, 1995.

[127] 默顿. 社会理论和社会结构 [M]. 唐少杰, 齐心, 等译. 南京: 译林出版社, 2006.

[128] 景天魁. 社会福利学 [M]. 北京: 北京师范大学出版社, 2010.

［129］王金玉．马克思主义阶级概念：理解与阐释［M］．北京：人民出版社，2019.

［130］韦伯．经济与社会：下卷［M］．林荣远，译．北京：商务印书馆，1997.

［131］赖特．后工业社会中的阶级［M］．陈心想，皮小林，杨玉明，等译．沈阳：辽宁教育出版社，2004.

［132］赖特．理解阶级：建构一个综合性分析框架［J］．陈雪琴，译．国外理论动态，2011（10）：13-19.

［133］韩炯．吉登斯社会分层理论述评［J］．江南社会学院学报，2006（4）：68-73.

［134］赵延东．解读"风险社会"理论［J］．自然辩证法研究，2007（6）：80-83；91.

［135］贝克．风险社会［M］．张文杰，何博闻，译．南京：译林出版社，2017.

［136］亚当．风险社会及其超越：社会理论的关键议题［M］．赵延东，等译，北京：北京出版社，2005.

［137］周弘．福利国家向何处去［M］．北京：社会科学文献出版社，2006.

［138］托夫勒．第四次浪潮［M］．北京：华龄出版社，1996.

［139］吉登斯，皮尔森．现代性——吉登斯访谈录［M］．伊宏毅，译．北京：新华出版社，2008.

［140］曾煜．工会应关注灵活就业人员、进城务工人员的社会保险问题［J］．天津市工会管理干部学院学报，2004（4）：24-28.

［141］格雷．伪黎明——全球资本主义的幻想［M］．张敦敏，译．北京：中国社会出版社，2002.

［142］MASLOW A H. A Theory of Human Motivation［J］. Psychological Review，1943，50（4）：370-396.

［143］DENHARDT R B，DENHARDT J V. The New Public Service：Serving Rather than Steering［J］. Public Administration Review，2000，60（6）：549-559.

［144］DENHARDT R B. Theories of Public Organization［M］. Belmont，CA：Wadsworth Publishing Company，Inc，2000.

［145］DENHARDT J V，DENHARDT R B. The New Public Service：Serving，Not Steering［M］. New York：M.E.Sharpe，2003.

［146］韩兆柱，翟文康．"新公共服务"研究综述［J］．燕山大学学报（哲学社会科学版），2017（2）：24-34.

［147］LIGHT P C. The New Public Service［M］. Washington D.C.：The Brooking Institution，1999.

［148］PERRY J L. Democracy and the New Public Service［J］. The American Review of Public Administration，2007，37（1）：3-16.

［149］周三多．管理学［M］．上海：复旦大学出版社，2014.

［150］黄国庆．管理学概论［M］．北京：清华大学出版社，2010.

[151] 汤剑波. 西方早期社会保障制度背后的主流价值观 [J]. 南京师范大学学报(社会科学版), 2009 (6): 17-22.

[152] 桂莉. 简论德意志第二帝国社会保障制度 [J]. 武汉大学学报 (人文科学版), 2005 (5): 618-625.

[153] 威廉姆森, 帕姆佩尔. 养老保险比较分析 [M]. 马胜杰, 等译, 北京: 法律出版社, 2002.

[154] 考夫曼. 社会福利国家面临的挑战 [M]. 王学东, 译. 北京: 商务印书馆, 2004.

[155] 黄静. 社会救助实务 [M]. 成都: 西南交通大学出版社, 2018.

[156] 夏淑梅, 罗遐. 社会保障概论 [M]. 合肥: 安徽大学出版社, 2005.

[157] 张思锋, 温海红. 社会保障学 [M]. 西安: 西安交通大学出版社, 2007.

[158] 赵曼. 社会保障 [M]. 北京: 中国财政经济出版社, 2005.

[159] 杨彩云. 规训与调适: 社区服刑人员的社会融入研究 [M]. 上海: 华东理工大学出版社, 2018.

[160] 刘同芗, 王志忠. 社会保险学 [M]. 北京: 科学出版社, 2016.

[161] 李兵. 社会保险 [M]. 北京: 中国人民大学出版社, 2016.

[162] 刘树成. 现代经济辞典 [M]. 南京: 凤凰出版社, 2005.

[163] 邓大松. 社会保险 [M]. 北京: 高等教育出版社, 2016.

[164] 郑功成. 社会保障学 [M]. 北京: 中国广播电视大学出版社, 2004.

[165] 郭曦, 梁波. 社会保险学 [M]. 北京: 中国劳动社会保障出版社, 2019.

[166] 张琪. 社会保障学 [M]. 北京: 高等教育出版社, 2016.

[167] 国家医疗保障局. 2020年全国医疗保障事业发展统计公报 [R]. 北京: 国家医疗保障局, 2021.

[168] 秦立建. 社会保障学——理论·制度·实践 [M]. 北京: 高等教育出版社, 2016.

[169] 邓大松. 社会保险 [M]. 北京: 中国劳动社会保障出版社, 2009.

[170] 贾海彦, 董西明, 路军, 等. 社会保障概论 [M]. 北京: 科学出版社, 2020.

[171] 孙光德, 董克用. 社会保障概论 [M]. 4版. 北京: 中国人民大学出版社, 2012.

[172] PRATT A. Universalism or Selectism? The Provision of Services in the Modern Welfare State [M] // LAVALETTE M, PRATT A. Social Policy: A Conceptual and Theoretical Introduction. 2nd ed. London: SAGE Publications, 1997: 196-213.

[173] ALCOCK P, MAY M, WRIGHT S. The Student's Companion to Social Policy [M]. 4th ed. Chichester: Wiley-Blackwell, 2012.

[174] 黄晨熹. 社会福利 [M]. 上海: 格致出版社, 2020.

[175] SPICKER P. An introduction to SocialPolicy [EB/OL]. [2023-11-20]. http: // spicker.uk/social-policy.

[176] GILBERT N, TERRELL P. Dimensions of Social Welfare Policy [M]. 8th ed. Boston: Pearson, 2013.

[177] GLENNERSTER H. Paying for Welfare [M] // ALCOCK P, MAY M, WRIGHT S. The Student's Companion to Social Policy. 4th ed. Chichester: Wiley-Blackwell, 2012.

[178] LITVACK J I, AHMAD J, BIRD R M. Rethinking Decentralization in Developing Countries [M]. Washington, D.C.: World Bank, 1998.

[179] 林闽钢. 福利多元主义的兴起及其政策实践 [J]. 社会, 2002 (7): 36-37.

[180] 王家峰. 福利国家改革: 福利多元主义及其反思 [J]. 经济社会体制比较, 2009 (5): 85-90.

[181] 王卓祺, 雅伦·获加. 西方社会政策概念转变及对中国福利制度发展的启示 [J]. 社会学研究, 1998 (5): 44-50.

[182] 彭华民. 福利三角: 一个社会政策分析的范式 [J]. 社会学研究, 2006 (4): 157-168.

[183] ESPING-ANDERSON G. The Three Worlds of Welfare Capitalism [M]. Cambridge: Policy Press, 1990.

[184] MIDGLEY J. Socilal Development: The Developmental Perspective in Social Welfare [M]. London: Sage Publications, 1995.

[185] CUMMINGS R. Social Development: The Economic, the Political, and the Normative Emphases [J]. International Social Work, 1983, 26 (1): 13-25.

[186] 森. 以自由看待发展 [M]. 于真, 译. 北京: 中国人民大学出版社, 2002.

[187] 张秀兰, 徐月宾. 发展型社会政策及其对我们的启示 [C]. 北京: 第二届社会政策国际论坛, 2006.

[188] 景天魁. 基础整合的社会保障体系 [M]. 北京: 华夏出版社, 2001.

[189] 景天魁. 中国社会保障的理念基础 [J]. 吉林大学社会科学学报, 2003 (3): 60-64.

[190] 景天魁. 底线公平: 和谐社会的基础 [M]. 北京: 北京师范大学出版社, 2009.